C000156590

p 156
wamup re bemärr — + darve
but k uses genitive !!

DE OBLIGATIONIBUS

DE OBLIGATIONIBUS

REKONSTRUKTION EINER SPÄTMITTELALTERLICHEN
DISPUTATIONSTHEORIE

VON

HAJO KEFFER

BRILL
LEIDEN · BOSTON · KÖLN
2001

This book is printed on acid-free paper.

Library of Congress Cataloging-in-Publication Data

Library of Congress Cataloging-in-Publication Data is also available.

Die Deutsche Bibliothek - CIP-Einheitsaufnahme

Keffer, Hajo:
De Obligationibus : Rekonstruktion einer spätmittelalterlichen
Disputationstheorie / by Hajo Keffer.
– Leiden ; Boston ; Köln : Brill, 2001
  ISBN 90–04–12248–6

ISBN   90 04 12248 6

PRINTED IN THE NETHERLANDS

Fremdes lässt sich lernend aneignen.

Kuno Lorenz

p. 271 A detailed table of contents

INHALTSVERZEICHNIS

VORBEMERKUNG

Die vorliegende Arbeit ist eine leicht überarbeitete Fassung meiner Dissertation, die ich 1999 an der Philosophischen Fakultät der Ernst-Moritz-Arndt-Universität Greifswald eingereicht habe. An dieser Stelle möchte ich zunächst und vor allem meinen Lehrern Prof. Michael Astroh und Prof. Geo Siegwart Dank sagen. Die komplementäre Art und Weise, in der beide an der verfolgten Fragestellung und an ihrer Bewältigung beteiligt sind, kann vielleicht am besten der vorliegenden Untersuchung selbst entnommen werden. Frau Bernadette Banaszkiewicz, Herrn Johan Klüwer und Herrn Nikolas Kroeger danke ich für Diskussionsbereitschaft und konstruktive Kritik. Herr Immanuel Musäus war mir bei Fragen des Lateinischen und Griechischen behilflich. Finanzielle Unterstützung in Form eines Stipendiums hat mir das Land Mecklenburg-Vorpommern gewährt. Ohne die Mitwirkung der genannten Personen und Institutionen hätte diese Arbeit nicht verwirklicht werden können.

1. EINLEITUNG

Diese Einleitung dient einem doppelten Zweck: Zum einen wird das Thema der Arbeit, die spätmittelalterliche Obligationenliteratur, in einem Überblick vorgestellt. Zum anderen werden grundsätzliche Probleme einer historischen Arbeit herausgestellt und, darauf aufbauend, methodische Prämissen explizit gemacht.

1.1. *Einführung in die Obligationenliteratur*

Im Folgenden werde ich zunächst die Obligationenliteratur in ihrem philosophiegeschichtlichen Kontext verorten. Dann gebe ich eine Übersicht über die in dieser Arbeit untersuchten Traktate. In einem dritten Teil erfolgt eine kurze, da vorläufige, Darstellung des Gegenstandes der Obligationen.

1.1.1. *Die scholastische Logik*

Die philosophiegeschichtliche Epoche der Scholastik lässt sich vom Ende des 11. bis zum Ende des 15. Jahrhunderts ansetzen.[1] Als ihre spezifischen Kennzeichen können genannt werden: die besondere Achtung vor den „Autoritäten", d.h. einem bestimmten Kanon überlieferter Texte, sowie das strikte methodische Vorgehen, das sich u.a. in einem speziellen Interesse an Logik und Wissenschaftstheorie äußert.[2] Eine Teildisziplin und zugleich Grundlagenwissenschaft der scholastischen Philosophie ist daher die Logik,[3] bisweilen auch Dialektik genannt.

---

[1] Vgl. Heinzmann, *Philosophie des Mittelalters*, S. 141. [Die Titel zitierter Arbeiten kürze ich hier und im Folgenden dergestalt ab, dass keine Verwechslung mit anderen im Literaturverzeichnis aufgeführten Werken entstehen kann.]

[2] Vgl. Heinzmann, *Philosophie des Mittelalters*, S. 141. — *Loci classici*, die das mittelalterliche Verständnis von Autorität einerseits, Methodik andererseits artikulieren, sind u.a. die Einleitung von Abaelard, *Sic et Non* sowie Thomas von Aquin, *Summa Theologica* I, 1, hier insbesondere Art. 8.

[3] Für einen Überblick über das Thema „mittelalterliche Logik" vgl. Moody, „The Medieval Contribution to Logic".

Im mittelalterlichen Universitätsbetrieb hat die Logik ihren Platz
in der sogenannten „Artistenfakultät" (*facultas artium*). Das Studium
der *artes* ist Voraussetzung für das Studium an allen anderen Fakul-
täten.[4] Die Artistenfakultät unterteilt sich in das mathematisch-natur-
wissenschaftliche *Quadrivium* und das *Trivium*, das sprachliche Fertigkeiten
vermittelt. Zum *Trivium* gehören neben der Logik die Grammatik
und die Rhetorik. Während die Grammatik das „richtige" und die
Rhetorik das „kunstvolle" Sprechen vermittelt, lehrt die Logik nach
den Worten Wilhelm von Sherwoods das „wahre" Sprechen.[5] Dies
lässt sich so verstehen, dass die Logik durch eine Analyse wissenschaftlicher Argumentationen davor bewahren will, dass von bereits
bekannten Wahrheiten zu Falschheiten übergegangen wird.[6] Die meta-
wissenschaftliche Ambition der Logik kommt in der Bezeichnung
„*scientia scientiarum*" zum Ausdruck.[7]

Ab etwa der Mitte des 13. Jahrhunderts umfasst der Unterrichtsstoff
der Logik drei separate Textkorpora. Bei der *logica vetus* und der
logica nova handelt es sich um überlieferte logischen Schriften, insbesondere das *Organon* des Aristoteles und die Kommentare des Boethius
und des Porphyr. Die *parva logicalia*[8] betrachtet man als Eigenschöpfung
der mittelalterlichen Logik. Hier werden abseits der antiken Vorlagen
eine ganze Reihe von neuen Problemstellungen aus dem Grenzbereich
zwischen Logik und Semantik entwickelt und in voneinander unabhängigen Traktaten diskutiert. Die Titel der Traktate geben Aufschluss
über die behandelten Themen: *De proprietatibus terminorum*, *De syncate-
gorematicis*, *De consequentiis*, *De insolubilibus* und *De obligationibus*.[9]

Die ernsthafte philosophiegeschichtliche Auseinandersetzung mit
der scholastischen Logik ist eine Leistung der Moderne: Über drei

---

[4] Zur Rolle der Artistenfakultät im mittelalterlichen Universitätsbetrieb vgl. Flasch,
Das philosophische Denken, S. 257 f.

[5] „Haec <die scientia sermocinalis, H.K.> autem habet partes tres: grammati-
cam, quae docet recte loqui, et rhetoricam, quae docet ornate loqui, et logicam,
quae docet vere loqui." (Wilhelm von Sherwood, *Introductiones*, S. 1.)

[6] Vgl. auch Pinborg, *Logik und Semantik*, S. 11 f.

[7] Vgl. die einleitenden Worte des *Tractatus* von Peter von Spanien: „Dialectica
est ars artium et scientia scientiarum ad omnium methodorum principia viam
habens".

[8] Die *parva logicalia* werden auch als die *logica moderna* bezeichnet. Letzterer Begriff
ist jedoch historisch gesehen problematisch, vgl. Jacobi, *Modalbegriffe*, S. 24 und die
dort angegebene Literatur.

[9] Eine Beschreibung der Textkorpora findet sich bei Boehner, *Medieval Logic*, Pt. 1:
„Elements of Scholastic Logic".

Jahrhunderte lang hielt man die mittelalterliche Dialektik für einen bloßen Ableger der aristotelischen Logik, deren Neuerungen sich, wie man glaubte, auf das Erfinden von mnemotechnischen Merkversen wie „*Barbara, Celarent...*" usw. beschränkten.[10] Seit Lukasiewicz' bahnbrechendem Aufsatz aus dem Jahre 1935[11] werden jedoch in zunehmenden Maße die originären Leistungen der mittelalterlichen Logiker als solche anerkannt und untersucht.

1.1.2. *Überblick über die behandelten Traktate*[12]

Die frühesten uns bekannten Traktate *De obligationibus* datieren aus der zweiten Hälfte des 13. Jahrhunderts. Zu ihnen gehören drei anonyme Traktate[13] sowie ein kurzer Text Boethius von Daciens.[14] Sollte es sich bei dem von Romuald Green herausgegebenen *Tractatus de Obligationibus* um einen Text von Wilhelm von Sherwood handeln, so könnte er nicht später als im Jahre 1260 entstanden sein.[15] Aller Wahrscheinlichkeit nach haben wir es hier jedoch mit einem frühen Obligationentext Burleys zu tun.[16] Er braucht dann nur wenige Jahre früher geschrieben worden zu sein als der berühmte, ebenfalls von Green herausgegebene Burley-Traktat.[17] Von letzterem Text wissen wir, dass er kurz nach der Jahrhundertwende entstanden ist. Er gilt heute als ein Ausgangspunkt der mittelalterlichen Obligationendiskussion.

In der ersten Hälfte des 14. Jahrhunderts folgt auf Burleys Traktat ein Obligationentraktat Ockhams im Rahmen seiner *Summa Logicae*.[18]

---

[10] Vgl. Moody, „The Medieval Contribution to Logic", S. 371.

[11] Vgl. Lukasiewicz, „Aussagenlogik". Als Vorreiter gilt Prantl, *Die Geschichte der Logik im Abendlande*.

[12] Einen chronologischen Überblick über die Obligationenliteratur gibt Ashworth, „Introduction", S. x ff.

[13] Vgl. Anonym, *Tractatus Emmeranus de falsi positione*, Anonym, *Tractatus Emmeranus de impossibili positione* und Anonym, *Obligationes Parisienses*. Als Sekundärliteratur zu diesen drei Traktaten vgl. Martin, „Obligations and Liars".

[14] Vgl. Boethius von Dacien, *Questiones*, S. 329–331.

[15] Vgl. Pseudo-Sherwood, *Tractatus de Obligationibus*. Als Sekundärliteratur vgl. Stump, „Sherwood's Treatise".

[16] Siehe hierzu Spade/Stump, „Obligationes attributed to William of Sherwood".

[17] Vgl. Burley, *Tractatus de Obligationibus*. Auf Burleys Traktat wird u.a. in Yrjönsuuri, *Obligationes*, Kap. 3, ausführlich eingegangen.

[18] Vgl. Ockham, *Summa Logicae*, S. 731–744. Ob dieser Obligationentraktat in der *Summa Logicae* tatsächlich von Ockham stammt, kann nicht als ganz gesichert gelten, vgl. Richter, „Zu ‚De Obligationibus'", S. 256 f.

und kurz darauf der Traktat Swynesheds.[19] Während Ockhams Diskussion sich an die Burleys anlehnt, weicht Swynesheds in einigen markanten Punkten davon ab. Nachfolgende Traktate lassen sich danach unterscheiden, ob sie eher der Linie Burleys oder der Swynesheds folgen. Für diese beiden Schulen der Obligationenliteratur bilden sich bereits im Mittelalter die Begriffe *antiqua* und *nova responsio* heraus.[20] (*Antiqua responsio* bezeichnet die Tradition Burleys, *nova responsio* die Swynesheds.) Die beiden *responsiones* werden in den Traktaten von Martinus Anglicus[21] und Fland,[22] beide Mitte des 14. Jahrhunderts entstanden, einander gegenübergestellt. Diese Traktate sind einander ähnlich, ihre Genealogie ist derzeit noch ungeklärt.[23] Ebenfalls in die Mitte des 14. Jahrhunderts fällt ein anonymer Traktat von Merton College, der im Grunde Burley folgt, aufgrund einiger Abweichungen jedoch eine Sonderstellung einnimmt.[24]

Als Blütezeit der Obligationenliteratur kann die zweite Hälfte des 14. Jahrhunderts angesehen werden. In Oxford entsteht der Traktat Lavenhams,[25] der sich an Swynesheds anlehnt, also der *nova responsio* zuzurechnen ist. Daneben finden wir Traktate von Brinkley[26] und Johannes von Holland,[27] die der Tradition Burleys folgen. Während die Obligationen bis dahin vermutlich allein in England verbreitet sind,[28] erscheinen sie nun auch auf dem Festland. Ein Beispiel ist der holländische Obligationenautor Buser, der in Paris lehrt und der *antiqua responsio* verpflichtet ist.[29] Gegen Ende des Jahrhunderts entsteht der Traktat Paul von Venedigs[30] und, bereits im 15. Jahrhundert,

---

[19] Vgl. Swynesheds, *Obligationes.* Dieser Traktat ist Thema von Stump, „Roger Swynesheds's Theory of Obligations".

[20] Vgl. hierzu insbesondere Ashworth, „Relevance and Order" und Spade, „Three Theories".

[21] Vgl. Martinus Anglicus, *De Obligationibus.*

[22] Vgl. Fland, *Obligationes.*

[23] Vgl. hierzu auch Schupp, „Einleitung", S. XIV f.

[24] Vgl. Anonym, *De Arte Obligatoria.* Zu diesem Traktat vgl. Yrjönsuuri, *Obligationes,* Kap. IV, B.

[25] Vgl. Lavenham, *Obligationes.*

[26] Vgl. Brinkley, *Obligationes.*

[27] Vgl. Johannes von Holland, *Logic.*

[28] Es gibt jedoch auch Zweifel an dieser These, vgl. Braakhuis, „Albert of Saxony's *De Obligationibus*", S. 325.

[29] Vgl. Buser, *Obligationes.* Vgl. als Sekundärliteratur: Vescovini Federici, „A la recherche du mystérieux Buser", Kneepkens, „Willem Buser of Heusden's Obligationes Treatise" und Kneepkens, „The mysterious Buser".

[30] Vgl. Paul von Venedig, *Tractatus de Obligationibus.* Als Sekundärliteratur kann Ashworth, „Paul of Venice on Obligations" genannt werden.

der Text eines seiner Schüler, Paul von Pergula.[31] Beide reihen sich in die *antiqua responsio* ein.

Die einzelnen Traktate unterscheiden sich beachtlich hinsichtlich Ausführlichkeit und Klarheit: Neben verhältnismäßig knappen Texten, wie beispielsweise dem Lavenhams, finden wir auch sehr detaillierte, wie Paul von Venedigs. Während der Text des anonymen Autors von Merton College eher lose aufgebaut und gelegentlich wenig präzise ist, exemplifiziert der sorgfältig gegliederte Traktat Busers ein hohes Maß an Klarheit.

Die moderne Auseinandersetzung mit den Obligationentraktaten beginnt in den sechziger Jahren, als die ersten Editionen von Obligationentexten erscheinen.[32] Bis zum Beginn der achtziger Jahre lassen sich die Sekundärtexte zu den Obligationen noch an einer Hand abzählen.[33] Erst dann beginnt, insbesondere mit den Arbeiten von Ashworth, Spade und Stump, eine breitere Auseinandersetzung.[34] Das gestiegene Interesse an den Obligationen lässt sich auch an der ständig wachsenden Anzahl von Editionen ablesen.[35] 1993 erscheint die seit Greens Dissertation aus dem Jahre 1963 erste Monographie zum Thema.[36]

Heute liegt der Großteil der Obligationentexte in Editionen vor. Eine deutsche Übersetzung steht bei Martinus Anglicus' Traktat zur Verfügung. Übersetzungen ins Englische existieren von den Texten des anonymen Autors von Merton College, von Burley (teilweise übersetzt) sowie von Paul von Venedig. Busers Traktat ist ins Italienische übersetzt worden.[37]

---

[31] Vgl. Paul von Pergula, *Logica*, S. 102–133. Mit diesem Traktat setzt sich Brown, „*De Obligationibus* in Medieval Logic" auseinander.

[32] Vgl. Paul von Pergula, *Logica*, Pseudo-Sherwood, *Tractatus de Obligationibus* und Burley, *Tractatus de Obligationibus*.

[33] Vgl. Green, *The Logical Treatise*, Brown, „*De Obligationibus* in Medieval Logic", Angelelli, „The Techniques of Disputation" und Hamblin, *Fallacies*.

[34] Vgl. Ashworth, „Relevance and Order", „Inconsistency and Paradox" und „English *Obligationes* Texts"; Spade, „Three Theories" und „Obligations B"; Spade/ Stump, „Obligationes attributed to William of Sherwood" sowie Stump, „Obligations A" und „Roger Swyneshed's Theory of Obligations".

[35] Der Reihe nach erscheinen: Ockham, *Summa Logicae*, Anonym, *Tractatus Emmeranus de falsi positione*, Anonym, *Tractatus Emmeranus de impossibili positione* (alle drei im Jahre 1974), Anonym, *Obligationes Parisienses* (1975), Boethius von Dacien, *Questiones* (1976), Swyneshed, *Obligationes* (1977), Lavenham, *Obligationes* (1978), Fland, *Obligationes* (1980), Anonym, *De Arte Obligatoria*, Johannes von Holland, *Logic* (diese beiden im Jahr 1985), Paul von Venedig, *Tractatus de Obligationibus* (1988), Buser, *Obligationes* (1990), Martinus Anglicus, *De Obligationibus* (1993) und Brinkley, *Obligationes* (1995).

[36] Vgl. Yrjönsuuri, *Obligationes*.

[37] Eine umfassende Übersicht über die Primär- und Sekundärliteratur zu den Obligationen gibt Ashworth, „Obligationes Treatises".

1.1.3. *Der Gegenstand der Traktate*[38]

Die Obligationentraktate haben einen speziellen Typ von Disput zum
Gegenstand, den Obligationendisput. In einem solchen Disput treten zwei Parteien, genannt Opponent und Respondent (*opponens* und
respondens) gegeneinander an. Der Name *De Obligationibus* rührt daher,
dass dem Respondenten vom Opponenten eine Verpflichtung (*obligatio*) auferlegt wird, die jener während des Disputs beachten muss.
Von diesen Verpflichtungen gibt es unterschiedliche Arten (*species
obligationis*). Der Respondent hat während des Disputs gemäß der
jeweiligen Verpflichtung zu antworten. Seine Antworten werden von
strengen Regeln vorgeschrieben, ein Umstand, der den Obligationendisputen den Charakter von intellektuellen Spielen verleiht.[39]

Innerhalb der Obligationentraktate lassen sich zwei Sinnabschnitte
unterscheiden. In einem ersten Sinnabschnitt werden die Obligationenregeln vom jeweiligen Autor vorgestellt und die spezielle Terminologie, die zu ihrer Formulierung notwendig ist, wird erläutert. Den
zweiten Sinnabschnitt bildet die Untersuchung und Diskussion der
aufgestellten Regeln anhand sogenannter Sophismata. Hier werden
Beispieldispute behandelt, in denen die Anwendung der Regeln zu
problematischen oder unerwarteten Ergebnissen zu führen scheint.
Sowohl den Regeln als auch den Sophismata ist jeweils ein Kapitel
dieser Arbeit gewidmet.

1.2. *Methodik*

Wenn wir uns heute mit der spätmittelalterlichen Theorie der Obligationen beschäftigen, so werden wir durch bestehende, aktuelle Interessen
geleitet; die Obligationenautoren selbst haben sich dagegen ihrem
Gegenstand unter eventuell anderen, historischen Interessen genä-
hert. Zwischen aktuellen Interessen einerseits und historischen Interessen
andererseits können also Spannungen bestehen, diese Tatsache wollen wir im Folgenden reflektieren. Als ein Versuch, einem hier bestehenden Spannungsverhältnis methodisch gerecht zu werden, wird die

---

[38] Für einen thematischen Überblick über die Obligationen vgl. Stump, „Obligationes
A" und Spade, „Obligationes B".
[39] Auf den Spielcharakter der Obligationen haben als erste Angelelli, „The
Techniques of Disputation", und Hamblin, *Fallacies*, hingewiesen.

sogenannte „strukturellen Hermeneutik", bestehend aus den Komponenten Übertragung, Rekonstruktion und Überprüfung, entwickelt.[40]

Ebenso wie die vorangegangenen thematischen, so sind auch die nachstehenden methodischen Bemerkungen vorläufiger Natur. Nachdem wir die Methode auf ihren Gegenstand angewendet haben, werden wir sie rückblickend umfassender charakterisieren können.[41]

1.2.1. *Der teilnehmende Zugang*

Ein erster Zugang zu einem historisch-wissenschaftlichen Text fällt verhältnismäßig leicht, wenn sein Thema noch heute Gegenstand der Diskussion ist.[42] Bei der Obligationenthematik ist eine solche, das Verständnis erleichternde historische Kontinuität nicht gegeben, denn die Tradition der Obligationendispute ist abgebrochen. Von den mittelalterlichen Autoren selbst wissen wir nur wenig über ihre Zielsetzungen. Ihre Erkenntnisinteressen sind für uns heute daher nicht mehr unmittelbar einsichtig.

Dies unterscheidet uns von der zeitgenössischen Leserschaft: Es ist davon auszugehen, dass die Adressaten oder „exemplarischen Leser"[43] eines theoretischen Textes mit der Interessenlage, welche die Untersuchung bedingt, vertraut sind. Der Autor wendet sich darüber hinaus an ein Publikum, das bereit ist, sich mit seinen Ergebnissen kritisch auseinander zu setzen und insofern am Text Anteil zu nehmen. Der Adressat kennt also nicht nur die Interessen der Untersuchung, er teilt sie auch bis zu einem gewissen Grade. In diesem Sinne können wir sagen: Ein wissenschaftlicher Text wendet sich an einen Leser, der einen teilnehmenden Zugang zur behandelten Materie besitzt.

Vom gegenwärtigen Wissensstand aus können wir nur Vermutungen über die Erkenntnisinteressen der Obligationenautoren anstellen. Für ein hermeneutisch vermitteltes Verständnis der Obligationenthematik

---

[40] Zu der aufgeworfenen Problemstellung sowie der präsentierten Lösung hat Michael Astroh einen wesentlichen Beitrag geleistet. Die folgenden Ausführungen sind überdies dem Gedankengut Paul Lorenzens verpflichtet, vgl. insbesondere Lorenzen, „Konstruktivismus und Hermeneutik".

[41] Vgl. unten, 6.1.

[42] Ich denke etwa an mittelalterliche Texte zum Problem der Willensfreiheit, wie wir sie bei Anselm (vgl. Anselm von Canterbury, „Vereinbarkeit mit dem freien Willen"), Thomas (vgl. Thomas von Aquin, *Summa theologica*, I, 83) und anderen Autoren finden.

[43] Zur Unterscheidung „empirischer" und „exemplarischer Leser" vgl. bspw. Eco, „Zwischen Autor und Text".

ist die Frage von Bedeutung, ob sich vermutliche historische Interessen auffinden lassen, die mit heute bestehenden, d.h. systematischen Interessen zusammenfallen. Im Falle einer Interessendivergenz zwischen historischen und systematischen Interessen bleibt ein Verständnis der Texte in gewisser Weise indirekt: Wir können dann zwar die Ergebnisse eines Autors noch als Antworten auf eine bestimmte Fragestellung verstehen, bedürfen jedoch zum Verständnis dieser Fragestellung einer zusätzlichen Erklärung (etwa durch den historisch-kulturellen Kontext). Im Falle einer Interessenkonvergenz sind dagegen die Gründe, aus denen sich ein Autor mit seinem Gegenstand beschäftigt, für uns selbst unmittelbar maßgeblich. Gelingt also die Identifizierung eines historischen Interesses, das gleichzeitig auch als systematisches anerkannt ist, so können wir, die wir uns um ein Verständnis des Textes bemühen, zumindest in dieser Hinsicht dem Text gegenüber die gleiche Position einnehmen wie die Leserschaft, an die er gerichtet ist. Wir haben dann also ebenfalls einen teilnehmenden Zugang zum Text.

Der teilnehmende Zugang als hermeneutisches Programm setzt voraus, dass es zumindest einige Interessen gibt, die historische Kontexte übergreifen. Insofern jedoch nur eine Nähe von damals und heute bestehenden Interessen benötigt wird, ist keine historisch absolute Interesseninvarianz vonnöten. Anderen Menschen zu anderen Zeiten bleibt es unbenommen, einen historischen Autor durch eigene Interessen zu verstehen.

Ein teilnehmender Zugang zu einem historischen Text muss überdies nicht unter allen Umständen angestrebt werden. Beispielsweise mag angesichts bestimmter kulturgeschichtlicher Interessen gerade das Bewahren einer historischen Distanz entscheidend sein. Wenn wir jedoch in einem historischen Text etwas sehen wollen, was für uns ein Gegenstand sinnvoller philosophischer Überlegung ist, so bemühen wir uns im Zuge dessen um einen teilnehmenden Zugang. Für diese Arbeit habe ich mir zum Ziel gesetzt, einen teilnehmenden Zugang zu den Obligationentraktaten zu eröffnen.

1.2.2. *Die Übertragung*

Ein teilnehmender Zugang zu den Obligationentraktaten setzt voraus, dass sich hinreichend ähnliche historische und systematische Interessen an den Obligationendisputen aufweisen lassen. Die historisch-systematische Interessenkonstellation ist zunächst in beiden Hinsichten unbestimmt: Weder finden wir in den Texten die historischen Interessen der Autoren explizit artikuliert, noch diktiert die Obligationenthematik selbst unmittelbar ein ihr entsprechendes systematisches Interesse.

Der wissenschaftliche Gehalt eines theoretischen Textes liegt in den aufgestellten Behauptungen, ihnen muss einerseits das historische Interesse der Autoren, andererseits, bei einem teilnehmenden Zugang, unser eigenes systematisches Interesse gelten. Auch ohne eine klar umrissene Vorstellung der vorliegenden Erkenntnisinteressen können wir die Behauptungen der Texte zunächst aus sich selbst heraus verstehen. Wir übernehmen dazu die Terminologie der Autoren, so wie sie selbst sie gebrauchen und gegebenenfalls erläutern.

Ausgehend von einem solchen Vorverständnis können wir eine Beziehung zu einem systematischen Interesse herstellen, indem wir die Terminologie der Autoren sinnvoll auf einen Gegenstand übertragen, dem ein heute noch bestehendes Interesse gilt. Im Hinblick auf die Zielsetzung, ein historisch-systematisches Interesse zu identifizieren, wählen wir hierbei gleichzeitig einen Gegenstand, der für mittelalterliche Autoren prinzipiell als Gegenstand des Interesses in Frage kommt. Es ist dann zu prüfen, ob ihre Äußerungen unter dieser Lesart einen Sinn ergeben, andernfalls ist der vorläufig bestimmte Interessengegenstand zu modifizieren. Dieses Vorgehen können wir Übertragung nennen.

Gelingt die Übertragung, so haben wir eine bis auf weiteres plausible Hypothese über ein historisches Interesse, denn der fragliche Gegenstand wurde so bestimmt, dass sich ein Interesse der Autoren unterstellen lässt. Gleichzeitig können wir von einer Nähe von historischen und systematischen Interessen ausgehen.

Eine gelungene Übertragung ist eine notwendige Voraussetzung für einen teilnehmenden Zugang, sie ist jedoch nicht mit einem solchen bereits gleichzusetzen. Im Zuge eines teilnehmenden Zugangs zu einem wissenschaftlichen Text sind die Behauptungen eines Autors kritisch zu reflektieren. Insbesondere sind wir dabei an neuen Erkenntnissen, d.h. an Erkenntnissen, die unseren Erwartungen bis zu einem gewissen Grade zuwiderlaufen, interessiert.

Die Plausibilität einer Übertragung beruht dagegen darauf, dass sich die durch eine Interessenhypothese geweckten Erwartungen an den Text erfüllen. Im Zuge einer Übertragung können daher textliche

Abweichungen von diesen Erwartungen nicht einfach als erwägenswerte Standpunkte zu einer fixen Thematik aufgefasst werden, sie können auch indizieren, dass die Thematik selbst durch die Interessenhypothese nicht korrekt umrissen worden ist.

Da die Übertragung aufgrund inhaltlicher Vorentscheidungen die eigene Hypothese mit den von den Autoren formulierten Erkenntnissen vermengt, trägt sie zur Identifizierung der bei einem teilnehmenden Zugang zu diskutierenden Position nur ungenügend bei. Angesichts dieses Defizits benötigen wir ein Analyseverfahren, das eine von der Interessenhypothese unabhängige Einsicht in den Gehalt der Autorenbehauptungen gewährt. Ein solches Verfahren ist, wie ich herausstellen will, die Rekonstruktion.

1.2.3. Die Rekonstruktion

Die Übertragung vermittelt uns eine Vorstellung von einem möglichen Interessengegenstand und erwirkt dadurch eine bestimmte Art des Textverständnisses. Eine Rekonstruktion zielt auf eine andere Verstehensweise hin: Das Verständnis besteht hier darin, die im Text vorgefundenen Behauptungen als begründet einzusehen. Anders als bei der Übertragung soll bei der durch die Rekonstruktion angestrebte Begründung der Autorenbehauptungen von möglichst wenigen inhaltlichen Voraussetzungen Gebrauch gemacht werden.[44]

In diesem Abschnitt will ich die Bestandteile einer Rekonstruktion vorstellen und erläutern, wie sie auf einen zu rekonstruierenden Text bezogen sind. Dann komme ich auf spezielle Schwierigkeiten einer Rekonstruktion zu sprechen. Im letzten Abschnitt dieses Kapitels werde ich die komplementären Leistungen der Rekonstruktion und der Übertragung einander gegenüberstellen und erläutern, wie sie in der sogenannten Überprüfung aufeinander bezogen werden können.

Die Rekonstruktion eines Texts vollzieht sich innerhalb eines bestimmten Mediums, das ich Rekonstruktionslogik nenne. Diese setzt sich aus einer sogenannten Rekonstruktionssprache einerseits, und Möglichkeiten des Definierens und Folgerns andererseits zusammen. Die Rekonstruktionssprache enthält zunächst nur die logischen Konstanten. In der vorliegenden Rekonstruktion wird davon ausgegangen,

---

[44] Zum Begriff der Rekonstruktion und auch zu den damit verbundenen Schwierigkeiten vgl. ausführlicher Keffer, „Formalisierung mittelalterlichen Gedankenguts".

dass die Rekonstruktionslogik diesen Konstanten klassisch-logische Bedeutung verleiht. Es sollen ferner Möglichkeiten induktiven Definierens und Beweisens bereitstehen; wir werden unterstellen, dass zu diesem Zweck eine Mengensprache zur Verfügung steht.[45]

In die Rekonstruktionssprache können vermittels Definitionen Entsprechungen zu einer speziellen Terminologie, in unserem Fall zur Obligationenterminologie, eingeführt werden. Die rekonstruktionssprachliche Entsprechung zu einem bestimmten Terminus eines zu rekonstruierenden Texts nenne ich Repräsentation dieses Terminus. Bei der Einführung von Repräsentationen ist auf den Gebrauch, den der Autor von dem entsprechenden Terminus macht, und auf eventuelle Erläuterungen zu achten.

Die rekonstruktionssprachlichen Begriffszeichen sind in der vorliegenden Rekonstruktion aus mnemotechnischen Gründen so gewählt, dass sie an die repräsentierten Obligationenbegriffe erinnern. Rekonstruktionssprachliche Begriffszeichen werden generell kursiv gesetzt. Die Repräsentationen der Dispute werde ich beispielsweise „*Dispute*" nennen, die lateinische Wendung „*est concedendum*" wird durch „*muss eingeräumt werden*" repräsentiert.

Repräsentationen von Begriffen lassen sich zu Repräsentationen ganzer Aussagen zusammenfügen. Die Rekonstruktion kann als gelungen bezeichnet werden, wenn Folgendes gilt: Wird eine bestimmte Aussage vom Autor behauptet, so ist die Repräsentation dieser Aussage aufgrund der Definitionen der beteiligten Begriffe beweisbar. Eine solche beweisbare rekonstruktionssprachliche Aussage kann dann ebenfalls behauptet werden. In diesem Sinne ist angestrebt, die Behauptungen mittelalterlicher Autoren durch die Behauptung ihrer Repräsentationen zu rekonstruieren.

Die Frage nach der Gelungenheit stellt die Rekonstruktion als Ganzes den Behauptungen des Autors gegenüber: Ein bestimmter historischer Begriff kommt ja in unterschiedlichen vom Autor getroffenen Behauptungen vor. Durch die einmalige Bedeutungsfestlegung der Repräsentation des Begriffs mittels einer Definition müssen sich die Repräsentationen von (im Idealfall) allen diesen Aussagen als

---

[45] Induktive Verfahren benötigen wir, da wir keine prinzipielle Obergrenze für die Länge von Disputen angeben können. Der rekonstruktionssprachliche Begriff des *Disputs* muss daher induktiv definiert und entsprechende Behauptungen z.T. induktiv bewiesen werden.

wahr erweisen. In diesem Sinne wird durch eine gelungene Rekonstruktion eine strukturelle Analogie zwischen der von einem Autor verwendeten Begrifflichkeit und einer eigens zu diesem Zweck geschaffenen, neuen Begrifflichkeit hergestellt.

Mit einer Rekonstruktion verfolgen wir die Zielsetzung, eine Einsicht in die Begründetheit der Autorenbehauptungen zu geben, die auf möglichst geringen inhaltlichen Vorentscheidungen beruht. Diese Einsicht gewinnen wir, indem wir innerhalb der Rekonstruktionslogik Repräsentationen der Autorenbehauptungen beweisen. Da die Rekonstruktionsmittel, die Mittel der formalen Logik und Mengentheorie, insofern universell sind, dass sie in jeder Wissenschaft zur Anwendung kommen können,[46] bringt eine Rekonstruktion nur geringe inhaltliche Vorentscheidungen mit sich. Diejenigen Voraussetzungen, die zu einer Begründung unabdingbar sind, werden durch den sukzessiven definitorischen Aufbau der rekonstruktionssprachlichen Terminologie in jeweils expliziter Form in die Analyse eingebracht und damit einer separaten Thematisierung zugänglich.

1.2.4. *Historische Adäquatheit einer Rekonstruktion*

Die Rekonstruktion eines mittelalterlichen Textes ist in einem gewissen Sinne *per se* inadäquat: Sie verwendet andere Mittel, als die Autoren selbst dies tun. Dem ist entgegenzuhalten, dass sie jedoch adäquat ist im Blick auf den verfolgten Zweck, eine voraussetzungsarme Begründung der Autorenbehauptungen zu liefern. Die Frage nach historischer Adäquatheit soll daher nicht als Frage nach einer Übereinstimmung mittelalterlicher und moderner Mittel verstanden werden. Statt dessen zielt die Frage auf die soeben angesprochene strukturelle Analogie zwischen Repräsentans und Repräsentandum.[47] Hier können sich eine Reihe von Schwierigkeiten ergeben.

Zunächst ist das Problem der Übersetzung einzelner lateinischer Aussagen in ihre Repräsentationen zu nennen. Es handelt sich hier-

---

[46] Dieser Gedanke wird von Frege an einigen Stellen seines Werks betont, so z.B. in GG 1, XV.

[47] Die Begriffsbildung „Repräsentans/Repräsentandum" lehnt sich an das Begriffspaar „Explikans/Explikandum" des berühmten Hempel-Oppenheim-Schemas an (vgl. Hempel/Oppenheim, „Logic of explanation"). Anders als zwischen Explikans und Explikandum besteht, wie wir gesehen haben, zwischen Repräsentans und Repräsentandum keine deduktive Beziehung sondern das Verhältnis „ist Formalisierung von", d.h. eine Relation der informellen Semantik.

bei um einen Spezialfall der allgemeineren Schwierigkeit, dass die Kriterien, die uns bei der Überführung von natürlicher in eine künstliche Sprache leiten, kaum je vollends explizit zu machen sind.[48] Bei den in dieser Arbeit vorgenommenen Zuordnungen der lateinischen Aussagen zu ihren Repräsentationen muss daher vom Leser Benevolenz gefordert werden.

Das Problem der Übersetzung stellt ein Problem nahezu jeder Rekonstruktion dar; im Folgenden sind außerdem einige besondere Schwierigkeiten der hier vorliegenden Rekonstruktion zu thematisieren. Zunächst müssen in dieser Arbeit einige Einschränkungen des Themas vorgenommen werden. Diese werden z.T. vom Umfang der Arbeit her begründet,[49] sie dienen jedoch auch dazu, einen obligationenspezifischen Stoff zu isolieren, indem angrenzende Themenkomplexe der mittelalterlichen Logik ausgeblendet werden.[50] Ergänzende Rekonstruktionen können möglicherweise in den entwickelten Ansatz eingefügt werden.

Neben den generellen Einschränkungen gibt es Abweichungen *en détail*: Einige der Begriffsbildungen der Autoren haben für die zu begründenden Behauptungen eine nur untergeordnete Relevanz.[51] Da wir solche Begriffe nicht repräsentieren werden, wird die Rekonstruktion in solchen Zusammenhängen durch die Vorlage überdeterminiert. Andererseits werden aus Übersichtlichkeits- und Sparsamkeitsgründen Begriffe in die Rekonstruktionssprache eingeführt, die entweder gar kein theoretisches Gegenstück bei den mittelalterlichen Autoren haben[52] oder deren Gegenstück dort eine weitaus geringere Rolle spielt als in der Rekonstruktion.[53] An solchen Stellen wird also die Rekonstruktion durch die Vorlage unterdeterminiert.

Wenn die Rekonstruktion dergestalt nicht nur von textimmanenten Faktoren geleitet wird und insofern einer strikt verstandenen Forderung nach historischer Adäquatheit nicht immer gerecht wird, so lässt sich dies dadurch rechtfertigen, dass die Rekonstruktion nicht

---

[48] Diesbezügliche Überlegungen finden sich bei Quine, *Wort und Gegenstand*, Kap. IV, sowie § 33.

[49] Vgl. die Beschränkung auf die Obligationenspezies der *positio* (2.1.2) bzw. genauer auf die *positio possibilis* (4.1.5).

[50] Vgl. u.a. die Diskussion um eine angemessenen *Disputsprache* in 3.1.1.

[51] Ein Beispiel ist der Begriff des „*cedat tempus*", vgl. unten 3.2.7.

[52] Vgl. etwa den Begriff des Wissensstandes (3.1.5).

[53] Hier ist als wichtigstes Beispiel der Begriff des *Disputes* zu nennen, vgl. die Diskussion zu Beginn von 3.

nur die mittelalterlichen Begründungen der Autorenbehauptungen rekapitulieren, sondern gegebenenfalls zusätzliche Einsicht in deren Begründetheit gewähren will. Dazu gehört einerseits die Identifikation von Faktoren, die für das Argument irrelevant sind, andererseits das Offenlegen von impliziten Prinzipien, auf denen die Argumentation beruht. Indessen muss bei solchen Abweichungen von den Quellen mit aller Behutsamkeit vorgegangen werden, um den zu rekonstruierenden Gegenstand nicht zu verlieren. Zu entscheiden, ob diese Gefahr erfolgreich abgewendet wurde, kann letztlich nur dem Leser überlassen bleiben.

Ein letztes an dieser Stelle zu nennendes Problem betrifft den synoptischen Charakter dieser Rekonstruktion: Wir befassen uns nicht nur mit einem einzelnen Autor, sondern erstreben eine einheitliche Rekonstruktion einer ganzen Reihe von Autoren. Diese weichen in ihren Begriffsbildungen z.T. voneinander ab. Handelt es sich um so gewichtige Abweichungen, dass sie schon im Mittelalter als solche diskutiert worden sind, so werden wir die Alternativen gesondert in die Rekonstruktion einbringen.[54] Ist dies letztere nicht der Fall, so werden wir uns für eine der vorkommenden Alternativen entscheiden. Als Direktive für solche Entscheidungen kann das „Maximalitätsprinzip" genannt werden:[55] Es ist der extensional weiteste Begriff zu rekonstruieren, wenn sich engere Varianten auf Satzebene durch Einschränkungen, beispielsweise in Form eines geeignet gewählten Antezedens, simulieren lassen.[56]

1.2.5. *Die Überprüfung*

Die beiden hermeneutischen Verfahren der Übertragung und der Rekonstruktion machen uns jeweils unterschiedliche Aspekte der Obligationentexte verständlich. Die Übertragung bezieht die Autorenbehauptungen auf ein hypothetisch als solches bestimmtes historisch-systematisches Interesse und gibt ihnen so eine inhaltliche Deutung. Sie verleiht damit der Interessenhypothese eine Anfangsplausibilität, mehr kann sie jedoch aufgrund ihrer internen Bezogenheit auf jene nicht leisten.

---

[54] Dies gilt insbesondere für die Terminologie der beiden *responsiones*, vgl. 4.3.
[55] Für einen diesbezüglichen Hinweis bin ich M. Astroh verpflichtet.
[56] Vgl. hierzu u.a. die Diskussion um die „minimale", die „maximale" und die „Kontingenzlösung" (4.1.6).

Die Rekonstruktion gewährt uns dagegen Einsicht in die Schlüssigkeit der mittelalterlichen Argumentationen. Da sich ihre Mittel durch Universalität auszeichnen, liefert sie gerade keine inhaltliche Deutung, sondern eine formale Begründung für die Autorenbehauptungen. Die jeweiligen hermeneutischen Aufgaben von Übertragung und Rekonstruktion können wir in einer formelhaften Wendung wie folgt beschreiben: Während uns die Übertragung mitteilen will, worüber die Autoren sprechen, soll die Rekonstruktion ausdrücken, was sie sagen.

Übertragung und Rekonstruktion können in Form einer Überprüfung der historisch-systematischen Interessenhypothese aufeinander bezogen werden. Wir fragen hier, ob die zunächst getrennt am Text etablierten Ebenen einer inhaltlichen Deutung und einer formalen Begründung — das, worüber die Autoren sprechen, und das, was sie sagen — miteinander in Einklang zu bringen sind. Im Zuge der Überprüfung erhält das formale Begriffssystem der Rekonstruktion eine Interpretation durch das historisch-systematische Interesse, so wie es anhand der Übertragung bereits vorläufig etabliert ist. Die durch die Rekonstruktion aufgewiesenen Prinzipien der Autorenbehauptungen müssen sich dann als akzeptabel angesichts dieser inhaltlichen Deutung herausstellen. Im Zuge dieser speziellen Untersuchung sind wir angehalten, den Interessengegenstand in u.U. bisher unberücksichtigten Aspekten zu klären, er erfährt dadurch eine weitere Differenzierung und Auslegung. Die fraglichen Aspekte sind anhand der Rekonstruktion aus den Autorenbehauptungen gewonnen worden; auf diese Weise treten wir also in den Dialog mit den Quelltexten ein.

Wenn sich die historisch-systematische Interessenhypothese auch nach der Überprüfung aufrechterhalten lässt, so erhält dadurch die Hypothese des gemeinsamen Interesses eine über die Übertragung hinausgehende Stützung: Die Autoren treffen dann Behauptungen unter solchen Bedingungen, wie sie es auch täten, wenn das systematische Interesse gleichzeitig ihr historisches wäre. In diesem Fall hat die Rekonstruktion den willkommenen Nebeneffekt, dass die Begrifflichkeit des systematischen Interesses nun in einer den Üblichkeiten formaler Logik entsprechenden Weise präsentiert werden kann. Im anderen Fall — die Hypothese kann angesichts der Überprüfung nicht aufrechterhalten werden — sind zumindest die durch die Rekonstruktion erzielten Ergebnisse weiter verwendbar: Da sie aufgrund ihrer inhaltlichen Voraussetzungsarmut nicht von der Gültigkeit der Interessenhypothese abhängen, lassen sie sich immer noch für eine zukünftige Forschung nutzen.

Die drei grundlegenden Verfahren der hier vorgestellten Methodologie, Übertragung, Rekonstruktion und Überprüfung, sind intern aufeinander bezogen, und sollen daher unter dem Terminus „strukturelle Hermeneutik" zusammengefasst werden. Die strukturelle Hermeneutik versteht sich als Lösung auf ein Grundproblem, das mit der Zielsetzung eines teilnehmenden Zugangs verknüpft ist. Bei einen teilnehmenden Zugang gilt es, den überlieferten Text einerseits auf die eigene Interessenlage zu beziehen, dabei andererseits jedoch zu registrieren, inwiefern er diesbezüglich mit neuen Erkenntnissen aufwartet. Das Funktionieren der Adaption an die eigenen Interessen beruht auf einem Konsens zwischen unseren Erwartungen und den Autorenbehauptungen, während sich neue Erkenntnisse üblicherweise durch kontroverse Momente anzeigen. Der Blick auf die für unser aktuelles Interesse relevanten Aspekte kann daher durch das Verstehen des Textes unter diesem Interesse gerade verstellt werden.

Die hier zugrundegelegte Methodik begegnet dieser Schwierigkeit dadurch, dass sie durch die separaten Verfahren der Übertragung und der Rekonstruktion die beiden Schritte der Adaption an das eigene Interesse und der Identifizierung relevanter Aspekte getrennt vollzieht. Wenn sich in der Überprüfung zeigt, dass sie sich zu einem Ganzen integrieren lassen, dann ist damit der teilnehmende Zugang zum historischen Text erreicht.

2. DAS INTERESSE DER OBLIGATIONEN

Dieses zweite Kapitel hat die Aufgabe, ein systematisches Interesse an den Obligationendisputen zu begründen, das sich gleichzeitig als historisches Interesse der mittelalterlichen Autoren unterstellen lässt. Ich werde hierbei das Verfahren der Übertragung anwenden. Im ersten Teil wird ein mögliches systematisches Interesse an den Obligationen aufgezeigt, der zweite und der dritte Teil legen dar, dass es auch als historisches Interesse unterstellt werden kann. Die informellen Überlegungen werden später durch eine Rekonstruktion der Obligationentraktate in den Kapiteln 3, 4 und 5 eingelöst, z.T. auch modifiziert und erweitert.

2.1. *Formulierung eines systematischen Interesses*

Ich werde im Folgenden zunächst in programmatischer Form darstellen, wie ein systematisches Interesse an den Obligationendisputen begründet werden kann. Nach Formulierung einer ersten Einschränkung des Themas werden die Charakteristika eines Obligationendisputs herausgestellt. Ausgehend von diesen Charakteristika wird das systematische Interesse im Sinne der programmatischen Anfangsüberlegung entwickelt.

2.1.1. *Vorbild und Modell*

Wie bereits erwähnt, lässt sich der Gegenstand der mittelalterlichen Obligationentraktate allgemein bestimmen als Analyse und Diskussion einer gewissen Art von Disputen, den Obligationendisputen. Diese Dispute haben den Charakter einer recht abstrakten und künstlichen Gesprächssituation. Die Vorstellung, solche Dispute tatsächlich zu führen, mag daher befremdlich und ihre Untersuchung als abwegig erscheinen. Wenn wir dennoch versuchen, in ihnen einen Gegenstand zu sehen, über den nachzudenken sich heute noch lohnt, dann müssen wir ihnen eine Bedeutung für uns selbst zuschreiben. Hierbei ist eine Verbindung zu Phänomenen, die vertrauten Lebensvollzügen nahe sind, hilfreich.

Eine solche Verbindung kann über das Verhältnis von Modell und Vorbild etabliert werden.[1] Modelle, im Sinne von vereinfachten Nach-bildern, sind uns als probate Hilfsmittel beim Nachdenken über kom-plexe Phänomene bekannt. Wenn wir ein solches Phänomen unter einem bestimmten theoretischen Interesse untersuchen, dann bilden wir bisweilen ein Modell des Phänomens. Dazu sehen wir von irre-levanten Hinsichten ab, d.h. von Hinsichten, denen unser theoreti-sches Interesse nicht gilt. Die eigentliche Untersuchung gilt dann dem Modell. Die am Modell gewonnenen Ergebnisse können (bis zu einem gewissen Grade) auf das ursprüngliche Phänomen, das Vorbild, zurückprojiziert werden.

Ein für unsere Zusammenhänge instruktives Beispiel ist die formale Logik, die sich als Modell für lebensweltliche Argumentationspraxen auffassen lässt. Das theoretische Interesse gilt in diesem Fall der Gül-tigkeit einer Argumentation, d.h. es werden nur diejenigen Hinsichten der Argumentation berücksichtigt, die ihre Gültigkeit betreffen.[2] Die gewonnenen Erkenntnisse können auf lebensweltliche Argumentationen zurückübertragen werden; die formale Logik eignet sich so zur Kritik lebensweltlicher Argumentationen.

Aus der Bedeutung von Modellen im Zusammenhang mit wissen-schaftlichen Untersuchungen ergibt sich ein Programm, um ein syste-matisches Interesse an den Obligationen zu rechtfertigen: Es ist ein geeignetes Vorbild zu identifizieren, welches im Bereich unserer Le-bensvollzüge liegt, und ein systematisches Interesse auszumachen, unter dem dieses Vorbild untersucht werden kann. Wenn es gelingt, die speziellen Merkmale der Obligationendispute als Vereinfachungen des Vorbilds unter dem systematischen Interesse aufzufassen, dann lassen sich die Obligationen als Modelle für dieses Vorbild deuten. Ein systematisches Interesse an den Obligationen kann auf diese Weise durch das systematische Interesse am Vorbild gerechtfertigt werden.

2.1.2. *Eine erste Einschränkung*

Eine erste Einschränkung des Untersuchungsgegenstandes soll hier explizit gemacht und begründet werden: Ich werde mich im Folgenden

---

[1] Vgl. hierzu auch Olsson/Svensson, „Disputation and Change of Belief", Kap. 3.
[2] Wie problematisch es ist, die Hinsicht der Gültigkeit einer Argumentation genau zu bestimmen, zeigen die von Frege z.T. ungelösten Schwierigkeiten seines Begriffs der „Färbung", vgl. hierzu Astroh, „Anschauung, Begriff und Sprache".

auf die Obligationenspezies der *positio* beschränken, die nur eine von
mehreren Obligationenspezies ist.[3] Die Beschränkung auf nur eine
Spezies hat ihre Gründe im Umfang der Arbeit. Die Wahl der *positio* lässt sich damit begründen, dass die *positio* erstens insofern die
wichtigste Obligationenspezies ist, als sie, soweit dies überschaubar
ist, als einzige in allen mittelalterlichen Obligationentexten behandelt wird. Zweitens hat sie auch in der Sekundärliteratur bisher am
meisten Beachtung gefunden. Drittens lässt sich unter Vorbehalt sagen,
dass die anderen Obligationenspezies der *positio* hinreichend ähnlich
sind, dass bei einer erfolgten Klärung der letzteren auch die der anderen in Aussicht steht.

Der angezeigte Vorbehalt gilt vor allem der Obligationenspezies
der *impositio*; ihre formale Klärung wird vermutlich recht verschieden
von der Klärung der *positio* ausfallen. Da von der *impositio* im weiteren Fortgang der Arbeit nicht mehr die Rede sein wird, sei an dieser Stelle skizzenhaft ein Eindruck von ihr vermittelt.

Mittels der *impositio* lässt sich einem Ausdruck für die Dauer eines
Disputs eine bestimmte Bedeutung verleihen. Zum Beispiel kann dem
Buchstaben „*A*" die Bedeutung „*homo*" verliehen werden, dem Buchstaben „*B*" die Bedeutung „*animal*". Ausdrücke wie „*A est B*" aber
auch „*A est homo*" scheinen dann den Status von wahren Aussagen
zu erhalten.[4]

Dies lässt sich mit dem Vorgehen von Mathematikern in unserer
Zeit vergleichen, die den Ausdruck einer komplexen Menge mit einem
Zeichen, etwa „∇", abkürzen, um dann in entsprechenden Beweisen
nur noch von „∇" sprechen zu müssen. In diesem Sinne kann die
Zweckbestimmung verstanden werden, die Ockham von der *imposi-
tio* gibt.

> Et potest ex tali institutione accidere utilitas, quia per talem institutio-
> nem quandoque fit brevior disputatio et locutio; quandoque debet fieri
> disputatio de re innominata, et tunc utile est disputationibus pro tem-
> pore disputationis sibi certum nomen imponere <. . .>.[5]

Bei dem eben geschilderten Vorgehen moderner Mathematiker wird
allgemein unterstellt, dass ein Zeichen wie „∇" nicht schon eine

---

[3] Zu den von den einzelnen Autoren jeweils behandelten Obligationenspezies vgl.
Schupp, „Kommentar", S. 53 f, Spade, „Three Theories", S. 5 (Fußnote 13) und
J. Ashworths Fußnote in Paul von Venedig, *Tractatus de Obligationibus*, S. 37 (Fußnote 11).
[4] Vgl. Paul von Venedig, *Tractatus de Obligationibus*, S. 90.
[5] Ockham, *Summa Logicae*, S. 723.

Bedeutung besitzt, wenn es so in Beweisen verwendet wird. Eben diese Voraussetzung wird bei der mittelalterlichen *impositio* nicht allgemein getroffen. Es ist beispielsweise möglich, dem Ausdruck „*homo est animal*" die Bedeutung von „*homo est asinus*" zu verleihen. Die Regeln der *impositio* sollen u.a. Vorsorge treffen, dass aus solchen Festlegungen keine Widersprüche entstehen. Im Beispiel stellt sich die Frage nach den logischen Eigenschaften der Aussage „*homo est animal*" nach dieser *impositio*: Ist diese Aussage notwendig wahr (da Menschen notwendig Sinnenwesen sind) oder ist sie notwendig falsch (da Menschen unmöglich Esel sein können)? Für solche Fälle scheint vorgesehen zu sein, dass die neu verliehene Bedeutung von der ursprünglichen Bedeutung „überschrieben" wird, sich logische Eigenschaften also nach der ursprünglichen Bedeutung richten.[6]

Impositiones können zu Antinomien führen, wenn der „Wert" der *impositio* eine „Funktion" des „Wahrheitswertes" der Aussage ist, in der sie auftritt. Dies ist beispielsweise in folgendem, oft diskutierten Sophisma der Fall: „*Significet A asinum in propositione vera, hominem in propositione falsa et hoc disiunctα: homo vel non homo, in propositione dubia*".[7] Es scheinen unterschiedliche Ansätze zur Antinomienvermeidung vorgeschlagen zu werden.[8] Johannes von Holland erklärt solche *impositiones* generell für unzulässig: Da Wahrheit und Falschheit von der Bedeutung der Wörter im Satz abhängen, kann deren Bedeutung nicht umgekehrt von der Wahrheit oder Falschheit des Satzes abhängig gemacht werden.

> Ratio huius est, quia veritatis et falsitatis propositionis habet dependeri ex significato vocis. Et ideo quando significatum vocis ponitur dependere ex veritate et falsitate propositionem, tunc ponitur dependere ab eo quod ab ipso dependet.[9]

Aufgrund dieser Skizze lässt sich ersehen, dass eine Rekonstruktion der *impositio* alles andere als trivial sein wird. Insofern handelt es sich um einen vielversprechenden Gegenstand zukünftiger Forschung.

---

[6] Dies drückt beispielsweise die *septima conclusio* Paul von Venedigs aus (vgl. Paul von Venedig, *Tractatus de Obligationibus*, S. 86). Paul behandelt die *impositio* allerdings nicht als eigene Spezies.

[7] Burley, *Tractatus de Obligationibus*, S. 35.

[8] Vgl. Paul von Venedig, *Tractatus de Obligationibus*, S. 104 und die Fußnote 4 von J. Ashworth auf S. 105.

[9] Johannes von Holland, *Logic*, S. 96.

2.1.3. *Die Charakteristika eines Obligationendisputs*

Im Folgenden sind die Charakteristika eines Obligationendisputs bei Beschränkung auf die *positio* herauszustellen. Diese Charakteristika sollen sich im Sinne unseres Programms als Vereinfachungen eines Vorbilds darstellen.

Wie in 1.1.3 erwähnt, treten in den Obligationendisputen zwei Disputanten, genannt Opponent und Respondent, gegeneinander an. Bei der *positio* wird dem Respondenten vom Opponenten eine bestimmte Aussage „gesetzt" (*ponere*). Diese Aussage wird „*positum*" genannt, wir nennen sie im Folgenden auch „These". Mit der folgenden Äußerung kann der Opponent die These setzen, dass jeder Mensch läuft: „*pono tibi quod omnis homo currit*". Der Respondent hat dann die Möglichkeit, die Zulässigkeit dieser Aussage als *positum* anzuerkennen, sie „zuzulassen", indem er sagt „*admitto*". Es gibt Obligationendispute mit mehreren Thesen, die Gesamtheit der gesetzten und zugelassenen Aussagen eines Disputs wird dann „das Verpflichtete" (*obligatum*) genannt.

Im Mittelalter existieren unterschiedliche Auffassungen darüber, unter welchen Umständen eine These vom Respondenten zuzulassen ist. Diese Auffassungen zusammen mit der Frage, wie sie sich in das zu etablierende systematische Interesse einfügen, werde ich erst im Zusammenhang der Rekonstruktion behandeln, da eine angemessene Diskussion deren begriffliche Mittel voraussetzt.[10] An dieser Stelle sei vorläufig festgehalten, dass es sich bei Thesen gemeinhin um kontingent falsche Aussagen handelt, so wie dies auch auf „*omnis homo currit*" zutrifft.

Der weitere Disput zwischen Opponent und Respondent spielt sich folgendermaßen ab: Nach Vorgabe des Verpflichteten, also der Thesen, werden vom Opponenten weitere Aussagen, die sogenannten „Vorschläge" oder *proposita* vorgebracht. Auf diese kann der Respondent in einer von drei Möglichkeiten antworten: er kann sie einräumen („*concedo*"), bestreiten („*nego*") oder offen lassen („*dubio*").[11]

---

[10] Dies gilt sowohl für die Regeln als auch für die Rahmenbedingungen bezüglich der These (vgl. die im Folgenden getroffene Unterscheidung). Wir behandeln die Rahmenbedingungen in 3.2.3, die Regeln in 4.1.6 und 4.3.3, und stellen die Beziehung zum systematischen Interesse in 4.4.2 her.

[11] Das deutsche Wort „offen lassen" ist an und für sich keine gute Übersetzung des lateinischen „*dubitare*". „Offen lassen" trifft aber recht gut dasjenige, was mit einem Vorschlag geschieht, wenn der Respondent auf ihn mit „*dubio*" antwortet. Wie wir noch sehen werden, drückt der Respondent damit keinen Zweifel an der

Bis hierhin lässt sich zusammenfassend sagen, dass es in einem Obligationendisput genau zwei Disputanten gibt, die sich vermittels eines standardisierten Inventars von Ausdrucksmöglichkeiten abwechselnd äußern. Diese Charakteristika fasse ich unter dem Begriff der Rahmenbedingungen zusammen. Von den Rahmenbedingungen sind die Regeln zu unterscheiden.[12] Die Regeln spezifizieren, auf welche Weise der Respondent innerhalb dieses vorgegebenen Rahmens je nach Disputsituation zu antworten hat.

Die Obligationenregeln beruhen auf sogenannten Abhängigkeitsbegriffen, d.h. auf den Begriffen „abhängig durch Folge", oder kurz „folgend" (*pertinens sequens*), „abhängig durch Widerspruch", oder kurz: „widersprechend" (*pertinens repugnans*), und „unabhängig" (*impertinens*). Der Unterschied zwischen den beiden konkurrierenden Obligationentheorien, *antiqua* und *nova responsio*, besteht darin, dass sie diese Begriffe in jeweils anderer Weise definieren. Da die *nova responsio* diesbezüglich etwas einfacher ist, erläutere ich sie zuerst.

Das alleinige Kriterium für „folgend", „widersprechend" und „unabhängig" ist in der *nova responsio* das Verpflichtete des Disputs. Im Einzelnen sind die Begriffe wie folgt definiert: Eine Aussage ist genau dann folgend, wenn sie aus dem *positum* bzw. den *posita* des Disputs folgt. Sie ist genau dann widersprechend, wenn sie der oder den These(n) widerspricht. Ferner ist sie genau dann unabhängig, wenn keines von beiden zutrifft, sie aus dem Verpflichteten also weder folgt noch ihm widerspricht.

In der *antiqua responsio* sind dagegen neben den *posita* noch weitere Aussagen für die Abhängigkeit maßgeblich. Die Gesamtheit dieser relevanten Aussagen wird gelegentlich „das bisher Gesagte" (*prius*

Aussage aus, sondern den Umstand, dass seine Informationen nicht hinreichen, die Aussage affirmativ oder negativ zu beantworten. Dies erinnert an den Gebrauch, den der britische Logiker Hugh MacColl, einer der Begründer der Modallogik, mit seinem Terminus „*variable*" verbindet. (Vgl. u.a. MacColl, *Symbolic Reasoning*, S. 516. Das kurz zuvor, S. 515, gegebene Beispiel deutet jedoch eine etwas andere Verwendungsweise des Begriffs „*variable*" an.)

[12] Die Unterscheidung „Regel — Rahmenbedingung" lehnt sich an den Begriff „Rahmenregel" an, den Paul Lorenzen und Kuno Lorenz im Zusammenhang mit den sogenannten „Dialogspielen" entwickeln (vgl. Lorenzen/Lorenz, *Dialogische Logik*). Ein inhaltliche Analogie ergibt sich dadurch, dass die obligationalen Rahmenbedingungen einen gewissen Variabilitätsspielraum offen halten, der durch die Regeln unterschiedlich ausgefüllt werden kann (z.B. im Sinne von *antiqua* und *nova responsio*, vgl. auch unten, 3.2.1). Bei Lorenzen/Lorenz kann durch die dialogischen Rahmenregeln die unterschiedliche Folgerungsbegrifflichkeit von klassischer bzw. intuitionistischer Logik gestaltet werden.

dictum oder auch *prius dicta* „die bisher Gesagten") genannt.[13] Das bisher Gesagte besteht aus dem Verpflichteten sowie zusätzlich aus allen Aussagen, die bereits im Disput eingeräumt, und aus den Negationen derjenigen Aussagen, die im Disput bestritten worden sind. Mit jedem neu eingeräumten bzw. bestrittenen Vorschlag wächst also das bisher Gesagte um eine weitere Aussage an; bei einem eingeräumten Vorschlag um den Vorschlag selbst, bei einem bestrittenen um dessen Negation.

Die Abhängigkeitsbegrifflichkeiten von *antiqua* und *nova responsio* unterscheiden sich nur in der einen Hinsicht, dass diejenige Rolle, die in der *nova responsio* das Verpflichtete übernimmt, in der *antiqua responsio* vom bisher Gesagten ausgefüllt wird. Es ist demnach eine Aussage gemäß der *antiqua responsio* genau dann folgend, wenn sie aus dem bisher Gesagten folgt. Sie ist genau dann widersprechend, wenn sie dem bisher Gesagten widerspricht. Unabhängig ist sie genau dann, wenn sie weder aus dem bisher Gesagten folgt noch ihm widerspricht.

Die Regeln, welche die *ars obligatoria* für vorgeschlagene Aussagen vorsieht, unterscheiden sich in den einzelnen *responsiones* nur darin, dass sich die Unterschiede zwischen den Abhängigkeitsbegriffen auf die mit diesen Begriffen gebildeten Regeln vererben. Gemäß den Regeln muss ein durch Folge abhängiger Vorschlag vom Respondenten eingeräumt werden. Ist die vorgeschlagene Aussage dagegen abhängig durch Widerspruch, muss sie bestritten werden.

1 a) Alles, was folgend ist, muss eingeräumt werden.
   b) Alles, was widersprechend ist, muss bestritten werden.

Im Fall eines unabhängigen Vorschlags hat die Antwort gemäß des Informationsstandes der Disputanten zu erfolgen. Dieser Informationsstand wird durch die epistemische Terminologie „bekanntermaßen wahr" (*scitum esse verum*), „bekanntermaßen falsch" (*scitum esse falsum*)

Ein charakteristischer Unterschied liegt darin, dass in die obligationalen Regelformulierungen bereits Folgerungsbegrifflichkeit eingeht. Für das Programm einer dialogischen Grundlegung der Logik, wie es von Lorenzen/Lorenz verfolgt wird, wäre die Verwendung von logischer Begrifflichkeit in den Dialogregeln zirkulär, da diese gerade geklärt werden soll. Den vorliegenden Unterschied können wir wie folgt fassen: Während die Dialogspiele logische Begriffe auf Disputregeln zurückführen, beruhen umgekehrt in den Obligationendisputen die Disputregeln auf logischen Begriffen.

[13] So z.B. bei Paul von Pergula: „Est autem impertinens quod non sequitur nec repugnat aliquo modorum prius dictorum; pertinens vero est e contra quod sequitur vel repugnat aliquo modo prius dicto." (Paul von Pergula, *Logica*, S. 104.)

und „ungewiss" (*dubium*) beschrieben. Ungewisse Aussagen sind dabei weder bekanntermaßen wahr noch falsch, d.h. in Bezug auf sie liegen keine genauen Informationen vor. Die Obligationenregeln besagen, dass eine unabhängige Aussage eingeräumt werden muss, wenn sie bekanntermaßen wahr, bestritten werden muss, wenn sie bekanntermaßen falsch, und offengelassen werden muss, wenn sie ungewiss ist.

> 2 Alles, was unabhängig ist,
> a) muss eingeräumt werden, wenn es bekanntermaßen wahr ist,
> b) muss bestritten werden, wenn es bekanntermaßen falsch ist,
> c) muss offengelassen werden, wenn es ungewiss ist.

2.1.4. *Obligationen als Modelle für Streitgespräche*

Die Obligationen lassen sich allgemein als regelgeleitete Dispute beschreiben. Von den Disputen lässt sich eine Brücke zu einem aus Lebensvollzügen wohlbekannten Phänomen schlagen: Es kommt vor, dass wir Auffassungen vertreten, die von anderen abgelehnt werden, es liegt dann eine Meinungsverschiedenheit vor. Wir sind ebenfalls vertraut mit der Praxis des Streitgesprächs: Meinungsverschiedenheiten werden in Streitgesprächen ausgetragen, hier versuchen wir unsere gegensätzlichen Meinungen vor und für einander zu begründen.

Streitgespräche sind für uns außerdem Gegenstände einer Bewertung, wir sind gewohnt, gut geführte von weniger gut geführten Streitgesprächen zu unterscheiden. Dieser diskriminatorischen Fähigkeit kann ein anderer Ausdruck gegeben werden, indem wir versuchen, Regeln in der Weise formulieren, dass gut geführte Dispute diesen Regeln folgen. Unserer Fähigkeit, gut und schlecht geführte Dispute zu unterscheiden, geben solche Regeln eine explizite Fassung.

Zur weiteren Erläuterung dieses letzten Schrittes kann erneut der Zusammenhang zur Logik als Argumentationstheorie hergestellt werden. Sind wir hier beispielsweise überzeugt, dass eine Argumentation, die von „A und B" auf „A" führt, gültig ist, so lässt sich dies durch die Regel: „Von „A und B" darf man in Argumentationen zu „A" übergehen" ausdrücken. Unser Begriff von einer gültigen Argumentation ist dann vermittels dieser und noch weiterer Regeln zu explizieren.[14]

---

[14] Es sei darauf hingewiesen, dass die Darstellung einer Bewertungspraxis in Form von Regeln eine Zirkularität beinhalten kann. Zunächst sind die Regeln Hypothesen über die vorliegende Praxis, was sich daran zeigt, dass bei Abweichungen zu letzterer Modifikationen der ersteren vorgenommen werden. Einmal formulierte Regeln

Als mögliches Vorbild für die Obligationen kann also die Praxis des Streitgesprächs auftreten. Diese Praxis ist in unseren Lebensvollzügen bereits als triftig anerkannt. Als Hinsicht des systematischen Interesses an Streitgesprächen kann ihre Reglementierung gelten. Die Tatsache, dass ein solches Interesse heute *de facto* als systematisches besteht, lässt sich durch Hinweis auf diesbezügliche Veröffentlichungen evident machen.[15]

2.1.5. *Sachorientiertheit*

Ein Disput kann in mehreren Hinsichten gut bzw. schlecht geführt sein. Steht eine der Disputparteien trotz schlechterer Argumente am Ende als die überzeugendere da, so ist ihre Überlegenheit auf größere Redegewandtheit zurückzuführen. In einer gewissen Hinsicht hat die entsprechende Partei gut disputiert; dies können wir als „gut in rhetorischer Hinsicht" präzisieren.

Dispute lassen sich auch unter der Zielsetzung bewerten, Klarheit über den diskutierten Sachverhalt zu gewinnen. Damit setzen wir bei den Disputanten die Bereitschaft voraus, sich von den Argumenten des Gegners überzeugen zu lassen, sofern diese besser sind als die eigenen. Von einer Partei, die in einem solchen Disput die Oberhand behält, können wir sagen, sie habe „gut in sachlicher Hinsicht" disputiert; Dispute, in denen sich die Disputanten um sachliche Güte bemühen, können wir „sachorientiert" nennen.

Sachorientiertheit ist ein vielversprechender Untersuchungsgegenstand, da wir diese Eigenschaft u.a. von wissenschaftlichen Auseinandersetzungen fordern.[16] Insbesondere sind wir damit auch an Regeln interessiert, die dem Begriff der Sachorientiertheit Ausdruck verleihen.

---

können jedoch normativen Charakter gewinnen, dann wird bei Abweichungen an Stelle einer Modifikation der Regeln eine Modifikation der Bewertungspraxis treten. Wiewohl die Regeln ursprünglich aus der Praxis gewonnen wurden, können sie dennoch auf diese zurückwirken. Vgl. zu diesem Gedanken auch Goodman, *Tatsache, Fiktion, Voraussage*, S. 86 f und Hahn, *Überlegungsgleichgewicht(e)*.

[15] Vgl. z.B. Hegselmann, *Formale Dialektik*.

[16] Für David Lewis gehört Sachorientiertheit sogar zu den Entstehungsbedingungen von Sprache überhaupt (vgl. Lewis, „Die Sprache"): Würde jede Partei immer nur im eigenen Interesse reden, so gäbe es für die anderen keinen Grund, sich um ein Verständnis des Gesagten zu bemühen, eine Kommunikation käme also gar nicht in Gang. Ähnliche Überlegungen werden auch durch Ergebnisse der modernen Anthropologie nahegelegt (vgl. Lethmate, „Die Besonderheiten des Menschen", S. 32).

Es ist also zu überprüfen, ob sich die Obligationenregeln in diesem Sinne auffassen lassen.

2.1.6. *Konservativitäts- und Plausibilitätsregel*

Um den Begriff eines sachorientierten Disputs inhaltlich zu konkretisieren, sei ein Beispiel[17] formuliert: Stellen wir uns einen Disput zweier Personen vor, bei dem es um die Frage geht, ob Medea ihre Kinder liebt. Die eine Partei ist der Meinung, dass dies der Fall ist, die andere ist entgegengesetzter Ansicht. Beide Parteien versuchen, die Meinung der jeweils anderen anzugreifen. Auf einen Angriff kann mit einer Verteidigung geantwortet werden. Zum Beispiel: Die eine Partei macht geltend, dass alle Mütter ihre Kinder lieben, die andere Partei erwidert, dass niemand, der irgend jemanden tötet, diesen auch liebt. Dem hält die erste Partei entgegen, dass Medea ihre Kinder gerade deswegen tötet, weil sie diese liebt: Sie weiß, dass die Kinder am Hofe Jasons kein lebenswertes Dasein führen werden, usw.

Mit einem Angriff versucht eine Partei die andere zur Zurücknahme ihrer Behauptungen zu bewegen. Der Sinn einer Verteidigung besteht darin, gerade dies nicht tun zu müssen. Angriffe und Verteidigungen beziehen sich nicht nur auf die gerade aktuelle Behauptung, sondern auch auf frühere: „Eben hast du aber doch gesagt, dass . . .". Aufgrund dieser Tatsache ist ein Disput als zusammenhängendes Ganzes aufzufassen. Die Gesamtheit der behaupteten Aussagen einer Partei, die für den Disput in dem Sinne relevant sind, dass sich die andere mit einem Angriff auf sie beziehen kann, können wir die Position dieser Partei nennen.

Die Abwehr von Angriffen durch Verteidigungen dient dem Ziel, die Position aufrecht zu erhalten. Von einer Partei, die dieses Ziel nicht erreicht, kann gesagt werden, sie habe schlecht disputiert. (Obwohl wir es vielleicht gleichzeitig lobenswert finden, dass sie sich den besseren Argumenten des Gegners beugt.) Dies lässt sich in Form einer Regel formulieren: Da gutes Disputieren u.a. darin besteht, seine Position aufrecht zu erhalten, wird eine notwendige Bedingung hierfür durch folgende Regel angegeben:

---

[17] Das Beispiel stammt aus Boethius von Dacien, *Questiones* (S. 323) und dient dort der Erläuterung der Begriffe *probabile*, *improbabile* und *neutrum*.

Konservativitätsregel:
Du musst deine Position aufrechterhalten.

Zu einer erfolgreichen Verteidigung gehört jedoch mehr, als die eigene Position aufrechtzuerhalten. Betrachten wir im obigen Beispiel diejenige Partei, welche die Meinung vertritt, dass Medea ihre Kinder nicht liebt. Würde diese Partei auf den Angriff, dass alle Mütter ihre Kinder lieben, antworten, dass keine Mutter ihre Kinder je geliebt hat, so würden wir dies nicht als erfolgreiche Verteidigung ansehen. Der Grund ist, dass diese letztere Aussage völlig unplausibel ist. Die „Plausibilität" einer Aussage können wir dahingehend erläutern, dass sie einer allgemein gängigen Vorstellung entspricht oder doch zumindest nicht krass widerspricht.

Ein gewinnbringender Disput entspinnt sich erst dann, wenn sich beide Parteien an gewisse Plausibilitätsvorgaben halten. Andernfalls bereitet es keine nennenswerten Schwierigkeiten, die eigene Position aufrechtzuerhalten, da sich dann alles Mögliche zu ihrer Stützung erfinden lässt. Werden Plausibilitätsstandards nicht eingehalten, verliert daher die Diskussion insgesamt ihren Sinn. Zu einer erfolgreichen Verteidigung gehört damit ebenfalls die Einhaltung gewisser Plausibilitätsstandards.

Wiederum können wir sagen, dass eine Partei, die sich an keinerlei Plausibilitätsvorgaben hält, schlecht disputiert, umgekehrt, dass zum guten Disputieren das Festhalten an der folgenden Regel gehört:

Plausibilitätsregel:
Du musst dich um größtmögliche Plausibilität bemühen.

Nimmt man Konservativitäts- und Plausibilitätsregel zusammengenommen als konstituierend für den Begriff der erfolgreichen Abwehr eines Angriffs an, so ergibt sich: Ein Angriff ist genau dann erfolgreich abgewehrt, wenn es gelungen ist, die eigene Position in einer möglichst plausiblen Weise aufrechtzuerhalten.

Es fragt sich, ob nicht noch Regeln für den Angriff zu formulieren sind. In den Obligationen richten sich alle Regeln an den Respondenten, wie wir noch sehen werden, können sie als Regeln für einen Verteidiger aufgefasst werden. Dies kann folgendermaßen erklärt werden: Hat man die Regeln für die Verteidigung bestimmt, ergeben sich die Regeln für den Angriff *ex negativo*. Ein guter Angriff ist so beschaffen, dass er sich nicht erfolgreich verteidigen lässt. Das gleiche gilt umgekehrt. In diesem Sinne kann die Untersuchung der Regeln für eine der beiden Rollen auch etwas über die jeweils andere aussagen.

2.1.7. *Vom allgemeinen zum speziellen Szenario*

Wir gehen nun von diesem allgemeinen, Lebensvollzügen näheren zu einem speziellen, Lebensvollzügen entfernteren Szenario über. Im speziellen Szenario wollen wir als wesentliche Momente des allgemeinen Szenarios die Regeln bewahren. Der Übergang vom allgemeinen zum speziellen Szenario ist dadurch motiviert, dass sich die Regeln dort präziser formulieren lassen. Entscheidend ist der Verzicht auf den Begriff „plausibel" und seine Ersetzung durch die epistemischen Begriffe „bekanntermaßen wahr", „bekanntermaßen falsch" und „ungewiss". Dies gilt es im Folgenden zu erläutern.

Wenn wir die Regeln präzise formulieren wollen, so müssen wir für jeden dort verwendeten Begriff klare Kriterien des Zu- und Absprechens haben. Solche Kriterien sind jedoch für den Begriff „plausibel" nur schwer allgemein zu formulieren. „Plausibel" ist ein inhaltlicher Begriff, d.h. seine Anwendung setzt Wissen über die Welt voraus. Da dieses Wissen bei verschiedenen Personen unterschiedlich ausfallen kann, können verschiedene Personen auch unterschiedliche Aussagen als plausibel beurteilen. Bei der Verwendung von schwer überschaubaren Termini können uns sogar einander widersprechende Aussagen gleichermaßen plausibel erscheinen (vgl. das obige Beispiel „Medea liebt ihre Kinder").

Mit der Verwendung der epistemischen Begriffe „bekanntermaßen wahr", „bekanntermaßen falsch" und „ungewiss" unterstellen wir, dass derartige Schwierigkeiten im Disput nicht auftreten. Eine einheitliche Verwendungsweise dieser Begriffe kann dadurch erreicht werden, dass sich die Disputanten vor dem Disput auf Aussagen, die sie als „bekanntermaßen wahr" bezeichnen wollen, einigen. Solche Aussagen sind vielleicht in der Situation durch Wahrnehmung verifiziert, wie die Aussage „du (der Respondent) sitzt", oder sie werden im kulturellen Kontext der Disputanten als Gemeinplätze betrachtet, so z.B. im Mittelalter „*deus est*" und heute „Wasser ist kein Element". Eine solche Einigung der Disputanten auf unkontroverse Aussagen wollen wir „epistemische Einigung" nennen.[18]

---

[18] Die hier geschilderte Prozedur der epistemische Einigung kommt in den historischen Beschreibungen der Disputpraxis nicht vor. Die epistemischen Begriffe werden von den Autoren jedoch so verwendet, wie sich dies hieraus ergibt (vgl. auch unten, 3.1.5). Die epistemische Einigung ist daher der Versuch, den mittelalterlichen Gebrauch dieser Begriffe in einem Verfahren systematisch zu fundieren.

Haben sich die Disputanten auf bekanntermaßen wahre Aussagen geeinigt, so sollen auch alle logischen Folgerungen aus diesen Aussagen als bekanntermaßen wahr gelten. Neben der Auszeichnung bestimmter Aussagen setzt die Anwendung der epistemischen Begriffe also auch logische Begrifflichkeit voraus, es sei unterstellt, dass diese in Regeln gefasst und dadurch verlässlich bestimmt ist. Die Negation einer bekanntermaßen wahren Aussage wird als „bekanntermaßen falsch", alle übrigen Aussagen werden als „ungewiss" bezeichnet.

Durch die epistemische Einigung wird erreicht, dass die Inhalte der Aussagen, die im Disput vorkommen, nebensächlich werden; alle möglichen inhaltlichen Kontroversen sind bereits vor dem Disput beigelegt. Statt dem jeweils diskutierten Sachverhalt kann die Aufmerksamkeit dann den Regeln gelten, die den Disput leiten. In einer pointierten Wendung lässt sich der Übergang vom allgemeinen zum speziellen Szenario folgendermaßen beschreiben: Wir wenden unser Interesse vom Inhalt des Disputs ab und wenden uns seiner Form zu.

An dieser Stelle kann folgender Einwand erhoben werden: Wie oben ausgeführt, können einander widersprechende Aussagen plausibel sein, ferner ist gelegentlich dasjenige, was einer Person plausibel erscheint, für eine andere implausibel. Dies, so lautet der Einwand, ist für die Praxis des Disputes wesentlich. Gerade weil einander widersprechende Aussagen unterschiedlichen Personen plausibel erscheinen, müssen Dispute geführt werden. Ihr Sinn liegt darin, dass dasjenige, was dem einen Disputanten am Anfang noch plausibel erschien, ihm am Ende, wenn er überzeugt ist, implausibel erscheint. Die Begriffe „bekanntermaßen wahr", „bekanntermaßen falsch" und „ungewiss" haben andere Eigenschaften, in diesem Punkt besteht keine Analogie zu „plausibel". Der Verzicht auf diesen Begriff bei einer modellhaften Darstellung disputationaler Verhältnisse und seine Ersetzung durch die epistemischen Begriffe bedeutet also eine gewichtige Einschränkung.

Hierauf ist folgendes zu antworten: Nach einer epistemischen Einigung besteht in der Tat für einen Disput keine inhaltliche Motivation. Die Frage ist, ob sich der Begriff der Form eines Disputs auch an Modellen explizieren lässt, die inhaltlich unmotiviert sind. Von einem „pragmatischen" Standpunkt aus lässt sich sagen: Verglichen mit dem Begriff der Plausibilität sind die epistemischen Begriffe verhältnismäßig leicht reglementierbar.[19] Sind wir daran interessiert, die Regeln

---

[19] Vgl. unten, 3.2.8, wo wir diese Begriffe rekonstruieren werden.

sachorientierten Disputierens zu präzisieren, so bietet sich daher eine Modellierung mit ihrer Hilfe an. Eine solche Modellierung kann, wie wir sehen werden, einige Aspekte disputationalen Verhaltens wiedergeben. Ob sie genügend vom „Wesen" eines Disputs erhält, hängt letztlich von den spezifischen Fragestellungen ab, mit denen man an das Phänomen des Disputs herantritt. Für das Folgende muss unterstellt werden, dass die Klärung des Begriffs „plausibel" nicht zu diesen Fragestellungen gehört.[20]

2.1.8. *Spezielles Szenario: Regeln*

Wir haben nun die nötigen Bestandteile zusammen, um die Verbindung von Konservativitäts- und Plausibilitätsregel mit den angeführten Obligationenregeln aufzuzeigen. Hierbei wenden wir die Methode der Übertragung an: Wir übertragen die Begriffe des allgemeinen Szenarios in ein spezielles Szenario, in dem die epistemischen Begriffe „bekanntermaßen wahr", „bekanntermaßen falsch" und „ungewiss" zur Verfügung stehen.

Den Begriff der „Position" haben wir im allgemeinen Szenario folgendermaßen erläutert: Die Position eines Disputanten umfasst genau die Aussagen, auf die sich Angriffe der anderen Partei richten können. Diesen Begriff stellen wir nun im speziellen Szenario je nach *responsio* unterschiedlich dar: In der *nova responsio* identifizieren wir die Position des Disputanten mit dem Verpflichteten, in der *antiqua responsio* mit dem bisher Gesagten. In der *nova responsio* gilt also allein die These bzw. die Thesen als relevant für Angriffe, in der *antiqua responsio* darüber hinaus noch alle Aussagen, die der Disputant ansonsten akzeptiert hat. Ähnlich wie im Fall der Festlegungen in Bezug auf die These werden wir auf die Implikationen, die diese unterschiedlichen Modellierungen jeweils haben, an dieser Stelle nicht eingehen, da sie sich besser im Rahmen der Rekonstruktion erörtern lassen.[21]

Wir können nun eine Verbindung zwischen der Konservativitätsregel und obiger Obligationenregel 1 herstellen.

> Konservativitätsregel:
> Du musst deine Position aufrechterhalten.

---

[20] Eine moderne Klärung des Plausibilitätsbegriffs, die sich gleichzeitig der Tradition verpflichtet fühlt, finden wir bei Rescher, *Plausible Reasoning*.
[21] Vgl. insbesondere unten, 4.4.3.

Den Ausdruck „aufrechterhalten" in der Konservativitätsregel erklären wir folgendermaßen: Jemand hält X genau dann aufrecht, wenn er alles einräumt, was aus X folgt, und alles bestreitet, das im Widerspruch zu X steht. „Seine Position aufrechterhalten" wird dann je nach *responsio* zu „alles einräumen, was aus dem Verpflichteten folgt und alles bestreiten, was zu ihm im Widerspruch steht" bzw. zu „alles einräumen, was aus dem bisher Gesagten folgt und alles bestreiten, was zu ihm im Widerspruch steht". Wenn wir die Begriffe „folgend" und „widersprechend" je nach *responsio* verstehen, so kann die Konservativitätsregel im speziellen Szenario wiedergegeben werden mit: „Du musst alles einräumen, was folgend, und alles bestreiten, was widersprechend ist". Dies entspricht obiger Obligationenregel 1:

1 a) Alles, was folgend ist, muss eingeräumt werden.
  b) Alles, was widersprechend ist, muss bestritten werden.

Kommen wir zur Plausibilitätsregel:

Plausibilitätsregel:
Du musst dich um größtmögliche Plausibilität bemühen.

Die Einschränkung „größtmöglich" verstehen wir wie folgt: Plausibilität soll dann nicht geboten sein, wenn die Aufrechterhaltung der Position in Gefahr ist. Dies letztere ist, wie gerade ausgeführt, der Fall, wenn eine Aussage folgend oder widersprechend ist. Wir lesen also die Einschränkung „größtmöglich" als eine Einschränkung auf unabhängige Aussagen. Damit können wir die Plausibilitätsregel in folgenden Ausdruck überführen: „Bemühe dich um Plausibilität bei allem, was unabhängig ist". Die Rede von der Bemühung um Plausibilität übertragen wir in die epistemische Begrifflichkeit. Wir sagen: Jemand bemüht sich genau dann um Plausibilität, wenn er bekanntermaßen Wahres einräumt, bekanntermaßen Falsches bestreitet und Ungewisses offen lässt. Für die Plausibilitätsregel erhalten wir damit „Räume Wahres ein, bestreite Falsches und lasse Unbestimmtes offen bei allem, was unabhängig ist", d.h. Obligationenregel 2:

2 Alles, was unabhängig ist,
  a) muss eingeräumt werden, wenn es bekanntermaßen wahr ist,
  b) muss bestritten werden, wenn es bekanntermaßen falsch ist,
  c) muss offengelassen werden, wenn es ungewiss ist.

In einem methodologischen Exkurs sei darauf hingewiesen, dass sich die Regeln des allgemeinen Szenarios und die des speziellen Szenarios gegenseitig auslegen und dass wir uns diesen Umstand im Zusammenhang mit einer speziellen hermeneutischen Problematik zunutze machen. Die gemeinte gegenseitige Auslegung lässt sich anhand des (auf Aristoteles zurückgehenden) Begriffspaares „klarer für uns — klarer an sich" darstellen:[22]

Wie wir gesehen haben, kann die Quintessenz der Regeln des allgemeinen Szenarios in der folgenden Formulierung wiedergegeben werden: Versuche Deine Position auf eine möglichst plausible Weise aufrecht zu erhalten. Diese Formulierung ist „klarer für uns" als die Obligationenregeln in dem Sinne, dass sie einer vertrauteren Lebenssphäre entstammt. Wenn unsere Interpretation richtig ist, dann modellieren die Obligationenregeln diese Verhaltensregel in einer „an sich klareren" Weise, insofern sie ausschließlich wohldefinierte Begrifflichkeit verwenden. (Vollständig deutlich wird diese „Wohldefiniertheit" erst im Zuge der formalen Rekonstruktion.) Hierin liegt ihr theoretischer Ertrag: Sie explizieren das in der ursprünglichen Formulierung Gemeinte durch eine transparente Reformulierung.

Angesichts des hermeneutischen Problems, die Erkenntnisbemühungen der mittelalterlichen Autoren als sinnvoll zu begreifen — einen teilnehmenden Zugang zur behandelten Materie zu gewinnen — kehren wir dieses Explikationsverhältnis um: Wir versuchen, das ursprünglich Gemeinte wieder freizulegen und verstehen so die Obligationenregeln im Rückgang auf die für uns klarere lebensweltliche Situation. Durch diesen Rückgang können wir die Obligationenregeln als eine theoretische Leistung anerkennen und uns so ein ihnen geltendes Interesse begreiflich machen.

2.1.9. *Spezielles Szenario: Rahmenbedingungen*

Im Folgenden ist der Modellcharakter der Rahmenbedingungen aufzuzeigen; wir werden diese als Vereinfachungen auffassen, die eine übersichtliche Formulierung der Regeln erlauben. — Die in den Obligationen vorliegende Zweierkonstellation lässt sich in diesem

---

[22] Von diesem Begriffspaar macht Aristoteles bspw. in *Physik* I, 1 Gebrauch, es findet sich auch an anderen Stellen seines Werkes (vgl. u.a. *Anal. post.* II, 2 (71 b 33–72 a 5)). Bekanntlich ist die Unterscheidung scholastisches Gemeingut geworden, u.a. verwendet sie Thomas von Aquin im *prologus* von *De ente et essentia*. Mit der Bezugnahme auf diese Begriffe wird hier nicht der Anspruch auf eine historisch korrekte Verwendung erhoben.

Sinne wie folgt erklären: Streitgespräche spielen sich immer zwischen mehreren Personen ab, die Mindestanzahl der beteiligten Parteien beträgt offenbar zwei. Vereinfachend können wir uns ganz auf Zweierkonstellationen beschränken, in der Hoffnung, dass sich die hier gewonnenen Ergebnisse auch auf Streitgespräche zwischen drei und mehr Parteien übertragen lassen.

Wir haben gesagt, dass einem Streitgespräch immer eine Meinungsverschiedenheit zugrunde liegt. Dies lässt sich so ausdrücken, dass zwei Parteien kontradiktorisch entgegengesetzte Aussagen für wahr halten. Die unter dieser Beschreibung symmetrische Zweierkonstellation kann auch als Asymmetrie beschrieben werden: Wir wählen dazu bestimmte Aussagen aus, von denen gilt, dass eine Partei sie behauptet, während die andere sie bestreitet. Die beteiligten Parteien lassen sich dann je nach der Rolle, die sie zu diesen Aussagen einnehmen, benennen. Die behauptende Partei können wir als Respondenten, die bestreitende als Opponenten bezeichnen. Die Aussagen, welche die Meinungsverschiedenheit ausmachen, bezeichnen wir (aus der Sicht des Respondenten) als das Verpflichtete.

Es wurde oben gesagt, dass die Parteien einander angreifen und dass auf Angriffe mit Verteidigungen geantwortet wird. Wenn wir unterstellen, dass die Möglichkeit eines Wechsels zwischen Angriff und Verteidigung bei derselben Partei dem Reglement keinen grundsätzlich neuen Aspekt hinzufügt, können wir der Vereinfachung halber die eine Partei auf alleiniges Angreifen, die andere auf alleiniges Verteidigen einschränken. Die zwischen den Parteien hergestellte Asymmetrie ermöglicht es, die Asymmetrie zwischen Angriff und Verteidigung übersichtlich zu fassen: Der Angreifer ist mit dem Opponenten, der Verteidiger mit dem Respondenten zu identifizieren.

Betrachten wir nun den Zusammenhang zwischen Angriff und Verteidigung einerseits und dem obligationenspezifischen Äußerungsinventar der Disputanten andererseits. In einer Annäherung können wir sagen: ein Angriff besteht darin, Aussagen vorzubringen, die der Gegenposition Schwierigkeiten bereiten. Beim Auffinden solcher Aussagen werden unterschiedliche Opponenten mehr oder weniger Geschick an den Tag legen.[23] Es kann der Standpunkt bezogen werden, dass das hier entwickelte Geschick für die interessierende Frage nach

---

[23] Inwiefern sich der Begriff eines „geschickten" Angriffs präzisieren lässt, entwickelt Hegselmann in Hegselmann, *Formale Dialektik*, II, 2.4.

der Sachlichkeit eines Disputs irrelevant ist: Geschicktes Angreifen mag Bestandteil einer disputationalen Zweckrationalität sein, ist jedoch kein Bestandteil der Forderung nach Objektivität. Es wird daher keine Beschränkung für Aussagen formuliert, die als Angriffe gelten können; ein Angriff besteht einfach im Vorbringen einer Aussage. Im speziellen Szenario ist dies dann mit dem Vorschlagen von Aussagen durch den Opponenten zu identifizieren.

Die Verteidigung soll aufzeigen, dass mögliche Schwierigkeiten, die der Angriff bereiten will, nicht wirklich bestehen. Dies kann so expliziert werden, dass die entsprechende Aussage eingeräumt, bestritten oder offengelassen wird, ohne dass der Bereich sachorientierten Disputierens verlassen wird. Den Bereich sachorientierten Disputierens haben wir durch die Regeln ausgegrenzt. Wir können daher in den Rahmenbedingungen die genannte Beschränkung unterdrücken und die Verteidigung dadurch charakterisieren, dass eine vorgeschlagene Aussage vom Respondenten eingeräumt, bestritten oder offengelassen wird.

Zuletzt kommen wir auf das Moment der abwechselnden Äußerungen zu sprechen: Jede Verteidigung erfordert einen vorherigen Angriff, da es sonst nichts gäbe, worauf sie bezogen ist. Umgekehrt erfordert auch jeder Angriff eine Verteidigung: Wenn es möglich wäre, Angriffe einfach zu übergehen, so würde dies dem Sinn eines Angriffs widerstreiten. Es ist daher zu fordern, dass sich im speziellen Szenario die Disputanten immer abwechselnd äußern.

2.1.10. *Fazit*

Nehmen wir alles hier über das spezielle Szenario Gesagte zusammen, so zeigt sich, dass es mit den zuvor beschriebenen Obligationendisputen identisch ist. Es ist demnach gelungen, die Obligationen als vereinfachtes Modell für das Vorbild „Streitgespräch" aufzufassen. Die Hinsicht theoretischen Interesses, unter der die Obligationendispute Vereinfachungen dieses Vorbilds darstellen, ist die Hinsicht der Sachorientiertheit. Sobald wir letzteren Begriff auf Regeln bringen, sprechen wir nach obigem Sprachgebrauch von einer Form. In komprimierter Weise können wir damit formulieren: Die Obligationendispute stellen Modelle für die Form sachorientierter Streitgespräche dar. Ein systematisches Interesse an den Obligationendisputen lässt sich durch ein systematisches Interesse an der Form sachorientierter Streitgespräche rechtfertigen.

Die im Folgenden zu überprüfende Hypothese lautet, dass diesbezüglich auch ein historisches Interesse der Obligationenautoren
besteht. In einer expliziten Formulierung lautet unsere Hypothese:
Die Obligationenautoren untersuchen die Obligationendispute aufgrund eines Interesses an der Form sachorientierter Streitgespräche.
Es sei ausdrücklich angemerkt, dass diese Formulierung offen lässt,
ob bei den Autoren daneben noch andere Interessen bestehen.

2.2. *Bezüge zur Topik*

Die textimmanente Überprüfung der Interessenhypothese wird in den
Kapiteln 3 bis 5 im Rahmen einer Rekonstruktion der Obligationentraktate stattfinden. In diesem Abschnitt und dem folgenden, 2.3,
sollen zunächst Indizien aus textexternem Material gesammelt werden, die für eine Übereinstimmung von historischem und systemati-
schem Interesse sprechen.

Der vorliegende Abschnitt wird auf historische Ursprünge der
Obligationentraktate zurückgehen, die, wie sich herausstellen wird,
in der *Topik* des Aristoteles liegen.[24] Für die Frage nach Verbindungen
zwischen historischen Interessen und dem von uns herausgestellten
systematischen Interesse ist die *Topik* ein vielversprechender Untersuchungsgegenstand: Verglichen mit den Obligationen behandelt sie
allgemeinere und der diskursiven Lebenswelt nähere Gesprächs-
situationen, die, wie wir noch sehen werden, Ähnlichkeiten zum allgemeinen Szenario aufweisen. Neben der *Topik* des Aristoteles wird
der *Topik*-Kommentar Boethius von Daciens ausführlich behandelt.
Er ist ebenfalls für unsere Zusammenhänge relevant, da es sich hier
um ein Zeugnis der mittelalterlichen *Topik*-Rezeption eines mit der
Obligationenpraxis vertrauten Autors handelt.[25]

---

[24] Als Literatur zu Aristoteles' *Topik* können genannt werden: Primavesi, *Topik*,
Slomkowski, *Aristotle's Topics* und Beriger, *Die aristotelische Dialektik*. — Zur Wirkungs-
geschichte der *Topik* im Mittelalter vgl. Green-Pedersen *Topics in the Middle Ages* und
Stump, *Dialectic*.
[25] Eine Einführung in das Werk Boethius von Daciens bietet Pinborg, „Boethius
von Dacia". — Auf Gemeinsamkeiten und Unterschiede zwischen den in der *Topik*
beschriebenen Disputsituationen, Boethius' Obligationen und den späteren Obligationen
hat Yrjönsuuri hingewiesen (vgl. Yrjönsuuri, *Obligationes*, S. 18–26 und 31–35). Eine
Behandlung der *Topik* unter der Perspektive der Obligationen findet sich auch bei
Pütz, *Obligationenlehre*, S. 10–18.

2.2.1. *Eine Verbindung zwischen den Obligationen und der Topik*

Eine historische Verbindung zwischen der *Topik* und den Obligationen
manifestiert sich u.a. in den Äußerungen der Obligationenautoren
selbst. Roger Swyneshed (gest. vor 1365) beispielsweise stellt diese
Verbindung heraus:

> Cum in singulis scientiis secundum subjectam materiam sit certitudo
> quaerenda, primo *Ethicorum*, et materia artis dialecticae est vox signi-
> ficativa quae apud diversos diversificatur, primo *Periermenias*, inde est
> quod in hac arte non demonstrationes sed persuasiones et evidentiae
> quodammodo probabiles expectantur. Hujus autem artis ab Aristotele
> traditae duae sunt partes spectantes ad propositum. In quarum una
> de obligationibus in alia vero de insolubilibus obscure et intricate deter-
> minatur, quod translatori magis quam Aristoteli est impugnandum. De
> quibus ut sermo vel sententia Aristotelis plenius pateat atque levius
> juxta modum legendi consuetum, primo de obligationibus, secundo de
> insolubilibus in praesenti determinabitur.[26]

Der Autor sagt hier, dass in der *ars dialectica* keine *demonstrationes*, sondern bloß *persuasiones* und *evidentiae* zu erwarten seien. Dies bezieht
sich auf eine Unterscheidung, die Aristoteles in *Topik* I, 1 trifft, nämlich auf die Unterscheidung zwischen der „Demonstration" ($\dot{\alpha}\pi\dot{o}$-
$\delta\epsilon\iota\xi\iota\varsigma$) und dem „dialektischen Schluss" ($\delta\iota\alpha\lambda\epsilon\kappa\tau\iota\kappa\dot{o}\varsigma\ \sigma\upsilon\lambda\lambda o\gamma\iota\sigma\mu\acute{o}\varsigma$).[27]
Mit der *ars dialectica* befassen sich nach Swyneshed zwei Werke des
Aristoteles, deren eines er auf die *obligationes* und deren anderes er
auf die *insolubilia* bezieht. Die beiden hier in Frage kommenden Werke
sind die *Topik* und die *Sophistischen Widerlegungen*. Daher sind nach
Swyneshed die Obligationen mit der *Topik*, die Insolubilien mit den
Sophistischen Widerlegungen in Verbindung zu bringen.

Eine Beziehung zur *Topik*, und zwar zu ihrem VIII. Buch, stellt
auch die folgende Stelle aus den *Obligationes Parisienses*, einem der frühen anonymen Obligationentraktate, her:

> Unde dialectica habet artem respondendi in Octavo Topicorum tra-
> ditam.[28]

---

[26] Swyneshed, *Obligationes*, S. 249.

[27] Diese Unterscheidung ist in der scholastischen Wissenschaftstheorie gebräuch-
lich. Bei Aristoteles lautet die entsprechende Stelle (in der Übersetzung von Rolfes):
„Es ist nun eine Demonstration ($\dot{\alpha}\pi\dot{o}\delta\epsilon\iota\xi\iota\varsigma$), wenn der Schluss aus wahren und ersten
Sätzen gewonnen wird oder aus solchen, deren Erkenntnis aus wahren und ersten
Sätzen entspringt. Dagegen ist ein dialektischer Schluss ($\delta\iota\alpha\lambda\epsilon\kappa\tau\iota\kappa\dot{o}\varsigma\ \sigma\upsilon\lambda\lambda o\gamma\iota\sigma\mu\acute{o}\varsigma$)
ein solcher, der aus wahrscheinlichen Sätzen ($\check{\epsilon}\nu\delta o\xi\alpha$) gezogen wird." (Aristoteles,
Topik I, 1 (100 a 27–30)).

[28] Anonym, *Obligationes Parisienses*, S. 43.

Einen Hinweis gibt ferner der Anfang von Burleys Obligationentraktat. Diese Stelle ist eine offensichtliche Paraphrase einer Passage aus der *Topik*.[29] Die beiden Stellen werde ich unten zitieren und besprechen.

Boethius von Daciens *Topik*-Kommentar *Questiones super librum topicorum* weist ebenfalls auf Zusammenhänge zwischen Obligationen und *Topik* hin. Nach einer ausführlichen Erörterung der *Topik* wird mit folgenden Worten auf eine kurze Besprechung der Obligationenpraxis übergeleitet:

> <D>ebes scire, quod in disputatione dialectica, quae est ad inquisitionem veritatis vel ad exercitium in argumentis ad quodlibet propositum de facili inveniendis sive ad sustinendum positionem, saepe attenditur ars obligatoria <...>.[30]

Der nun folgende Text muss der Frühphase der Obligationenliteratur zugeordnet werden.[31] Zu den Obligationentraktaten im engeren Sinne sollte er nicht gerechnet werden, da er keine Sophismata diskutiert, die in den typischen Obligationentraktaten extensiv besprochen werden.

Weitere historische Hinweise auf eine Beziehung zwischen Obligationen und *Topik* hat Romuald Green gesammelt.[32] Green vertritt die Auffassung, dass das VIII. Buch der *Topik* eine, wenn nicht die historische Vorlage der Obligationen darstellt. Meines Wissens ist diese Behauptung in der Sekundärliteratur unwidersprochen geblieben.[33] Eine historische Verbindung zwischen den Obligationen und der *Topik* des Aristoteles kann damit als gesichert gelten.

2.2.2. *Dialektische Probleme*

Gegenstand der *Topik* sind die sogenannten ἔνδοξα, bei Rolfes übersetzt mit „wahrscheinliche Sätze". Boethius nennt diese Aussagen „*propositiones probabiles*". Aristoteles definiert sie folgendermaßen:

---

[29] Darauf hat als erster Green hingewiesen, vgl. Green, *The logical Treatise*, S. 26.

[30] Boethius von Dacien, *Questiones*, S. 329. Seine Ausführungen zu den Obligationen finden sich auf den Seiten 330–331.

[31] Green-Pedersen und Pinborg datieren ihn auf ca. 1270 (vgl. Green-Pedersen/Pinborg, „Introduction", S. XXIV f).

[32] Vgl. Green, *The logical Treatise*, S. 25 ff.

[33] Es kann in diesem Zusammenhang auf eine These von Christoph Pütz eingegangen werden (vgl. Pütz, *Obligationenlehre*, Kap. 3.3 und 3.4.): Die *Topik* befasst sich über weite Passagen, nämlich in den Büchern II — VII, mit den aus der Kategorienlehre bekannten termlogischen Unterscheidungen Genus, Spezies, Differenz und Proprium. Verglichen mit dieser Termlogik hat, so Pütz, die stoische (Aussagen-)Logik

> Wahrscheinliche Sätze aber sind diejenigen, die Allen oder den Mei-
> sten oder den Weisen wahr scheinen, und auch von den Weisen wie-
> der entweder Allen oder den Meisten oder den Bekanntesten und
> Angesehensten.[34]

Wir sehen hier, dass die gemeinte „Wahrscheinlichkeit" wenig mit
statistischer Wahrscheinlichkeit zu tun hat, wie sie etwa Gegenstand
der mathematischen Wahrscheinlichkeitstheorie ist. Eher dürfen wir
an Aussagen denken, die oben im allgemeinen Szenario „plausibel"
genannt wurden.

Die Wahrscheinlichkeit einer Aussage im Sinne Aristoteles' ist kein
Garant für ihre Wahrheit, dies zeigt sich daran, dass es auch ein-
ander widersprechende ἔνδοξα gibt. Einen solchen Widerspruch nennt
Aristoteles ein „dialektisches Problem" (πρόβλημα διαλεκτικόν).[35]
Dialektische Probleme sind Ausgangspunkt für das „Sich-Unterreden"
(διαλέγεσθαι), d.h. für die dialektischen Dispute, die Gegenstand von
Topik VIII sind. In diesem Sinne entspricht ein dialektisches Problem
dem Verpflichteten der Obligationendispute.[36]

Brisanz erhält das dialektische Problem dadurch, dass sich für
beide Seiten plausible Gründe anführen lassen, in Verbindung damit,
dass dem Sachverhalt ein praktischer oder theoretischer Erkenntniswert
zukommt.[37] Aristoteles sagt (mit der für ihn typischen Trockenheit):

> Man soll nicht jedes Problem und jede These untersuchen, sondern
> nur solche, wo es zur Lösung obwaltender Zweifel der Vernunft bedarf,
> nicht der Züchtigung oder der gesunden Sinne. Die etwa zweifeln, ob
> man die Götter ehren und die Eltern lieben soll, oder nicht, bedür-
> fen der Züchtigung, und die zweifeln, ob der Schnee weiß ist, oder
> nicht, bedürfen der gesunden Sinne.[38]

Von einer Brisanz der diskutierten Aussagen wird in den Obligationendisputen abstrahiert: Fast immer handelt es sich bei den *posita*

---

einen mindestens ebenso großen, wenn nicht größeren Einfluss auf die in den Obligationentraktaten verwendete Logik (auf die „Disputlogik", nach der später in dieser
Arbeit einzuführenden Terminologie). In dieser Hinsicht will Pütz also die Provenienz
von der *Topik* her einschränken. Auch Pütz scheint jedoch der Auffassung zu sein,
dass die Obligationendispute ihre historischen Vorbilder in den in Buch VIII von
Aristoteles beschriebenen Disputsituationen haben.

[34] Aristoteles, *Topik* I, 1 (100 b 21–24).
[35] Zu diesem Begriff vgl. insbesondere Aristoteles, *Topik* I, 11.
[36] Genauer gesagt entspricht dem Verpflichteten diejenige Seite des dialektischen
Problems, die der sogenannte Antwortende vertritt, vgl. auch unten, 2.2.5.
[37] Vgl. Aristoteles, *Topik* I, 11 (104 b 5–9).
[38] Aristoteles, *Topik* I, 11 (105 a 2–7).

um ausgesucht banale Sätze wie *„tu es Romae"*, *„omnis homo currit"*, *„nullus rex sedet"* etc. Diese Abweichung der Obligationen von der *Topik* lässt sich deuten, wenn wir bei den Obligationenautoren das oben formulierte historische Interesse unterstellen: In den Obligationendisputen ist der disputierte Inhalt nebensächlich, auf eine besondere Brisanz der disputierten Thesen wird daher kein Wert gelegt. Für die Disputation ist allein der epistemische Status der verwendeten Aussagen relevant, d.h. ob sie bekanntermaßen wahr, bekanntermaßen falsch oder ungewiss sind. Man kann sich daher auf Aussagen beschränken, die nur klare und überschaubare Begriffe verwenden, deren epistemischer Status daher unmittelbar einschichtig ist.

2.2.3. *Die beiden Rollen*

Im Hinblick auf Zusammenhänge zwischen der Topik und den Obligationen ist vor allem das VIII. Buch der Topik fruchtbar. Hier werden Regeln für die dialektischen Dispute aufgestellt. Die dialektischen Dispute sind strukturiert in dem Sinne, dass zwei Disputanten jeweils eine bestimmte Rolle einnehmen. Sie heißen „Fragender" und „Antwortender" (ἐρωτῶν und ἀποκρίνων). In Boethius' *Topik*-Kommentar werden diese Rollen *„opponens"* und *„respondens"* genannt, es wird also dieselbe Terminologie wie in den Obligationentraktaten gewählt.

Vorbild für die Rollenverteilung bei Aristoteles sind höchstwahrscheinlich die Dialoge Platons.[39] In diesen Dialogen verwickelt meist Sokrates[40] seinen Dialogpartner durch geschicktes Fragen in Widersprüche und zwingt ihn so zur Aufgabe seiner Position.[41] Die Rolle des Fragenden ist hier gleichzeitig die Rolle eines Angreifers, die Rolle des Antwortenden die eines Verteidigers. Die Identifizierung des Fragenden mit dem Angreifer bei Aristoteles geht aus folgendem Zitat hervor:

> Wie es die Aufgabe des Fragenden ist, die Rede so zu lenken, dass er den Antwortenden nötigt, von dem, was aus der These notwendig folgt,

---

[39] Mit dieser Behauptung sollen freilich nicht die Unterschiede zwischen der aristotelischen und der platonischen Dialektik geleugnet werden, wie sie beispielsweise bei Beriger, *Die aristotelische Dialektik*, S. 16 hervorgehoben werden.

[40] Wenn hier und im Folgenden von Sokrates die Rede ist, so ist nicht der historische Sokrates gemeint, sondern die literarische Figur, die uns in Platons Dialogen begegnet.

[41] Vgl. z.B. die Figur des Kallikles im *Gorgias*. Einige Beispiele aus der *Topik* scheinen dem *Gorgias* entnommen zu sein, dessen Thema u.a. ebenfalls die Redekunst ist.

das Unwahrscheinlichste ($\tau\grave{\alpha}$ $\mathring{\alpha}\delta o\xi\acute{o}\tau\alpha\tau\alpha$) einzuräumen, so ist es an dem Antwortenden, dafür zu sorgen, dass die Unmöglichkeiten und Paradoxien nicht auf seine Rechnung, sondern auf Rechnung der These zu kommen scheinen. Ist es doch wohl ein anderer Fehler, etwas als These voranzustellen, was man nicht hätte behaupten sollen, und das Aufgestellte nicht gehörig zu vertreten wissen.[42]

Der Fragende soll also auf diejenigen Konsequenzen der Position des Antwortenden hinweisen, die am wenigsten plausibel sind ($\mathring{\alpha}\delta o\xi o\varsigma$ ist Gegenbegriff zu $\mathring{\varepsilon}\nu\delta o\xi o\varsigma$). Aufgabe des Antwortenden ist es dagegen herauszustellen, dass die zugegebenen Implausibilitäten *„nicht auf seine Rechnung, sondern auf Rechnung der These"* kommen. Dies können wir so verstehen, dass das Zugestehen von Implausibilitäten nicht an sich für fehlerhaft gilt, sondern nur dann, wenn es auf ungeschicktes Disputieren zurückzuführen ist.

Der Anfang des Burley-Traktats nimmt Bezug auf diese Textstelle:

> In disputatione dialectica sunt duae partes, scilicet opponens et respondens. Opus opponentis est sic inducere orationem ut faciat respondentem concedere impossibilia quae propter positum non sunt necessaria concedere. Opus autem respondentis est sic sustinere positum ut propter ipsum non videatur aliquod impossibile sequi, sed magis propter positum. Igitur intentio opponentis et respondentis circa enuntiabile versatur ad quod respondens est obligatus.[43]

An Stelle des griechischen „$\tau\grave{\alpha}$ $\mathring{\alpha}\delta o\xi\acute{o}\tau\alpha\tau\alpha$" verwendet Burley den Ausdruck „*impossibilia*". Unterstellen wir unser historisches Interesse, so können wir dies folgendermaßen interpretieren: Auf die Schwierigkeiten des Begriffs „plausibel" wurden hingewiesen. Soll dieser Begriff vermieden werden, um die Form objektivierender Streitgespräche in präzise Regeln zu fassen, so benötigen wir an dieser Stelle ein geeignetes Substitut für den Superlativ „das Unplausibelste". Der Begriff der Unmöglichkeit ist dazu geeignet, da er in der mittelalterlichen Logik gut untersucht ist, seine Reglementierung also bereits zur Verfügung steht.

Tatsächlich gilt in den Obligationen, dass der Respondent keine unmöglichen Aussagen zugestehen darf, sofern das *positum* möglich ist.[44] In diesem Sinne besteht die Aufgabe des Opponenten tatsäch-

---

[42] Aristoteles, *Topik* VIII, 4 (159 a 18–24).
[43] Burley, *Tractatus de Obligationibus*, S. 34.
[44] Rekonstruiert wird diese Tatsache durch Behauptung 4.3–17. Das „*propter positum*" in obigem Zitat ist dann folgendermaßen zu verstehen: Die Regel tritt außer

lich darin, den Respondenten dazu zu bringen, eine Unmöglichkeit zuzugeben, während der Respondent dies vermeiden muss. Dasselbe scheint auch der holländische Obligationenautor Buser ausdrücken zu wollen, wenn er über den Zweck der Obligationen schreibt:

> <P>ro tanto fuerunt obligationes inventae, ut sciamus sustinere aliquod possibile licet falsum, nec ex hoc cogamur ad concedendum impossibile simpliciter.[45]

Die Rollenverteilung zwischen Fragendem und Antwortendem ist weder bei Aristoteles noch bei Boethius so strikt, dass der Fragende nur fragt und der Antwortende nur antwortet. Der Antwortende hat beispielsweise auch die Aufgabe, Argumente des Fragenden zu entkräften, indem er Gegenbeispiele bringt.[46] Wenn eine Entkräftung nicht gelingt — so fügt Boethius hinzu — kann der Antwortende den Fragenden auffordern, seinerseits eine seiner Aussagen zu begründen.[47] Auf diese Weise können sich die Rollen zwischenzeitlich umkehren. Die Obligationendispute haben demgegenüber eine strikte Rollenverteilung, was wir oben im Sinne einer modellhaften Stilisierung gedeutet haben: von der Möglichkeit des Rollentauschs kann abstrahiert werden, wenn unterstellt wird, dass sie in die Untersuchung der Normen sachorientierten Disputierens kein grundsätzlich neues Element einbringt. Auch hier lassen sich also die Abweichungen gegenüber der *Topik* anhand der unterstellten Interessenhypothese erklären.

2.2.4. *Die dialektischen Regeln*

Für jede der beiden Rollen werden in der *Topik* Regeln der Disputation formuliert. Mit den Regeln für den Fragenden beschäftigen sich die Kapitel 1–3, mit den Regeln für den Antwortenden die Kapitel 4–9 des VIII. Buches. Bei Boethius sind die Quaestionen 2–9 dem *opponens*, die Quaestionen 10–14 dem *respondens* gewidmet.

Kraft, wenn die These unmöglich ist. Letzteres ist in der sogenannten „*positio impossibilis*" der Fall, vgl. hierzu unten, 4.1.5.

[45] Buser, *Obligationes*, S. 92.

[46] Vgl. Aristoteles, *Topik* VIII, 8 und auch Boethius von Dacien, *Questiones* VIII, Qu. 13.

[47] „Alia cautela est, qua utitur respondens in prohibendo opponentem: rogare opponentem probare aliquam propositionem, quam assumit, et si eam probare non potest, non habebit argumentum ad propositum, et per consequens respondens positionem suam servabit." (Boethius von Dacien, *Questiones*, S. 328.)

Bei den Regeln für den Fragenden spielen in der *Topik* durchaus auch rhetorische Gesichtspunkte eine Rolle. Hier ein Beispiel:

> Ferner ist es vorteilhaft, sich nicht mit großem Eifer für etwas einzusetzen, wenn es auch durchaus wichtig ist. Einem Gegner, der Eifer verrät, setzt man größeren Widerstand entgegen.[48]

In solchen Regeln werden Begriffe verwendet, die sich nur schwer verlässlich definieren lassen wie „sich mit großem Eifer für etwas einsetzen" (σπουδάζειν). Unterstellen wir das historische Interesse, so soll in den Obligationen nur gut bearbeitete Begrifflichkeit verwendet werden, da ferner der Bereich der Rhetorik ausgeblendet wird, ist verständlich, warum solche Regeln dort keine Entsprechung haben.

Wollen wir die *Topik* insgesamt mit dem allgemeinen Szenario in Verbindung bringen, so sollten sich bei Aristoteles und Boethius Analoga zu Konservativitäts- und Plausibilitätsregel ausmachen lassen. Was erstere betrifft, so scheint sie dermaßen selbstverständlich zu sein, dass sie nicht an zentraler Stelle erwähnt werden muss. In der folgenden Passage äußert sich Aristoteles jedoch in ihrem Sinne:

> Da es aber unbestimmt ist, wann die Menschen das Gegenteil annehmen und wann sie ihre ursprüngliche Ansicht festhalten — denn oft sagen sie, wenn sie mit sich selbst sprechen, Entgegengesetztes und geben hernach zu, was sie zuvor verneint haben, daher sie denn oft auf eine Frage dem Gegenteil von dem beipflichten, was sie im Anfang gesagt haben — nun, so müssen die Disputationen aus diesem Grunde missraten.[49]

In Boethius' Kommentar gibt es ebenfalls Stellen, die für unseren Zusammenhang relevant sind. In den ersten zwei Dritteln der folgenden Passage wird ein Analogon zur Konservativitätsregel formuliert, dabei wird ein technisches, an die Obligationen erinnerndes Vokabular verwendet. Im letzten Drittel wird unter Verwendung des Begriffs *protervus* („frech", „widerspenstig") eine Anweisung ähnlich der Plausibilitätsregel ausgesprochen:

> Ille etiam, qui positionem non servat, contra artem <dialecticam, H.K.> peccat valde: *aut enim negat consequentia*, et sic sibi contradicit, quia negato consequente negatur quod positum est; *aut concedit repugnans*, et sic sequitur idem, quia concesso repugnante interimitur quod positum

---

[48] Aristoteles, *Topik* VIII, 1 (156 b 24–25), vgl. auch Boethius von Dacien, *Questiones* VIII, Qu. 7.

[49] Aristoteles, *Topik* VIII, 11 (161 b 11–15).

est, et contradicit sibi; *aut protervus erit* ponendo positum et non concedendo rationem opponentis nec eam dissolvendo <Hervorhebung von
mir, H.K.>.[50]

Protervus wird auch folgendermaßen erläutert:

> <Respondens d>ebet tertio cavere, ne sit protervus, id est velle ali-
> quam positionem, pro qua non habet rationem et a qua per nullam
> rationem potest removeri.[51]

Dem Begriff *protervus* entspricht bei Aristoteles der Begriff des „grund-
lose-Schwierigkeiten-Machens" (δυσκολαίνειν):

> Wenn man also etwas nicht zugibt, obwohl man weder eine Gegenin-
> stanz (eine entgegengesetzte angesehene Meinung) noch Gegengründe
> zur Verfügung hat, so ist es klar, dass man grundlose Schwierigkeiten
> macht.[52]

Die Regel, die mittels *protervus* und δυσκολαίνειν angedeutet wird,
lautet also etwa folgendermaßen: „Leugne nicht ohne einen Grund".
Wir können unterstellen, dass mit „Grund" gemeint ist „plausibler
Grund", denn andernfalls wird die Regel trivial: Es wird sich immer
irgendeine Aussage finden lassen, aus der die Negation des gegneri-
schen Einwandes folgt. Damit haben wir in den obigen Zitaten etwas
wie eine auf Verteidigungen eingeschränkte Plausibilitätsregel.

2.2.5. *Das Plausibilitätsniveau*

In den Obligationen richten sich die Regeln an den Respondenten.
Dessen Gegenstück ist in der *Topik* der Antwortende. Die Regeln für
den Antwortenden formuliert Aristoteles im Detail in *Topik* VIII, 5
und 6.[53] An diesen Stellen spielt neben dem Begriff „plausibel" auch
der komparative Begriff „plausibler" (μᾶλλον ἔνδοξος) eine Rolle. Die
Verwendung dieses komparativen Begriffs scheint eine spezielle philosophische Pointe zu haben, die, wie ich argumentieren werde, in
den Obligationendisputen verloren geht.

Zunächst müssen wir klären, wie Aristoteles die Begriffe „These"
(θέσις) und „Schlusssatz" (συμπέρασμα) verwendet: Mit „These" meint
Aristoteles zunächst eine strittige Aussage oder, anders gesagt, eine

---

[50] Boethius von Dacien, *Questiones*, S. 325.
[51] Boethius von Dacien, *Questiones*, S. 321.
[52] Aristoteles, *Topik* VIII, 8 (160 b 10–11).
[53] Zu diesen schwierigen Kapiteln vgl. auch Primavesi, *Topik*, S. 44–47.

Seite eines dialektischen Problems.[54] In VIII, 5 verwendet er diesen Ausdruck für diejenige Seite des dialektischen Problems, die der Antwortende verteidigen will. Die These bei Aristoteles entspricht damit dem Verpflichteten der Obligationendispute. Der „Schlusssatz" ist dagegen die Negation der These.[55] Wir wissen, dass in der *Topik* der Fragende versucht, den Antwortenden zu widerlegen. Der Antwortende vertritt die These, daher muss der Fragende versuchen, den Schlusssatz, die Negation der These, zu etablieren. Der Schlusssatz ist also diejenige Seite des dialektischen Problems, die der Fragende etablieren will.

In VIII, 5 finden wir eine längere Argumentation für folgende Maxime: Der Antwortende muss alles, was plausibler ist als der Schlusssatz, zugeben.[56] Auch in VIII, 6 ist diese Maxime das Fazit von Aristoteles' Äußerungen.[57] In dieser Forderung spielt der angesprochene komparative Begriff eine Rolle. Da der Fragende, wie gesagt, versucht, den Schlusssatz zu etablieren, soll die Maxime allem Anschein nach Sorge tragen, dass ihm dazu plausiblere Aussagen als der Schlusssatz selbst zur Verfügung stehen. Die Maxime besagt, dass der Fragende solch plausibleren Prämissen verwenden darf. Es ist zu überlegen, warum Aristoteles dies gewährleistet haben will.

Einen ersten Zugang zu dieser Frage kann uns das Konzept des Erklärungsbeweises geben. Ein Erklärungsbeweis ist ein Beweis, dessen Prämissen plausibler sind als seine Konklusion. Da die Konklusion aus den Prämissen folgt, vererbt sich die Plausibilität der letzteren auf die erstere, so dass die Konklusion nach Präsentation des Beweises plausibler ist, als sie vormals war. Auf einem ähnlichen Zusammenhang beruht auch die Forderung an axiomatische Systeme, die Axiome sollten „evident" sein: Die Evidenz soll sich auf die gefolgerten Theoreme übertragen, die diese Evidenz u.U. nicht schon von sich aus besitzen.

Aristoteles sagt, dass der Schlusssatz ebenso plausibel („wahrscheinlich") ist, wie die These implausibel („unwahrscheinlich") ist:

> Ist nun die These unwahrscheinlich, so muss der Schlusssatz (auf den der Opponent lossteuert) wahrscheinlich, ist sie wahrscheinlich, so muss er unwahrscheinlich werden. Denn der Fragende schließt immer auf

---

[54] Vgl. Aristoteles, *Topik* I, 11 (104 b 18 f).
[55] Dies geht aus Aristoteles, *Topik* VIII, 5 (159 b 5–6) hervor.
[56] Vgl. Aristoteles, *Topik* VIII, 5 (159 a 38–159 b 24, insbesondere 159 b 19, 159 b 23, ähnlich auch 159 b 10–11).
[57] Vgl. Aristoteles, *Topik* VIII, 6 (160 a 13–16).

das Gegenteil der These. Ist aber das Behauptete weder unwahrscheinlich noch wahrscheinlich, so muss auch der Schlusssatz diese Beschaffenheit haben.[58]

Wir können sagen: Mit der Wahl der These hat der Antwortende ein bestimmtes Implausibilitätsniveau vorausgesetzt. Diesem Implausibilitätsniveau entspricht ein bestimmtes Plausibilitätsniveau des Schlusssatzes. Die Aufgabe des Fragenden ist, den Schlusssatz zu etablieren und dabei über diesem Plausibilitätsniveau zu bleiben. Gelingt ihm dies, so zeigt sich, dass die These (noch) implausibler ist, als es anfangs schien, während der Schlusssatz (noch) plausibler ist: Die Negation der These ließ sich dann ja bereits aus vergleichsweise plausiblen Prämissen folgern. Aus diesem Grund wird dem Fragenden generell die Möglichkeit zugebilligt, Prämissen, die plausibler sind als der Schlusssatz, zu verwenden.

Insbesondere bedeutet dies, dass der Antwortende solch plausibleren Prämissen auch dann einräumen muss, wenn sie seiner eigenen These widersprechen. Dies geht aus der folgenden Stelle hervor. Aristoteles gebraucht hier den Terminus „in die Disputation gehörig" (πρὸς τὸν λόγον), der dem Obligationenbegriff „widersprechend" (*repugnans*) analog ist. Es handelt sich um eine Regel für den Antwortenden, mit der „ursprünglichen Behauptung" ist die These gemeint:

> Gehört es <das Gefragte, H.K.> aber in die Disputation und scheint es wahr, so muss man <als Antwortender, H.K.> sagen, es scheine wahr, aber stehe der ursprünglichen Behauptung (τὸ τεθέν) zu nahe und es werde mit ihrer Annahme das nun Behauptete aufgehoben.[59]

Demnach kann der Antwortende unter diesen Umständen seiner These anscheinend ohne Regelverstoß widersprechen. Er hat jedoch anzumerken, dass seine These nun unhaltbar geworden ist, um damit zu zeigen, dass ihm die Konsequenzen seines Zugeständnisses bewusst sind:

> Denn so kann auf den Antwortenden kein Schein fallen, als ob er durch eigene Schuld in Verlegenheit käme, wenn er jegliches vorschauend zugibt, und gewinnt der Fragende einen Schluss, wenn ihm alles, was wahrscheinlicher ist als der Schlusssatz, zugestanden wird. Solche Gegner aber, die aus Prämissen schließen, die unwahrscheinlicher als der Schluss-Satz sind, schließen offenbar nicht richtig und deshalb darf man sie den Fragenden nicht zugestehen.[60]

---

[58] Aristoteles, *Topik* VIII, 5 (159 b 4–6).
[59] Aristoteles, *Topik* VIII, 6 (160 a 3–6).
[60] Aristoteles, *Topik* VIII, 6 (160 a 11–16).

Die Aufgabe des Antwortenden besteht damit gar nicht in erster Linie darin, die These zu halten. Er hat eher darauf zu achten, dass der Fragende bei der Etablierung des Schlusssatzes plausiblere Prämissen verwendet. Dies kann man so verstehen, dass Fragender und Antwortender sich gemeinsam um eine vergleichsweise plausible Etablierung des Schlusssatzes bemühen. Gelingt dies, so wird es daher dem Antwortenden nicht als Fehler angerechnet.

Hier liegt eine klare Abweichung gegenüber den Obligationen vor: Sowohl in der *antiqua* als auch in der *nova responsio* ist eine Aussage, die dem Verpflichteten widerspricht, abhängig durch Widerspruch. Eine solche Aussage muss immer bestritten werden (vgl. unsere obige Obligationenregel 1) und kann daher ohne Regelverstoß nicht eingeräumt werden. Ebenso verhält es sich in der von Boethius geschilderten Obligationenpraxis.[61]

Es kann vermutet werden, dass sich dieser Aspekt von Aristoteles' Theorie nicht in das spezielle Szenario einbringen lässt. Er beruht darauf, dass eine Aussage B implausibler als eine Aussage A ist, obwohl B aus A folgt. (Der vergleichsweise implausible Schlusssatz soll ja mittels plausiblerer Prämissen begründet werden.) Erst wenn der logische Zusammenhang zwischen A und B offenbar wird, erscheint B mindestens ebenso plausibel wie A. Den obigen Überlegungen zufolge dient Aristoteles Disputationstheorie u.a. dazu, solche Zusammenhänge hervortreten zu lassen.

Im speziellen Szenario sind wir davon ausgegangen, dass Folgerungen aus bekanntermaßen wahren Aussagen ebenfalls bekanntermaßen wahr sind. Ist nun im speziellen Szenario eine Aussage „plausibel", d.h. bekanntermaßen wahr, so werden daher auch alle Folgerungen aus ihr „plausibel", d.h. bekanntermaßen wahr, sein. Analoges ergibt sich für „unplausibel" und „bekanntermaßen falsch". Der Fall, dass B aus A folgt und dennoch implausibler ist, kann also nicht eintreten.

2.2.6. *Verpflichtetes oder bisher Gesagtes?*

Die Frage, ob die Disputationstheorie der *Topik* eher Ähnlichkeit zur *antiqua* oder zur *nova responsio* aufweist, ist von historischem Interesse, auch wenn sie die hier vorrangig diskutierte Frage nach Zusammen-

---

[61] „<Respondens> debet negari omnia repugnantia suae positioni" (Boethius von Dacien, *Questiones*, S. 330).

hängen zwischen *Topik* und allgemeinem Szenario nicht unmittelbar betrifft. Ich werde mich ihr daher kurz widmen.

In der *antiqua responsio* richten sich die Regeln nach dem bisher Gesagten, in der *nova responsio* allein nach der Verpflichteten. Es ist daher zu untersuchen, ob in den relevanten Stellen in *Topik* VIII, 5 und 6 die Regeln für den Antwortenden eher auf einem Konzept ähnlich dem bisher Gesagten oder ähnlich dem Verpflichteten aufbauen.

In VIII, 5 wird an der entsprechenden Stelle von der These und dem Schlusssatz gesprochen. Wie wir wissen, ist mit der These diejenige Seite des dialektischen Problems gemeint, für die der Antwortende eintritt, der Schlusssatz ist die Negation der These. Es zeigt sich also, dass sich die Antworten in dem uns interessierenden Sinne nach einem Konzept ähnlich dem Verpflichteten richten. Ein Konzept ähnlich dem bisher Gesagten kommt dagegen nicht vor.

In VIII, 6 spielt der Begriff „in die Disputation gehörig" (πρὸς τὸν λόγον) die tragende Rolle in den Regelformulierungen. Diesen Begriff haben wir ebenfalls schon kennen gelernt, sein Analogon ist der Obligationenbegriff *repugnans*. Aussagen, die nicht in die Disputation gehörig sind, sind nach Aristoteles unbedenklich und sollen eingeräumt werden.[62] Es findet sich kein Hinweis darauf, dass solche Zugeständnisse für die weitere Disputation eine Rolle spielen. Dies müsste jedoch der Fall sein, wenn in den Regelformulierungen ein Konzept wie das bisher Gesagte intendiert wäre. (Eingeräumte Aussagen werden ja dem bisher Gesagten zugeschlagen.) Auch hier fällt also die Untersuchung im Sinne der *nova responsio* aus.

Ähnlich verhält es sich bei Boethius: Er verwendet bereits den Obligationenbegriff *impertinens*. Auch hier finden wir keinen Hinweis darauf, dass eingeräumte *impertinentia* für das Weitere relevant sind.[63] In diesem Sinne ist die Obligationenpraxis, die Boethius beschreibt, der *nova responsio* zuzurechnen. Damit lässt sich sowohl für Aristoteles als auch für Boethius sagen, dass die gegebenen Regeln eher der *nova* als der *antiqua responsio* entsprechen.

Nach diesen Überlegungen kann man vermuten, dass die *nova responsio* sich um eine größere Nähe zur topischen Disputationstheorie bemüht, als die *antiqua responsio* sie aufweist. Auf diese Weise lassen

---

[62] Vgl. Aristoteles, *Topik* VIII, 6 (160 a 1–3 und 8–10).
[63] Vgl. Boethius von Dacien, *Questiones*, S. 330 f.

sich die Einleitungssätze zum Traktat Swynesheds, des vermutlichen
Begründers der *nova responsio*, verstehen. Diese habe ich bereits oben
zitiert, ich rücke noch einmal die entscheidende Passage ein:

> Hujus autem artis ab Aristotele traditae duae sunt partes spectantes
> ad propositum. In quarum una de obligationibus in alia vero de inso-
> lubilibus *obscure et intricate determinatur*, quod translatori magis quam
> Aristoteli est impugnandum <Hervorhebung von mir, H.K.>.[64]

Es scheint hier, als wolle Swynes>hed sagen, dass die bisherigen Versuche, Aristoteles' Disputationstheorie modellhaft zu vereinfachen,
fehlgeschlagen sind.

2.2.7. *Zielsetzungen der Disputation*

Aristoteles unterscheidet drei Zielsetzungen, um deretwillen Dispute
geführt werden können: des (bloßen) Streites wegen ($\grave{\alpha}\gamma o\nu i\zeta \epsilon \iota\nu$), der
Übung wegen ($\gamma \nu \mu \nu \acute{\alpha}\zeta \epsilon \iota\nu$) und der Untersuchung wegen ($\sigma \kappa \acute{\epsilon}\pi \tau \epsilon \sigma \theta \alpha \iota$).[65]
Dispute des Streites wegen liegen außerhalb des Untersuchungsbereichs
der *Topik* (sie werden in den *Sophistischen Widerlegungen* behandelt).
Analog unterscheidet Boethius zwischen Disputationen der Übung
wegen (*exercitatio*) und solchen, die sich um Erkenntnis (*cognitio veritatis*) bemühen.[66] Diesen beiden wird die „*disputatio sophistica*" gegenübergestellt. Wie diese Unterscheidung zu verstehen ist, kann folgender
Textstelle entnommen werden:

> Dicendum quod opponens conari debet contra respondentem, non ut
> ipsum vincat, sicut disputant sophistae, sed ut ipsum ducat ad verita-
> tem, si falsam sustinet positionem, vel ut ipsum exerceat in sustinendo,
> si veram sustinet positionem.[67]

Sophismatische Dispute führt man also bloß, um den andern zu
besiegen. — Ein Disput der Übung wegen findet dann statt, wenn
der Respondent eine wahre Meinung vertritt und der Opponent ihn
zum Schein davon abzubringen versucht. Der Übungseffekt besteht
darin, dass beide dazu angehalten sind, die logische Struktur dieser

---

[64] Swyneshed, *Obligationes*, S. 249.
[65] Z. B. in Aristoteles, *Topik* VIII, 5 (159 a 25–28).
[66] „Opponens autem in dialectica et repondens propter duas disputant causas,
quarum una est, ut sint exercitati in disputatione dialectica in sustinendo positionem et in opponendo ad eam; secunda causa est ipsa cognitio veritatis." (Boethius
von Dacien, *Questiones*, S. 309.)
[67] Boethius von Dacien, *Questiones*, S. 311.

Aussage zu analysieren und die logischen Beziehungen zu anderen
Aussagen der Philosophie und Theologie zu bestimmen.[68] — Dispute
der Erkenntnis wegen sind dadurch gekennzeichnet, dass der Respondent eine falsche Meinung vertritt, von welcher der Opponent weiß,
dass sie falsch ist. Dann versucht der Opponent den Respondenten
durch Argumente von der richtigen Meinung zu überzeugen. Wir
dürfen hier vielleicht an Sokrates' „Hebammenkunst" denken, wie
sie uns im *Menon* am Beispiel der Befragung des Sklaven vorgeführt
wird.[69] — Die entsprechende Unterscheidung bei Aristoteles muss
vermutlich ähnlich aufgefasst werden, die Stelle, welche die Unterscheidung erläutern soll, ist jedoch nicht ganz klar.[70]

Es ist zu untersuchen, wie sich diese Dreiteilung zu den Obligationendisputen verhält. Wie schon bei Aristoteles und Boethius werden
in den Obligationen solche Dispute ausgeklammert, bei denen es
allein darum geht, den Gegner mit welchen Mitteln auch immer zu
besiegen. Dies ergibt sich auch aus unserer Interessenhypothese, denn
solche Dispute können angesichts eines Interesses an Sachorientiertheit unberücksichtigt gelassen werden. — Was die beiden anderen
Disputformen betrifft, so lässt sich keine einfache Entsprechung zu
den Obligationen ausmachen. Mit Boethius Übungsdisputen haben
die Obligationen gemein, dass Opponent und Respondent nur zum
Schein disputieren: In den Obligationen unterstellt die unbeschränkte
Verwendung der epistemischen Begriffe, dass man sich über den epistemischen Status der verwendeten Aussagen einig ist, insofern ist
die These hier ebenfalls kein Gegenstand einer echten Kontroverse
zwischen den Disputanten. Andererseits bestimmt Boethius die Übungsdispute als Dispute mit wahrer These, demgegenüber ist das Verpflichtete der Obligationen meist falsch. In dieser Hinsicht ähneln
die Obligationen eher den Disputen der Erkenntnis wegen, die nach
Boethius' Aussage ebenfalls von einer falschen These ausgehen.

Diese Disanalogie lässt sich folgendermaßen erklären: In Boethius'
Disputen der Übung wegen ist die These wahr. Soll ein Übungseffekt zustande kommen, so muss der Disput um diese wahre These
in irgendeiner Form lehrreich sein. Dies ist vermutlich dann nicht

---

[68] Das „Dicendum quod" der achten Quaestio von Buch VIII spricht von „*media
inveniendi*". Hier scheint es allerdings, als seien bei Übungsdisputen auch falsche,
nämlich unmögliche (!) Thesen zugelassen.
[69] Vgl. Platon, *Menon*, 82 b 9–85 b 7.
[70] Vgl. Aristoteles, *Topik* VIII, 11 (161 a 25–34).

möglich, wenn es sich um eine offensichtliche, banale Wahrheit handelt. Eher sollten wir bei den Thesen der Übungsdispute an mehr oder minder anspruchsvolle Theoreme der Philosophie oder Theologie denken. Der Übungseffekt in diesen Disputen beruht dann auf speziellen inhaltlichen Fragestellungen.

In Disputen der Erkenntnis gilt anscheinend dasselbe für den intendierten Erkenntniseffekt: Hier hat der Respondent eine abweichende Meinung. Diese Tatsache wird nun nicht, wie in den Obligationen, durch die Verwendung der epistemischen Terminologie als unproblematisch behandelt. Der Disput dient vielmehr dazu, den Respondenten vom Gegenteil zu überzeugen. Auch hier kommt es also auf den speziellen Inhalt der verteidigten These an.

Insgesamt lässt sich damit sagen: Die Disanalogien bezüglich der Zielsetzungen „Übung" und „Erkenntnis" ergeben sich vermutlich daraus, dass dabei die im Disput behandelten inhaltlichen Fragestellungen eine Rolle spielen. In den Obligationenregeln wird dagegen durch die Verwendung der Begriffe „bekanntermaßen wahr", „bekanntermaßen falsch" und „ungewiss" unterstellt, dass die im Speziellen diskutierten Inhalte für die Disputführung irrelevant sind.

2.2.8. *Fazit*

Zwischen den dialektischen Disputen einerseits und den Obligationendisputen andererseits finden sich eine Reihe von Gemeinsamkeiten. Hierzu gehört insbesondere die weitgehend analoge Zwei-Parteien-Konstellation sowie die Leitung der Dispute durch Regeln.

Es finden sich jedoch auch Unterschiede: Die dialektischen Dispute dienen dazu, inhaltliche Fragestellungen zu klären. Dies zeigt sich bereits an der von Aristoteles geforderten Brisanz des dialektischen Problems. Außerdem spielt der Begriff „plausibel" ($\xi\nu\delta o\xi o\varsigma$) in Aristoteles' Theorie eine tragende Rolle und dieser Begriff ist auf Inhalte anzuwenden. Dagegen blenden die Obligationen inhaltliche Fragestellungen ganz aus. Wie wir herausgestellt haben, können sie aufgrund dieser Tatsache einige Zielsetzungen der dialektischen Dispute nicht erfüllen.[71]

---

[71] Vgl. hierzu die Überlegungen zum Plausibilitätsniveau eines dialektischen Disputs (2.2.5) sowie die Zielsetzungen „der Übung wegen" und „der Erkenntnis wegen" (2.2.7).

In einer konzisen Formulierung können wir Gemeinsamkeiten und Unterschiede folgendermaßen zusammenfassen: Die Obligationen transformieren eine Inhalten gegenüber offene in eine Inhalten gegenüber geschlossene Disputationstheorie. Die Entwicklung von den dialektischen Disputen zu den Obligationen ähnelt damit insgesamt dem Übergang vom allgemeinen zum speziellen Szenario, als dessen wesentlichen Zug wir den Verzicht auf den Begriff „plausibel" herausgearbeitet haben. Dieser Umstand kann dazu dienen, die Hypothese eines gemeinsamen historisch-systematischen Interesses zu stützen: Wenn nämlich das Interesse der Autoren tatsächlich der Form sachorientierter Streitgespräche gegolten hat, so ist verständlich, warum sie an der Disputationstheorie der Topik gerade diese Modifikationen vorgenommen haben. Die Annahme des systematischen Interesses als gleichzeitig historisches liefert damit eine Erklärung für Gemeinsamkeiten und Unterschiede der beiden Disputationsformen.

2.3. *Bezüge zur Sekundärliteratur*

Es ist bereits darauf hingewiesen worden, dass uns die mittelalterlichen Autoren selbst nur wenig über ihre Erkenntnisinteressen mitteilen. Die Tatsache, dass sie unsere diesbezüglichen Fragen nicht hinreichend beantworten, beweist auch die entsprechende Kontroverse in der Forschung.[72] Es lassen sich hier zwei Fraktionen unterscheiden: Einige Wissenschaftler lokalisieren die Funktion der Obligationen im mittelalterlichen Lehrbetrieb. Hier muss vor allem Romuald Green genannt werden, mit dessen Dissertation die Obligationen-Forschung einsetzt. Die andere Fraktion versucht, den Obligationen einen darüber hinausgehenden Sinn zuzusprechen. Zu ihr gehören u.a.: P.V. Spade, der Editor und Kommentator einer Reihe von Obligationentraktaten (Swyneshed, Lavenham, Fland) sowie die Skandinavier E.J. Olsson und Henrik Svensson, die einen gemeinsamen Aufsatz zu diesem Thema verfasst haben. Spade sieht in den Obligationen eine Logik kontrafaktischer Konditionalsätze, Olsson/Svensson stellen eine Verbindung zu zeitgenössischen Theorien der *belief revision* her. Die

---

[72] Einen Überblick über diese Kontroverse gibt beispielsweise Schupp, „Einleitung", XXIX f. Ausführlich diskutiert Pütz, *Obligationenlehre*, S. 72–107, die in der Forschung geäußerten Ansichten.

Auffassungen Spades und Olsson/Svenssons lassen sich unter der Bezeichnung „informationstheoretische Ansätze" zusammenfassen.

Im Folgenden sollen die von Green geäußerten Thesen sowie die informationstheoretischen Ansätze auf ihre Verträglichkeit mit dem hypothetisch formulierten historischen Interesse überprüft werden.

2.3.1. *Die Obligationen als Unterrichtsstoff: Belege*

Green sieht die eigentliche Funktion der Obligationen darin, angehenden Wissenschaftlern Fertigkeiten im Umgang mit logischen Folgerungen zu vermitteln:

> *De obligationibus* is a logical treatise designed to give a student exercise in the use of the logical rules of inference.[73]

Green stellt eine Verbindung zwischen den Obligationen und der mittelalterlichen Forschungs-, Lehr- und Prüfungspraxis der *disputatio* her.[74] Offenbar betrachtet er die Obligationen als eine Art Vorübung zur *disputatio*. Green untermauert die These von der pädagogischen Funktion der Obligationen durch Belege, die zeigen sollen, dass Obligationendispute an mittelalterlichen Universitäten tatsächlich durchgeführt worden sind.[75]

Über das von Green herangezogene Material lassen sich Stellen aus Obligationentraktaten anführen, die seine Auffassung in offensichtlicher Weise zu bestätigen scheinen. Die mir bekannten Stellen seien hier in vermuteter chronologischer Reihenfolge[76] aufgeführt.

Der Übungseffekt der Obligationen wird beispielsweise in den *Obligationes Parisienses* angesprochen:

> Duplex est finis disputantium et secundum hunc duplicem finem duplex est disputatio. Primus finis est scientia sive fides acquirenda de rebus

---

[73] Green, *The logical Treatise*, S. 16.

[74] Vgl. Green, *The logical Treatise*, Ch. I. — Einen Überblick über die Rolle der *disputatio* im mittelalterlichen Wissenschaftsbetrieb geben, abgesehen von Green, Überweg, *Grundriß*, S. 152–157, Grabmann, *Geschichte*, Bd. 2, S. 13–27 sowie Pinborg/Kenny, „Medieval literature" (insbes. S. 21–29). Vgl. zur philosophischen Bedeutung auch Rentsch, „Die Kultur der *quaestio*" (insbes. S. 82 ff).

[75] Vgl. Green, *The logical Treatise*, Ch. II, 3. Die dort angeführten Belege lassen sich allerdings auch so deuten, dass nicht die Obligationendispute, sondern die Obligationentraktate Unterrichtsstoff der Universitäten bildeten. Ich bin mir nicht ganz sicher, welche Behauptung Green hier zu etablieren versucht.

[76] Einen Überblick über die vermutete Chronologie der Obligationentraktate gibt Ashworth, „Introduction", S. x ff.

simpliciter. Disputatio autem ad hunc finem est ex creditis simpliciter et sine conditione. Unde disputantes hoc genere disputationis secuntur veritatem rerum vel existentem vel apparentem. Alter finis est exercitatio sive esse exercitatum. Disputatio autem ad hunc finem non est ex creditis simpliciter sed ex creditis sub conditione. Unde disputantes hoc genere disputationis non secuntur veritatem rerum simpliciter sed veritatem rerum quam habent sub conditione. <. . .> Unde fides sive scientia de consequentiis rerum maxime acquiritur hoc genere disputationis.[77]

Der anonyme Autor trifft hier eine Unterscheidung zwischen zwei Formen der Disputation. Im einen Fall gehen die Disputanten von Sätzen aus, von denen sie überzeugt sind, und versuchen, die Wahrheit über den disputierten Gegenstand herauszufinden. Die andere Form wird der Übung halber betrieben, es sind die Obligationendispute, das Thema der *Obligationes Parisienses*, gemeint. In dieser zweiten Form wird „*sub conditione*" disputiert, wir können interpretieren: unter der Annahme, dass ein bestimmter Satz wahr sei. Hier wird zwar kein Wissen über den Gegenstand der Disputation erworben (da ja u.U. von falschen Voraussetzungen ausgegangen worden ist), jedoch dafür umso mehr eine Fertigkeit und ein Wissen im Bereich des Schlussfolgerns („*fides sive scientia de consequentiis rerum*").

Der anonyme Autor von *Merton College* schreibt über die Funktion der Obligationen:

<H>aec ars informat respondentem ut advertat quid conceditur et negatur, ne dua repugnantia concedat infra idem tempus. Aristoteles enim in Elenchis docet argumentem multa proponere, ut de propositorum responsione ob multitudinem respondens non recolens redargueretur. A quo in parte haec ars ordinem traxit, ut advertentes non indeceptos servemus. Sicut decet mendacem esse bene memorem ut non contraria licet affirmat asserat, ita bene respondentem iuxta admissa et concessa et negata convenienter et memorata formaliter convenit respondere.[78]

Der Obligationendisput übt also den Respondenten darin, sich zu merken, was er im Disput bereits zugestanden hat. Diese Fertigkeit dient dazu, dass man ihn weniger leicht argumentativ ausstechen kann („*ut advertentes non indeceptos servemus*").

---

[77] Anonym, *Obligationes Parisienses*, S. 26 f.
[78] Anonym, *De Arte Obligatoria*, S. 243. Aus dieser Stelle ergibt sich übrigens ein weiteres Indiz für die Verbindung zwischen *Topik* und Obligationen. Der anonyme Autor verweist hier zwar auf die *Sophistischen Widerlegungen*, an der Stelle, die wahrscheinlich gemeint ist (*Sophistische Widerlegungen* XV (174 a 17)), bezieht sich Aristoteles allerdings selbst auf die *Topik*, nämlich auf VIII, 1.

Der Franziskaner Richard Brinkley, ein weiterer Obligationenautor, sieht den Zweck der Obligationen ebenfalls im Erwerb von Folgerungskompetenz, genauer: im sicheren („*faciliter*") Erkennen von logischen Beziehungen zwischen Aussagen:

> Finis autem illius scientiae est scire formaliter opponere et consequenter respondere, ut proposita aliqua propositione quid ex ea sequitur, quid antecedit et quid repugnat faciliter cognoscatur.[79]

Der berühmte Paul von Venedig geht soweit zu behaupten, die Obligationen seien nichts anderes als die Folgerungslehre („*materia consequentiarum*") in einer etwas subtileren Form („*stilo subtiliori procedens*"). Auch er hebt hervor, ihr Zweck sei zu überprüfen, ob der Respondent ein „heller Kopf" („*sani capitis*") sei:

> <M>ateria obligationum non est nisi materia consequentiarum stilo subtiliori procedens et an respondens sit sani capitis gressu deceptiorio temptativa; nam per huiusmodi casus obligationis, sive veri sint sive falsi, stabilem sustentiationem docetur infallibiliter et invariabiliter sustinere.[80]

Tatsächlich leuchtet es ein, dass das Praktizieren von Obligationendisputen ein gutes Training für das Erfassen von logischen Beziehungen zwischen Aussagen abgibt. Dies gilt vor allem für die *antiqua responsio*, da hier ein neu vorgebrachtes *propositum* auf Folge oder Widerspruch in Bezug auf ein immer weiter anwachsendes bisher Gesagtes überprüft werden muss. Eigene Versuche zeigen, dass nach nur wenigen Schritten das bisher Gesagte so komplex werden kann, dass diese Aufgabe kaum ohne Papier und Bleistift bewältigbar ist.

Trotz der historischen Belege ist Greens These in der Sekundärliteratur widersprochen worden. Schupp macht beispielsweise geltend, dass der Erwerb von Folgerungskompetenz „*nicht der einzige und auch nicht der primäre Zweck*" der Obligationendispute gewesen sein kann. Sein Argument ist die *nova responsio*: Dispute nach den Regeln der *nova responsio* seien so leicht zu führen, „*dass sie weder als Übung noch als Prüfungsaufgabe, die die Kenntnis von Folgerungsbeziehungen testen sollte, in Frage kommen*" konnten.[81] Im Sinne Schupps lässt sich hinzufügen, dass diejenigen Autoren, die an der *antiqua responsio* festhalten, die *nova responsio* nicht dahingehend kritisieren, sie sei zu leicht um einen

---

[79] Brinkley, *Obligationes*, S. 12.
[80] Paul von Venedig, *Tractatus de Obligationibus*, S. 32.
[81] Schupp, „Einleitung", S. XXX f.

Übungseffekt zu haben, sondern dass sie Argumente logischer Art vorbringen.[82]

2.3.2. *Die Obligationen als Unterrichtsstoff: Diskussion*

Es soll überprüft werden, ob Greens Auffassung, sei sie nun korrekt oder nicht, mit dem oben angenommenen historischen Interesse in Einklang zu bringen ist. Greens These besagt, dass es sich bei den Obligationen um Übungsdispute handelt, die auf andere, gehaltvollere Disputationsformen, beispielsweise die *disputatio*, vorbereiten. Hierzu lässt sich sagen: Wenn eine Sache um einer anderen willen geübt wird, so muss vermutlich erstere in gewisser Weise einfacher sein als letztere, gleichzeitig aber auch hinreichend ähnlich, damit ein Übungseffekt zustande kommt. Die *disputationes* haben philosophisch-theologische, also schwer überschaubare und hochkontroverse Thesen zum Gegenstand, die uns auf den ersten Blick allenfalls mehr oder weniger plausibel, wenn nicht ganz unverständlich erscheinen. Die Obligationen sind insofern einfacher, als ihre *posita* naheliegende Sätze sind, deren Wahrheit oder Falschheit unmittelbar einleuchtet. Darüber hinaus weisen sie eine hinreichende Ähnlichkeit zu den *disputationes* auf, da sich in ihnen, wie oben gezeigt, die Form wissenschaftlichen Disputierens widerspiegelt.

Da die Obligationen Vereinfachungen von sachorientierten Streitgesprächen unter Wahrung von Ähnlichkeiten darstellen, könnten sie pädagogischen Zwecken gedient haben. Dies schließt jedoch nicht aus, dass diese Vereinfachungen gleichzeitig Gegenstand eines theoretischen Interesses gewesen sind. Wenn die Obligationen also als Übungen für wissenschaftliche Auseinandersetzungen dienten, so ist dies damit verträglich, dass sie daneben als Modelle für sachorientierte Streitgespräche verstanden wurden.

Hinzufügen lässt sich, dass Greens These und die angeführten Zitate ja den Zweck der Obligationendispute betreffen, nicht aber das Erkenntnisinteresse der Obligationentraktate. Die Tatsache, dass es sich bei den Obligationen um Übungsdispute handelt, erklärt nicht, warum sich renommierte Logiker wie Burley oder Ockham mit ihnen beschäftigen. Letzteres kann zumindest teilweise daher rühren, dass

---

[82] Vgl. dazu unten, 4.3.12.

diese Autoren in den Obligationen Grundformen sachorientierten Disputierens wiedererkannt haben.

Angesichts Greens These muss u.U. die Frage nach der Entwicklung der Obligationen aus der *Topik* neu überdacht werden. Oben habe ich so gesprochen, als hätten die Obligationenautoren aufgrund des historischen Interesses die Obligationendispute aus den dialektischen Disputen entwickelt. Jetzt sehen wir, dass sich die Transformation einer inhaltlich offenen zu einer geschlossenen Disputationstheorie auch mittels Greens These erklären lässt. Es ist ebenfalls möglich, dass sich die Obligationen aus der *Topik* aufgrund von Übungszwecken entwickelt haben.

Wir können die Frage offen lassen, ob die Obligationenautoren die Obligationendispute entwickelt oder vorgefunden haben. Selbst wenn das historische Interesse nicht an der Entstehung der Obligationendispute beteiligt war, so ist es dennoch möglich, dass die Autoren die Dispute unter diesem Interesse untersucht haben.

2.3.3. *Informationstheoretische Ansätze*

P.V. Spade versteht die Obligationen als eine Theorie kontrafaktischer Konditionalsätze,[83] d.h. als Überlegungen der Art „Wenn ... der Fall wäre, dann ...". Genauer gesagt, soll ein Obligationendisput mit der These A, in dem eine Aussage B eingeräumt werden muss, den Konditionalsatz „Wäre A, dann wäre B" wiedergeben.[84] Als historische Belege für seine These zieht er neben der oben zitierten Stelle aus den *Obligationes Parisienses* (wo von einer Disputation „*sub conditione*" die Rede ist) eine Passage aus dem ebenfalls anonymen *Tractatus Emmeranus de falsi positione* heran. Hier wird gesagt, dass der Sinn des Setzens einer falschen These darin bestehe, zu sehen, was folgt (*„ut videatur quid inde sequatur"*), wenn die These wahr wäre:

---

[83] Zu den zeitgenössischen Theorien der kontrafaktischen Konditionalsätze vgl. die klassisch gewordenen Texte Stalnaker, *Conditionals* und Lewis, *Counterfactuals*.

[84] Vgl. Spade, „Three Theories", S. 11. Ausführlich diskutiert wird Spades Theorie in Yrjönsuuri, *Obligationes*, Ch. VI, B. Aufgrund von Kritik hat Spade später seine Aussage abgeschwächt: mit den Obligationen ließen sich kontrafaktische Überlegungen nicht endgültig bestätigen, wohl aber bis zu einem gewissen Grade untermauern (*„support"*), vgl. Spade, „If *Obligations* were Counterfactuals", S. 181. In der späteren Fassung seiner Theorie legt Spade außerdem Wert auf die Behauptung, die Obligationen behandelten weniger kontrafaktische Sätze als vielmehr kontrafaktische Überlegungen (*„reasoning"*), vgl. Spade, „If *Obligations* were Counterfactuals", S. 172.

<P>ositio est prefixo alicuius enuntiabilis ad sustinendum tamquam verum ut videatur quid inde sequatur. Et notandum quod hec obligatio non dicitur *falsi positio* propter hoc quod tantummodo falsa ponentur, sed quia sepius ponantur quam vera. Cum enim omnis positio fiat propter concessionem et vera propter sui veritatem habeant concedi, non indigent positione. Sed cum falsa non in se causam concessionis habeant, indigent positione ut concedantur et videatur quid inde accidat.[85]

Die skandinavischen Autoren Olsson/Svensson stellen einen Zusammenhang zwischen den Obligationen und der modernen Theorie der *belief revision* her.[86] Die *belief revision* beschreibt die Situation, in der wir erkennen, dass eine Aussage, die wir bislang für falsch hielten, tatsächlich wahr ist (bzw. umgekehrt). Das Problem der *belief revision* besteht darin zu zeigen, wie die neue Aussage dem bisherigen Glaubenssystem unter Wahrung von Konsistenz hinzugefügt werden kann. Ein Obligationendisput mit dem *positum* A soll Olsson/Svenssons Auffassung zufolge einer Modifikation des Glaubenssystems des Respondenten mit der Aussage A entsprechen.[87]

Beide Theorien können erklären, warum das *positum* für gewöhnlich eine falsche Aussage ist, jedoch auch eine wahre Aussage sein kann. Ein kontrafaktisches Konditional mit wahrem Antezedens reduziert sich nämlich (zumindest einigen modernen Theorien zufolge) einfach auf ein materiales Konditional. Der interessante Fall ist aber derjenige, bei dem das Antezedens falsch ist. Ähnliches ergibt sich für die *belief revision*: Wird ein Glaubenssystem mit einer Aussage modifiziert, die schon in diesem System enthalten ist, resultiert das unveränderte Glaubenssystem. Die Fälle, in denen die These wahr ist, stellen sich also in beiden Theorien als nicht-intendierte Grenzfälle heraus.[88]

Es soll untersucht werden, ob und inwiefern die informationstheoretischen Ansätze zum unterstellten historischen Interesse im Widerspruch stehen. Im Grunde handelt es sich bei den hier vorliegenden Unterschieden um eine Akzentverschiebung: Die informationstheoretischen Ansätze interessieren sich für die Umstände, unter denen der Respondent so disputieren müsste, wie er es im Obligationendisput tut. Bei Spade ist dies der Umstand, dass die These tatsächlich wahr ist, bei Olsson/Svensson der Umstand, dass der Respondent glaubt,

---

[85] Anonym, *Tractatus Emmeranus de falsi positione*, S. 103.
[86] Als einschlägiges Werk zur *belief revision* vgl. Gärdenfors, *Knowledge in Flux*.
[87] Vgl. Olsson/Svensson, „Change of belief", S. 14.
[88] Inwiefern sich wahre Thesen in unserer Rekonstruktion als nicht-intendierte Grenzfälle ansehen lassen, werden wir in 4.3.11 sehen.

sie sei wahr. Die disputationalen Verhältnisse sind in den jeweiligen Ansätzen Folgeerscheinungen dieser Umstände.

Das von uns formulierte historische Interesse gilt dagegen diesen disputationalen Verhältnissen selbst. Zur Veranschaulichung dieser Verhältnisse kann auf die Umstände, unter denen der Respondent tatsächlich so disputieren würde, Bezug genommen werden. Das obige Zitat aus dem *Tractatus Emmeranus de falsi positione* kann auf diese Weise im Sinne des hier unterstellten historischen Interesses verstanden werden.

2.3.4. *Fazit*

Was die hier besprochenen Ansichten in der Sekundärliteratur angeht, so lässt sich feststellen, dass sie sich mit dem unterstellten historischen Interesse vereinbaren lassen. Insbesondere trifft dies auf die angesichts des historischen Materials überzeugende These Greens zu: wenn die Obligationen als Übungen für wissenschaftliche Auseinandersetzungen gedient haben, so ist dies gut damit vereinbar, dass sie gleichzeitig als Modelle für sachorientierte Streitgespräche aufgefasst wurden. Im Übrigen ist die Hypothese des historischen Interesses generell gegen anderslautende Hypothesen in der Sekundärliteratur zu verteidigen, indem auf die Nicht-Exklusivität von Zweckordnungen verwiesen wird: Die Tatsache, dass die Obligationen einen bestimmten Zweck hatten, schließt nicht aus, dass sie gleichzeitig noch anderen Zwecken gedient haben.

3. DISPUTE

Bei der Diskussion der Obligationenthematik haben wir bisher informelle Mittel verwendet. In diesem und den beiden folgenden Kapiteln wenden wir uns einer Rekonstruktion zu. Währenddessen wird die Frage nach einem gemeinsamen historisch-systematischen Interesse zunächst zurückgestellt. An Stellen, die sich für einen Einschnitt eignen, wird das Erreichte im Sinne einer Überprüfung rückblickend auf die Interessenhypothese bezogen.[1]

Die leitende Frage während der Rekonstruktion wird die Frage nach der historischen Adäquatheit unserer Bemühungen sein. Wie in der Einleitung ausgeführt, diskutieren wir hierbei, ob hinreichende strukturelle Ähnlichkeiten bestehen zwischen den Repräsentationen einerseits (also den in die Rekonstruktionssprache eingeführten Begriffen) und der jeweils zugeordneten Begrifflichkeit der mittelalterlichen Autoren andererseits.

In den Obligationentraktaten haben wir es mit Behauptungen über bestimmte Gebilde, die Obligationendispute, zu tun. Die hier präsentierte Rekonstruktion geht von der grundsätzlichen Voraussetzung aus, dass die angestrebte Begründung der Autorenbehauptungen auf den strukturellen Eigenschaften der Dispute aufbauen muss.[2] Diese Voraussetzung wollen wir im Folgenden zunächst diskutieren. Das Kapitel unterteilt sich dann in die Abschnitte „Disputsprache" und „Disputverläufe", ersterer geht auf die propositionale, letzterer auf die strukturelle Seite der Dispute ein.

Der Begriff des Disputes spielt für unsere Rekonstruktion insofern eine fundamentale Rolle, als wir die gesamte obligationale Terminologie auf diesen Begriff zurückführen werden. Auf diese Weise bewahrheiten wir die genannte Forderung, dass eine Klärung der Autorenbehauptungen bei einer Klärung des Disputbegriffs ansetzen muss. Unter dem Gesichtspunkt der historischen Adäquatheit kann dies als problematisch erachtet werden: Der Disputbegriff spielt in den

---

[1] Vgl. dazu unten, 4.4 und 5.3.
[2] Diese Annahme erscheint naheliegend, ist jedoch nicht zwingend: Vgl. hierzu beispielsweise die Arbeit Ivan Bohs, der Obligationenregeln ohne Rückgriff auf den Begriff des Disputs rekonstruiert (vgl. Boh, *Rules of Obligation*).

Traktaten selbst eine weitaus geringere Rolle; dies zeigt sich allein an
der Schwierigkeit, eine mittelalterliche Entsprechung zum rekonstruktionssprachlichen Begriff „*Disput*" anzugeben — es kann hier allerdings
die Wendung „*tempus obligationis*" genannt werden. Im Gegensatz zum
hier gewählten Vorgehen versuchen die Autoren jedoch kaum, ihre
Behauptungen durch Rückgang auf diesen Begriff zu begründen.

Zur Verteidigung unseres Vorgehens ist jedoch folgendes zu sagen:
Da Dispute eine beliebige Länge aufweisen können, benötigt man
zur Einführung dieses Begriffs (sowie zum Beweis von diesbezüglichen
Behauptungen) die Methoden der mathematischen Induktion. Da ferner für Dispute die Reihenfolge ihrer Teile konstitutiv ist, ist der
strukturtheoretische Begriff der Sequenz für ihre adäquate Darstellung
vonnöten. Dieses Instrumentarium steht im Mittelalter nicht im selben
Umfang zur theoretischen Verfügung wie heute. Die Tatsache, dass
der Disputbegriff bei den Autoren keine ähnlich fundamentale Rolle
spielt wie in der Rekonstruktion, ist also möglicherweise nur Ausdruck vergleichsweise beschränkter Mittel und bedeutet damit nicht,
dass diese Fundamentalität der Sache nach unangemessen wäre.

Wie in der Einleitung ausgeführt, hat die Rekonstruktion die Aufgabe, Einsicht in die Begründetheit der Autorenbehauptungen zu
gewähren. Wir orientieren uns dabei an den Begründungen, welche
die Autoren selbst geben, gelegentlich sind jedoch auch Einsichten
möglich, die über diese Begründungen hinausgehen. Insbesondere
können wir vor der Alternative stehen, die zu einer Begründung
benötigten logischen Beziehungen innerhalb der verwendeten Terminologie rekonstruktionssprachlich einerseits durch axiomatische Setzungen
herzustellen, andererseits grundlegendere Begriffe dergestalt einzuführen, dass sich die benötigten Verhältnisse als Theoreme ergeben.[3]
Die Wahl der letzteren Alternative kann als zusätzlicher Verständ-
nisgewinn angesehen werden: Neben der Tatsache, wie die Autoren
schließen, damit ihre Behauptungen beweisbar werden, erfahren wir
dann auch Gründe, warum sie so schließen.

Auch wenn die Autoren dem Disputbegriff keinen fundamentalen
Status zuweisen, so bedeutet seine Zugrundelegung in der Rekonstruktion also dennoch keine Abweichung von einer entsprechend

---

[3] Ein Beispiel für die Alternative „axiomatische Setzung vs. theorematische Zurück-
führung" bietet die jeweils unterschiedliche Analyse des Zahlbegriffs bei Peano und
Frege.

verstandenen historischen Adäquatheit. Diese Zugrundelegung will uns ein Bild von den Präsuppositionen verschaffen, welche die Überlegungen der Autoren leiten, und uns so ihre Behauptungen in höherem Grade einsichtig machen.

3.1. *Disputsprache*

Es ist eine offensichtliche Tatsache, dass in Disputen sprachliche Entitäten wesentlich vorkommen. Für die Obligationendispute gilt insbesondere, dass bestimmte Aussagen von den Disputanten gesetzt oder vorgeschlagen, eingeräumt, bestritten oder offengelassen werden. Die Gesamtheit dieser Aussagen will ich Disputsprache nennen.

Eine Repräsentation der Obligationendispute setzt eine Repräsentation der Disputsprache voraus. Diese Repräsentation nenne ich *Disputsprache*, gemäß der in dieser Arbeit eingehaltenen Konvention, Repräsentationen von obligationenspezifischer Begrifflichkeit kursiv zu setzen. Da in den Traktaten Folgerungsbeziehungen zwischen disputsprachlichen Aussagen eine bedeutende Rolle spielen,[4] benötigen wir zu einer *Disputsprache* einen *Folgerungsbegriff*. Im Folgenden werden wir zunächst diskutieren, wie diese Begriffe zu gestalten sind. Dann werden wir entsprechende Definitionen geben. In Vorbereitung auf die Rekonstruktion der epistemischen Begrifflichkeit werden wir darüber hinaus den Begriff des *Wissensstandes* einführen.

3.1.1. *Die Entscheidung für Aussagenlogik*

Da die Folgerungsmöglichkeiten einer Sprache auf deren syntaktischer Organisation aufbauen, ist die zu definierende *Disputsprache* bereits im Hinblick auf die anvisierten Folgerungsverhältnisse zu gestalten: Sie muss so beschaffen sein, dass sie eine Repräsentation der für die Obligationen relevanten Schlussfolgerungen ermöglicht. Die Schwierigkeit hierbei ist, dass in den Obligationen eine Fülle von Folgerungsbeziehungen eine Rolle spielen können. Es finden sich u.a. Problemstellungen, die auf den Eigenschaften indexikalischer

---

[4] Ich erinnere in diesem Zusammenhang an die oben, in 2.3.1, angeführte Stelle bei Paul von Venedig, der sagt, dass die Obligationen nur eine subtilere Art der Präsentation der Folgerungslehre sind.

Ausdrücke beruhen, quantifikationslogische Themen betreffen oder sich zeitlogischen Fragen widmen.[5] Man kann sagen, dass in den Obligationen die gesamte mittelalterliche Logik vorausgesetzt wird. (Aus diesem Grund stehen die Obligationentraktate in den Logik-Summen weit hinten.)

Das Folgerungsverhalten all dieser im weitesten Sinne relevanten Phänomene zu modellieren, würde den Rahmen der Arbeit sprengen. Es wäre überdies auch sachlich nicht angemessen, da unsere Rekonstruktion darauf abzielt, gerade die für die Obligationen spezifischen Merkmale hervortreten zu lassen. Bei der Frage nach der Analysetiefe der *Disputsprache*, d.h. der Frage danach, wie viel von der logischen Struktur eines gegebenen Satzes sie abbilden soll, leitet uns daher eine Sparsamkeitsprinzip: Mit möglichst einfachen Mitteln soll ein Maximum an Autorenbehauptungen rekonstruierbar sein.

Mit einem modernen Instrumentarium relativ leicht zu analysieren sind die mittelalterlichen Auffassungen von der Konjunktion (*propositio copulativa*), Disjunktion (*propositio disiunctiva*) und Negation (*oppositum propositionis*). Dieses Fragment der mittelalterlichen Logik wird manchmal als „mittelalterliche Aussagenlogik" bezeichnet.[6] Ernest A. Moody hat unter Berücksichtigung einer ganzen Reihe mittelalterlicher Logiker gezeigt, dass sich die mittelalterliche Aussagenlogik mittels klassischer Aussagenlogik (KA) rekonstruieren lässt.[7]

KA stellt sicherlich kein geeignetes Mittel dar, um alle Feinheiten der mittelalterlichen Logik wiederzugeben. Überhaupt entspringt die Herauslösung gerade des Fragments der mittelalterlichen Aussagenlogik moderner Denkweise: In den Logik-Summen werden die entsprechenden Phänomene keineswegs immer zusammen abgehandelt. Es ist daher die historische Adäquatheit der KA als *Disputsprache* zu diskutieren.

---

[5] In diesem Sinne äußert sich E. Stump, wenn sie schreibt: „<The obligations> reflect concern with epistemic logic, indexicals, propositional attitudes, and other issues in the philosophy of language." (Stump, *Dialectic*, S. 248).

[6] Außer bei Moody (vgl. folgende Fußnote) finden sich abrisshafte Darstellungen der mittelalterlichen Aussagenlogik bei: Bochenski, *Formale Logik*, S. 218–244, Boehner, *Medieval Logic*, S. 52–77, und Broadie, *Medieval Logic*, S. 38–90. Als Initiator der Untersuchung mittelalterlicher Aussagenlogik kann Lukasiewicz gelten, vgl. Lukasiewicz, „Aussagenlogik".

[7] Vgl. Moody, *Truth and Consequence*, S. 80–96. — Moody verwendet eine Erweiterung von klassischer Aussagenlogik, nämlich S5-Modallogik. Mit dieser rekonstruiert er zusätzlich noch die Begriffe der Konsequenz (*consequentia simplex*), sowie die Begriffe „notwendig" (*necessarium*) und „unmöglich" (*impossibile*). Es wird sich herausstellen,

Da Thema der Arbeit die Obligationen sind, kann die übrige mittelalterlichen Logik weitestgehend ausgeblendet bleiben. Bei KA handelt es sich um ein einfach handhabbares, wohlerforschtes und philosophisch gut begründetes Mittel der modernen Logik. Die Untersuchung Moodys zeigt, dass eine auffällige Entsprechung zwischen KA und den mittelalterlichen Auffassungen von Konjunktion, Disjunktion und Negation besteht. Ferner wird unsere Untersuchung der Obligationentraktate ergeben, dass sich mittels KA bereits eine ganze Reihe von mittelalterlichen Behauptungen rekonstruieren lässt. Dies alles rechtfertigt zunächst die Zugrundelegung von KA.

Damit jedoch die Möglichkeit besteht, zusätzlich auch andere Folgerungsverhältnisse zu rekonstruieren, werde ich *Disputsprache* und *Folgerungsbegriff* für eine Erweiterung der Ausdrucksmöglichkeiten (z.B. modal- oder quantorenlogischer Art) offen halten. Wir werden daher keine bestimmte *Disputsprache* und keinen bestimmten *Folgerungsbegriff* zugrunde legen, sondern Prädikate „eine *Disputsprache*" und „ein *Folgerungsbegriff*". Jede *Disputsprache* soll dabei die aussagenlogischen Junktoren ¬, ⊃, ∧, ∨ und ≡ enthalten, jeder für eine *Disputsprache* geeignete *Folgerungsbegriff* soll die klassisch-logischen Folgerungen umfassen.[8] Die meisten Ergebnisse dieser Arbeit werden wir allgemein für alle *Disputsprachen* und alle *Folgerungsbegriffe* formulieren.[9] So gewährleisten wir, dass sich diese Ergebnisse auch auf andere Logiken übertragen lassen, die klassische Logik als Teilmenge enthalten.

Es sei noch eine Bemerkung zur Verwendung der materialen Subjunktion ⊃ angefügt. Die Frage ist immer noch offen, ob die mittelalterliche Logik die materiale Subjunktion kannte.[10] In den Obligationentraktaten spielt sie, wenn überhaupt, eine nur sehr geringe Rolle. Da die materiale Subjunktion jedoch in klassischer Logik keine echte Erweiterung der Ausdrucksmöglichkeiten darstellt und sich mit ihrer Hilfe einige Zusammenhänge einfacher ausdrücken lassen, werde

---

dass wir für unsere Zwecke diese letzteren drei Begriffe als metasprachliche Begriffe über Folgerungsverhältnisse rekonstruieren können. Im Sinne des Sparsamkeitsprinzips beschränken wir uns daher auf das schwächere Mittel der klassischen Aussagenlogik (vgl. auch unten 3.1.4).

[8] Wir berücksichtigen zusätzlich bestimmte materiale Folgerungsverhältnisse, vgl. unten.

[9] Erst unten, ab 5.2, werden wir eine spezielle *Disputsprache* mit erweiterten Ausdrucksmitteln verwenden.

[10] Exemplarisch am Beispiel Ockhams wird diese Diskussion u.a. geführt in McCord-Adams, „Did Ockham know of Material and Strict Implication" und in Kaufmann, „Ockhams *consequentiae*".

ich sie in *Disputsprachen* verwenden. Es soll damit keine historische Aussage impliziert sein.

3.1.2. *Disputsprachen und Folgerungsbegriffe*

Im Folgenden führen wir zunächst das Konzept der *Disputsprache* ein. Um eine induktive Basis für *Disputsprachen* zu gewinnen, definieren wir eine Menge von *Aussagenkonstanten*. Wir rechnen dabei auch $\top$ und $\bot$ zu den *Aussagenkonstanten*: $\top$ wird eine logisch wahre, $\bot$ eine logisch falsche Aussage repräsentieren.

> Definition 3.1–1 (Aussagenkonstante)
> k ist *Aussagenkonstante* gdw. k $\in$ { $\top$, $\bot$, *a, b, c,* ..., *s, t, u, v, w, a_1,* ..., a_2, ...}.

Hierauf aufbauend können wir eine *Disputsprache* wie folgt definieren:

> Definition 3.1–2 (Disputsprache)
> S ist eine *Disputsprache* gdw. für alle k, p, q gilt:
> (a) wenn k *Aussagenkonstante* ist, dann ist k $\in$ S
>
> und
>
> (b) wenn p $\in$ S und q $\in$ S, dann $\neg$p $\in$ S und $(p \supset q) \in$ S.

Die Elemente einer *Disputsprache* nennen wir ihre *Aussagen*. In unserer Definition fehlt eine „nichts sonst"-Klausel („nichts sonst ist Element von S"), aufgrund dieser Tatsache lassen sich auch Extensionen von Junktor-Sprachen als *Disputsprachen* erweisen. Nehmen wir in obige Definition eine „nichts sonst"-Klausel auf, so haben wir eine Sprache definiert, die wir *Aussagensprache* nennen können. Die *Aussagensprache* ist in dem Sinne die kleinste *Disputsprache*, dass jede *Disputsprache* die *Aussagensprache* als Teilmenge umfasst.

Wir führen für *Disputsprachen* die Junktoren $\wedge$, $\vee$ und $\equiv$ gemäß ihrer klassisch-logischen Bedeutung ein:

> Definition 3.1–3 (und, oder, gdw.)
> Es seien p und q *Aussagen* einer *Disputsprache*.
> (a) $p \wedge q = \neg(p \supset \neg q)$
> (b) $p \vee q = \neg p \supset q$
> (c) $p \equiv q = (p \supset q) \wedge (q \supset p)$

Ein Beweis bzgl. einer Sprache S lässt sich allgemein charakterisieren als eine endliche Sequenz von Aussagen von S, den sogenannten Einträgen des Beweises, so dass jeder Eintrag entweder einer *Aussagen*menge M entstammt oder nach einer zulässigen Folgerungsregel aus vorherigen Einträgen gebildet ist. Im vorliegenden Ansatz beschränken wir uns auf *modus ponens* als einzige Folgerungsregel. Daher können wir einen *Beweis* auf einer Menge M bezüglich einer *Disputsprache* S für eine *Aussage* p wie folgt definieren:

Definition 3.1–4 (Beweis)
Sei S eine *Disputsprache*, sei M Untermenge von S, sei p *Aussage* von S. Ein *Beweis* auf M für p in S ist eine endliche Sequenz von *Aussagen* von S mit p als letztem Eintrag, so dass gilt: jeder Eintrag q ist entweder Element von M oder es gibt vorhergehende Einträge r ⊃ q und r.

Da wir uns auf *modus ponens* beschränkt haben, lassen sich *Folgerungsbegriffe* durch Rückgriff auf ihre Axiome bestimmen:

Definition 3.1–5 (Folgerungsbegriff)
Sei S eine *Disputsprache*, A eine Untermenge von S.
Der *Folgerungsbegriff* ⊢$_A$ zu S ist diejenige Relation, für die gilt:
für alle Untermengen M von S, *Aussagen* p von S:
M ⊢$_A$ p gdw. es gibt einen *Beweis* auf M ∪ A für p in S.

Gehört p zur Menge A des *Folgerungsbegriffs* ⊢$_A$, so nennen wir p *Axiom* von ⊢$_A$. Wie üblich nennen wir eine *Aussage* p *gültig* gemäß ⊢$_A$ genau dann, wenn gilt ∅ ⊢$_A$ p. Hierfür schreiben wir auch: ⊢$_A$ p. Gilt: {p} ⊢$_A$ q so sagen wir, dass q aus p *folgt* und schreiben dafür auch: p ⊢$_A$ q. Gilt nicht: M ⊢$_A$ p, so schreiben wir M ⊬$_A$ p. Wir nennen eine *Aussage* p *konsistent* bzgl. ⊢$_A$ genau dann, wenn gilt: ⊬$_A$ ¬p. Andernfalls heißt p *inkonsistent*. Ein *Folgerungsbegriff* ⊢$_A$ ist *widerspruchsfrei* genau dann, wenn es keine *Aussage* p gibt, für die ⊢$_A$ p und ⊢$_A$ ¬p gilt.

Wir können für bestimmte *Folgerungsbegriffe* gewährleisten, dass sie alle aussagenlogischen Folgerungen umfassen, und so beschaffene Begriffe *formal* nennen. Wir gehen dazu von der axiomatischen Basis des „Hilbert-Ackermann-Systems" aus:

Definition 3.1–6 (formaler Folgerungsbegriff)
Sei S eine *Disputsprache*, sei ⊢ ein *Folgerungsbegriff* zu S.
⊢ ist ein *formaler Folgerungsbegriff* zu S gdw.
für alle *Aussagen* p, q, r ∈ S
(a) p ⊃ (q ⊃ p) ist *Axiom* von ⊢

und

(b) (p ⊃ (q ⊃ r)) ⊃ ((p ⊃ q) ⊃ (p ⊃ r)) ist *Axiom* von ⊢

und

(c) (¬p ⊃ ¬q) ⊃ (q ⊃ p) ist *Axiom* von ⊢.

Auch hier fehlt eine „nichts sonst"-Klausel, ein *formaler Folgerungsbegriff* kann also mehr als die genannten Axiome haben. — Die folgende Behauptung zeigt, dass *formale Folgerungsbegriffe* alle klassisch-logischen Schlussfolgerungen erlauben. Sie gilt erstens aufgrund der Tatsache, dass *formale Folgerungsbegriffe* auf den genannten drei *Axiom*-Schemata aufbauen, zweitens aufgrund unserer Definitionen für ∧, ∨ und ≡, sowie drittens aufgrund dessen, dass *modus ponens* unsere einzige Folgerungsregel ist. Den Beweis für die Behauptung werde ich hier nicht antreten, er kann entsprechend ähnlicher Beweise in der Literatur geführt werden:[11]

> Behauptung 3.1–1
> Sei ⊢ ein *formaler Folgerungsbegriff* zu einer *Disputsprache* S, sei M eine Untermenge von S, seien p und q *Aussagen* von S. Es gilt:
>
> (a) M ∪ {p} ⊢ p.
>   [„Annahme"]
> (b) Wenn M ⊢ p, dann M ∪ {q} ⊢ p.
>   [„Importation"]
> (c) Wenn M ∪ {p} ⊢ q und M ∪ {p} ⊢ ¬q, dann M ⊢ ¬p.
>   [„Negationseinführung"]
> (d) Wenn M ⊢ ¬¬p, dann M ⊢ p.
>   [„Negationsbeseitigung"]
> (e) Wenn M ∪ {p} ⊢ q, dann M ⊢ p ⊃ q.
>   [„Subjunktionseinführung"]
> (f) Wenn M ⊢ p und M ⊢ p ⊃ q, dann M ⊢ q.
>   [„Subjunktionsbeseitigung"]
> (g) Wenn M ⊢ p und M ⊢ q, dann M ⊢ p ∧ q.
>   [„Konjunktionseinführung"]
> (h) Wenn M ⊢ p ∧ q, dann M ⊢ p und M ⊢ q.
>   [„Konjunktionsbeseitigung"]
> (i) Wenn M ⊢ p oder M ⊢ q, dann M ⊢ p ∨ q.
>   [„Adjunktionseinführung"]
> (j) Wenn M ⊢ p ∨ q und M ∪ {p} ⊢ r und M ∪ {q} ⊢ r, dann M ⊢ r.
>   [„Adjunktionsbeseitigung"]
> (k) Wenn M ∪ {p} ⊢ q und M ∪ {q} ⊢ p, dann M ⊢ p ≡ q.
>   [„Bisubjunktionseinführung"]
> (l) Wenn M ⊢ p ≡ q und M ⊢ p, dann M ⊢ q
>
>   und
>
>   wenn M ⊢ p ≡ q und M ⊢ q, dann M ⊢ p.
>   [„Bisubjunktionsbeseitigung"]

---

[11] Vgl. etwa Thomason, *Symbolic Logic*, S. 63–76.

(a)–(l) bilden zusammen eine Formulierungsvariante eines klassisch-logischen Kalküls des Natürlichen Schließens. In diesem Sinne gilt: Alle klassisch-logisch gültigen Folgerungen sind auch für jeden *formalen Folgerungsbegriff* gültig. Auf Tatsachen, die aufgrund diesen Umstands gelten, verweise ich im Folgenden gelegentlich mit „aufgrund von KA". Dieser Hinweis bedeutet also, dass sich die entsprechende Tatsache mit dem Natürlichen-Schließen-Kalkül zeigen lässt und daher für alle *formalen Folgerungsbegriffe* ⊢ gilt.

Es sei noch eine Bemerkung zum Zeichengebrauch angefügt, wie er sich in obigen Definitionen niederschlägt: In der vorliegenden Arbeit unterscheide ich Konstanten von Variablen, indem ich erstere kursiviere, letztere dagegen nicht. *p* ist beispielsweise eine *Aussagenkonstante* (jeder *Disputsprache*), während „p" häufig als Variable für *Aussagen* (einer *Disputsprache*) gebraucht wird. „*p* ∧ *q*" ist daher von „p ∧ q" zu unterscheiden: *p* ∧ *q* ist eine *Aussage* und p ∧ q ein *Aussagen*-Schema.[12]

3.1.3. *Materiale Folgerungsverhältnisse*

Als materiale Folgerungsverhältnisse bezeichne ich im Unterschied zu den formalen solche, die sich nicht aus der logischen Struktur einer *Aussage* ergeben, die sich daher auch nicht allgemein für *Aussagen*-Schemata formulieren lassen. Materiale Folgerungsverhältnisse gelten also nur für bestimmte *Aussagen*.

Hierzu ein Beispiel: Die mittelalterlichen Autoren betrachten die Aussage „*deus est*" offensichtlich als gültig, die Aussage „*homo est asinus*" ist dagegen das Paradebeispiel für eine Inkonsistenz. Wir wollen „*deus est*" durch ⊤ repräsentieren und „*homo est asinus*" durch ⊥. Wie in der Einleitung erläutert, rekonstruieren wir Behauptungen von mittelalterlichen Autoren durch entsprechende rekonstruktionssprachliche Behauptungen. Behauptet daher ein mittelalterlicher Autor

---

[12] Ich verwende hier ein Verfahren ähnlich dem, welches in Thomason, *Symbolic Logic*, S. 58 ff diskutiert wird. Nach Thomason geht das Verfahren auf H.B. Curry zurück: „*p*" ist eine metasprachliche Konstante für eine objektsprachliche Aussagenkonstante, wobei offengelassen wird, welche Konstante dies ist. Analog dazu ist „∧" die metasprachliche Konstante für den objektsprachlichen Konjunktor. Werden daher „p" und „q" als Variablen für *Aussagen* einer *Disputsprache* gebraucht, so liegt in „p ∧ q" kein gemischt meta-objektsprachlicher Gebrauch vor, vielmehr entstammen alle Zeichen der Metasprache. Wenn wir später die metasprachlichen *aussagen*erzeugenden Funktoren DIC (d) und OBL (d) etabliert haben, dann lässt sich auf analoge Weise der Gebrauch von Zeichenverbindungen wie „DIC (d) ∧ p" rechtfertigen.

beispielsweise, dass „*deus est*" gültig ist, so muss, wenn die Rekonstruktion gelingen soll, ⊢ T ebenfalls behauptbar sein.

Folgerungsverhältnisse, die wir im Verlauf dieser Arbeit benötigen, die sich jedoch nicht aus der Struktur einer Aussage ergeben, rekonstruieren wir, indem wir entsprechende Forderungen an einen *materialen Folgerungsbegriff* stellen und einen solchen der Rekonstruktion zugrundelegen. An einen *materialen Folgerungsbegriff* ⊢ sind nach den obigen Ausführungen beispielsweise die Forderungen zu stellen, dass gilt ⊢ T und ⊢ $\neg\bot$.

Die Entscheidung darüber, welche Folgerungsbeziehungen man als formale und welche man als materiale rekonstruiert, hängt von der Analysetiefe der *Disputsprache* ab. Die Autoren gewinnen ihre Einsichten in die Gültigkeit von „*deus est*" und in die Inkonsistenz von „*homo est asinus*" ja im Zuge spezieller metaphysischer Betrachtungen. Wollten wir diese beiden Verhältnisse als formale Folgerungen rekonstruieren, so müsste unsere Analyse weite Teile der mittelalterlichen Metaphysik umfassen. Materiale Forderungen an einen *Folgerungsbegriff* geben uns die Möglichkeit, einzelne mittelalterliche Theoreme zu rekonstruieren, ohne dabei auf die u.U. sehr komplexen Kontexte, aus denen sie gewonnen werden, eingehen zu müssen.

Im Verlauf dieser Arbeit werden wir auch eine spezielle suppositionslogische Folgerung benötigen, nämlich den Schluss von „*omnis homo currit*" und „*tu es homo*" auf „*tu curris*". Die mittelalterliche Suppositionstheorie zu rekonstruieren erfordert einen weitaus größeren Aufwand als dies für die mittelalterliche Aussagenlogik der Fall ist.[13] Um den formalen Apparat überschaubar zu halten, sehe ich von einer Rekonstruktion suppositionaler Folgerungsverhältnisse ab und ermögliche stattdessen diesen speziellen Schluss ebenfalls durch eine materiale Forderung. Wir repräsentieren „*omnis homo currit*" durch die *Aussagenkonstante o*, „*tu es homo*" durch die *Aussagenkonstante h*, und „*tu curris*" durch die *Aussagenkonstante c* und fordern, dass ⊢ $o \wedge h \supset c$ für alle *materialen Folgerungsbegriffe* gilt. Zusammen mit den zuvor angesprochenen Forderungen ergibt sich insgesamt die folgende Definition:

---

[13] Graham Priest und Stephen Read haben gezeigt, dass eine Rekonstruktion mittelalterlicher Suppositionstheorien (zumindest die in obigem Beispiel einschlägige Theorie der *suppositio personalis*) möglich ist, vgl. Priest/Read, „Formalization" und „Merely Confused Supposition".

Definition 3.1–7 (materialer Folgerungsbegriff)[14]
Sei S eine *Disputsprache*, sei ⊢ ein *Folgerungsbegriff* zu S.
⊢ ist ein *materialer Folgerungsbegriff* zu S gdw. gilt

   (a) ⊢ $\top$ $[\top \cong$ „*deus est*"]

   und

   (b) ⊢ $\neg\bot$ $[\bot \cong$ „*homo est asinus*"]

   und

   (c) ⊢ $o \wedge h \supset c$ $[o \cong$ „*omnis homo currit*",
                          $h \cong$ „*tu es homo*",
                          $c \cong$ „*tu curris*"]

Ein ähnliches Problem wie bei der *Gültigkeit* stellt sich auch bei der *Konsistenz* gewisser *Aussagen*: Werden deren Repräsentanda von den mittelalterlichen Autoren als konsistent angesehen, so benötigen wir diese Resultate zum Gelingen der Rekonstruktion. Diejenigen Fälle, auf die wir im Verlauf dieser Arbeit zurückgreifen müssen, formuliere ich als Forderungen an die *materiale Widerspruchsfreiheit* eines *Folgerungsbegriffs*. Die Klauseln in der Definition können (ebenso wie die in der Definition des *materialen Folgerungsbegriffs*) bei Bedarf vermehrt werden, sofern weitere, in dieser Arbeit nicht berücksichtigte Beispiele zu rekonstruieren sind.

Definition 3.1–8 (material widerspruchsfrei)
Sei S eine *Disputsprache*, sei ⊢ ein *Folgerungsbegriff* zu S.
⊢ ist *material widerspruchsfrei* gdw.

   (a) $o \wedge h$ ist *konsistent* bzgl. ⊢

   und

   (b) $o \wedge \neg c$ ist *konsistent* bzgl. ⊢

   und

   (c) $h \wedge \neg c$ ist *konsistent* bzgl. ⊢

   und

   (d) $\neg r$ ist *konsistent* bzgl. ⊢ $[r \cong$ „*tu es Romae*"]

   und

---

[14] Zu beachten ist, dass in dieser Definition die *Gültigkeit* von *Aussagen* gefordert ist, während Definition 3.1–6 die *Gültigkeit* von *Aussagen*-Schemata postuliert. Hieran drückt sich die Materialität des ersteren und die Formalität des letzteren Begriffs aus. Analoges gilt auch für unsere nächste Definition.

(e) $r \wedge p$ ist *konsistent* bzgl. ⊢   [$p \cong$ „*tu es papa*"]

und

(f) $r \wedge \neg p$ ist *konsistent* bzgl. ⊢

und

(g) $\neg c \wedge \neg s$ ist *konsistent* bzgl. ⊢   [$s \cong$ „*rex sedet*"]

und

(h) $\neg c \wedge s$ ist *konsistent* bzgl. ⊢

und

(i) $c \wedge \neg s$ ist *konsistent* bzgl. ⊢.

Eine *Disputlogik* lässt sich als ein geordnetes Paar aus einer *Disputsprache* und einem zugehörigen *formalen, materialen* und *material widerspruchs-freien Folgerungsbegriff* definieren. Die *Dispute*, also die Repräsentationen derjenigen Gegebenheiten, über welche die Autoren Behauptungen treffen, werden auf *Disputlogiken* aufgebaut.[15] Auf diese Weise garantieren wir die generelle *Gültigkeit* bzw. *Konsistenz* der genannten *Aussagen* für Obligationenkontexte.

Definition 3.1-9 (Disputlogik)
L ist eine *Disputlogik* gdw. es gibt ein S und ein ⊢, so dass
(a) L = <S, ⊢>

und

(b) S ist eine *Disputsprache*

und

(c) ⊢ ist ein *formaler Folgerungsbegriff* zu S

und

(d) ⊢ ist ein *materialer Folgerungsbegriff* zu S

und

(e) ⊢ ist *material widerspruchsfrei*.

Aus der *Formalität* eines beliebigen *Folgerungsbegriffs* zusammen mit seiner *materialen Widerspruchsfreiheit* folgt seine *Widerspruchsfreiheit*. Aus diesem Grund ist der *Folgerungsbegriff* einer jeden *Disputlogik widerspruchsfrei*:

---

[15] Vgl. unten, 3.2.6.

Behauptung 3.1–2
Sei L = <S, ⊢> eine *Disputlogik*. Dann gilt: ⊢ ist *widerspruchsfrei*.

Beweisidee
Sei ⊢ nicht *widerspruchsfrei*. Dann gibt es eine *Aussage* p von S, so dass
⊢ p und ⊢ ¬p. Wegen Importation gilt dann auch r ⊢ p und r ⊢ ¬p,
wegen Negationseinführung gilt ⊢ ¬r. Dies widerspricht der Forderung
(d) an *materiale Widerspruchsfreiheit*, ⊢ ist also nicht *material widerspruchsfrei*, im Gegensatz zur Annahme, dass L eine *Disputlogik* ist.

Es soll noch gezeigt werden, dass die von uns definierten Gebilde
existieren: Zu jeder vorgegebenen *Disputsprache* S lässt sich ein
Folgerungsbegriff bilden, der auf genau denjenigen *Axiomen* aufbaut, die
hinreichend für seine *Formalität* und *Materialität* sind. Die Menge der
Axiome umfasst also allein diejenigen *Aussagen*, die unter die Schemata
(a)–(c) von Definition 3.1–6 fallen, sowie die *Aussagen* (a)–(c) von
Definition 3.1–7. Den zugehörigen Begriff können wir den *klassisch-
materialen Folgerungsbegriff* bzgl. S nennen. Ein *klassisch-materialer Folgerungsbegriff* ist immer auch *material widerspruchsfrei*.[16] Es gibt also zu jeder
Disputsprache einen *Folgerungsbegriff*, der sowohl *formal* als auch *material*
und überdies *material widerspruchsfrei* ist. Daher lässt sich insbesondere
die *Aussagensprache* mit dem entsprechenden *klassisch-materialen Folgerungsbegriff* zu einem geordneten Paar zusammenfassen, von dem gilt, dass
es eine *Disputlogik* ist. Dies berechtigt uns zu der folgenden Behauptung:

Behauptung 3.1–3
Es gibt ein L, so dass gilt: L ist eine *Disputlogik*.

3.1.4. *Metalogische Begrifflichkeit*

Wenn die mittelalterlichen Autoren Obligationendispute diskutieren,
so sprechen sie u.U. Aussagen, die in diesen Disputen vorkommen,
bestimmte logische Eigenschaften zu. Sie sagen, eine Aussage sei notwendig (*necessarium*), möglich (*possibile*) oder unmöglich (*impossibile*).
Ferner stellen sie fest, dass bestimmte Aussagen auseinander folgen
(*sequi*) oder einander widersprechen (*repugnare*).
Wie erwähnt, unterstellen wir in der Rekonstruktion immer eine
Disputlogik, mithin einen *Folgerungsbegriff* ⊢. Die genannten Aussagen
können wir daher als metalogische Aussagen repräsentieren, d.h. als

---

[16] Wir zeigen unten die *materiale Widerspruchsfreiheit* einer Extension des *klassisch-
materialen Folgerungsbegriffs* (vgl. 5.2.8), woraus sich diese Behauptung per Abschwächung
ergibt.

Aussagen über den zugrundegelegten *Folgerungsbegriff.* Die Aussage eines Autors, dass A notwendig ist, repräsentieren wir durch die rekonstruktionssprachliche Aussage: p ist *gültig*, sofern p die Repräsentation von A ist. Dass p *gültig* ist, gilt genau dann, wenn ⊢ p gilt, wir können also: A ist notwendig auch durch: ⊢ p repräsentieren.

In analoger Weise wie „*necessarium*" rekonstruieren wir die übrigen Zuschreibungen von logischen Eigenschaften: „A ist möglich" repräsentieren wir durch: p ist *konsistent* bzw.: ⊬ ¬p. Dass A unmöglich ist, ergibt sich als: p ist *inkonsistent* oder: ⊢ ¬p. Ferner repräsentieren wir: aus A folgt B durch: aus p *folgt* q oder auch durch: p ⊢ q, sofern p die Repräsentation von A, q die von B ist. Für: A widerspricht B, schreiben wir schließlich: p ∧ q ist *inkonsistent* bzw.: ⊢ ¬(p ∧ q). Dies sei in Tabelle 1 zusammengefasst.

Tabelle 1

Repräsentandum	Repräsentans
A *est necessarium*	p ist *gültig*, ⊢ p
A *est possibile*	p ist *konsistent*, ⊬ ¬p
A *est impossibile*	p ist *inkonsistent*, ⊢ ¬p
ex A *sequitur* B	aus p *folgt* q, p ⊢ q
A *repugnat* B	p ∧ q ist *inkonsistent*, ⊢ ¬(p ∧ q)

Zu unserer metalogischen Repräsentation der betreffenden Aussagen stellt sich die folgende Rekonstruktionsalternative: Anstatt als metalogische könnten wir sie auch als objektlogische wiedergeben. Voraussetzung hierfür wäre, dass wir für *Disputlogiken* generell modallogische Ausdrucksmöglichkeiten gefordert hätten. Dass A notwendig ist, wäre dann beispielsweise als: □p zu repräsentieren. Bei Modallogiken stellt sich jedoch die Frage nach der Bedeutung von iterierten Modaloperatoren; hier gibt es bekanntlich unterschiedliche Antworten. Da die Autoren Iterationen der fraglichen Begriffe nur selten verwenden, haben wir für eine historisch adäquate Beantwortung wenig Anhaltspunkte. Für die vorliegende Rekonstruktion wird sich die Problematik zudem als irrelevant herausstellen, da solche Iterationen nicht vorkommen werden. Im Sinne der Sparsamkeitsmaxime habe ich mich daher für die metasprachliche Repräsentation entschieden.

Es könnte außerdem eingewendet werden, dass beispielsweise der Bereich der notwendigen Aussagen weiter ist als der Bereich derjenigen Aussagen, die aufgrund ihrer logischen Syntax beweisbar sind, und dass daher eine Repräsentation von „A *est necessarium*" durch ⊢ p inadäquat ist. Es ist jedoch daran zu erinnern, dass wir immer *Folgerungsbegriffe* mit *materialen* Anteilen zugrundelegen, so dass auch der Bereich der *gültigen* p immer mehr umfassen wird als nur die logisch wahren Aussagen. *Gültigkeit* darf hier also nicht mit bloß *formaler Gültigkeit* verwechselt werden. Tatsächlich gestalten wir die *materialen* Anteile gerade im Hinblick darauf, entsprechende Notwendigkeits-Zuschreibungen der Autoren rekonstruieren zu können; wir fordern beispielsweise ⊢ *T*, um „‚*deus est*' est necessarium" zu bewahrheiten.

3.1.5. *Der Begriff „Wissensstand"*

Mit dem bisher Erreichten können wir einen weiteren benötigten Begriff einführen, nämlich den des *Wissensstandes*. Dieser Begriff hat kein direktes Gegenstück in der Terminologie der mittelalterlichen Autoren. Er ist jedoch hilfreich, um die epistemische Begrifflichkeit „bekanntermaßen wahr" (*scitum esse verum*), „bekanntermaßen falsch" (*scitum esse falsum*) und „ungewiss" (*dubium*) zu rekonstruieren.

Es ist davon auszugehen, dass der epistemische Status einer Aussage von der jeweiligen Disputsituation abhängt. Was in einem Disput bekanntermaßen wahr ist, ist in einem anderen möglicherweise bekanntermaßen falsch. Um dieser Tatsache in der Rekonstruktion gerecht zu werden, fassen wir *Dispute* als verbunden mit einem bestimmten *Wissensstand* auf. Eine Aussage wird dann als *bekanntermaßen wahr* bzgl. dieses *Disputes* bezeichnet, wenn sie dessen *Wissensstand* angehört. Ferner ist sie *bekanntermaßen falsch*, wenn der *Wissensstand* ihre Negation enthält und *ungewiss*, wenn keines von beiden zutrifft. Während wir also Gültigkeits- und Konsistenzbehauptungen der Autoren durch die generelle Zugrundelegung entsprechender *Disputlogiken* rekonstruieren, geben wir den bloß lokalen epistemischen Status einer Aussage durch den spezifischen *Wissensstand* des repräsentierenden *Disputs* wieder.

Die epistemisch-logischen Begriffe *scitum esse verum, scitum esse falsum* und *dubium* bereiten philosophische Schwierigkeiten: Durch eine uneingeschränkte Verwendung unterstellen die mittelalterlichen Autoren, dass jede Aussage in eine der drei Kategorien eingeordnet werden kann. Hier scheint u.a. ein erkenntnisskeptisches Problem zu drohen. Woher wissen die Disputanten, dass sie diese Aussagen nicht bloß für wahr halten, sondern dass sie darüber hinaus auch tatsächlich wahr sind? Allgemeiner stellt sich die Frage nach den Kriterien für die Zuschreibung dieser Begriffe.[17]

Die Obligationenautoren, die sonst auch in Detailfragen u.U. eine große Ausführlichkeit an den Tag legen, schenken dieser Frage kaum Beachtung. Die bei der Verwendung dieser Begriffe unterstellte epistemische Transparenz gewährleisten sie stattdessen durch die Wahl ihrer Beispiele. Ein häufig gebrauchtes Beispiel für eine bekanntermaßen wahre Aussage ist *„tu es homo"*, also eine Aussage, die für beide Disputanten durch Wahrnehmung unmittelbar verifizierbar ist. Bei bekanntermaßen falschen Aussagen denken die Autoren entsprechend an solche, die für beide unmittelbar falsifizierbar sind, wie etwa *„tu curris"*. Ungewisse Aussagen sind schließlich solche, die offensichtlich weder das eine noch das andere sind, ein oft gebrauchtes Beispiel ist: *„nullus rex sedet"*. Zweifels- und Mischfälle kommen, soweit dies überschaubar ist, nicht vor. In diesem Sinne kann man sagen, dass sich die Obligationendispute auf epistemisch unproblematische Aussagen beschränken.

Da die mittelalterlichen Autoren, soweit dies überschaubar ist, die epistemischen Begriffe nicht explizit definieren, müssen wir deren Verwendungsweise aus Behauptungen erschließen. Hier ergeben sich zwei Forderungen: Die Autoren gehen davon aus, dass keine Aussage gleichzeitig bekanntermaßen wahr und falsch ist.[18] Daraus ergibt sich als erste Forderung an den *Wissensstand*, dass ein solcher keine zwei *Aussagen* p und ¬p enthalten darf.

Während diese erste Forderung recht gut durch ein intuitives Verständnis des Begriffs „bekanntermaßen wahr" abgedeckt ist, gilt dies für die zweite Forderung in geringerem Maße: Es scheint, als müssten wir alle Folgerungen aus bekanntermaßen wahren Aussagen ebenfalls als bekanntermaßen wahr betrachten.[19] Dieses Postulat können wir erfüllen, indem wir für *Wissensstände* Geschlossenheit unter ⊢ fordern.

---

[17] Im Rahmen der Übertragung haben wir diese Frage bereits beantwortet, indem wir das Verfahren der epistemischen Einigung (vgl. 2.1.7) beschrieben haben. Im Rahmen der Rekonstruktion stellt sich die Frage erneut. Hier wollen wir auf keine Interessenhypothese zurückgreifen, sondern alles zur Rekonstruktion Notwendige nach Möglichkeit den Behauptungen der Autoren entnehmen.

[18] Diese Eigenschaft wird benötigt, wenn „Verpflichtungskonsistenz bei Korrektheit" gelten soll (vgl. insbesondere die Beweisidee zu Behauptung 4.3–4). Wie unten ausführlich begründet wird, gehen die Autoren bei ihren Schlussfolgerungen von diesem Sachverhalt aus.

[19] Mittels dieser Forderung lässt sich jedenfalls eine im Mittelalter gängige Behaup-

Die zweite Forderung ist alles andere als realistisch: Sie setzt voraus, dass die epistemischen Subjekte, denen die Aussagen bekannt sind, über eine unbegrenzte Folgerungskompetenz verfügen. Auf empirische Subjekte kann dies nicht zutreffen. Für theoretische Zwecke lassen sich jedoch u.U. „ideale Disputanten" annehmen, für die diese Bedingung gilt.[20] Ich werde hier auch die zweite Forderung in die Definition aufnehmen.

An späterer Stelle wollen wir den Begriff *bekanntermaßen wahr* in einer dann speziell zu definierenden *Disputsprache* auch objektlogisch wiedergeben.[21] Damit sich dies nicht unnötig verkompliziert, stelle ich eine dritte Forderung auf: Der *Wissenstand* darf nicht leer sein. Die Möglichkeit, dass es in einem Disput keine bekanntermaßen wahre Aussage gibt, wird von den Autoren allem Anschein nach nicht in Betracht gezogen. Es ist darüber hinaus annehmbar, dass es immer irgend eine solche Aussage gibt: Da wir bei der Verwendung der epistemischen Begriffe bereits Folgerungskompetenz unterstellt haben, können wir an eine beliebige Tautologie denken. — Wir erhalten damit für den Begriff *Wissenstand* die folgende Definition:

Definition 3.1–10 (Wissensstand)
Sei L = <S, ⊢> eine *Disputlogik*.
Eine Menge K heißt *Wissenstand* bzgl. L gdw.

(a) K ist eine nicht-leere Menge von *Aussagen* von S

und

(b) es gibt keine *Aussage* p mit p ∈ K und ¬p ∈ K

und

(c) wenn $p_1 \in K, \ldots, p_n \in K$ und es gilt: $p_1 \wedge \ldots \wedge p_n \vdash q$, dann ist q ∈ K.

---

tung über Dispute zeigen, vgl. dazu 4.3.18. — Ein weiteres Indiz dafür, dass die mittelalterlichen Autoren diese Forderung akzeptieren, lässt sich den Regeln für die Obligationenspezies der *dubitatio* entnehmen. Bei der *dubitatio* müssen falsche Aussagen, die aus dem *dubitatum* folgen, und wahre, die es bedingen, offengelassen werden. (Vgl. Burley, *Tractatus de Obligationibus*, S. 89 f.) Übertragen wir dies auf Aussagen, die *dubium* sind, so ergibt sich die gewünschte Unterstellung. Bei der *dubitatio* handelt es sich jedoch um eine spezielle Art der obligationalen Setzung, also *prima facie* um etwas anderes als um ungewisse Aussagen, so dass diese Analogie problematisch ist.

[20] Man vergleiche dies etwa mit dem „idealen Sprecher/Hörer" in manchen zeitgenössischen Linguistik-Theorien, insbesondere bei Noam Chomsky.

[21] Vgl. unten, 5.2.6.

Wir schließen eine für das Folgende benötigte Behauptung an:

Behauptung 3.1–4
Sei L = <S, ⊢> eine *Disputlogik*.
p ist *konsistent* gdw. es gibt einen *Wissensstand* mit p ∈ K.[22]

Beweisidee
Links-Rechts: Sei p *konsistent*. Wir definieren K = {q | p ⊢ q}. Zunächst
gilt, dass p ∈ K, wegen p ⊢ p. Wir zeigen, dass K ein *Wissensstand*
ist: Wegen p ∈ K, ist K nicht leer. Angenommen, es gäbe eine *Aussage*
q mit q und ¬q Element von K. Dann gilt: p ⊢ q und p ⊢ ¬q, mit
Negationseinführung also ⊢ ¬p, im Widerspruch zur Annahme, dass
p *konsistent* ist. Es gibt also keine solche *Aussage*. Außerdem: Sind p_1, . . .,
p_n Elemente von K, so gilt: p ⊢ p_1, . . ., p ⊢ p_n, mit Konjunktionseinführung also: p ⊢ p_1 ∧ . . . ∧ p_n. Gilt überdies: p_1 ∧ . . . ∧ p_n ⊢ q,
so lässt sich mit Subjunktionseinführung auf: ⊢ p_1 ∧ . . . ∧ p_n ⊃ q und
mit Subjunktionsbeseitigung auf: p ⊢ q schließen. q ist also Element
von K. Insgesamt sind damit die hinreichenden Bedingungen erfüllt,
dass K ein *Wissensstand* ist.

   Rechts-Links: Für einen *Wissensstand* K gelte: p ∈ K. Wäre p *inkon-*
sistent, so würde gelten ⊢ ¬p, mit Importation p ⊢ ¬p, wegen p ∈ K
also auch ¬p ∈ K. Gemäß Klausel (b) der Definition wäre K somit
kein *Wissensstand*, im Widerspruch zur Annahme.

In einem Exkurs sei der Begriff des *Wissenstandes* mit dem Begriff der
„kognitiven Basis" in Rainer Hegselmanns Disputationstheorie verglichen.[23] Die Unterschiede zwischen den Begriffen sind erhellend für
den Ansatz der Obligationen.

   Hegselmann geht insofern von weniger idealisierten Voraussetzungen
aus als die Obligationen, dass er keine Konsistenz der kognitiven
Basis fordert.[24] Eine generelle Forderung nach konsistenten Basen
würde Hegselmanns Ansatz in gewisser Weise trivialisieren: Sie würde
bedeuten, dass der Proponent den Disput immer gewinnt.[25] In diesem
Sinne können in Hegselmanns Ansatz Disputverläufe Ausdruck gewisser Eigenschaften der kognitiven Basis (z.B. ihrer Inkonsistenz) sein.

---

[22] Ganz korrekt müsste diese Behauptung wie folgt formuliert werden: „Sei L =
<S, ⊢> eine *Disputlogik*. p ist *konsistent* bzgl. ⊢ gdw. es gibt einen *Wissensstand* bzgl.
L mit p ∈ K". Aus Gründen der Übersichtlichkeit unterdrücke ich bei der Formulierung von Behauptungen gelegentlich die Prädikatorstellen der *Disputlogik*, der
Disputsprache und des *Folgerungsbegriffs*, also die Klauseln „bzgl. L", „bzgl. S" und
„bzgl. ⊢", sofern sich diese aus dem Kontext ergeben.
[23] Vgl. Hegselmann, *Formale Dialektik*.
[24] Vgl. Hegselmann, *Formale Dialektik*, S. 58. Ähnliches gilt auch für die Geschlossenheit unter ⊢, vgl. Hegselmann, *Formale Dialektik*, II, 2.2.
[25] Vgl. Hegselmann, *Formale Dialektik*, S. 57.

Die obige Konsistenzforderung an einen *Wissensstand* bringt bezüglich der Obligationen kein entsprechendes Trivialisierungsergebnis mit sich, da hier (im Gegensatz zu Hegselmanns Ansatz) die Möglichkeit in Betracht gezogen wird, dass ein Respondent den Regeln der Disputation zuwiderhandelt. Gerade weil Konsistenz für *Wissensstände* gefordert ist, lässt sich ein Begriff der *Inkorrektheit* eines *Disputs* bilden, der allein auf Regelverstöße abzielt. Insbesondere ist ausgeschlossen, dass Inkonsistenzen in den Antworten des Respondenten auf einen inkonsistenten Wissensstand zurückzuführen sind. In diesem Sinne lässt sich sagen: Während Hegselmanns Theorie eher an der Konsistenz der Überzeugungen von Disputanten interessiert ist, interessieren sich die Obligationen eher für die Regelkonformität ihres Verhaltens.

3.2. *Disputverläufe*

In diesem Abschnitt werden die Rekonstruktionsbemühungen zu einer Repräsentation der Obligationendispute vordringen. Bevor wir mit der Rekonstruktion beginnen, werden wir die historische Adäquatheit einer grundsätzlichen Entscheidung der Rekonstruktion diskutieren. Die Rekonstruktion selbst beginnt dann mit einer Analyse der Rahmenbedingungen eines Obligationendisputs. Anhand dieser Analyse führen wir den Hilfsbegriff *Schritt* ein, von dem wir zum Begriff des *Disputverlaufs* gelangen. *Dispute* werden als Einheiten aus *Disputverläufen* und *Wissensständen* aufgefasst. Ausgehend von Eigenschaften der *Dispute* werden wir eine Reihe von Begriffen einführen, so z.B. „*wird eingeräumt*", „*bekanntermaßen wahr*" und „das *bisher Gesagte*". Auf diese Weise lassen sich erste Behauptungen über *Dispute* treffen, die noch nicht die Disputationsregeln, so wie sie von der *antiqua* und der *nova responsio* formuliert werden, voraussetzen. Diese werden wir dann im darauffolgenden Kapitel rekonstruieren.

3.2.1. *Disput, korrekter Disput, Disputverlauf*

Wir wissen, dass die Obligationendispute von bestimmten Regeln „geleitet" werden. Eine der Aufgaben, die sich der Rekonstruktion stellen, ist, dieses „Leiten" klarzulegen. Die Grundidee des hier verfolgten Ansatzes besteht darin, zunächst einen Begriff von Disput zu entwickeln, bei der eine Bewertung anhand der Disputationsregeln noch keine Rolle spielt. Der Disputbegriff wird also zunächst ohne Korrektheitsunterstellung etabliert; nach Einführung der Regeln können wir dann zwischen korrekten und inkorrekten Disputen unterscheiden.

Dieses Vorgehen ist damit zu vergleichen, dass man den Begriff einer möglichen Schachpartie als eine beliebige Aufeinanderfolge von Stellungen einführt. In einem zweiten Schritt kann dieser Begriff dann auf den der korrekten Schachpartie eingeschränkt werden, bei der Stellungen auseinander hervorgehen, indem beispielsweise der Läufer diagonal zieht usw. — Ein anderes Beispiel ist das Konzept des Beweises in der modernen Logik. Man könnte einen Beweis einfach als eine Aufeinanderfolge von Formeln charakterisieren. Ein korrekter Beweis wäre dann so beschaffen, dass jedes Glied der Aufeinanderfolge gemäß bestimmter Regeln zu den vorherigen dazugesetzt worden ist.[26]

Es kann die Frage nach der historischen Adäquatheit unserer Vorgehensweise gestellt werden. Wie bereits herausgestellt, spielt der Disputbegriff in den Traktaten eine untergeordnete Rolle, auch zwischen korrekten und inkorrekten Disputen unterscheiden die Autoren nicht explizit. Dennoch kann ihnen eine solche implizite Unterscheidung unterstellt werden: Die in den Traktaten sehr gängige Formel „*male respondisti*" zeigt an, dass in einem Disput der Respondent nicht den Regeln entsprechend geantwortet hat. Insofern werden also auch Behauptungen über inkorrekte Dispute getroffen.

Problematisch ist jedoch, dass die Autoren gelegentlich Behauptungen zu treffen scheinen, die nach unserem Ansatz nur für korrekte Dispute gelten.[27] Hier hat es den Anschein, als ob sie unter Disputen nur die korrekten Dispute verstehen, und die inkorrekten Dispute gar nicht zu den Disputen zählen. Wenn sich die Autoren tatsächlich

---

[26] Auf diese Weise haben wir den Beweisbegriff oben nicht eingeführt, stattdessen haben wir unmittelbar den Begriff eines korrekten Beweises definiert. Dies geschah, weil wir das Konzept eines inkorrekten Beweises hier nicht benötigen. In manchen Kontexten kann jedoch die Einführung des Beweisbegriffs auf eine Weise, welche die Entscheidung über Korrektheit oder Inkorrektheit offen lässt, sinnvoll sein: Untersucht man beispielsweise „Gottesbeweise", so will man in aller Regel nicht schon durch die Verwendung des Wortes „Beweis" unterstellen, dass diese korrekt sind; die Frage nach ihrer Korrektheit ist vielmehr Gegenstand der Untersuchung. (Für diesen Hinweis bin ich G. Siegwart dankbar.)

[27] Die dies indizierenden mittelalterlichen Behauptungen können jedoch auch im Sinne der Zugrundelegung eines *korrekt bisher Gesagten* gedeutet werden, vgl. hierzu unten, 4.3.2.

bei ihren Behauptungen manchmal allein auf korrekte Dispute beziehen, manchmal jedoch auch über inkorrekte Dispute sprechen, so kann diese Ambiguität jedenfalls in die Rekonstruktion nicht übernommen werden. Im Sinne des in der Einleitung aufgestellten Maximalitätsprinzips müssen wir den weiteren Begriff, nämlich den des Disputs schlechthin, einführen und diesen gegebenenfalls auf den engeren Begriff, den des korrekten Disputs, einschränken.

Angesichts der wenigen expliziten Äußerungen der Autoren bezüglich des Disputbegriffs stellt sich die Frage, welche Kriterien wir haben, um diesen Begriff einzuführen. Hier bietet sich der folgende Ansatz an: Wie gesagt, behandeln die Autoren zwar Dispute, in denen Regelwidrigkeiten vorkommen, soweit dies überschaubar ist, behandeln sie jedoch keine Dispute, in denen gegen Rahmenbedingungen verstoßen wird. Sie untersuchen also beispielsweise keine Dispute, in denen der Opponent, ohne die Antwort des Respondenten abzuwarten, gleich ein neues *propositum* vorbringt (womit gegen die Rahmenbedingung „die Disputanten äußern sich immer abwechselnd" verstoßen wäre). Die Klärung des Disputbegriffs soll hier daher über eine Klärung des Begriffs der Rahmenbedingung verlaufen.

Für die Rekonstruktion ergibt sich damit die Aufgabe, die Rahmenbedingungen in einem bestimmten Begriff zu kondensieren. Diese Rolle spielt der Begriff des *Disputverlaufs*. Alle und nur die Gebilde, die den Entsprechungen der Rahmenbedingungen in der Rekonstruktion genügen, sollen *Disputverläufe* heißen. Um diesen Begriff einzuführen, wenden wir uns zunächst erneut dem Begriff der Rahmenbedingung zu.

3.2.2. *Die Äußerungen der Disputanten*

Die Tatsache, dass die Äußerungen der Teilnehmer eines Obligationendisputs in gewisser Weise normiert sind, macht einen wesentlichen Bestandteil der Rahmenbedingungen aus. Eine typische Äußerungsfolge in einem Obligationendisput ist beispielsweise die folgende: Der Opponent sagt „*pono tibi istam: ‚tu es Romae'*" und der Respondent antwortet: „*admitto*". Die Äußerung des Opponenten kann in zwei Teilen gegliedert werden: „*pono tibi istam*" und „*tu es Romae*". Paul von Venedig drückt dies folgendermaßen aus:

> Positio est enuntiatio composita implicite vel explicite ex posito et signis positionis. Verbi gratia: haec tota oratio „Pono tibi istam: ‚tu es

Romae'" est positio. Ly „tu es Romae" est positum. Signa positionis sunt ista: „pono", „sit rei veritas", „sit ita" et huiusmodi.[28]

Gegenüber der Opponentenäußerung ist die Äußerung des Respondenten einfach. — Unter Verwendung eines modernen sprachphilosophischen Begriffs können wir sagen, dass die Disputanten mittels ihrer Äußerungen Performationen vollziehen. Die Redeteile „*pono tibi istam*" und „*admitto*" können wir Performatoren nennen.[29] Die Äußerung des Opponenten besteht dann aus einem Performator (Pauls „*signum*") und einer Aussage (in Pauls Beispiel das *positum*, oft auch allgemein „*enuntiabile*" genannt). Mit der Äußerung von „*pono tibi istam*: A" vollzieht der Opponent beispielsweise die Performation des Setzens der Aussage A, oder kurz: er setzt die Aussage A. Die Äußerung des Respondenten besteht dagegen nur aus einem Performator. Dieser bezieht sich auf dieselbe Aussage, auf die sich der Opponenten-Performator bezieht. Zum Beispiel: Antwortet der Respondent auf „*pono tibi istam*: A" mit „*admitto*", so vollzieht er die Performation des Zulassens der vom Opponenten gesetzten Aussage A oder kurz: er lässt die Aussage A zu.

Performationen werden gemeinhin als sprachliche Handlungen betrachtet („Sprechakte"). In diesem Zusammenhang kann darauf hingewiesen werden, dass der holländische Obligationenautor Wilhelm Buser die obligationale Setzung der Kategorie „Handlung" („*actus*") zuordnet.[30] Buser schreibt:

<L>i obligatio est de praedicamento actionis cum sit actus obligantis <. . .>.[31]

Busers Auffassung scheint jedoch im Mittelalter nicht sehr weit verbreitet gewesen zu sein.

---

[28] Paul von Venedig, *Tractatus de Obligationibus*, S. 2.
[Zur Zitiertechnik: Um im lateinischen Text angeführte Aussagen zu kennzeichnen, verwenden unterschiedliche Editoren unterschiedliche Darstellungsformen (doppelte Anführungszeichen, einfache Anführungszeichen, Kursivierung etc.). Aus Gründen der Einheitlichkeit verwende ich in dieser Arbeit generell doppelte Anführungszeichen, ohne dabei im Einzelfall auf eine diesbezügliche Abweichung von der Zitiervorlage hinzuweisen.]
[29] Der Begriff der Performation geht auf J.L. Austin zurück. (Vgl. Austin, *Zur Theorie der Sprechakte*.) Der Begriff „Performator" wird von G. Siegwart verwendet. (Vgl. Siegwart, *Vorfragen zur Wahrheit*.)
[30] Darauf hat Kneepkens aufmerksam gemacht, vgl. Kneepkens, „The Mysterious Buser", S. 154 f.
[31] Buser, *Obligationes*, S. 68.

Performationen, die innerhalb eines Disputs vollzogen werden, sind nicht identisch mit denjenigen Performationen, die außerhalb der Dispute mit derselben Äußerung vollzogen werden, denn die jeweiligen Performationen folgen anderen Regeln. So ist die Performation durch „concedo" innerhalb eines Disputs eine andere als außerhalb eines Disputs. Außerhalb des Disputs mag eine Regel für den Gebrauch von „concedo" etwa lauten: „Gebrauche „concedo" nur, wenn du von dem, auf das du dich mit „concedo" beziehst, überzeugt bist." Innerhalb des Disputs gilt diese Regel nicht, der Respondent kann hier eine Aussage u.U. korrekt einräumen, obwohl er genau weiß, dass sie falsch ist.

Einen ähnlichen Sachverhalt sprechen mittelalterliche Autoren vermutlich mit der Unterscheidung „concedendum participialiter / concedendum nominaliter" an. Diese Unterscheidung findet sich bei Paul von Venedig und Paul von Pergula.[32] Paul von Venedig erläutert sie folgendermaßen:

> Extra tempus obligationis rei veritas est fatenda quia cum quis concedit falsum vel negat verum non obligatus, male respondet./<... I>n hoc capitulo vel sequenti aut in tota arte obligatoria non sumitur 'concedendum', 'negandum', vel 'dubitandum' participialiter pro eo quod concedetur, negabitur aut dubitabitur; sed nominaliter pro eo quod est dignum concedi, negari vel dubitari.[33]

3.2.3. *Rahmenbedingungen*

Im Folgenden ist aufgeführt, was wir im Einzelnen zu den Rahmenbedingungen zählen wollen:

1) Es gibt genau zwei Parteien, Opponent und Respondent.

2) Die Disputanten haben ein bestimmtes Inventar von Performationen zur Verfügung. Bei der hier vorgenommenen Beschränkung auf nur eine Obligationenspezies hat der Opponent die beiden Möglichkeiten des Setzens („pono") und des Vorschlagens („propono"). — Der Respondent wählt aus einem Inventar von fünf Performationen: dem Zulassen („admitto"), dem Ablehnen („non admitto"), dem Einräumen („concedo"), dem Bestreiten („nego") und dem Offenlassen („dubio") (vgl. Tabelle 2).

---

[32] Paul von Pergula, *Logica*, S. 106. Vgl. in diesem Zusammenhang auch die „regula de bene esse" bei Burley: „extra tempus <obligationis>, fatenda est rei veritas" (Burley, *Tractatus de Obligationibus*, S. 53).

[33] Paul von Venedig, *Tractatus de Obligationibus*, S. 34. „Dignum concedi" können wir vermutlich interpretieren als „was gemäß den Regeln eingeräumt werden muss".

Tabelle 2

Opponent	Respondent
Setzen *(pono)*, Vorschlagen *(propono)*	Zulassen *(admitto)*, Ablehnen *(non admitto)*, Einräumen *(concedo)*, Bestreiten *(nego)*, Offenlassen *(dubio)*

3) Die Performationsmöglichkeiten des Respondenten sind durch die vorangegangene Performation des Opponenten eingeschränkt. Dies heißt im Einzelnen: nach einer Setzung des Opponenten bleiben dem Respondenten nur noch die Möglichkeiten des Zulassens oder Ablehnens, nach einem Vorschlag des Opponenten kann der Respondent nur noch Einräumen, Bestreiten oder Offenlassen (vgl. Tabelle 3).

Tabelle 3

Opponent	Möglichk. f. Respondent
Setzen *(pono)*	Zulassen *(admitto)*, Ablehnen *(non admitto)*
Vorschlagen *(propono)*	Einräumen *(concedo)*, Bestreiten *(nego)*, Offenlassen *(dubio)*

4) Die Performationen von Opponent und Respondent beziehen sich immer auf eine Aussage.

5) Die beiden Disputanten äußern sich immer abwechselnd.

3.2.4. *Der Begriff „Schritt"*

Wir nähern uns der Rekonstruktion des Begriffs *Disputverlauf*, indem wir den Hilfsbegriff *Schritt* einführen. Ein *Schritt* soll einem bestimmtem Abschnitt eines Obligationendisputs repräsentieren und zwar einen Abschnitt, der genau eine Opponenten- und eine Respondentenäußerung in dieser Reihenfolge enthält. Einen solchen Abschnitt eines Obligationendisputs können wir dann „Schritt" nennen (nichtkursiv!). Meines Wissens haben die Autoren keinen eigenen Begriff für Schritte.

Durch den Begriff einer *Disputsprache* besitzen wir bereits Repräsentationen für die *Aussagen*, die in *Schritten* vorkommen können. Wir benötigen noch Repräsentationen der einzelnen Performatoren. Dazu sollen die Zeichen *Po, Pr, Ad, Re, Co, Ne* und *Du* dienen: Für den Opponenten-Performator des Setzens steht *Po* („*pono*"), für den des Vorschlagens steht *Pr* („*propono*"). *Ad* steht für den Respondenten-

Performator des Zulassens („*admitto*"), *Re* für den des Ablehnens.[34] Für die Respondenten-Performatoren des Einräumens, Bestreitens und Offenlassens stehen (in dieser Reihenfolge): *Co* („*concedo*"), *Ne* („*nego*") und *Du* („*dubio*").

Zur Definition des Schritts benötigen wir einen dreistelligen Funktor */. . ., . . ., . . ./*, gemäß den drei Teilen Opponenten-Performator, Aussage, Respondenten-Performator. Ein solcher Funktor kann auf verschiedene Weise eingeführt werden, so z. B. über das geordnete Tripel, also: */. . ., . . ., . . ./* = <. . ., . . ., . . .>. Wir definieren dann:

Definition 3.2–1 (Schritt)
Sei S eine *Disputsprache*.
s ist ein *Schritt* bzgl. S gdw. es gibt eine *Aussage* p von S, so dass:
  (a) s = */Po, p, Ad/*

    oder

  (b) s = */Po, p, Re/*

    oder

  (c) s = */Pr, p, Co/*

    oder

  (d) s = */Pr, p, Ne/*

    oder

  (e) s = */Pr, p, Du/*

Da sich *Disputverläufe* aus *Schritten* zusammensetzen, leistet diese Definition die Erfüllung der Rahmenbedingungen: Die Tatsache, dass es genau zwei Parteien gibt, wird dadurch repräsentiert, dass jeder Schritt genau einen Opponenten- und einen Respondenten-Performator enthält.[35] Da solcherart auf jeden Opponenten-Performator ein Respondenten-Performator kommt, gilt auch, dass sich die Parteien immer abwechselnd äußern. Ferner steht nur ein gewisses Inventar

---

[34] „*Re*" soll an „*refuto*" erinnern. Dieser Performator ist nicht authentisch; wie erwähnt, lassen die Obligationenautoren den Respondenten bei Ablehnung einer These „*non admitto*" sagen. Da ich aus systematischen Gründen die Negation nicht auf Performatoren anwenden will, verwende ich hier „*refuto*".

[35] Es wird jedoch nicht repräsentiert, dass diese Parteien durch genau zwei Personen gebildet werden. Vom Standpunkt der Rekonstruktion aus ist es daher beispielsweise durchaus möglich, Obligationendispute mit sich selbst führen. In diesem Zusammenhang mag es interessant sein, dass Aristoteles als eine Möglichkeit der dialektischen Disputation die Disputation mit sich selbst vorsieht, vgl. Aristoteles, *Topik*, VIII, 14 (163 b 3 f).

von Performatoren zur Verfügung, nämlich *Po, Pr, Ad, Re, Co, Ne*
und *Du*. Auf eine bestimmte Opponentenäußerung sind nur noch
die gewünschten Respondenten-Performationen möglich (auf *Po* bspw.
nur *Ad* oder *Re*). Schließlich gibt es immer eine *Aussage*, auf welche
die Performationen bezogen sind.

3.2.5. Der Begriff „Disputverlauf"

Für einen *Disputverlauf* ist relevant erstens, welche *Schritte* in ihm vorkommen, und zweitens, in welcher Reihenfolge diese *Schritte* vorkommen. *Disputverläufe* können daher als Sequenzen von Schritten definiert
werden. Ich will auch den *leeren Disputverlauf* zu den *Disputverläufen*
zählen, also einen *Disputverlauf*, der keine *Schritte* enthält.

Es gibt mehrere Möglichkeiten, um Sequenzen darzustellen. Ich
wähle hier ein spezielles Format, das eine übersichtliche Darstellung
von Sequenzen ermöglicht. Die Hauptarbeit übernimmt dabei der
Funktor . . . ---. Bei der Definition dieses Funktors verwenden wir den
mengentheoretischen Begriff des geordneten Paars.

> Definition 3.2–2 (der Funktor . . . ---)
> X a = b gdw.
>   (a) X = $\varnothing$ und b = a
>
>   oder
>
>   (b) X ≠ $\varnothing$ und b = <X, a>

Für diesen Funktor gilt folgende Klammernkonvention: Linksbündige
Klammern können weggelassen werden. D.h., statt ((((a b) c) d) e)
schreiben wir a b c d e. Anwendungen des Funktors auf *Schritte* stel-
len bereits *Dispute* dar. Da es m.E. der Anschaulichkeit dient, bei der
Rede von *Disputen* deren Grenzen zusätzlich anzuzeigen, will ich
Dispute in die folgenden Zeichen einschließen: /. . ./. Das einfachste
Verfahren, diese Möglichkeit im Formalismus bereitzustellen, besteht
in der folgenden Definition: /X/ = X.

Ist X = $\varnothing$, so bezeichnen wir X als *leer*, und es gilt X a = a. $\varnothing$
kann daher als *leerer Disputverlauf* gelten. Da ich den *leeren Disputverlauf*
durch / / repräsentieren will, definiere ich: / / = $\varnothing$. Da /X/ = X,
gilt also auch / / = /$\varnothing$/. Wir können nun definieren:

> Definition 3.2–3 (Disputverlauf)
> Sei S eine *Disputsprache*.
> v ist ein *Disputverlauf* bzgl. S gdw.

(a) v = | | (v heißt dann *leerer Disputverlauf*)

    oder

(b) es gibt einen *Disputverlauf* |X| bzgl. S und einen *Schritt* s bzgl. S und v = |X s|.

Ausgehend von der Definition des *Disputverlaufs* können wir folgende Behauptung beweisen:

Behauptung 3.2–1
    (a) Sei v ein *Disputverlauf*. Dann gilt: v ≠ | | gdw. es gibt genau ein X und einen *Schritt* s, so dass v = |X s|
    (b) Ist |X s| ein *Disputverlauf*, s ein *Schritt*, so sind sowohl |X| als auch |s| *Disputverläufe*.

Beweisidee
zu a) Links-Rechts: Sei v ≠ ∅. Gemäß Definition gibt es dann ein |X| und einen *Schritt* s, so dass v = |X s|. Sei nun v = |X' s'|, s' ein *Schritt* Damit gilt |X' s'| = |X s|, mithin X' s' = X s, und gemäß Definition 3.2–2 und 3.2–1, X = X' und s = s'. Es gibt also genau ein X und einen *Schritt* s mit v = |X s|.

Rechts-Links: Es gebe andererseits ein X und einen *Schritt* s, so dass v = |X s|. Ist X = ∅, dann ist |X s| gleich s, andernfalls gleich <X, s>. In jedem Fall gilt also v ≠ ∅.

zu b) Sei |X s| ein *Disputverlauf*, s ein *Schritt*. Aus (a) und der Definition ergibt sich unmittelbar, dass |X| ein *Disputverlauf* ist. Da | | ein *Disputverlauf* ist und | | = |∅|, ist |∅| ebenfalls ein *Disputverlauf*. Da s *Schritt* ist, ist gemäß Definition auch |∅ s| ein *Disputverlauf*. |∅ s| ist jedoch gleich |s| (vgl. Definition 3.2–2).

Da *o* und ⊥ *Aussagen* jeder *Disputsprache* S sind, ist folgendes Gebilde ein *Disputverlauf* jeder *Disputsprache*: | |Po, o, Ad| |Pr, ⊥, Ne| |Pr, o, Co| |. Zunächst ist nämlich |Po, o, Ad| *Schritt* bzgl. S, wie wir in der Beweis-idee zu Behauptung 3.1–1 (b) gezeigt haben, ist damit | |Po, o, Ad| | ein *Disputverlauf* bzgl. S, aufgrund der Definition dann auch | |Po, o, Ad| |Pr, ⊥, Ne| | und schließlich | |Po, o, Ad| |Pr, ⊥, Ne| |Pr, o, Co| |. Über-sichtlicher können wir diesen *Disputverlauf* folgendermaßen darstellen:

| | Po,   o,   Ad |
| Pr,   ⊥,   Ne |
| Pr,   o,   Co | |

Bei dem *Disputverlauf* handelt es sich um die Repräsentation eines Disputverlaufs, in dem zuerst „*omnis homo currit*" gesetzt und zugelas-sen, dann „*homo est asinus*" vorgeschlagen und bestritten, und schließ-lich „*omnis homo currit*" vorgeschlagen und eingeräumt worden ist.

3.2.6. *Von Disputverläufen zu Disputen*

Dispute fassen wir als Einheiten aus *Disputverläufen* und *Wissensständen* auf. Neben der bereits angesprochenen Tatsache, dass sich dadurch die epistemischen Eigenschaften von Aussagen auf Dispute relativieren lassen, hat dieses Vorgehen folgenden Vorteil: Unser Ziel ist es u.a. zu definieren, wann ein *Disput korrekt* ist. In den Regeln, welche die mittelalterlichen Dispute leiten, wird sowohl auf den bisherigen Disputverlauf Bezug genommen als auch auf den Wissensstand der Disputanten. Ersteres gilt, da die Abhängigkeitsbegriffe auf Gegebenheiten im Disputverlauf Bezug nehmen; letzteres ist der Fall, da in den Regeln für unabhängige Vorschläge die epistemischen Begriffe vorkommen. Wollen wir also die Prädikate *korrekt* und *inkorrekt* den *Disputen* zusprechen, so müssen wir sie als Einheiten aus *Disputverläufen* und *Wissensständen* auffassen. Wir definieren daher:

> Definition 3.2–4 (Disput)
> Sei L = <S, ⊢> eine *Disputlogik*.
> d ist ein *Disput* bzgl. L gdw. es gibt ein v und ein K, so dass
>   (a) d = <v, K>
>
>   und
>
>   (b) v ist ein *Disputverlauf* bzgl. S
>
>   und
>
>   (c) K ist ein *Wissensstand* bzgl. L.

Für induktive Definitionen ist es hilfreich, die Begriffe des *Vorgängerdisputs* und des *aktuellen Disputs* zur Verfügung zu haben. Der *Vorgängerdisput* zu d, abgekürzt d–, soll dabei derjenige *Disput* sein, dem bei gleichem *Wissensstand* der letzte *Schritt* fehlt. Der *aktuelle Disput*, d+, ist dagegen derjenige *Disput*, der sich aus diesem letzten *Schritt* und dem *Wissensstand* bilden lässt.[36] Will man allen Dispute einen *Vorgänger* und einen *aktuellen Disput* zuordnen, so muss eine Regelung für den *leeren Disputverlauf* getroffen werden. *Vorgänger* und *aktueller Disput* eines *Disputs* mit *leerem Disputverlauf* sollen mit diesem *Disput* identisch sein. Wir definieren:

---

[36] Die Bezeichnung „aktueller Disput" rührt her von Folgendem: Wenn wir uns vorstellen, bei einem Obligationendisput zugegen zu sein, so ist der letzte Schritt des Disputs derjenige, der gerade eben vollzogen wurde, in diesem Sinne also der „aktuelle". Fassen wir diesen Schritt selbst wiederum als einen Disput *en miniature* auf, so haben wir den „aktuellen Disput".

Definition 3.2–5 (Vorgänger-, aktueller Disput)
Sei d = <v, K> ein *Disput* bzgl. L = <S, ⊢>.
  (a) Der *Vorgängerdisput* von d, kurz: d–, ist gleich
    (aa) d, wenn v = / /

    und

    (ab) </X/, K>, wenn es ein X und einen *Schritt* s bzgl. S gibt,
       so dass v = /X s/.
  (b) Der *aktuelle Disput* von d, kurz: d+, ist gleich
    (ba) d, wenn v = / /

    und

    (bb) </s/, K>, wenn es ein X und einen *Schritt* s bzgl. S gibt,
       so dass v = /X s/.

Ausgehend von obiger Behauptung 3.2–1 kann gezeigt werden, dass jedem *Disput* genau ein solcher *Vorgänger* und *aktueller Disput* zukommt, und so die Definitionsweise gerechtfertigt werden. Ferner gilt, dass *Vorgänger* und *aktueller Disput* eines *Disputs* bzgl. L selbst immer auch *Dispute* von L sind.

Es wird im Folgenden manchmal nötig sein, vom *Vorgänger* des *Vorgängers* eines *Disputs* d, bzw. von dessen *Vorgänger* des *Vorgängers* des *Vorgängers* usw. zu sprechen. Für solche iterierte Anwendungen der *Vorgänger*-Operation schreiben wir: d^{-2}, d^{-3} etc. Im Sinne einer einheitlichen Bezeichnungsweise werden wir in solchen Kontexten auf den *Vorgänger* von d auch mit „d^{-1}" und auf d selbst auch mit „d^{-0}" referieren.

3.2.7. *Die historische Adäquatheit des Disputbegriffs*

Es soll im Folgenden die Frage nach der historischen Adäquatheit des Begriffs „*Disput*" diskutiert werden. Es kann gesagt werden, dass der definierte Begriff nicht ganz mit einem entsprechenden Begriff zusammenfällt, den wir bei den mittelalterlichen Autoren unterstellen können. Insbesondere zwei Punkte müssen hier genannt werden:

Erstens: Ein historischer Obligationendisput, das *tempus obligationis*, ist für gewöhnlich erst dann zu Ende, wenn der Opponent „*cedat tempus*" sagt.[37] Etwas dazu Analoges wird in unserer Rekonstruktion

---

[37] Es gibt noch mehr Möglichkeiten, einen Disput zu beenden. Paul von Venedig listet nicht weniger als sechs solcher Möglichkeiten auf, von denen eine ist, dass einer der Disputanten aufhört zu existieren („*desinit esse*"). Vgl. Paul von Venedig, *Tractatus de Obligationibus*, S. 20 ff.

nicht verlangt. Dies hat u.a. zur Folge, dass sich, wie wir dies im Zusammenhang mit den Begriffen *Vorgängerdisput* und *aktueller Disput* gesehen haben, auch Teile von Disputen selbst wieder als Dispute auffassen lassen.

Als Rechtfertigung lässt sich sagen, dass die Rekonstruktion nicht die Abbildung jedes Details der Obligationentheorie zur Aufgabe hat, sondern nur die derjenigen Aspekte, die Einsicht in die Begründetheit der Autorenbehauptungen gewähren. Das „*cedat tempus*" spielt für die Behauptungen der Autoren jedoch keine Rolle, es hat eher eine praktische Bedeutung für den Respondenten. Da darüber hinaus eine zusätzliche Markierung des Disput-Endes viele Definitionen komplizierter und unübersichtlicher machen würde, haben wir auf eine Repräsentation des „*cedat tempus*" verzichtet.

Zweitens: In den meisten von mittelalterlichen Autoren diskutierten Disputen gibt es genau ein *positum* und dieses steht am Anfang der Disputation.[38] Es wäre möglich, dies als eine Rahmenbedingung anzusehen. Dies wird im hier verfolgten Ansatz nicht getan: In rekonstruktionssprachlichen *Disputverläufen* sind mehrere oder auch keine Thesen möglich und eine These braucht nicht am Anfang des Disputs zu stehen.

Diese Liberalisierung gegenüber mittelalterlichen Vorstellungen hat u.a. folgende Konsequenz: Die Obligationenautoren sprechen, wenn sie allgemein über Dispute reden, häufig von dem *positum* (mit bestimmten Artikel). Diese Sprechweise ist im vorgeschlagenen Ansatz nicht unmittelbar wiederzugeben, da die mit dem Gebrauch des bestimmten Artikels verbundene Einzigkeitspräsupposition nicht generell erfüllt ist.

Prima facie ist dies nicht als unbedeutende Veränderung zu identifizieren. Aus den folgenden Gründen habe ich die obige, liberalere Fassung präsentiert: Zum einen werden tatsächlich gelegentlich Dispute mit mehreren Thesen diskutiert. Meines Wissens kommt dies jedoch nur im Zusammenhang mit der *nova responsio* vor.[39] Zumindest für

---

[38] Dass jeder Disput mit einer *positio* beginnt und mit dem „*cedat tempus*" endet, scheint beispielsweise Burley auszudrücken, wenn er sagt: „Et in principio in faciendo positionem, utitur hoc verbo: ‚ponatur'. Et in fine, hac oratione: ‚cedat tempus'" (Burley, *Tractatus de Obligationibus*, S. 46).

[39] Dispute mit mehreren Thesen finden sich bei Swyneshed, dem Begründer der *nova responsio* (vgl. Swyneshed, *Obligationes*, S. 273 u. S. 275), und bei den *antiqua-responsio*-Autoren Buser und Paul von Venedig, wenn diese die Auffassung der *nova responsio* diskutieren (vgl. Buser, *Obligationes*, S. 186 und Paul von Venedig, *Tractatus de Obligationibus*, S. 70).

die *antiqua responsio* könnte die in Frage stehende Voraussetzung demnach unter die Rahmenbedingungen aufgenommen werden. Dann hätte man jedoch zwei verschiedene Definitionen von *Disputverlauf* je nach *responsio*, was deren Vergleich erschweren würde. — Ein anderer Grund liegt darin, dass ich den *leeren Disputverlauf* als *Disputverlauf* auffassen möchte. Dieser kann bei der Analyse solcher Sophismata wie „*nihil est tibi positum*" hilfreich sein.[40]

Wir nehmen daher in Kauf, dass die allgemeine Redeweise von dem *positum* im vorliegenden Ansatz nicht abgedeckt ist. Man kann sich mit Formulierungen behelfen, die in Fällen, in denen die Einzigkeitspräsupposition erfüllt ist, zu demselben Ergebnis führen wie z.B. „für alle *posita* gilt: . . .". Dass diese Änderung keinen substantiellen Charakter hat, muss der Fortgang der Analyse zeigen. Es sei hinzugefügt, dass sich ein Disputbegriff, bei dem die Bedingung der Einzigkeit erfüllt ist, leicht durch eine Einschränkung definieren lässt. Wenn sich die Notwendigkeit ergibt (was hier nicht der Fall ist), können demnach spezielle Theoreme für diesem modifizierten Disputbegriff formuliert werden.

3.2.8. *Epistemische Begriffe*

Da ein *Disput* einen *Wissensstand* umfasst, können wir davon sprechen, dass eine *Aussage bekanntermaßen wahr*, *bekanntermaßen falsch* oder *ungewiss* bezüglich eines *Disputs* ist und auf diese Weise die benötigte epistemische Begrifflichkeit rekonstruieren. Wir definieren also:

> Definition 3.2–6 (epistemische Begriffe)
> Sei d = <v, K> ein *Disput* bzgl. L.
> (a) p ist *bekanntermaßen wahr* in d gdw. p ∈ K.
> (b) p ist *bekanntermaßen falsch* in d gdw. ¬p ist *bekanntermaßen wahr* in d.
> (c) p ist *ungewiss* in d gdw. p ist nicht *bekanntermaßen wahr* in d und p ist nicht *bekanntermaßen falsch* in d.

Anhand der Definition des *Wissensstandes* (vgl. Definition 3.1–10) lassen sich einige Eigenschaften dieser Begriffe beweisen:

> Behauptung 3.2–2
> Sei d ein *Disput* bzgl. L.
> (a) Wenn p in d *bekanntermaßen wahr* ist, dann ist p in d nicht *bekanntermaßen falsch*.

---

[40] Zu diesem Sophisma vgl. unten, 5.2.13 und 5.2.14.

(b) Wenn p in d *ungewiss* ist, dann ist p weder *bekanntermaßen wahr* noch *falsch*.

(c) Wenn p *bekanntermaßen wahr* ist und aus p *folgt* q, dann ist q *bekanntermaßen wahr*.

(d) Wenn p und q *bekanntermaßen wahr* sind, so ist p ∧ q *bekanntermaßen wahr*.

Beweisidee

zu a) Ist p *bekanntermaßen wahr*, so gilt p ∈ K. Gemäß der Definition eines *Wissensstandes* (vgl. Definition 3.1–10) gilt: wenn p ∈ K, dann ¬p ∉ K. Wäre p *bekanntermaßen falsch*, so würde gelten ¬p ∈ K, also ein Widerspruch.

zu b) Dies ergibt sich unmittelbar aus der Definition von „*ungewiss*".

zu c) Ist p *bekanntermaßen wahr* und *folgt* q aus p, so gilt: p ∈ K und p ⊢ q, damit nach Definition 3.1–10 auch q ∈ K.

zu d) Für *disputlogische Folgerungsbegriffe* gilt aufgrund von KA: p ∧ q ⊢ p ∧ q. Ist p ∈ K und q ∈ K, so gilt daher nach Definition 3.1–10 auch: p ∧ q ∈ K.

3.2.9. *Performationsbegriffe*

Als nächstes wird die Rekonstruktion von Behauptungen über Performationen ermöglicht, d.h. Behauptungen darüber, dass eine bestimmte Aussage in einem bestimmten Disput bspw. zugelassen oder eingeräumt wurde. Wir werden hierbei nur die Respondenten-Performationen rekonstruieren, da wir Behauptungen über Opponenten-Performationen im weiteren Verlauf nicht benötigen. Dies liegt daran, dass eine Respondenten-Performation eine entsprechende Opponenten-Performation aufgrund der Rahmenbedingungen determiniert (das Umgekehrte gilt natürlich nicht): Wurde beispielsweise eine Aussage zugelassen, so muss diese Aussage auch gesetzt worden sein, wurde sie eingeräumt, so muss sie vorgeschlagen worden sein. Stehen also Repräsentationen für die Respondenten Performationen zur Verfügung, so ließen sich die Opponenten-Performationen leicht definieren: p wurde gesetzt gilt genau dann, wenn p zugelassen oder abgelehnt wurde, und: p wurde vorgeschlagen genau dann, wenn p eingeräumt, bestritten oder offengelassen wurde.

Bei der Rekonstruktion der Performationsbegriffe gehen wir von folgender Überlegung aus: Die Aussage, dass A in einem Disput zugelassen wurde, ist genau dann wahr, wenn der Respondent irgendwann im Verlauf des Disputs auf A mit „*admitto*" geantwortet hat. Demnach sollte der rekonstruktionssprachliche Begriff *zulassen* auf eine *Aussage* p und einem *Disput* d genau dann zutreffen, wenn der *Schritt* |Pr, p, Ad| irgendwo im *Disputverlauf* von d vorkommt.

Dies kann folgendermaßen umgesetzt werden: Wir sagen, dass p in d *zugelassen wird*, wenn der jeweils letzte *Schritt* gleich |Pr, p, Ad| ist, d.h., wenn v = | X |Pr, p, Ad| |. Außerdem soll gelten, dass, wenn p im *Vorgänger* von d, d–, *zugelassen wird*, dies auch für den *Disput* d selbst zutrifft. Wir müssen zusätzlich fordern, dass dieser *Vorgänger* keinen *leeren Disputverlauf* hat, damit wir von letzterem zeigen können, dass in ihm keine *Aussage zugelassen wird*. — Ganz analog wird mit den restlichen Performationen verfahren, nämlich mit *ablehnen*, *einräumen*, *bestreiten* und *offen lassen*. Wir definieren:

Definition 3.2–7 (Performationsbegriffe)
Sei d = <v, K> ein *Disput* bzgl. L.
  (a) p *wird* in d *zugelassen* gdw.
    (aa) es gibt ein X, so dass v = | X |Pr, p, Ad| |

    oder

    (ab) p *wird* in d– ≠ <| |, K> *zugelassen*.
  (b) p *wird* in d *abgelehnt* gdw.
    (ba) es gibt ein X, so dass v = | X |Pr, p, Re| |

    oder

    (bb) p *wird* in d– ≠ <| |, K> *abgelehnt*.
  (c) p *wird* in d *eingeräumt* gdw.
    (ca) es gibt ein X, so dass v = | X |Pr, p, Co| |

    oder

    (cb) p *wird* in d– ≠ <| |, K> *eingeräumt*.
  (d) p *wird* in d *bestritten* gdw.
    (da) es gibt ein X, so dass v = | X |Pr, p, Ne| |

    oder

    (db) p *wird* in d– ≠ <| |, K> *bestritten*.
  (e) p *wird* in d *offengelassen* gdw.
    (ea) es gibt ein X, so dass v = | X |Pr, p, Du| |

    oder

    (eb) p *wird* in d– ≠ <| |, K> *offengelassen*.

Es ist nützlich, über die einzelnen Performationen sprechen zu können, ohne sie dabei jedes Mal aufzählen zu müssen. In diesem Sinne werden wir im Folgenden von einer Performation Φ sprechen. Begriffe der Form „*wird ge-Φ-t*", wobei Φ für eine Performation steht, nennen wir Performationsbegriffe. Die Performationsbegriffe sind also: „*wird zugelassen*", „*wird abgelehnt*", „*wird eingeräumt*", „*wird bestritten*" und „*wird offengelassen*". Aussagen der Form: „p *wird* in d *ge-Φ-t*", wobei Φ für eine Performation steht, nennen wir Performationsaussagen.

Um die Arbeitsweise der Definition zu veranschaulichen, sei gezeigt, dass in einem *Disput* mit dem *Disputverlauf*

| | *Po*,   *p*,   *Ad* |
| *Pr*,   *q*,   *Co* |
| *Pr*,   ¬(*p* ∧ *q*),   *Ne* | |

die *Aussage p zugelassen* wird und die *Aussage q* nicht *zugelassen wird*.

Behauptung 3.2–3
Sei d = <| |*Po*, *p*, *Ad*| |*Pr*, *q*, *Co*| |*Pr*, ¬(*p* ∧ *q*), *Ne*| |, K> ein *Disput*. Dann gilt: *p* wird in d *zugelassen* und *q* *wird* nicht in d *zugelassen*.

Beweisidee
Gemäß zweimaliger Anwendung von Definition 3.2–5 ist d^{-2} = <| |*Po*, *p*, *Ad*| |, K>. Der *Disputverlauf* ist ungleich | |, *p* *wird* damit in $d^{-2} \neq$ <| |, K> *zugelassen* (das entsprechende X ist *leer*). Aus der Definition folgt dann: *p* wird in d^{-1} *zugelassen*, und daraus: *p* wird in d^{-0}, d.h. in d, *zugelassen*.

Gemäß dreimaliger Anwendung von Definition 3.2–5 ist d^{-3} = <| |, K>. Der Vorgänger von d^{-3}, d^{-4}, ist ebenfalls gleich <| |, K>. Aufgrund dieser Tatsache gilt trivialerweise: es ist nicht der Fall, dass *q* in $d^{-4} \neq$ <| |, K> *zugelassen wird*. Da d^{-3} selbst ungleich <| |*Po*, *q*, *Ad*| |, K> ist, gilt insgesamt: *q wird* in d^{-3} nicht *zugelassen*. Da nun weder für d^{-2}, noch für d^{-1}, noch für d gilt, dass es ein X gibt, so dass die entsprechenden *Disputverläufe* gleich <|X |*Po*, *q*, *Ad*| |, K> sind, gilt insgesamt: *q wird* in d nicht *zugelassen*.

Es sei auf die unterschiedliche Rolle der Performation „*einräumen*" und des Zeichens *Co* hingewiesen. Diese unterschiedliche Rolle verweist auf folgende Tatsache: Einerseits kann man über einen Disput sprechen und etwa sagen, dass eine bestimmte Aussage in diesem Disput eingeräumt worden ist. Andererseits kann man sich aber auch in einem Disput befinden und dort eine Aussage einräumen. Ersteres ist eine Aussage über einen Disput, nämlich eine, die besagt, dass eine bestimmte Performation in diesem Disput vollzogen worden ist. Letzteres ist dagegen der Vollzug der entsprechenden Performation in einem Disput.

Analog dazu ist „*einräumen*" Teil einer Aussage über *Dispute*, zum Beispiel der Performationsaussage „p *wird* in d *eingeräumt*". „*Einräumen*" repräsentiert das lateinische „*concedere*", wenn es gebraucht wird, um etwas über einen Disput auszusagen, wie z.B. in der Aussage „*ista propositio conceditur*". Das Zeichen *Co* ist dagegen nicht Teil einer Aussage über einen *Disput*, sondern Teil des *Disputs* selbst. *Co* repräsentiert den lateinischen Ausdruck „*concedo*", wenn dieser als Performator in einem Obligationendisput verwendet wird.

Trotz des Unterschieds hängen diese Verwendungen natürlich eng miteinander zusammen: Beispielsweise ist „p *wird* in d *eingeräumt*" genau dann wahr, wenn |*Pr*, p, *Co*| in dem *Disput* d vorkommt, ebenso wie „*ista propositio conceditur*" genau dann wahr ist, wenn der Respondent den Akt des Einräumens der entsprechenden Aussage in dem entsprechenden Disput vollzogen hat.

Neben der gerade besprochenen Unterscheidung ist auch der Unterschied zwischen Aussagen der Form „p wird eingeräumt" und Aussagen der Form „p muss eingeräumt werden" zu beachten: Zur Überprüfung der ersteren Aussage sind allein die „gesunden Sinne" (nach der Sprechweise des Aristoteles) erforderlich. Wir können daher sagen: es handelt sich hier um eine deskriptive Aussage über einen Disput. Zur Überprüfung der letzteren Aussage ist dagegen Wissen über die Regeln erforderlich, die den Disput leiten. Wir können sie daher eine normative Aussage über einen Disput nennen.[41]

Diese Unterscheidung spiegelt sich in der Rekonstruktion darin wieder, dass wir Behauptungen des Typs „p *wird* in d *eingeräumt*", bereits jetzt, nach der Definition des *Disput*begriffs rekonstruieren können, während Behauptungen wie „p *muss* in d *eingeräumt werden*" erst später, nach Einführung der Regeln, rekonstruierbar werden.

Wir stellen eine Behauptung auf, die wir unten benötigen werden. Sie besagt, dass in jedem *aktuellen Disput* genau eine *Aussage* für genau eine Performation Φ *ge-*Φ-*t* wird, und zwar dann und nur dann, wenn der entsprechende *Disput* keinen *leeren Disputverlauf* hat.

---

[41] Diese Bemerkung impliziert, dass Verpflichtungsaussagen, d.h. Aussagen der Form „p *muss ge-*Φ-*t werden*", im Zusammenhang der Obligationen generell normativen Charakter haben, und widerspricht daher in gewisser Weise S. Knuuttila und M. Yrjönsuuri, die bei obligationalen Verpflichtungsaussagen zwischen einem normativen und einen deskriptiven Gebrauch unterscheiden (vgl. Knuuttila/Yrjönsuuri, „Norms and Action"). Der von den Autoren intendierte Unterschied wird im vorliegenden Ansatz durch die Unterscheidung zwischen Aussagen, die von einem Disput gelten, und solchen, die in einem Disput abhängig sind, eingebracht, vgl. dazu unten, 5.2.12.

Behauptung 3.2–4

Sei d = <v, K> ein *Disput* bzgl. L.

v ≠ / / gdw. es gibt genau eine *Aussage* p und eine Performation Φ, so dass gilt: p *wird* in d+ *ge-Φ-t*.

Beweisidee

Links-Rechts: Wenn v ≠ / /, dann ist v = /X s/ für genau ein X und ein s, wobei s ein *Schritt* ist (vgl. Behauptung 3.2–1). Der *Disputverlauf* von d+ ist dann gleich /s/. Gemäß der Definition des Begriffs *Schritt* kommt in s genau eine *Aussage* p und genau eines der Zeichen *Ad*, *Re*, *Co*, *Ne* und *Du* vor. Damit gilt: es gibt genau eine *Aussage* p und eine Performation Φ, so dass p in d+ *ge-Φ-t* wird.

Rechts-Links: Ist v gleich / /, so ist der *Disputverlauf* von d– ebenfalls gleich / /, es gilt also für kein p oder Φ: p *wird* in d– ≠ </ /, K> *ge-Φ-t*, da v ferner ungleich /X /Y, p, Z/ /ist, gilt für alle p, Φ: p *wird* in d nicht *ge-Φ-t*, es gibt damit also nicht genau eine *Aussage*, die in d *ge-Φ-t wird*.

3.2.10. *Der Begriff „bisher Gesagtes"*

In diesem und dem folgenden Abschnitt werden wir die beiden Begriffe des *bisher Gesagten* und des *Verpflichteten* eines *Disputs* einführen. Der Begriff des *bisher Gesagten* wird weiter unten helfen, die Regeln der *antiqua responsio* zu etablieren, das *Verpflichtete* bekommt eine entsprechende Rolle bei den Regeln der *nova responsio*. Mittels der beiden Begriffe lässt sich die Abhängigkeitsterminologie, „folgend", „widersprechend" und „unabhängig", der jeweiligen *responsio* definieren. Die Begriffe „bisher Gesagtes" und „Verpflichtetes" selbst sind jedoch auf jeden Disput anwendbar, gleichgültig, nach welchen Regeln er geführt ist. Insofern handelt es sich also, wie bei den bisherigen Begriffen, um Ausdrücke, deren Verwendung noch nicht auf die Disputregeln zurückgreift.

Das bisher Gesagte (*prius dictum*) eines Disputs umfasst die folgenden Aussagen: erstens die These, bzw. die Thesen, zweitens alle im Disput eingeräumten Aussagen, und drittens die Negationen der bislang bestrittenen Aussagen. Demgemäß sollte für den rekonstruktionssprachlichen Begriff des *bisher Gesagten* gelten: das *bisher Gesagte* eines *Disputs* d umfasst alle in d *zugelassenen*, alle *eingeräumten*, sowie die Negationen der *bestrittenen Aussagen*.

Es kann zunächst gefragt werden, auf welche Weise wir das „umfassen" darstellen wollen. Das *bisher Gesagte* kann als u.a. als Menge oder als Konjunktion der relevanten Aussagen aufgefasst werden. Ich wähle hier aus Gründen der leichteren Handhabbarkeit die Konjunktion.

Bei der Einführung des Begriffs des *bisher Gesagten* werden wir Vorsorge treffen, dass jedem *Disput* ein *bisher Gesagtes* zukommt. Dies erleichtert die Anwendung der Abhängigkeitsterminologie auf alle *Dispute*. Wir werden dazu dem *leeren Disputverlauf* als *bisher Gesagtes* die *Aussage* T zuweisen und das *bisher Gesagte* bei jeder *zugelassenen* oder *eingeräumten Aussage* p um das Konjunkt p, bei jeder *bestrittenen Aussage* p um das Konjunkt ¬p erweitern.

Dieses Vorgehen hat zur Konsequenz, dass das *bisher Gesagte* jedes *Disputs* T umfasst, auch dann, wenn T nicht *zugelassen* oder *eingeräumt* wurde. In unserer Rekonstruktion umfasst das *bisher Gesagte* also in diesem Sinne mehr als nur die *zugelassenen, eingeräumten* und negierten *bestrittenen* Aussagen. Diese Abweichung kann jedoch aus folgendem Grund als unproblematisch angesehen werden: Der Begriff „*bisher Gesagtes*" wird mit dem Ziel eingeführt, später die Abhängigkeitsterminologie zu rekonstruieren. Für diese kommt es (wie die Ausdrücke „folgend", „widersprechend" und „unabhängig" bereits nahe legen) allein auf das inferentielle Potenzial des *bisher Gesagten* an, d.h. darauf, was aus dem *bisher Gesagten* folgt. Aufgrund der Eigenschaften disputlogischer *Folgerungsbegriffe* ändert sich das inferentielle Potenzial einer *Aussage* nicht, wenn wir ihr das *gültige* Konjunkt T hinzufügen — dies gilt daher auch für das *bisher Gesagte* eines beliebigen *Disputs*.

Es ist zu überlegen, ob das *bisher Gesagte* im Fall von *offengelassenen* oder *abgelehnten Aussagen* erweitert werden sollte. Bei einer *offengelassenen Aussage* ändern wir nichts am *bisher Gesagten*, damit lassen sich im Mittelalter gängige Auffassungen rekonstruieren.[42] Für den Fall des *Ablehnens* ist es weniger leicht, sich auf mittelalterliche Auffassungen zu berufen: Bei den mittelalterlichen Autoren kommt bei einer Ablehnung im Normalfall kein Disput zustande, es erübrigt sich für sie also auch zu bestimmen, wie sich abgelehnte Aussagen zum bisher Gesagten verhalten. Da eine *refutatio* in keinem Fall zu einer Verpflichtung führen sollte, und die Verpflichtungen in der *antiqua responsio* vom bisher Gesagten abhängen, lässt sich festlegen, dass eine *abgelehnte* These nichts am *bisher Gesagten* ändert.

Zusammenfassend lässt sich sagen: Eine im *aktuellen Disput zugelassene* oder *eingeräumte Aussage* p erweitert das *bisher Gesagte* des jeweiligen *Vorgängers* um das Konjunkt p, eine *bestrittene Aussage* erweitert es

---

[42] Vgl. das unten, in 5.1.4, besprochene Sophisma.

um das Konjunkt ¬p. Bei *offengelassenen* und *abgelehnten Aussagen* bleibt das *bisher Gesagte* des *Vorgängerdisputs* unverändert.

Für das *bisher Gesagte* eines *Disputs* d führe ich die Abkürzung DIC (d) ein. Eine den intendierten Zielen gemäße Definition ist die folgende (die Definitionsweise wird durch die vorangehende Behauptung, Behauptung 3.2–4, gerechtfertigt):

> Definition 3.2–8 (bisher Gesagtes)
> Sei d = <v, K> ein *Disput* bzgl. L.
> Das *bisher Gesagte* von d, kurz DIC (d), ist gleich p gdw.
>
> (a) p = $\top$ und v = / /
>
>   oder
>
> (b) p = DIC (d–) ∧ q und q *wird* in d+ *zugelassen* oder *eingeräumt*
>
>   oder
>
> (c) p = DIC (d–) ∧ ¬q und q *wird* in d+ *bestritten*
>
>   oder
>
> (d) p = DIC (d–) und q *wird* in d+ *offengelassen* oder *abgelehnt*.

Mittels Induktion lässt sich zeigen, dass jedem *Disput* genau ein *bisher Gesagtes* zukommt und dass es zur entsprechenden *Disputsprache* gehört. — Es erscheint plausibel, dass eine Aussage, die eingeräumt worden ist, aus dem bisher Gesagten des Disputs folgt. In diesem Sinne können wir beweisen, dass eine *Aussage*, die in einem *Disput eingeräumt wird*, aus dem *bisher Gesagten folgt*.

> Behauptung 3.2–5
> Wenn p in einem *Disput* d *eingeräumt wird*, dann *folgt* p aus dem *bisher Gesagten* von d.

> Beweisidee
> Wir induzieren über den *Disputverlauf* v von d. Basis: Sei v = / /. Dann gilt: p *wird* nicht in d *eingeräumt* (vgl. die Beweisidee zu Behauptung 3.2–4), also ein Widerspruch. Schritt: Sei unser Theorem für *Dispute* </X/, K> gezeigt und sei v = /X s/. Fallunterscheidung: Sei s = /Pr, p, Co/. Dann gilt: p wird in d+ *zugelassen* und damit: DIC (d) = DIC (d–) ∧ p. Für disputlogische *Folgerungsbegriffe* gilt allgemein: q ∧ p ⊢ p, also: DIC (d) ⊢ p. Ist andererseits s ≠ /Pr, p, Co/, so gilt gemäß der Definition des *Einräumens*, dass p in d–, also in </X/, K> *eingeräumt* worden ist. Für solche *Disputverläufe* ist unser Theorem bereits gezeigt, so dass gilt: DIC (d–) ⊢ p. Durch s kann nun zu DIC (d–) allenfalls ein Konjunkt hinzukommen (es sind fünf Fälle zu unterscheiden), immer gilt aber auch hier wegen KA: DIC (d) ⊢ p.

Analog hierzu können wir auch zeigen, dass, wenn p in d *bestritten* wurde, p dem *bisher Gesagten* widerspricht. Eine *offengelassene Aussage* hat, wie gewünscht, keine generelle logische Beziehung zum *bisher Gesagten*.

3.2.11. *Der Begriff „Verpflichtetes"*

In der *nova responsio* wird die Rolle, die in der *antiqua responsio* das *bisher Gesagte* übernimmt, vom *positum* bzw. den *posita* ausgefüllt. Um die *nova responsio* zu rekonstruieren, benötigen wir daher einen zum *bisher Gesagten* analogen Funktionsausdruck, der uns bei einem gegebenen *Disput* dessen These bzw. Thesen liefert. Diesen Begriff nennen wir das *Verpflichtete* des *Disputs* d.

Den Begriff des *Verpflichteten* können wir relativ kurz abhandeln, da wir die erforderlichen Überlegungen bereits beim Begriff des *bisher Gesagten* angestellt haben. Hat ein *Disput* keine These, so werden wir ihm als *Verpflichtetes* T zuweisen. Dies ist aus analogen Gründen wie oben unproblematisch. Bei jeder *zugelassenen* These p wächst das *Verpflichtete* um das Konjunkt p an, bei allen anderen in Bezug auf p vollzogenen Performationen bleibt es unverändert:

Definition 3.2–9 (Verpflichtetes)
Sei d = <v, K> ein *Disput* bzgl. L.
Das *Verpflichtete* von d, kurz OBL (d), ist gleich p gdw.
  (a) p = T und v = | |

      oder

  (b) p = OBL (d–) ∧ q und q *wird* in d+ *zugelassen*

      oder

  (c) p = OBL (d–) und q *wird* in d+ *abgelehnt, eingeräumt, bestritten* oder *offengelassen*.

Wir können eine Verbindung zwischen den Begriffen *bisher Gesagtes* und *Verpflichtetes* etablieren, die uns später beim Vergleich der *responsiones* hilfreich sein wird. Es lässt sich feststellen, dass das *Verpflichtete* jedes *Disputs* aus seinem *bisher Gesagten folgt*:

Behauptung 3.2–6
Aus dem *bisher Gesagten* eines *Disputs* d *folgt* das *Verpflichtete* von d.

Beweisidee
Wir induzieren über den *Disputverlauf* v des *Disputes* d. Für v = | | gilt unsere Behauptung, da $T ⊢ T$. Induktionsschritt: Die Behauptung gelte

für *Dispute* mit dem *Disputverlauf* |X| und der *Disputverlauf* v von d sei gleich |X s|. Bei s = |*Po*, q, *Ad*| gilt: q wird in d+ *zugelassen*, also: DIC (d) = DIC (d–) ∧ q und OBL (d) = OBL (d–) ∧ q. Gemäß Induktionsannahme gilt: DIC (d–) ⊢ OBL (d–), daher können wir mit KA folgern: DIC (d) ⊢ OBL (d). Bei s ≠ |*Po*, q, *Ad*| gilt: OBL (d) = OBL (d–). DIC (d) kann sich von DIC (d–) allenfalls durch ein hinzugekommenes Konjunkt unterscheiden (es sind gemäß der Definition des *Disputverlaufs* vier Fälle möglich), wegen der Induktionsannahme gilt also auch hier: DIC (d) ⊢ OBL (d).

4. REGELN

Mit den *Disputen* haben wir Repräsentationen derjenigen Entitäten, über welche die Obligationenautoren Behauptungen treffen. Der Rekonstruktion dieser Behauptungen selbst werden wir uns im Folgenden zuwenden. Die Aussagen, welche die Autoren behaupten, lassen sich unterteilen in universelle, partikuläre und singuläre. Universelle und partikuläre Aussagen sprechen unbestimmt über alle bzw. einige, singuläre dagegen über bestimmte Dispute. Aus universellen oder partikulären Aussagen bestehen die *regulae* und andere regelähnliche Behauptungen, die wir im vorliegendem Kapitel behandeln. Singuläre Aussagen machen dagegen die Sophismata aus, denen wir uns im nächsten Kapitel zuwenden.

Dieses Kapitel umfasst vier Teile: Im ersten Teil, „Historische Betrachtung", werden wir die mittelalterlichen Auffassungen im Hinblick auf eine Reihe von Vorentscheidungen diskutieren, die für die Rekonstruktion relevant sind. Hierzu gehört u.a. die Frage, inwiefern sich die mittelalterlichen *regulae* als Behauptungen auffassen lassen.

Der zweite Teil, „Begriffliche Untersuchung", bemüht sich um eine Klärung der Tatsache, dass die Dispute durch Regeln geleitet werden. In diesem Zusammenhang werden u.a. die Begriffe „einer Verpflichtung zuwiderhandeln", „einer Verpflichtung nachkommen" und „Korrektheit" erörtert.

„Die beiden responsiones", der dritte Teil, wendet das Erreichte dann auf die konkurrierenden Obligationenschulen, *antiqua* und *nova responsio*, an. Wir werden dort einen Vergleich der *responsiones* im Zuge der Rekonstruktion mittelalterlicher Behauptungen vornehmen.

Es kann daraufhin ein Einschnitt gemacht und anhand der erzielten Ergebnisse die Hypothese des historischen Interesses überprüft werden. Dies ist Aufgabe des vierten Teils, „Beziehungen zur Interessenlage". Hier wird einerseits für eine Kompatibilität der neu gewonnenen Erkenntnisse mit der Interessenformulierung argumentiert, gleichzeitig werden neue Elemente in die bisherige Fassung eingebracht.

4.1. *Historische Betrachtung*

Unsere historische Betrachtung der mittelalterlichen *regulae* findet
unter vier verschiedenen Gesichtspunkten statt. Zunächst wird der
Status der mittelalterlichen Regeln zu klären sein. Dabei geht es u.a.
um die Frage: Können wir diese analog zu den Regeln eines Logik-
Kalküls auffassen? — Dann wenden wir uns denjenigen *regulae* zu,
die das Zulassen und Ablehnen der These organisieren. Deren Bedeutung für ein historisch-systematisches Interesse hatten wir oben zunächst
unberücksichtigt gelassen; bei Wiederaufnahme der Diskussion wird
hierauf im Besonderen einzugehen sein. — Nur kurz befasse ich
mich mit den von mir so genannten „referenzbewahrenden" und
„epistemischen" Klauseln in den historischen Regelformulierungen. —
Zuletzt treffen wir eine Unterscheidung zwischen „manifesten" und
„dispositionalen" Verpflichtungsbegriffen und gehen der Frage nach,
welchem Typ die Verpflichtungsbegriffe der Obligationen zuzuordnen sind. — In Bezug auf jeden dieser Sachverhalte werden wir
nicht nur die Lage darstellen, wie sie sich in den Traktaten präsentiert, sondern auch die Konsequenzen diskutieren, die hieraus für
die Rekonstruktion zu ziehen sind.

4.1.1. *Der Status der regulae: Vorbereitende Bemerkungen*

Wir untersuchen im Folgenden die Frage, welche Art von sprachlichen
Gebilden von den mittelalterlichen Autoren als *regulae* ausgezeichnet
werden: Haben die Regeln eine bestimmte logische Struktur? Und
werden sie festgesetzt oder vielmehr behauptet? Ich untersuche diese
Fragen am Beispiel der *regulae* für das *propositum* der *antiqua responsio*
und zwar anhand der Autoren Burley, Buser, Johannes von Holland,
Paul von Venedig und Paul von Pergula. Die Ergebnisse sind, wie wir
sehen werden, von der Art, dass sie sich auch auf andere Autoren, auf
die Regeln für die These und auf die *nova responsio* übertragen lassen.
   In diesem Abschnitt werden wir drei Unterscheidungen einführen,
anhand derer wir im nächsten Abschnitt untersuchen wollen, ob es
etwas wie gemeinsame Merkmale aller mittelalterlichen *regulae* gibt.
Die ersten beiden Unterscheidungen betreffen die logische Form der
mittelalterlichen Regelformulierungen. Vermittels der dritten Unterscheidung lässt sich etwas über die Gesamtheit der von einem Autor vorgestellten *regulae* aussagen.

Bereits angesprochen wurde die Unterscheidung zwischen universellen und partikulären Aussagen über Dispute. Die Frage, ob eine
bestimmte Aussage universell oder partikulär ist, lässt sich gelegentlich
anhand des Vorkommens von Wendungen wie „*omnis*" oder „*aliquis*"
entscheiden, manchmal ist jedoch auch der Kontext zu berücksichtigen. Wir müssen uns daher hier darauf verlassen, dass diese Unterscheidung auf natürlichsprachliche Gebilde hinreichend präzise angewendet
werden kann.

Ferner bilden wir die Begriffe der Regelform und der strengen
Regelform. Eine Aussage hat Regelform, wenn in ihr die obligatio-
nentypischen Reglementierungswendungen „*(non) est concedendum*", „*(non)
est negandum*" etc. vorkommen. Unter Aussagen von strenger Regelform
verstehe ich universelle Aussagen, die eine logische Wenn-Dann-
Struktur aufweisen und in deren Sukzedenz genau eine Wendung
wie „*(non) est concedendum*", „*(non) est negandum*" etc. uneingebettet vorkommt. Ein Beispiel ist: „*Omnis propositio uno loco concessa est concedenda*". Auch diese Begriffe werden nicht immer nur auf die lateinische
Oberfläche einer Aussage angewendet. sondern etwas freier verstanden: Eine Aussage kann schon strenge Regelform haben, wenn sie
sich sinngemäß in eine Beschriebene umformen lässt.

Außerdem werden wir auf die von den einzelnen Autoren vorgestellten Regelsysteme die Begriffe der Redundanz und der Exhaustivität anwenden. Eine Regel ist redundant, wenn sie aus anderen
gegebenen Regeln folgt. Mit der „Exhaustivität" eines Regelsystems
ist gemeint, dass alle möglichen Fälle auf gewünschte Weise durch
eine Regel abgedeckt werden. Den Maßstab für „gewünscht" bilden
dabei die oben, in 2.1.3, informell formulierten Obligationenregeln
1 und 2.

4.1.2. *Der Status der regulae: Historische Beispiele*

Walter Burley unterscheidet in seinem Traktat zwischen *regulae de esse*
und *regulae de bene esse*.[1] Letztere weisen eine heterogene Formgebung
auf: einige haben keine Regelform,[2] bei anderen handelt es sich um

---

[1] Vgl. Burley, *Tractatus de Obligationibus*, S. 46.
[2] Vgl.: „<O>rdo est maxime attendendus <...>" (Burley, *Tractatus de Obligationibus*,
S. 52).

Existenzaussagen in Regelform,[3] wieder andere weisen strenge Regelform auf.[4]

Als *regulae de esse* gibt Burley folgende Regeln an:

> Omne positum, sub forma positi propositum, in tempore positionis est concedendum.[5] <. . .>
> Omne sequens ex posito est concedendum. Omne sequens ex posito cum concesso vel concessis vel cum opposito bene negati vel oppositis bene negatorum, scitum esse tale, est concedendum.
> Omne repugnans posito est negandum. Similiter omne repugnans posito cum concesso vel concessis, vel opposito bene negati vel oppositis bene negatorum, scitum esse tale, est negandum.[6]

Alle diese Regeln haben strenge Regelform. Es fällt auf, dass die erste Regel und der erste Satz der zweiten und dritten Regel redundant sind. Ferner sind die Regeln nicht exhaustiv, da keine Regelung für *propositiones impertinentes* getroffen werden. (Exhaustivität wird auch nicht durch Hinzunahme der *regulae de bene esse* erreicht.) Unmittelbar vor Präsentation der zweiten und dritten Regel findet sich bei Burley folgende Formulierung:

> Omne propositum aut est pertinens aut impertinens. Si sit impertinens, respondendum est secundum sui qualitatem. Ut, si sit verum, scitum esse verum, debet concedi. Si sit falsum, scitum esse falsum, debet negari. Si sit dubium, respondendum est dubie. Si autem sit pertinens, aut est sequens aut repugnans. Si sit sequens, est concedendum. Si sit repugnans est negandum.[7]

Diese Formulierung präsentiert die Bedingungen für die entsprechenden Verpflichtungen in nicht-redundanter und exhaustiver Weise sowie in strenger Regelform. Sie wird aber von Burley nicht als Regel ausgewiesen. Stattdessen wird mit „*unde dantur regulae*" zu der oben zitierten zweiten und dritten Regel übergeleitet. Dies erweckt den Eindruck, als würde er seine Regeln als Folgerungen ansehen.

---

[3] Vgl.: „<N>on est inconveniens concedere impossibile per accidens <. . .>" (Burley, *Tractatus de Obligationibus*, S. 55), was wir sinngemäß wiedergeben können als: „es gibt Dispute, in denen *per accidens* Unmögliches eingeräumt werden darf".
[4] Vgl.: „<P>osito possibili, non est concedendum impossibile per se <. . .>" (Burley, *Tractatus de Obligationibus*, S. 53 u. 59), was wir sinngemäß wiedergeben können als: „in allen Disputen mit möglichem *positum* dürfen *per se* unmögliche Aussagen nicht eingeräumt werden". Zur Unterscheidung „unmöglich *per se/per accidens*" vgl. unten, 4.1.5.
[5] Burley, *Tractatus de Obligationibus*, S. 46.
[6] Burley, *Tractatus de Obligationibus*, S. 48.
[7] Burley, *Tractatus de Obligationibus*, S. 48.

In vielen späteren Traktaten ist die große Regelanzahl auffällig. Buser formuliert beispielsweise zehn *regulae generales*,[8] die für „alle oder doch die meisten" („*omnibus vel saltem pluribus*")[9] Obligationenspezies gelten sollen. Für die einzelnen Obligationenspezies gibt er dann noch zusätzliche Regeln, im Falle der *positio* sind dies zwei.[10] Bei Johannes von Holland finden wir für die *positio* acht Regeln,[11] bei Paul von Pergula neun,[12] bei Paul von Venedig gar zwölf Regeln.[13] Nicht-Redundanz ist offenbar nicht angestrebt: die Autoren selbst leiten Regeln aus vorher gegebenen ab (so z.B. Paul von Venedig seine zehnte und elfte Regel).[14]

Wir können die präsentierten Regeln auf strenge Regelform untersuchen. Paul von Venedigs wie auch Paul von Pergulas *regulae* weisen alle strenge Regelform auf. Paul von Venedigs vierte und fünfte *praeambula suppositio* haben allerdings ebenfalls strenge Regelform,[15] so dass sich die Frage stellt, warum diese nicht als *regulae* ausgewiesen sind. Weder für Johannes von Holland noch für Buser gilt, dass alle ihre *regulae* strenge Regelform aufweisen. Bei Johannes findet sich beispielsweise folgende *regula*, deren Pendant bei Paul von Pergula und Paul von Venedig als Sophisma (!) geführt wird:[16]

an objection to the rule

Alia regula est quod posito falso contingenti, et admisso, contigit probare quodlibet falsum sibi compossibile.[17]

Untersuchen wir die Regeln unter dem Gesichtspunkt der Exhaustivität, so ist zu bemerken, dass die Regeln Paul von Venedigs und Paul von Pergulas nicht exhaustiv sind. Beide geben für das Einräumen in jeweils getrennten Regeln an, dass alles, was aus den „*concessa*", und alles, was aus den „*opposita negatorum*" folgt, eingeräumt werden muss, nicht jedoch, dass auch alles, was aus beiden zusammen folgt, eingeräumt werden muss.[18] Zumindest bei Paul von Venedig ist es

---

[8] Vgl. Buser, *Obligationes*, S. 96–110.
[9] Buser, *Obligationes*, S. 96.
[10] Vgl. Buser, *Obligationes*, S. 172.
[11] Vgl. Johannes von Holland, *Logic*, S. 97–110.
[12] Vgl. Paul von Pergula, *Logica*, S. 102–105.
[13] Vgl. Paul von Venedig, *Tractatus de Obligationibus*, S. 50–68.
[14] Vgl. Paul von Venedig, *Tractatus de Obligationibus*, S. 64, 66.
[15] Vgl. Paul von Venedig, *Tractatus de Obligationibus*, S. 34.
[16] Vgl. dazu Paul von Venedig, *Tractatus de Obligationibus*, S. 234, und Paul von Pergula, *Logica*, S. 111.
[17] Johannes von Holland, *Logic*, S. 100. — Bei Burley finden wir diese *regula* als eine *regula de bene esse*, vgl. Burley, *Tractatus de Obligationibus*, S. 57.
[18] Vgl. bei Paul von Venedig die fünfte und siebente Regel (Paul von Venedig,

unwahrscheinlich, dass es sich hierbei um einen Fehler handelt, da dieser allem Anschein nach den Traktat Busers kennt[19] und letzterer gerade auf diesen Punkt große Sorgfalt verwendet.[20]

Bereits aus unserem beschränkten Korpus lässt sich ersehen, dass der Begriff der *regula* in den Obligationentraktaten allem Anschein nach keine sehr feste terminologische Bedeutung besitzt. Diese Vermutung wird bestärkt dadurch, dass der Begriff der *regula*, soweit dies überschaubar ist, an keiner Stelle definiert wird. Außerdem kritisieren sich die Autoren nicht untereinander wegen der Auszeichnung bestimmter Aussagen als *regulae*, wie sie es bei anderen Begriffen tun.[21] Auf Nicht-Redundanz und Exhaustivität der präsentierten Regeln wird oftmals wenig Wert gelegt. — Im nächsten Abschnitt wollen wir anhand dieser letzteren Tatsache die Frage klären, ob die mittelalterlichen *regulae* als Festsetzungen oder Behauptungen aufzufassen sind.

4.1.3. *Der Status der regulae: Festgelegt oder behauptet?*

Die Konstitution eines modernen Logikkalküls kann durch das Festlegen von Folgerungsregeln geschehen.[22] Solche Festlegungen können z.B. anhand von Aussagen der folgenden Form vorgenommen werden: „Wenn P gewonnen wurde, so darf Q gefolgert werden". (P und Q seien Formelschemata.) Wir können dann sagen, dass diese Aussage als Regel des Kalküls fungiert. An die Regeln eines Kalküls werden wir normalerweise die Forderungen der Exhaustivität und der Nicht-Redundanz stellen; die Regeln sollen zusammengenommen hinreichend und jede einzelne notwendig für den verfolgten Zweck (etwa: die Etablierung eines Kalküls klassischer Aussagenlogik) sein.

Tractatus de Obligationibus, S. 56 u. 60), bei Paul von Pergula die dritte und die fünfte Regel (Paul von Pergula, *Logica*, S. 102 u. 103). Dasselbe gilt auch für das *negandum*, vgl. bei Paul von Venedig die sechste und achte Regel (Paul von Venedig, *Tractatus de Obligationibus*, S. 58 u. 62), und bei Paul von Pergula die vierte und sechste Regel (Paul von Pergula, *Logica*, S. 103).

[19] Vgl. Ashworth, „Introduction", S. xii.

[20] Vgl. dazu bspw. die folgende Regel Busers: „Omne sequens ex concesso sive ex concessis, sive ex opposito bene negati sive ex oppositis bene negatorum, sive ex omnibus istis simul, sive ex quibusdam simul sumptis, scitum a te esse tale est concedendum <...>." (Buser, *Obligationes*, S. 98.)

[21] Vgl. etwa die Diskussion des Begriffs der *obligatio* bei Paul von Venedig. (Paul von Venedig, *De Obligationibus*, S. 6–15). Zu Pauls Diskussion vgl. auch Ashworth, „Paul of Venice on Obligations", S. 409.

[22] Vgl. auch Siegwart, *Vorfragen zur Wahrheit*, S. 125 f. Für „festlegen" gebraucht Siegwart den Ausdruck „setzen", den ich jedoch bereits für eine Opponenten-Performation verwende.

Wird obige Aussage nicht festgelegt, sondern mit „behauptender Kraft" vorgebracht, so handelt es sich um eine Behauptung bezüglich eines Kalküls. Allein aufgrund der Form einer Aussage können wir nicht entscheiden, ob es sich um eine Festlegung oder um eine Behauptung handelt, dazu muss der Kontext befragt werden. Eine Behauptung über einen Kalkül können wir „zutreffend" nennen, wenn das Behauptete aus den festgelegten Aussagen folgt. Damit sind zunächst Behauptungen der festgelegten Aussagen selbst zutreffend. Wenn wir annehmen, dass obige Aussage Regel eines zur Debatte stehenden Kalküls ist, dann ist beispielsweise auch: „Wenn p gewonnen wurde, so darf q gefolgert werden" als Behauptung zutreffend, sofern p und q Instanzen von P und Q sind.

Untersuchen wir ein anderes Beispiel: In einem Schachbuch werden Schachregeln präsentiert. Wenn wir die Unterscheidung von „Festlegen" und „Behaupten" auf diesen Zusammenhang übertragen, können wir fragen, ob die Regeln hier festgelegt oder behauptet werden. Von „Festlegung" können wir kaum sprechen, da es sich beim Schachspiel um eine Tradition handelt, die viel älter als das Schachbuch ist. Eher ist zu sagen, dass der Autor des Buches zutreffende Behauptungen über das Schachspiel macht, anhand derer der Leser die konstitutiven Regeln des Schachspiels erschließt.[23] Letztere sind vielleicht niemals explizit festgelegt worden, sondern haben sich aus einer Spielpraxis heraus ergeben.

In einem Schachlehrbuch sind Nicht-Exhaustivitäten und Redundanzen erklärbar: Manche Regeln werden vielleicht gar nicht eigens vorgebracht, da sie zu trivial sind, als bekannt vorausgesetzt werden oder sich aus dem Kontext ergeben. Auf diese Weise erklären sich Nicht-Exhaustivitäten. Andererseits kann es sein, dass etwas, was an einer Stelle schon einmal gesagt wurde, an anderer Stelle noch einmal genauer expliziert wird oder dass dem Leser Folgerungen aus den Regeln vor Augen geführt werden (etwa: „wenn ein Läufer zu Beginn des Spiels auf einem schwarzen Feld steht, muss er sich das ganze Spiel über auf einem solchen befinden"). In diesem Fall haben wir es mit Redundanzen zu tun.

Die Situation in den Obligationentraktaten können wir auf keinen dieser beiden Fälle einfach abbilden. Selbst wenn die Obligationenautoren in ihren Traktaten eine bereits bestehende Praxis analog

---

[23] Zum Begriff der konstitutiven Regel vgl. Searle, *Sprechakte*, 2.5.

dem Schachspiel dokumentieren,[24] so handelt es sich hier dennoch
nicht um eine im Detail feststehende Überlieferung: Mit *antiqua* und
nova responsio haben wir zumindest zwei deutlich voneinander abweichende Formen, weitere Differenzierungen werden wir unten bei den
Regeln für das *positum* kennen lernen.

Für unseren Zusammenhang ist jedoch wesentlich, dass sich die
Regelformulierungen kaum als Festlegungen deuten lassen: Wir müssten
dann nahezu allen Autoren ein unsorgfältiges Vorgehen unterstellen.
Die auftretenden Redundanzen und Nicht-Exhaustivitäten passen in
dieser Hinsicht eher zu einer behauptenden Präsentation wie in einem
Schachlehrbuch. Überhaupt mag die sich aus heutiger Sicht anbie-
tende Idee, die Obligationen durch Festlegungen von Regeln zu kon-
stituieren, den Autoren fremd gewesen zu sein. Es liegt vermutlich
näher, Regeln zur Beschreibung einer Praxis zu verwenden.

Ich werde daher die *regulae* der mittelalterlichen Autoren als Behauptungen auffassen, aus denen, ähnlich wie bei einem Schachbuch, die
eigentlich konstitutiven Regeln erschlossen werden müssen. Für die
Rekonstruktion bedeutet dies, dass die *regulae* als zutreffende Behauptungen der die *regulae* repräsentierenden *Aussagen* zu rekonstruieren
sind. Bei dieser Aufgabe sind insbesondere die Bedeutungen der
rekonstruktionssprachlichen Begriffe „*muss ge-Φ-t werden*", die ich im
Folgenden „Verpflichtungsbegriffe" nennen will, entsprechend zu
gestalten. Die Festlegung ihrer Bedeutung im Hinblick darauf, dass
die Repräsentationen der mittelalterlichen *regulae* beweisbar werden,
kann als Erschließung der eigentlich konstitutiven Regeln gelten. Die
Definitionen der Verpflichtungsbegriffe bezeichne ich daher im Folgenden als „Regeln", sofern ich mich mit diesem Wort auf rekonstruktionssprachliche Ausdrücke beziehe. Beziehe ich mich dagegen
mit „Regeln" auf Ausdrücke der Obligationentraktate, so meine ich
weiterhin das, was die Autoren selbst jeweils als „*regula*" bezeichnen.

4.1.4. *Die Regeln für das positum: Vorbemerkungen*

Die Regeln für die These geben an, unter welchen Umständen eine
gesetzte Aussage vom Respondenten zugelassen bzw. abgelehnt werden muss. Hierzu gibt es im Mittelalter unterschiedliche Auffassungen.
Diese Unterschiede fallen nicht mit den Unterschieden zwischen den

---

[24] Vgl. oben, 2.3.2.

responsiones zusammen: Manche Autoren der *antiqua responsio* unterscheiden sich hierin von anderen Autoren der *antiqua responsio*, nicht aber von manchen Autoren der *nova responsio*. — Bei meiner Darstellung der diesbezüglich im Mittelalter vorliegenden Sachlage im nächsten Abschnitt mache ich zwei Einschränkungen, um die Komplexität der Situation etwas zu reduzieren:

Erstens: Die Regeln für das *positum* werden manchmal in der Weise formuliert, dass der Respondent nur Aussagen eines gewissen Typs zulassen darf, manchmal so, dass der Opponent nur Aussagen eines gewissen Typs setzen darf.[25] Diese beiden Verfahren leisten in folgendem Sinne dasselbe: Korrekte Dispute können keine Aussagen des entsprechenden Typs als *positum* haben. Beim ersten Verfahren sind jedoch die Regeln an den Respondenten gerichtet, beim zweiten an den Opponenten.

In der folgenden Darstellung werden wir zwischen den Verfahren nicht differenzieren; wir interessieren uns allein dafür, welcher Typ von Aussage jeweils ausgeschlossen werden soll, ohne zu fragen, auf welche Weise der Ausschluss geschieht. Vom systematischen Standpunkt aus ist das erste Verfahren dem zweiten vorzuziehen; wir werden jenes daher für die Rekonstruktion übernehmen. Das zweite Verfahren hat den Nachteil, dass es hier Regelverstöße gibt, die dem Opponenten anzurechnen sind, in der Rekonstruktion müsste dann zwischen einer Opponenten- und einer Respondenten-Korrektheit von Disputen unterschieden werden. Folgt man dagegen dem ersten Verfahren, so lassen sich alle Regeln an den Respondenten adressieren, dies wird den noch zu etablierenden Apparat vereinfachen.

Zweitens: Wenn mittelalterliche Autoren Regeln für den Fall des Zulassens formulieren, so fehlen manchmal eigene Regeln für den Fall des Ablehnens oder umgekehrt. Beispielsweise sagen sie, dass alle möglichen *posita* zugelassen werden müssen, aber nicht, dass die unmöglichen abgelehnt werden müssen.[26] In einem solchen Fall werde

---

[25] Vgl. etwa „*Ponibilis* est quelibet propositio contingens ad utrumlibet. Non-ponibilis est necessaria, vel impossibilis <Hervorhebung von mir, H.K.>" (Johannes von Holland, *Logic*, S. 91) und „Omne possibile aut per accidens impossibile scitum ab aliquo esse tale, eidem positum est *admittendum* <Hervorhebung von mir, H.K.>." (Paul von Venedig, *Tractatus de Obligationibus*, S. 50.)

[26] Wenn z.B. Buser die Regel aufstellt: „<O>mne positum sive impositum possibile est admittendum" (Buser, *Obligationes*, S. 92), dann sagt er, dass alle möglichen Thesen zuzulassen sind, aber nicht, dass die unmöglichen abgelehnt werden müssen. Wenn umgekehrt Fland formuliert „Et sciendum est quod numquam propositiones

ich unterstellen, dass letzteres dennoch gemeint ist, da sonst der Autor den Fall des Ablehnens eigens hätte behandeln müssen.

4.1.5. *Die Regeln für das positum: Unmöglichkeit*

In den *regulae* für das *positum* ist der Begriff der Unmöglichkeit ein wesentlicher Bestandteil: Wie wir noch sehen werden, besteht eine starke Tendenz, unmögliche Thesen auszuschließen. Es sind jedoch in diesem Zusammenhang mindestens drei Bedeutungen von „unmöglich" zu unterscheiden. Bevor wir zu den unterschiedlichen Auffassungen bezüglich der These kommen, werden wir zunächst diese Begriffe diskutieren.

• *Impossibile per se/per accidens*

Paul von Pergula erläutert diese Unterscheidung folgendermaßen: Eine Aussage ist *impossibile per se*, wenn sie zu jedem Zeitpunkt falsch ist, wie z.B. „*nullus deus est*". Eine Aussage ist *impossibile per accidens*, wenn sie zu jedem Zeitpunkt jetzt und in Zukunft falsch ist, es aber einen Zeitpunkt in der Vergangenheit gibt, zu dem sie wahr war. Eine solche Aussage ist: „*Caesar non fuit*".[27] (Dies war vor Cäsars Geburt der Fall.) Außer bei Paul findet sich die Unterscheidung *impossibile per se/per accidens* (mit leicht wechselnder Terminologie) in folgenden Traktaten: *Tractatus Emmeranus de falsi positione*,[28] Burley,[29] Buser[30] und Paul von Venedig.[31] Die genannten Autoren sind sich darin einig, dass der Begriff des *impossibile per accidens* für die Obligationen nicht einschlägig ist, sondern allein der des *impossibile per se*.[32]

---

debent admitti in positione nisi sint possibiles penes proprias significationes <...>" (Fland, *Obligationes*, S. 43), so impliziert dies, dass alle unmöglichen Thesen abzulehnen sind, aber nicht, dass alle möglichen zuzulassen sind.

[27] „Impossibile per se est cuius significatum adaequatum non potest nec potuit nec poterit esse ut ‚nullus deus est'. Impossibile per accidens est cuius significatum adaequatum non potest nec poterit esse ut ‚Caesar non fuit'." (Paul von Pergula, *Logica*, S. 104.)

[28] Vgl. Anonym, *Tractatus Emmeranus de falsi positione*, S. 113.

[29] Vgl. Burley, *Tractatus de Obligationibus*, S. 55.

[30] Vgl. Buser, *Obligationes*, S. 102 f.

[31] Vgl. Paul von Venedig, *Tractatus de Obligationibus*, S. 65.

[32] Paul von Venedig formuliert seine Regel für die These daher: „Omne possibile aut *per accidens impossibile* scitum ab aliquo esse tale eidem positum est admittendum <Hervorhebung von mir, H.K.>." (Paul von Venedig, *Tractatus de Obligationibus*, S. 50.)

In der Rekonstruktionssprache benötigen wir daher den Begriff *impossibile per accidens* nicht, d.h. wir werden nicht zwischen *per accidens* möglichen und unmöglichen Aussagen unterscheiden. Der Begriff der *Inkonsistenz* dient uns als Repräsentation von „*impossibile per se*", alle übrigen Aussagen behandeln wir als *konsistent*. Forderungen an den *materialen Folgerungsbegriff* und an *materiale Widerspruchsfreiheit* sind dementsprechend zu gestalten.

- Antinomische Thesen[33]

Vom Standpunkt der modernen Logik sind die antinomischen *posita*, wie „*falsum poni*" interessant. (Mir ist kein eigener mittelalterlicher Name für sie bekannt.) Wird „*falsum poni*" als These gesetzt, so scheint sich unter gewissen weiteren Bedingungen zeigen zu lassen, dass die These sowohl wahr als auch falsch ist.[34] Ist eine solche These beispielsweise die einzige in einem Disput, so ergibt sich aus der Annahme, sie sei wahr, dass sie falsch ist, und umgekehrt. Unterstellen wir, dass sie entweder wahr oder falsch ist, so ist sie damit beides zugleich.

Antinomische Thesen werden in folgenden Traktaten diskutiert: *Tractatus Emmeranus de falsi positione*, *Obligationes Parisienses* und Burley. In den ersten beiden Traktaten werden antinomischen Aussagen als *posita* ausgeschlossen.[35] Burley hingegen scheint sie zuzulassen und die Antinomien dadurch zu vermeiden, dass er sie als „weder wahr noch falsch" behandelt.[36] Auf diese Weise lassen sich Argumente analog dem obigen blockieren.

Eine *Disputlogik*, innerhalb derer sich auch antinomische Thesen ausdrücken lassen, muss stärkere als aussagenlogische Mittel verwenden. Da wir die *Disputlogik* für Erweiterungen offengelassen haben,

---

[33] Als Sekundärliteratur hierzu vgl. Martin, „Obligations and Liars". Martin behandelt in diesem Aufsatz auch die *positio impossibilis* (vgl. unten). — Als Literatur zu der Thematik aus heutiger Sicht lässt sich angeben: Brendel, *Die Wahrheit über den Lügner*.

[34] Vgl. Anonym, *Tractatus Emmeranus de falsi positione*, S. 117.

[35] „<A>lia sunt que non possunt poni, illa scilicet de quorum positione sequitur contradictio. Qualia sunt hec: „falsum poni", „dissimile vero poni", „simile falso poni" et omnia convertibilia." (Anonym, *Tractatus Emmeranus de falsi positione*, S. 104.) — „Enuntiabilium aliud ponibile, aliud imponibile. Imponibile, ut „falsum poni" et quodlibet convertibile cum illo <...>." (Anonym, *Obligationes Parisienses*, S. 28.)

[36] „Quando dicitur „aut fuit positum verum aut falsum" dico quod neque sic neque sic. <...S>i ponatur hoc „positum est falsum", nec debet concedi quod positum est falsum nec verum." (Burley, *Tractatus de Obligationibus*, S. 60.)

3.78

p 277

besteht hierzu prinzipiell die Möglichkeit. In der vorliegenden Arbeit werde ich eine dementsprechende Erweiterung nicht vornehmen.[37] Bei einem ersten Zugang zu den Obligationen lässt sich dies rechtfertigen, da die Mehrzahl der mittelalterlichen Autoren antinomische Thesen anscheinend als eine Randerscheinung angesehen hat. In den späteren Traktaten spielen sie jedenfalls keine Rolle mehr. Es bleibt als eine Aufgabe für zukünftige Forschung, eine *Disputsprache* zu etablieren, die auch antinomische Thesen artikulieren kann, und einen zugehörigen *Folgerungsbegriff* einzuführen, der eine Trivialisierung der Folgerungsrelation vermeidet.

- *Impossibile includens opposita/non includens opposita*[38]

Wie der Name schon andeutet, sind *impossibilia includentia opposita* Unmöglichkeiten, die Widersprüche formal implizieren. *Impossibilia non includentia opposita* sind Unmöglichkeiten, deren Gegenteil vorstellbar ist, wie *„deus non est sapiens"*.[39] Diese Unterscheidung wird von Autoren getroffen, welche die sogenannte *positio impossibilis* zulassen. Solche Autoren sind: der anonyme Autor des *Tractatus Emmeranus de impossibili positione*, Pseudo-Sherwood, Burley und Ockham. Bei der *positio impossibilis* wird nur das *impossibile non includens opposita*, nicht das *impossibile includens opposita* zugelassen. Der Trivialisierungseffekt des *ex falso quodlibet* wird durch eine Beschränkung der Folgerungsregeln vermieden.[40] Ockham sieht den Nutzen der *positio impossibilis* unter anderem darin, dass wir uns über den unterschiedlichen Status von Folgerungen klar werden.[41]

Simo Knuuttila hat überzeugend dafür argumentiert, dass die *positio impossibilis* einen speziellen theologischen Hintergrund hat.[42] Unter-

---

[37] Vgl. auch die diesbezüglichen Bemerkungen unten, 6.2.

[38] Die Terminologie findet sich bei Burley, *Tractatus de Obligationibus*, S. 83.

[39] Vgl. Ockham, *Summa Logica*, S. 739.

[40] „Illud autem quod sequitur consequentia ut nunc vel consequentia materiali vel alia consequentia quam tali, potest negari <...>." (Ockham, *Summa Logicae*, S. 740.) Zum Begriff der *consequentia ut nunc* vgl. Ockham, *Summa Logicae*, S. 588 f., zum Begriff der *consequentia materialis* vgl. Ockham, *Summa Logicae*, S. 589. — Ähnliche Einschränkungen der Folgerungsregeln finden wir bei Anonym, *Tractatus Emmeranus de impossibili positione*, S. 118, Pseudo-Sherwood, *Tractatus de Obligationibus*, S. 26 f., Burley, *Tractatus de Obligationibus*, S. 83.

[41] „Dicendum quod quandoque talis positio est utilis. Per talem enim positionem aperitur via ad sciendum quae consequentiae sunt bonae et evidentes et quae non sunt evidentes <...>." (Ockham, *Summa Logicae*, S. 741.)

[42] Vgl. Knuuttila, *„Positio impossibilis"*.

stellt man die historisch-systematische Interessenhypothese kann man
so auch ihr Verschwinden in der Blütezeit der Obligationenliteratur
(späteres 14. Jahrhundert) erklären: Die formalen Bedingungen des
Disputierens gewannen mehr und mehr Bedeutung und drängten inhaltliche Fragestellungen zurück.

Die Rekonstruktion der *positio impossibilis* bleibt ebenfalls zukünftiger Forschung überlassen. Ein möglicher Ansatz ist die Verwendung
zweier unterschiedlicher Folgerungsbegriffe, eines *formalen* und eines
formal-materialen. Ich behandele hier die *positio impossibilis* als eigene
Obligationenspezies und befasse mich im Folgenden nur mit der
Obligationenspezies der *positio possibilis*.

4.1.6. *Die Regeln für das positum: Drei Lösungen*

Generell lassen sich Aussagen disjunkt und exhaustiv einteilen in unmögliche, notwendige und kontingente. Kontingente Aussagen können wiederum disjunkt und exhaustiv unterteilt werden in kontingent
bekanntermaßen wahre und kontingent nicht bekanntermaßen wahre,
d.h. kontingente, die entweder bekanntermaßen falsch oder ungewiss
sind. Diese vier Aussagenklassen, unmöglich, notwendig, kontingent
bekanntermaßen wahr und kontingent nicht bekanntermaßen wahr,
spielen bei den Regeln für die These eine Rolle.

Im Mittelalter kommen drei Arten der Regelformulierung vor, die
ich „minimale Lösung", „Kontingenzlösung" und „maximale Lösung"
nenne. Die minimale Lösung nenne ich so, da sie am meisten ausschließt: Sie erlaubt nur kontingent nicht bekanntermaßen wahre
Thesen, und schließt alle anderen oben genannten Aussagentypen
aus. Wir finden diese Lösung (in vermuteter chronologischer Reihenfolge) bei: Pseudo-Sherwood,[43] Ockham[44] und Martinus Anglicus.[45]

In der Kontingenzlösung werden nur kontingente *posita*, bekanntermaßen wahre, falsche wie ungewisse, zugelassen. Sowohl notwendige
als auch unmögliche Thesen werden abgelehnt. Diese Lösung finden

---

υ / ω

[43] „Et quia verum scitum habet de se ut debeat concedi, ipsam non habet poni,
sed vel falsum vel dubium verum." (Pseudo-Sherwood, *Tractatus de Obligationibus*,
S. 2.)

[44] „Positio possibilis est quando ponitur propositio falsa contingens vel propositio contingens dubia." (Ockham, *Summa Logicae*, S. 736.)

[45] „In hac aut specie solummodo falsum, dummodo tantum sit possibile,
debet poni et admitti." (Martinus Anglicus, *De Obligationibus*, S. 2.)

wir bei Swyneshed[46] und später bei Lavenham,[47] Brinkley[48] und Johannes von Holland.[49] (Eine Chronologie der Entstehung der letzten drei Werke ist nur schwer auszumachen.)[50]

Die maximale Lösung schließt insgesamt am wenigsten aus, nämlich nur das unmögliche *positum*. Alle möglichen *posita*, seien sie notwendig, bekanntermaßen wahr oder nicht wahr, werden zugelassen. Wir finden diese Lösung (in vermuteter chronologischer Reihenfolge) bei Burley,[51] Fland,[52] Buser,[53] Paul von Venedig[54] und Paul von Pergula.[55] — Die drei Lösungen werden in Tabelle 4 dargestellt.

Tabelle 4

	minimale Lösung	Kontingenzlösung	maximale Lösung
Einschluss	kont. nicht-wahr	kont. nicht-wahr kont. wahr	kont. nicht-wahr kont. wahr notwendig
Ausschluss	unmöglich notwendig kont. wahr	unmöglich notwendig	unmöglich

Gemeinsamkeiten und Unterschiede der drei Lösungen lassen sich wie folgt zusammenfassen: Unkontrovers ist zunächst der Ausschluss

---

[46] „Omnis propositio ad quam extra tempus obligationis propter mutationem ex parte rei est varianda responsione est ponenda vel deponenda." (Swyneshed, *Obligationes*, S. 253.)

[47] „Nulla propositio necessaria vel impossibilis est ponibilis vel deponibilis sed solum propositio contingens est ponibilis vel deponibilis" (Lavenham, *Obligationes*, S. 227.)

[48] „Quaelibet propositio quae rationabiliter est dubitabilis est ponibilis. <...> Nulla propositio ex se simpliciter necessaria vel ex se evidenter simpliciter impossibilis est ponibilis." (Brinkley, *Obligationes*, S. 16.)

[49] „Ponibilis est quelibet propositio contingens ad utrumlibet. Non-ponibilis est necessaria, vel impossibilis." (Johannes von Holland, *Logic*, S. 91.)

[50] Vgl. Spade/Wilson, „Introduction" S. 4.

[51] „Et sciendum quod in positione possibili debet poni falsum contingens et verum dubium et aliquando verum scitum esse verum." (Burley, *Tractatus de Obligationibus*, S. 45.)

[52] „Et sciendum est quod numquam propositiones debent admitti in positione nisi sint possibiles penes proprias significationes <...>." (Fland, *Obligationes*, S. 43.)

[53] „<O>mne positum sive impositum possibile est admittendum." (Buser, *Obligationes*, S. 92.)

[54] „Omne possibile aut per accidens impossibile scitum ab aliquo esse tale, eidem positum est admittendum." (Paul von Venedig, *Tractatus de Obligationibus*, S. 50.)

(*per se*) unmöglicher Thesen, hierin stimmen alle drei Lösungen überein. (Dies gilt für die *positio possibilis*, auf die wir uns beschränkt
haben.) Unkontrovers ist ferner der Einschluss kontingent nicht bekanntermaßen wahrer *posita*. Differenzen bestehen beim Ein- bzw.
Ausschluss notwendiger und bekanntermaßen wahrer Thesen.

Es kann nach Erklärungen für die einzelnen Ein- bzw. Ausschluss-
bedingungen gefragt werden. Für den Ausschluss notwendiger Thesen
bei Einschluss kontingent bekanntermaßen wahrer, also für die Kontingenzlösung, kann eine historische Erklärung gegeben werden: Die
Regelung könnte auf die aristotelisch-scholastische Unterscheidung
zwischen Demonstration und Dialektik zurückgehen. Gemäß Aristoteles arbeiten Demonstrationen mit notwendigen Prämissen, demgegenüber geht die Dialektik von bloß plausiblen Prämissen aus.[56] Da
die Obligationen auf der aristotelischen Dialektik beruhen, lässt sich
mutmaßen, dass manche Autoren notwendig wahre *posita* in Anlehnung
an die besagte Unterscheidung ausgeschlossen haben.[57]

Für den generellen Ausschluss unmöglicher, den generellen Einschluss kontingent nicht bekanntermaßen wahrer und den gelegent-
lichen Ausschluss bekanntermaßen wahrer Thesen werden wir unten
eine begriffliche Erklärung anbieten.[58]

Für die Rekonstruktion müssen wir uns entscheiden, ob wir der
minimalen, der Kontingenz- oder der maximalen Lösung beitreten
wollen. Ich entscheide mich unter Berufung auf das in der Einleitung
motivierte Maximalitätsprinzip für die maximale Lösung: Sie schließt
am wenigsten aus, damit lassen sich die anderen Lösungen bis zu
einem gewissen Grad durch zusätzliche Bedingungen an das *positum*
simulieren.

Beim Beweis einzelner Behauptungen werde ich in Fußnoten die
Konsequenzen diskutieren, welche die Wahl einer anderen Lösung

---

[55] „Omne possibile tibi positum est a te admittendum aliter esset fuga bazano-
rum." (Paul von Pergula, *Logica*, S. 102.)

[56] Vgl. dazu das Aristoteles-Zitat in 2.2.1 (Fußnote 27).

[57] Vgl. hierzu auch die ähnliche Unterscheidung bei Boethius von Dacien zwischen der Arbeit des Philosophen und des Dialektikers. Sobald der Dialektiker notwendige Prinzipien untersucht, tut er dies als Philosoph („*in quantum philosophus*").
Für den Dialektiker gilt daher: „Si autem propositio, quam vult probare vel impro-
bare, rationes habet aliquas necessarias, illas non debet tangere, sed tantum probabiles — illae enim sunt propriae suae artis — nec debet ex necessariis opponere
nec respondens ex necessariis responsionibus sustinere." (Boethius von Dacien,
Questiones, S. 310.)

[58] Vgl. unten, 4.3.11.

gehabt hätte. Hieran werden wir sehen, inwieweit sich die Lösungen in Bezug auf diejenigen Fragen unterscheiden, welche die Autoren diskutieren. Wir werden feststellen, dass die Unterschiede nicht sehr bedeutend sind. Diese Tatsache kann den Umstand erklären, dass sich die verschiedenen Auffassungen der Regeln für das *positum* quer durch das Spätmittelalter ziehen, ohne dass sich deren Vertreter anscheinend eigenen Schulen zugehörig gefühlt haben.

4.1.7. *Referenzbewahrende und epistemische Klauseln*

Ich werde mich nur kurz mit zwei Klauseln befassen, die uns in mittelalterlichen Regelformulierungen manchmal begegnen: *„sub forma positi"* nenne ich die referenzbewahrende, *„scitum esse tale"*, die epistemische Klausel. Wir finden beide Klauseln beispielsweise in folgender Formulierung der zweiten Regel Pauls von Venedig:

> Omne positum *sub forma positi* in tempore obligationis propositum *scitum esse tale* est continue ab eodem concedendum. <Hervorhbung von mir, H.K.>[59]

Die Wendung *„sub forma positi"* trifft Vorsorge für Fälle, in denen anaphorische Ausdrücke (*relativa*) während der Disputation ihren Bezug wechseln. Paul erläutert sie am Beispiel *„reliquum istorum est verum"*. Ähnliche Erläuterungen mit ähnlichen Beispielen finden wir bei Burley,[60] Buser,[61] Johannes von Holland[62] und Martinus Anglicus.[63]
Um mittelalterliche Vorstellungen bezüglich des Verhaltens anaphorischer Ausdrücke zu rekonstruieren, benötigen wir stärkere als aussagenlogische Mittel.[64] Da es sich hierbei um keine obligationenspezifische Problematik handelt, liegt eine solche Rekonstruktion außerhalb des Untersuchungsbereichs dieser Arbeit. Solange eine *Disputsprache* nicht fähig ist, Anaphern auszudrücken, können die refe-

---

[59] Paul von Venedig, *Tractatus de Obligationibus*, S. 52.
[60] Vgl. Burley, *Tractatus de Obligationibus*, S. 47.
[61] Vgl. Buser, *Obligationes*, S. 174.
[62] Vgl. Johannes von Holland, *Logic*, S. 97.
[63] Vgl. Martinus Anglicus, *De Obligationibus*, S. 6.
[64] In der mittelalterlichen Logik wird eine Theorie der *relativa* gelegentlich innerhalb der Suppositionstheorie entwickelt (vgl. beispielsweise Burley, *De Puritate*, S. 81–99, 133–137). — Eine moderne Theorie, in der das Verhalten von anaphorischen Ausdrücken modelliert werden kann, ist die sogenannte Diskurs-Repräsentations-Theorie, vgl. dazu Kamp/Reyle, *From Discourse to Logic*.

renzbewahrenden Klauseln bei einer Rekonstruktion vernachlässigt werden.

Der Sinn von „*scitum esse tale*" ist weniger klar als der von „*sub forma positi*". In obiger Regel scheint Paul Folgendes zu sagen zu wollen: Hat der Respondent nicht bemerkt, dass ihm ein bestimmtes *positum* gesetzt ist, so ist er auch nicht an Verpflichtungen gebunden, die aus diesem speziellen *positum* resultieren.[65] Ähnlich erläutert Johannes von Holland diesen Zusatz.[66]

Manchmal wird das „*scitum esse tale*" jedoch noch in einem anderen Sinn verwendet. In der folgenden Regel Pauls bezieht es sich auf „*sequens*".

> Omne sequens ex posito obligato scitum esse tale in tempore obligationis est concedendum.[67]

Dies wirkt zunächst so, als wolle Paul sagen, dass der Respondent Folgendes nur einräumen muss, wenn er auch weiß, dass es folgt. Pauls Erläuterung der Wendung lässt andererseits vermuten, dass mit dem „*scitum*" nicht Folgerungswissen, sondern inhaltliches Wissen[68] gemeint ist: Sein erläuterndes Beispiel basiert darauf, dass der Respondent nicht weiß, dass *Marcus* mit *Tullius* identisch ist.[69]

Bisher kenne ich keine einheitliche und gleichzeitig zufriedenstellende Erklärung des Sinns dieser Wendung. Dies liegt auch daran, dass die Klausel in den Traktaten eine eher geringe Rolle spielt. Auch ihre Rekonstruktion bleibt Aufgabe für zukünftige Forschung.

4.1.8. *Manifeste vs. dispositionale Verpflichtungsbegriffe*

Es gilt eine Unterscheidung einzuführen, die kein theoretisches Gegenstück bei den mittelalterlichen Autoren hat. Die Unterscheidung

---

[65] Vgl. Paul von Venedig, *Tractatus de Obligationibus*, S. 54.

[66] Vgl. Johannes von Holland, *Logic*, S. 99.

[67] Paul von Venedig, *Tractatus de Obligationibus*, S. 54.

[68] Zu diesem Ergebnis kommt Schupp in einer ausführlicheren Analyse, vgl. Schupp, „Einleitung", S. XXXIV ff sowie Schupp, „Kommentar" S. 63 ff. — Zu der Problematik dieser, in der angelsächsischen Literatur so genannten „*epistemic clauses*" vgl. ferner Spade, „Three Theories", Fußnote 22 und Yrjönsuuri, *Obligationes*, S. 52 f.

[69] Vgl. Paul von Venedig, *Tractatus de Obligationibus*, S. 54. Dasselbe Beispiel wird bei Burley zur Erläuterung von „*sub forma positi*" verwendet (vgl. Burley, *Tractatus de Obligationibus*, S. 46).

kann aber, wie wir sehen werden, durch die Praxis der Autoren gerechtfertigt werden. Die interessierende Unterscheidung soll hier zunächst an einem obligationenfremden Sachverhalt exemplifiziert werden.

Nehmen wir an, die Regel für das Anhalten vor Ampeln im Straßenverkehr sei folgendermaßen eingeführt:

> (1) Ich muss genau dann anhalten, wenn die Ampel auf Rot steht.

Anscheinend sind hiermit alle interessierenden Situationen abgedeckt: Wenn die Ampel auf Rot steht, muss ich anhalten, wenn sie nicht auf Rot steht, muss ich nicht anhalten. Uns mag auffallen, dass die Regel nur dann gilt, wenn ich auch der Fahrer des Wagens bin. Vielleicht ist sie also als elliptisch aufzufassen für:

> (2) Wenn ich der Fahrer des Wagens bin, dann gilt: ich muss genau dann anhalten, wenn die Ampel auf Rot steht.

Wird die Regel für das Anhalten mittels (2) eingeführt, so fungiert das Antezedenz als eine Präsupposition, die erfüllt sein muss, damit von Anhalten-Müssen bzw. Nicht-Anhalten-Müssen überhaupt die Rede sein kann. (2) scheint gegenüber (1) folgenden Vorteil zu haben: Angenommen, ich sitze als Beifahrer im Auto und der Fahrer überfährt eine rote Ampel. Nach (1) scheint die gänzlich unplausible Konsequenz zu folgen, dass ich einer Straßenverkehrsregel zuwidergehandelt habe. Tatsächlich kommt dies aber auf den zugrundegelegten Begriff des Zuwiderhandelns an. Die unerwünschte Konsequenz ergibt sich beispielsweise dann nicht, wenn der Begriff des Dieser-Regel-Zuwiderhandelns folgendermaßen eingeführt wird:

> (3) Ich handele dieser Regel genau dann zuwider, wenn ich anhalten muss und der Fahrer bin.

Analoge Überlegungen lassen sich im Zusammenhang mit den mittelalterlichen Obligationentraktaten anstellen. In einem Obligationendisput können wir die Regel für das Einräumen einer Aussage p folgendermaßen formulieren:

> (1*) p muss genau dann eingeräumt werden, wenn. . . .

Wiederum mag uns auffallen, dass das Einräumen ja voraussetzt, dass die Aussage vorgeschlagen worden ist: Wird die Aussage dagegen gesetzt, ist ein Einräumen nicht möglich, sondern nur Zulassen oder Ablehnen. In diesem Sinne mag es angemessener sein, zu formulieren:

(2*) Wenn p vorgeschlagen wird, gilt:
  p muss genau dann eingeräumt werden, wenn. . . .

Wir wollen die hier vorliegende Differenz terminologisch fassen: Begriffe der Form „*muss ge-Φ-t werden*", wobei Φ für eine Performation steht, haben wir „Verpflichtungsbegriffe" genannt, die Definitionen der Verpflichtungsbegriffe haben wir als „Regeln" bezeichnet (sofern wir uns mit diesem Ausdruck auf rekonstruktionssprachliche Gebilde beziehen).[70] Aussagen der Form „p *muss* in d *ge-Φ-t werden*" bezeichnen wir nun als Verpflichtungen. Die Behauptung einer solchen Verpflichtung ist zutreffend, wenn letztere aus einer Regel folgt; in einem solchen Fall können wir auch sagen, dass die entsprechende Verpflichtung „besteht".

Ein Verpflichtungsbegriff lässt sich im Sinne von (1*) oder im Sinne von (2*) einführen. Führen wir ihn im Sinne von (1*) ein, so ist die entsprechende Regel insofern unbedingt, dass kein Antezedens in Form einer Performationsaussage vorgeschaltet ist. Wir wollen dann sagen, dass wir einen manifesten Verpflichtungsbegriff gebildet haben. Ist der Begriff von „*muss ge-Φ-t werden*" manifest, so kann über das Bestehen bzw. Nicht-Bestehen von entsprechenden Verpflichtungen entschieden werden, gleichgültig, welche Performationsaussagen gelten. Zum Beispiel: Ist die Regel für das Einräumen-Müssen im obigen Sinne unbedingt, so ist der Begriff von „*muss eingeräumt werden*" manifest, daher lässt sich über „p *muss* in d *eingeräumt werden*" auch dann entscheiden, wenn p in d nicht vorgeschlagen wurde.

Führen wir den Begriff von „*muss ge-Φ-t werden*" im Sinne von (2*) ein, so haben wir insofern eine bedingte Regel, dass ein Antezedens in Form einer Performationsaussage existiert. Wir wollen dann von einem dispositionalen Verpflichtungsbegriff sprechen. Über das Bestehen und Nicht-Bestehen von Verpflichtungen kann bei dieser Einführung nicht entschieden werden, wenn die entsprechende Performationsaussage nicht zutrifft. Im Beispiel: Haben wir die Regel für das Einräumen-Müssen davon abhängig gemacht, dass p vorgeschlagen wurde, so ist „*muss eingeräumt werden*" dispositional und über „p *muss* in d *eingeräumt werden*" kann nicht entschieden werden, wenn p nicht vorgeschlagen wurde.

Wir können uns nun der Situation im Mittelalter zuwenden und

---

[70] Vgl. oben, 4.1.3.

fragen, ob die Begriffe „*est* Φ-*endum*" manifest oder dispositional verwendet werden. Um einen Überblick zu bekommen, betrachten wir
die mittelalterlichen *regulae* für das Einräumen, Bestreiten und Offenlassen von vorgeschlagenen Aussagen. Werden diese Regeln ohne
eine Einschränkung auf *proposita* also etwa „*omne sequens est concedendum*" formuliert, so liegt eine Verwendung des manifesten Begriffs
nahe. Werden sie dagegen mit einer solchen Einschränkung formuliert, also etwa „*omne propositum sequens est concedendum*", so lässt sich
eine dispositionale Verwendung vermuten.

Ohne diese Einschränkung formulieren: Pseudo-Sherwood,[71] Burley,[72]
Swyneshed[73] und Lavenham.[74] Keine Einschränkung bei den meisten
und wichtigsten Regeln finden wir im *Tractatus Emmeranus de falsi positione*[75] beim anonymen Autor der *Obligationes Parisienses*[76] sowie bei Martinus Anglicus,[77] Buser,[78] Paul von Venedig[79] und Paul von Pergula.[80]
Formulierungen mit einer solchen Einschränkung (die Einschränkung

---

[71] Vgl. Pseudo-Sherwood, *Tractatus de Obligationibus*, S. 3, z.B. „omne sequens ex
posito, vel concesso vel concessis cum posito, vel opposito vel oppositis bene negati
vel bene negatorum cum posito, scitum esse tale in tempore positionis, est concedendum" (Pseudo-Sherwood, *Tractatus de Obligationibus*, S. 3).

[72] Vgl. Burley, *Tractatus de Obligationibus*, S. 48 (zitiert oben, in 4.1.2).

[73] Vgl. Swyneshed, *Obligationes*, S. 26 f, z.B. „omne sequens ex posito sine obligatione ad hoc pertinente non repugnans positioni in tempore obligationis est concedendum" (Swyneshed, *Obligationes*, S. 266).

[74] Vgl. Lavenham, *Obligationes*, S. 227 ff, z.B. „omne sequens ex obligato ubi non
est pertinentia obligationis nec repugnant/positionis est concedendum <...>" (Lavenham, *Obligationes*, S. 229).

[75] Vgl. Anonym, *Tractatus Emmeranus de falsi positione*, S. 106 f, z.B. „omne sequens
ex concesso vel ex concessis est concedendum, si possit concedi" (Anonym, *Tractatus
Emmeranus de falsi positione*, S. 107).

[76] Vgl. Anonym, *Obligationes Parisienses*, S. 29–32, z.B. „oppositum positi et omne
falsum non sequens ex posito et concesso vel concessis et opposito vel oppositis bene
negatorum vel bene negati et omne verum repugnans hiis est negandum" (Anonym,
Obligationes Parisienses, S. 29).

[77] Vgl. Martinus Anglicus, *De Obligationibus*, S. 4, 12, 14, z.B. „omne sequens ex
posito cum bene concesso vel cum bene concessis est concedendum" (Martinus
Anglicus, *De Obligationibus*, S. 12).

[78] Vgl. Buser, *Obligationes*, S. 96–110, und als Beispiel die oben, in 4.1.1, zitierte
Regel.

[79] Vgl. Paul von Venedig, *Tractatus de Obligationibus*, S. 52–68, z.B. „omne sequens
ex posito obligato et bene concesso vel bene concessis scitum esse tale infra tempus obligationis est ab eodem concedendum" (Paul von Venedig, *Tractatus de Obligationibus*, S. 56).

[80] Vgl. Paul von Pergula, *Logica*, S. 102–105, z.B. „omne sequens ex solo posito
et admisso, aut cum concesso, aut cum concessis est concedendum" (Paul von
Pergula, *Logica*, S. 102).

wird aber auch dann meist nicht ganz konsequent durchgehalten) können wir bei Ockham,[81] Fland,[82] Johannes von Holland[83] und Brinkley[84] ausmachen.

Die Formulierung ohne bzw. mit dieser Einschränkung ist noch kein endgültiges Kriterium dafür, dass der Begriff tatsächlich manifest bzw. dispositional gebraucht wird. Formuliert ein Autor ohne die Einschränkung, so kann dies als elliptisch für eine Formulierung mit einer solchen Einschränkung aufgefasst werden.[85] Umgekehrt kann es sein, dass ein Autor zwar die Regeln mit einer solchen Einschränkung formuliert, den Begriff in seinen Behauptungen und Argumentationen jedoch manifest verwendet.[86]

Da aufgrund uneinheitlicher Verwendungsweisen keine vollständige historische Adäquatheit zu erzielen ist, müssen wir für die Rekonstruktion eine Entscheidung treffen. Ich entscheide mich für die Einführung der Begriffe „*muss ge-Φ-t werden*" als manifest. Diese Entscheidung wird nach dem Gesichtspunkt der Einfachheit getroffen: Wählen wir den dispositionalen Begriff, so müssen wir, um bspw. zeigen zu können, dass eine Aussage einzuräumen ist, immer auch

---

[81] Vgl. Ockham, *Summa logicae*, S. 737 f, z.B. „omne sequens ad positum vel bene concessum vel bene concessa, vel oppositum vel opposita bene negatorum, scitum esse tale, est concedendum *si proponatur* <Hervorhebung von mir, H.K.>". (Ockham, *Summa logicae*, S. 737.)

[82] Vgl. Fland, *Obligationes*, S. 43 f, z.B. „ad propositionem impertinentem *tibi propositum* est respondendum eodem modo infra tempus obligationis sicut extra <Hervorhebung von mir, H.K.>" (Fland, *Obligationes*, S. 44), aber auch ohne Einschränkung: „omne sequens ex posito et concesso vel concessis est concedendum" (Fland, *Obligationes*, S. 44).

[83] Vgl. Johannes von Holland, *Logic*, S. 97–102, z.B.: „omne pertinens sequens non repugnans positioni scitum esse tale infra tempus obligationis *propositum*, est concedendum <Hervorhebung von mir, H.K.>". (Johannes von Holland, *Logic*, S. 99.)

[84] Vgl. Brinkley, *Obligationes*, S. 40, 42, z.B. „omne sequens ex posito infra tempus positionis suae *propositum* scitum esse tale est concedendum <...> <Hervorhebung von mir, H.K.>" (Brinkley, *Obligationes*, S. 40).

[85] Diese Deutung drängt sich beispielsweise bei Paul von Venedig auf. Paul formuliert seine Regeln uneingeschränkt, argumentiert aber an späterer Stelle, dass kein Teil einer bestimmten Aussage in einem bestimmten Disput eingeräumt werde musste, da keiner vorgeschlagen wurde („nulla eius pars fuit concedenda, cum non fuit proposita <...>" Paul von Venedig, *Tractatus de Obligationibus*, S. 320). Diese Argumentation setzt voraus, dass er den Begriff von „*concedendum*" zumindest an dieser Stelle dispositional verwendet.

[86] Ein Beispiel ist Johannes von Holland. In seinen Regeln führt er den Begriff als dispositional ein. Er formuliert aber andererseits eine Behauptung wie „omnis copulativa est concedenda cuius quaelibet pars est concessa" (Johannes von Holland, *Logic*, S. 93), die eine manifeste Verwendungsweise dieses Begriffs voraussetzt (andernfalls müsste es heißen „omnis copulativa *proposita*...").

zeigen können, dass die Aussage auch vorgeschlagen wurde. Die mittelalterlichen Autoren schließen aber oft bereits aus „A est a te admissum" auf „A est concedendum" ohne die zusätzliche Prämisse „A est tibi propositum". Man kann in solchen Fällen zwar argumentieren, die Autoren hätten „A est tibi propositum" implizit unterstellt und diese Prämisse in einer Rekonstruktion hinzufügen. Rekonstruiert man die Wendung „est concedendum" jedoch manifest, so kann man sich solch zusätzliche Prämissen sparen.

Wiewohl die Zugrundelegung von manifesten Verpflichtungsbegriffen die Rekonstruktion vieler Behauptungen und Sophismata erleichtert, verkompliziert sie die Formulierung dessen, was es bedeutet, dass die Regeln die Dispute leiten. Einen ersten Hinweis darauf können wir dem obigen Beispiel aus dem Bereich des Straßenverkehrs entnehmen: Um nicht-intendierte Konsequenzen zu vermeiden, musste bereits dort der Begriff des Zuwiderhandelns etwas aufwendiger gestaltet werden, als dies bei dispositionalen Verpflichtungen der Fall gewesen wäre. Insgesamt scheint mir jedoch, dass die Vorteile von manifesten Begriffen ihre Nachteile überwiegen.

4.2. Begriffliche Untersuchung

In diesem Abschnitt wenden wir uns der Frage zu, wie es zu verstehen ist, dass Regeln Dispute leiten. Über Dispute können wir Performationsaussagen treffen wie „p wird eingeräumt" („A conceditur"). Gemäß den Regeln bestehen in einem Disput bestimmte Verpflichtungen wie z.B. „p muss eingeräumt werden" („A est concedendum"). Wir werden sehen, dass das Leiten der Regeln auf Entsprechungen zwischen Performationsaussagen einerseits und Verpflichtungen andererseits beruht. In diesem Zusammenhang wird sich insbesondere der Begriff der Korrektheit eines Disputs als wesentlich herausstellen.

Unser Thema behandeln wir in allgemeiner Form, d.h. wir werden hier noch nicht auf die Unterschiede der Obligationentheorien antiqua und nova responsio eingehen. Wir unterstellen zwar für das Folgende, dass die Regeln der responsiones unbedingt in Bezug auf Performationsaussagen sind, d.h. wir gehen von manifesten Verpflichtungsbegriffen aus. Die Bedeutung dieser Begriffe bleibt jedoch offen, stattdessen operieren wir mit Begriffs-Schemata „muss ge-Φ-t werden". So können die hier erreichten Ergebnisse später einfach auf die beiden responsiones übertragen werden.

4.2.1. *Einer Verpflichtung Zuwiderhandeln*

Wir wollen zunächst klären, was es heißt, dass der Respondent eines Obligationendisputs einer Verpflichtung zuwiderhandelt. Diese Begriffs- bestimmung dient uns als definitorischer Ansatzpunkt für den Begriff der Korrektheit: Ein Disput soll genau dann korrekt sein, wenn der Respondent in ihm keiner Verpflichtung zuwidergehandelt hat.

Da wir den Begriff des Zuwiderhandelns für eine induktive Definition der Korrektheit benötigen, fassen wir bei der Gestaltung dieses Begriffs nur den jeweils letzten Schritt eines Disputs ins Auge. Uns interes- siert also nicht, ob der Respondent irgendwo im Disput einer Verpflich- tung zuwidergehandelt hat, sondern nur, ob er dies im letzten Schritt getan hat. Wir können daher auch von einer aktuellen Zuwiderhand- lung reden, um anzuzeigen, dass es sich um eine Zuwiderhandlung im „gerade vollzogenen" Schritt handelt. Im Folgenden werden wir manchmal von einer aktuellen Zuwiderhandlung sprechen, gelegent- lich jedoch einfach nur „zuwiderhandeln" sagen.

Den letzten *Schritt* eines *Disputs*, auf den es uns hier ankommt, können wir durch das Redemittel „d+" als eigenen *Disput* isolieren. Die Grundidee unserer Definition ist nun folgende: Wir gehen davon aus, dass der Respondent bei seiner Performation in d+ diejenigen Verpflichtungen zu beachten hat, die im Vorgänger des jeweiligen Disputs, d–, bestehen. Es geht uns also einerseits um die von d+ gültigen Aussagen „p *wird ge-Ψ-t*", andererseits um die von d– gül- tigen Aussagen „p *muss ge-Φ-t werden*".

Von einer (aktuellen) Zuwiderhandlung wollen wir dann sprechen, wenn zwischen der Performation in d+ und den in d– bestehenden Verpflichtungen ein Missverhältnis besteht. Eine Ausgangsintuition für eine nähere Bestimmung dieses Missverhältnisses ist die Folgende: Verpflichtung in d– und Performation in d+ stehen in einem Miss- verhältnis, wenn in d– eine Verpflichtung zur Performation Φ besteht, der Respondent in d+ aber eine von Φ verschiedene Performation Ψ vollzieht. Eine uneingeschränkte Übernahme dieser Ausgangsin- tuition führt zu nicht-intendierten Konsequenzen; dies steht im Zu- sammenhang mit dem vorausgesetzten manifesten Verständnis von Verpflichtungsbegriffen.

Angenommen beispielsweise, der Respondent hat p in d+ ein- geräumt. Aufgrund der Rahmenregeln setzt dies einen Vorschlag von Seiten des Opponenten voraus. Die für ein Zulassen notwen- dige Opponenten-Performation Setzen ist in diesem Fall also nicht

vollzogen worden; da wir die Verpflichtungsbegriffe jedoch manifest
verstehen, hindert nichts daran, dass dennoch gilt: p muss in d–
zugelassen werden. Verstöße gegen solche Schein-Verpflichtungen,
denen der Respondent aufgrund der Rahmenbedingungen nicht nachkommen kann, sollen ihm nicht als Zuwiderhandlungen angelastet
werden.

Für unsere Definition von „Zuwiderhandeln" bedeutet dies: Es
sollte nicht jede in d– bestehende Verpflichtung für ein Zuwiderhandeln
relevant sein, sondern nur solche, die der Respondent aufgrund der
vorangegangenen Opponenten-Performation auch ausführen kann.
Eine Möglichkeit, dieser Tatsache gerecht zu werden, arbeitet mit
dem Begriff der alternativen Performation. Eine alternative Performation, oder kurz: Alternative, hätte der Respondent anstelle der tatsächlich ausgeführten Performation ebenfalls vollziehen können gegeben
die tatsächlich vollzogene Opponenten-Performation. Zur Verdeutli-
chung kommen wir auf unser Beispiel zurück: Hier hat der Respondent
p eingeräumt, nach den Rahmenregeln ist p dann vorher vorgeschlagen worden. Auf ein vorgeschlagenes p hätte der Respondent ebenfalls mit Bestreiten oder Offenlassen antworten können, nicht aber
mit Zulassen oder Ablehnen. Demnach sind zum Einräumen die
Alternativen Bestreiten und Offenlassen, nicht jedoch Zulassen und
Ablehnen. Nach ähnlichen Überlegungen gilt: Zum Bestreiten sind
die Alternativen Einräumen und Offenlassen und zum Offenlassen
Einräumen und Bestreiten. Außerdem sind Zulassen und Ablehnen
voneinander Alternativen. Nichts sonst ist Alternative zueinander.
Wir definieren daher:

Definition 4.2–1 (Alternative)
Ψ ist eine *Alternative zu* Φ gdw.

(a) Φ = *zulassen* und Ψ = *ablehnen*

   oder

(b) Φ = *ablehnen* und Ψ = *zulassen*

   oder

(c) Φ = *einräumen* und: Ψ = *bestreiten* oder Ψ = *offen lassen*

   oder

(d) Φ = *bestreiten* und: Ψ = *einräumen* oder Ψ = *offen lassen*

   oder

(e) Φ = *offen lassen* und: Ψ = *einräumen* oder Ψ = *bestreiten*

Für den Begriff der Zuwiderhandlung sollen nun nicht alle in d–
bestehenden Verpflichtungen in Betracht kommen, sondern nur diejenigen, die sich auf Alternativen zu der in d+ tatsächlich vollzogenen Performation beziehen. Die Tatsache, dass ein Respondent eine
Aussage einräumt, obwohl eine Verpflichtung zum Zulassen besteht,
wird ihm auf diese Weise nicht als Fehler angerechnet. Wir definieren also:

> Definition 4.2–2 (zuwiderhandeln)
> Sei d ein *Disput* bzgl. L.
> In d *wird* einer *Verpflichtung (aktuell) zuwidergehandelt* gdw.
> es gibt eine *Aussage* p, eine Performation Φ und eine *Alternative* Ψ *zu*
> Φ, so dass gilt: p *wird* in d+ *ge-*Φ*-t* und p *muss* in d– *ge-*Ψ*-t werden*.

Diese Definition ist insofern ein Definitions-Schema, da in ihr die
Verpflichtungsbegriffs-Schemata „*muss ge-*Φ*-t werden*" vorkommen. (Für
jede Performation Φ gibt es einen schematischen Begriff.) Wenn wir
später die Verpflichtungsbegriffe gemäß den *responsiones* definiert haben,[87]
können wir sie an Stelle der Verpflichtungsbegriffs-Schemata einsetzen und erhalten so nicht-schematische Definitionen des *Zuwiderhandelns*.
    Es lässt sich zeigen, dass in *Disputen* mit *leerem Disputverlauf* nicht
zuwidergehandelt wird. Dies gilt, gleichgültig wie die Verpflichtungsbegriffe
gestaltet sind. Es ist auch intuitiv angemessen, da in einem solchen
Disput der Respondent gar keine Handlung vollzogen hat, also auch
keine Zuwiderhandlung nach beliebigen Regeln.

> Behauptung 4.2–1
> Sei d ein *Disput* mit v = / /. In d *wird* keiner *Verpflichtung zuwidergehandelt*.

> Beweisidee
> Ist der *Disputverlauf* von d gleich / /, dann gibt es keine *Aussage* p, so
> dass: p *wird ge-*Φ*-t*. (Dies haben wir beim Beweis von Behauptung 3.2–4
> gezeigt.) Damit gilt: In d *wird* nicht *zuwidergehandelt*.

4.2.2. *Korrektheit: Rekonstruktion*

Korrekte Dispute sind dadurch charakterisiert, dass an keiner Stelle
eine Zuwiderhandlung stattgefunden hat. Wie Behauptung 4.2–1 zeigt,
sind *Dispute* mit *leerem Disputverlauf* eine brauchbare induktive Basis
für die Definition der *Korrektheit*. — Ein *Disput* soll außerdem *inkorrekt*

---

[87] Dies schließen wir in 4.3.10 ab.

sein, wenn in ihm *aktuell* einer *Verpflichtung zuwidergehandelt* wird. Eine notwendige Bedingung für *Korrektheit* ist damit, dass im *Disput* nicht *aktuell zuwidergehandelt wird.* — Außerdem gilt, dass ein *inkorrekter* Disput, der weiter geführt wird, nicht wieder *korrekt* werden kann, d.h. *Inkorrektheit* vererbt sich „nach oben". Ebenfalls eine notwendige Bedingung für die *Korrektheit* eines *Disputs* ist damit, dass der *Vorgängerdisput* ebenfalls *korrekt* ist. — Eine brauchbare Definition ergibt sich, wenn wir die beiden notwendigen Bedingungen zusammen als hinreichend für den Induktionsschritt ansehen. Wir definieren in diesem Sinne:

> Definition 4.2–3 (korrekt)
> Sei d = <v, K> ein *Disput* bzgl. L.
> d ist *korrekt* gdw.
> (a) v = / /
>
> oder
>
> (b) d– ist *korrekt* und in d *wird* keiner *Verpflichtung (aktuell) zuwidergehandelt.*

Es ist zu beachten, dass diese Definition ebenfalls schematisch ist, da in ihr der Begriff „einer *Verpflichtung zuwiderhandeln*" vorkommt, den wir oben als schematisch identifiziert haben. Analoges gilt auch für alle weiteren hier in 4.2 eingeführten Begriffe. — Die folgende Behauptung, und auch dies gilt analog für alle hier bewiesenen Behauptungen, ergibt sich generell, d.h. für jede Gestaltung eines *Zuwiderhandlungs*-Begriffs respektive der Verpflichtungsbegriffe. Sie folgt unmittelbar aus der Definition der *Korrektheit*.

> Behauptung 4.2–2
> Sei d ein *Disput* mit *leerem Disputverlauf*. Dann gilt: d ist *korrekt*.

Mit dem Begriff der *Korrektheit* können wir nun klären, was es heißt, dass Regeln Dispute leiten: In unserem Ansatz sind Regeln Definitionen von Verpflichtungsbegriffen. Mittels der Regeln lässt sich das Begriffs-Schema des *Zuwiderhandelns* in einen unschematischen Begriff überführen. Damit kann auch der auf den Begriff des *Zuwiderhandelns* aufbauende Begriff der *Korrektheit* in einen unschematischen Begriff überführt werden. Wir sagen, dass ein *Disput* genau dann im Sinne der Regeln $R_1, \ldots, R_n$ *korrekt* ist, wenn der Begriff der *Korrektheit* in der angegebenen Weise durch Einsetzung der Verpflichtungsbegriffe resultiert. Wir können dann sagen, dass ein Satz von Regeln $R_1, \ldots, R_n$ einen *Disput* d genau dann leitet, wenn d im Sinne dieser Regeln *korrekt* ist.

Wir werden hier den Begriff des Leitens nicht allgemein einführen, da wir uns im Folgenden nur mit den beiden speziellen Regelsystemen der *antiqua* bzw. *nova responsio* befassen. Für Korrektheit im Sinne der *antiqua responsio* führen wir unten den Begriff „korrekt$_A$" ein, für Korrektheit im Sinne der *nova responsio* analog „korrekt$_N$". Ein *Disput* d wird also genau dann von den Regeln der *antiqua* bzw. *nova responsio* geleitet, wenn d *korrekt$_A$* bzw. *korrekt$_N$* ist.

Ausgehend von der Definition der Korrektheit können wir Schlussweisen rekonstruieren, welche die mittelalterlichen Autoren bei ihrer Diskussion von Obligationendisputen unterstellen. Beispielsweise schließen sie „A *est concedendum et tu negas illud, ergo male respondes*". Den Ausdruck „*male respondes*", auf einen bestimmten Disput angewandt, repräsentieren wir durch „d ist *inkorrekt*", sofern d eine Repräsentation des fraglichen Disputs ist. Die Schlussweise kann durch folgende Behauptung gerechtfertigt werden:

Behauptung 4.2–3
Sei d ein *Disput* bzgl. L.
Wenn gilt: p *muss* in d− *eingeräumt werden* und p *wird* in d+ *bestritten*, dann gilt: d ist *inkorrekt*.

Beweisidee
Es gelte: p *muss* in d− *eingeräumt werden* und p *wird* in d+ *bestritten*. *Einräumen* ist eine *Alternative* zu *Bestreiten*. Damit gilt: es gibt eine *Aussage* p, eine Performation Φ und eine *Alternative* Ψ zu Φ, so dass: p *wird* in d+ *ge-Φ-t* und p *muss* in d− *ge-Ψ-t werden*. Also *wird* in d *zuwidergehandelt*. Gemäß Behauptung 4.2–1 (Kontraposition) folgt, dass der *Disputverlauf* von d ungleich | | ist. Zusammen ergibt sich: d ist *inkorrekt*.

Ganz analog lässt sich zeigen: Wenn p in d− *bestritten werden muss* und in d+ *eingeräumt wird*, oder *offengelassen werden muss* und *eingeräumt wird* usw. dann ist d *inkorrekt*.

4.2.3. *Korrektheit: Historische Adäquatheit*

In der Rekonstruktion der gerade diskutierten Schlussweisen finden sich Elemente, die keine offenbare Entsprechung in der lateinischen Formulierung haben. Die Autoren argumentieren „A *est* Φ-*endum et tu* Ψ-*s illud, ergo male respondes*", hier wird offenbar in den beiden Konjunkten des Antezedens und im Sukzedens auf denselben Disput Bezug genommen. Wir geben dies in der Rekonstruktionssprache wieder mit „Wenn p in d− *ge-Φ-t werden muss* und in d+ *ge-Ψ-t wird*, dann gilt: d ist *inkorrekt*", dabei nehmen wir auf drei verschiedene

Dispute Bezug, wenn auch die ersteren beiden vermittels einer bestimmten Operation aus letzterem gewonnen wurden. Bei unserer Diskussion der historischen Adäquatheit der *Korrektheits*definition wollen wir diesen Sachverhalt reflektieren und überlegen, inwieweit Rekonstruktionsalternativen, bei denen sich dieses Problem nicht stellt, verfügbar sind.

Die Bezugnahme auf d+ in der rekonstruktionssprachlichen Performationsaussagen-Klausel lässt sich als Repräsentation des Tempus Präsens der korrespondierenden lateinischen Performationsaussage ansehen. Es kann nämlich gesagt werden, dass das, was die lateinischen Autoren in diesem Zusammenhang mit einem Wechsel zwischen Perfekt und Präsens ausdrücken, sich mit der Differenzierung zwischen „p *wird* in d *ge-Φ-t*" und „p *wird* in d+ *ge-Φ-t*" wiedergeben lässt. So ist beispielsweise die Vorzeitigkeit im Antezedens einer Behauptung wie „*quaelibet parte copulativae concessa, concedenda est copulativa*"[88] durch eine Bezugnahme auf d zu rekonstruieren.[89] Das Präsens in der für die Sophismata typischen Alternativenaufzählung „*si concedis . . ., si negas . . ., si dubitas*" ist dagegen durch eine Bezugnahme auf d+ wiederzugeben.[90]

Eine analoge Erklärung für das Tempus Präsens der Verpflichtungsaussage ist jedoch nicht verfügbar: Die in einem Disput herrschende Verpflichtungskonstellation ist u.U. von den Antworten, die der Respondent im vorangegangenen Disput gegeben hat, abhängig und kann daher nicht als eine Eigenschaft des aktuellen Disputs angesehen werden. Anstatt als Eigenschaft des Vorgängerdisputs könnte sie jedoch als Eigenschaft des Gesamtdisputs aufgefasst werden. Es kann jedoch argumentiert werden, dass dies dem ausgedrückten Sachverhalt nicht gerecht wird: Für das aktuelle Zuwiderhandeln eines Respondenten sind die Verpflichtungen, die in d bestehen, irrelevant: er hat in d ja bereits gehandelt. Relevant sind allein die Verpflichtungen die vor seinem aktuellen Handeln, d.h. in d–, bestehen. In diesem Sinne ist also eine Definition der Verpflichtungsbegriffe, die eine Bezugnahme auf d– notwendig macht, der Sache nach angemessener.

Die Korrektheit eines Disputs kann weder als Eigenschaft des Vorgängerdisputs noch des aktuellen Disputs aufgefasst werden, denn

---

[88] Paul von Venedig, *Obligationes*, S. 68.
[89] Zu einer Rekonstruktion dieser Behauptung vgl. unten, 4.3.16.
[90] Vgl. hierzu auch unten, 5.1.1.

eine zur Inkorrektheit führende Zuwiderhandlung kann ja gerade im aktuellen Disput stattfinden und dieser wird dabei, wie wir gesehen haben, zum Vorgängerdisput in Beziehung gesetzt. Bei der Bezugnahme des „*male respondes*" auf den Gesamtdisput steht also keine Rekonstruktionsalternative offen.

Unsere Rekonstruktion kann von einem systematischen Gesichtspunkt dadurch gerechtfertigt werden, dass wir die entsprechenden Eigenschaften jeweils dem minimalen Teil eines Disputs beilegen, der die zu ihrer Zuschreibung notwendige Information enthält. In historischer Hinsicht stehen wir allerdings vor dem Problem, dass wir das Tempus Präsens bei Performations-, Verpflichtungs- und Korrektheitsaussagen nicht univok durch Bezugnahme auf jeweils denselben Teil des Disputs ausdrücken. Hierbei handelt es sich jedoch um ein im Grunde vertrautes Phänomen bei der Übersetzung von natürlicher in künstliche Sprache. Wir haben es hier nicht mit einem Abbildungsverhältnis zu tun; oft ist man mit der Situation konfrontiert, dass dieselben natürlichsprachlichen Phänomene je nach Kontext durch unterschiedliche Formalisierungen wiedergegeben werden müssen.[91] Angesichts dieser allgemeinen Tatsache ist damit zu rechnen, dass in die Rekonstruktion Unterscheidungen eingeführt werden, welche die mittelalterlichen Autoren nicht, oder zumindest nicht konsequent, treffen.

4.2.4. *Einer Verpflichtung Nachkommen*

Wenn die Autoren Dispute analysieren, schließen sie manchmal in folgender Weise: „A *est concedendum et tu concedis illud, ergo bene respondes*". Die Rekonstruktion dieser Schlussweise bereitet größere Schwierigkeiten als das soeben diskutierte und in Behauptung 4.2-3 rekonstruierte „A *est concedendum et tu negas illud, ergo male respondes*". Indem wir diesen Problemen nachgehen, werden wir ein tieferes Verständnis des Begriffs der *Korrektheit* gewinnen, welches uns später auch bei der Diskussion der Sophismata hilfreich sein wird.

Ein erstes Problem mit dieser Schlussweise lässt sich relativ schnell lösen: Wie wir „*male respondes*" durch „der *Disput* ist *inkorrekt*" repräsentieren wollen, so repräsentieren wir „*bene respondes*" durch „der *Disput* ist *korrekt*". Da aus inkorrekten Disputen auch durch weitere

---

[91] Vgl. hierzu beispielsweise Quine, *Grundzüge der Logik*, Teil 1, § 8, insbes. S. 73 f.

Performationen keine korrekten Dispute werden können, ist die uns hier interessierende Schlussweise nur dann akzeptabel, wenn der Vorgänger des gemeinten Disputs korrekt ist. Nur in solchen Kontexten wird sie von den Autoren auch gebraucht; bei ihrer Rekonstruktion werden wir daher von der Annahme ausgehen, dass d− *korrekt* ist.

Es gibt noch ein zweites Problem, dessen Lösung mehr begrifflichen Aufwand erfordert. Nehmen wir an, die Schlussweise wird auf einen Disput angewandt, dessen Vorgänger korrekt ist. Dann schließen die Autoren aus dem Umstand, dass der Respondent in einer gewissen Weise handelt, zusammen damit, dass die Verpflichtung zu diesem Handeln bestand, auf die Korrektheit des resultierenden Disputs. Handelt jemand so, dass eine Verpflichtung zu diesem Handeln besteht, so können wir dies „einer Verpflichtung nachkommen" nennen. Wir wollen den Begriff „einer Verpflichtung nachkommen", ähnlich wie den des Zuwiderhandelns, immer nur auf den jeweils letzten Schritt eines Disputs anwenden. (Einen weiteren Begriff benötigen wir zur Rekonstruktion der Schlussweise nicht, da wir hier von einem korrekten Vorgänger ausgehen.) Statt von „nachkommen" können wir daher, analog zu oben, wahlweise auch von „aktuell nachkommen" sprechen.

Bei der Rekonstruktion der mittelalterlichen Schlussweise geht es also um folgende Frage: Ist jeder Disput korrekt, dessen Vorgänger korrekt ist und in dem aktuell einer Verpflichtung nachgekommen wird? Der Definition der Korrektheit können wir entnehmen, dass ein solcher Disput korrekt ist, sofern in ihm aktuell keiner Verpflichtung zuwidergehandelt wird. Die Schlussweise ließe sich also rekonstruieren, wenn wir aus „es wird einer Verpflichtung nachgekommen" schließen könnten „es wird keiner Verpflichtung zuwidergehandelt".

Im Vorgriff auf das Folgende sei gesagt: Dieser letztere Schluss gilt nicht allgemein. Er gilt aber unter besonderen Umständen, die insbesondere dann der Fall sind, wenn der Vorgänger des fraglichen Disputs korrekt ist. Auf diese Weise kann die uns interessierende mittelalterliche Schlussweise letztlich rekonstruiert werden.

Bevor wir mit unseren Überlegungen fortfahren, werden wir den Begriff des *Nachkommens* in die Rekonstruktionssprache einführen. Den rekonstruktionssprachlichen Begriff „einer *Verpflichtung nachkommen*" definieren wir analog zum Begriff des *Zuwiderhandelns*: Der Respondent *kommt* demnach in d genau dann einer *Verpflichtung (aktuell) nach*, wenn er in d+ eine Performation Φ vollzieht und in d− die Verpflichtung zu Φ besteht. Die Definition ist etwas einfacher als die des *Zuwiderhandelns*, da der Begriff der *Alternative* nicht benötigt wird.

Definition 4.2–4 (nachkommen)
Sei d ein *Disput* bzgl. L.
In d *wird* einer *Verpflichtung (aktuell) nachgekommen* gdw.
es gibt eine *Aussage* p und eine Performation Φ, so dass gilt: p *wird* in
d+ *ge-Φ-t* und p *muss* in d– *ge-Φ-t werden*.

4.2.5. *Verpflichtungskonsistenz*

Es wurde schon angedeutet, dass der Schluss vom Nachkommen auf
das Nicht-Zuwiderhandeln nicht allgemein gilt. Wir wollen zunächst
untersuchen, warum dies der Fall ist. Dazu weisen wir Umstände
auf, unter denen ein Nachkommen gleichzeitig ein Zuwiderhandeln
ist. Der Sachverhalt, dass jemand einer Verpflichtung nachkommt,
schließt ein, dass eine Verpflichtung zum vollzogenen Tun besteht.
Wenn jemand einer Verpflichtung zuwiderhandelt, so muss eine Verpflichtung zu einer Alternative seines jeweiligen Tuns bestehen. Ist
beides gleichzeitig der Fall, dann müssen demnach zwei einander
ausschließende Verpflichtungen bestehen: eine, die zu seinem jeweiligen Tun, eine andere, die zu einer Alternative verpflichtet.

Übertragen wir dies auf Obligationendispute und nehmen wir an,
der Respondent handele aktuell einer Verpflichtung zuwider und
komme damit gleichzeitig einer Verpflichtung nach. Die für den
aktuellen Disput relevanten Verpflichtungen sind die des Vorgängerdisputs. Im Vorgängerdisput müssen demnach Verpflichtungen zu
alternativen Performationen bestehen. Umgekehrt gilt: Bestehen keine
Verpflichtungen zu alternativen Performationen im Vorgänger, so ist
ein aktuelles Nachkommen immer auch ein Nicht-Zuwiderhandeln.

Für die beiden Verpflichtungskonstellationen, die wir gerade als
relevant für unsere Zusammenhänge erkannt haben, wollen wir die
Begriffe der Verpflichtungsinkonsistenz bzw. der Verpflichtungskonsistenz einführen. Haben wir in einem Disput eine in dem Sinne
„absurde" Verpflichtungskonstellation, dass gleichzeitig Verpflichtungen
zu Alternativen bestehen, so wollen wir diesen Disput „verpflichtungsinkonsistent" nennen. Verpflichtungskonsistent ist dagegen ein
Disput, in dem zu keiner bestehenden Verpflichtung eine Verpflichtung
zu einer Alternative vorliegt.[92]

---

[92] Der Begriff der Verpflichtungskonsistenz weist Ähnlichkeiten zu dem von
Hamblin gebildeten Begriff der *rule-consistency* (Hamblin, *Fallacies*, S. 258) auf. Man
könnte ein System von Regeln „regelkonsistent" nennen, wenn so beschaffen ist,
dass es keine Verpflichtungsinkonsistenzen erlaubt. (Ein solches Regelsystem wird

Diese Begriffe führen wir in die Rekonstruktionssprache ein: Wir nennen einen *Disput* genau dann *verpflichtungskonsistent*, wenn für jede bestehende Verpflichtung „p *muss ge-Φ-t werden*" die entsprechenden Verpflichtungen zu den *Alternativen* nicht bestehen. In diesem Sinne definieren wir:

> Definition 4.2–5 (verpflichtungskonsistent)
> Sei d ein *Disput* bzgl. L.
> d ist *verpflichtungskonsistent* gdw. für alle *Aussagen* p, Performationen Φ gilt: wenn p in d *ge-Φ-t werden muss*, dann gilt für alle *Alternativen* Ψ *zu* Φ: p *muss* in d nicht *ge-Φ-t werden*.

Verpflichtungsinkonsistent ist ein *Disput* genau dann, wenn er nicht *verpflichtungskonsistent* ist. — Wir können nun beweisen, wofür wir eben informell argumentiert haben: Ist der *Vorgänger* eines gegebenen *Disputs verpflichtungskonsistent*, so ist der Schluss vom *Nachkommen* auf ein Nicht-*Zuwiderhandeln* gültig:

> Behauptung 4.2–4
> Sei d ein *Disput* bzgl. L, sei d– *verpflichtungskonsistent*.
> Wenn in d einer *Verpflichtung nachgekommen wird*, dann *wird* in d keiner *Verpflichtung zuwidergehandelt*.

> Beweisidee
> Wenn in d einer *Verpflichtung nachgekommen wird*, dann gilt für ein p und ein Φ: p *wird* in d+ *ge-Φ-t* und p *muss* in d– *ge-Φ-t werden*. Da p in d+ *ge-Φ-t wird*, gilt, dass v ≠ | |. Nach Behauptung 3.2–4 gibt es wegen v ≠ | | keine andere *Aussage* p' und Performation Φ', so dass gilt: p' *wird* in d+ *ge-Φ'-t*. Sei nun p' eine *Aussage*, Φ' eine Performation und Ψ' eine *Alternative zu* Φ'. Ist p' ≠ p oder Φ' ≠ Φ, so gilt wegen Einzigkeit von p und Φ: p' *wird* in d+ nicht *ge-Φ'-t*. Gilt andererseits p' = p und Φ' = Φ, dann gilt wegen: p' *muss* in d– *ge-Φ'-t werden*, und wegen *Verpflichtungskonsistenz* von d–: p' *muss* in d– nicht *ge-Ψ'-t werden*. Es gilt also für alle *Aussagen* p', Performationen Φ' und *Alternativen* Ψ' *zu* Φ':

exemplifiziert durch eine Obligationentheorie, die vom Begriff des „*korrekt bisher Gesagten*" ausgeht, vgl. dazu 4.3.2.) Dies ist vermutlich ein Begriff, der näher an Hamblins Begriff der *rule-consistency* ist als „Verpflichtungskonsistenz".

Die weite Anwendbarkeit des Begriffs der Verpflichtungskonsistenz kann anhand eines Zitats von Ludwig Wittgenstein demonstriert werden, der in einem ganz anderen Zusammenhang ein Beispiel hierfür gibt: „Zwei Regeln können einander widersprechen. Denken Sie sich zum Beispiel im Schachspiel, dass eine Regel lauten würde: Unter den und den Bedingungen muss die betreffende Figur genommen werden. Eine andere Regel aber würde sagen: ein Rössel darf nie genommen werden. Wenn nun die betreffende Figur gerade ein Rössel ist, dann widersprechen einander die Regeln; ich weiß nicht, was ich tun soll." (Wittgenstein, *Gespräche*, S. 120.)

entweder wird p' in d+ nicht *ge-Φ'-t* oder p' *muss* in d– nicht *ge-Ψ'-t werden*, mithin für keine *Aussage* p', Performation Φ' und *Alternative* Ψ', dass p' in d+ *ge-Φ'-t wird* und p' in d– *ge-Ψ'-t werden muss*. Damit gilt: In d *wird* nicht *zuwidergehandelt*.

Bevor wir die Diskussion der Schlussweise fortsetzen, werden wir eine hinreichende Bedingung für *Verpflichtungskonsistenz* formulieren, die wir später benötigen. In unserem Ansatz gibt es genau fünf Performationen und zu jeder ein bis zwei *Alternativen*. Wenn wir in Definition 4.2–5 das Entsprechende für Φ und Ψ einsetzen, erhalten wir die folgende „expandierte Definition" von *Verpflichtungskonsistenz*:

Behauptung 4.2–5
Sei d ein *Disput* bzgl. L.
d ist *verpflichtungskonsistent* gdw.

(a) wenn p in d *zugelassen werden muss*, dann *muss* p in d *nicht abgelehnt werden*

und

(b) wenn p in d *abgelehnt werden muss*, dann *muss* p in d *nicht zugelassen werden*

und

(c) wenn p in d *eingeräumt werden muss*, dann *muss* p in d weder *bestritten* noch *offengelassen werden*

und

(d) wenn p in d *bestritten werden muss*, dann *muss* p in d weder *eingeräumt* noch *offengelassen werden*

und

(e) wenn p in d *offengelassen werden muss*, dann *muss* p in d weder *eingeräumt* noch *bestritten werden*

Die folgende Behauptung formuliert die besagte hinreichende Bedingung für *Verpflichtungskonsistenz*. Sie lässt sich aus Behauptung 4.2–5 anhand von aussagenlogischen Umformungen herleiten:

Behauptung 4.2–6
Sei d ein *Disput* bzgl. L.
Wenn gilt:

(a) p *muss* in d *zugelassen werden* gdw. p in d nicht *abgelehnt werden muss*

und

(b) wenn p in d *eingeräumt werden muss*, dann *muss* p in d nicht *bestritten werden*

und

(c) p *muss* in d *offengelassen werden* gdw. p in d weder *eingeräumt* noch
  bestritten werden muss,
dann gilt: d ist *verpflichtungskonsistent*.

Behauptung 4.2–6 wird hier aufgestellt, da sich mit ihrer Hilfe später bedingte Verpflichtungskonsistenz in unserem Ansatz nachweisen
lässt.[93]

4.2.6. *Verpflichtungskonsistenz und Korrektheit*

Kommen wir auf die problematische Schlussweise der mittelalterlichen Autoren zurück. Sie schließen angesichts der Tatsache, dass ein
Respondent in einem korrekten Disput einer Verpflichtung nachkommt,
darauf, dass der resultierende Disput ebenfalls korrekt ist. In einer
komprimierten Formulierung ausgedrückt: Sie verlassen sich darauf,
dass Nachkommen korrektheitsbewahrend wirkt. Würde Verpflichtungskonsistenz in der Rekonstruktion allgemein, d.h. für alle Dispute
gelten, so ließe sich die angegebene Schlussweise ohne Probleme
rekonstruieren. Gemäß obiger Behauptung 4.2–4 könnten wir dann
nämlich vom Nachkommen auf ein Nicht-Zuwiderhandeln schließen.
  Unsere Rekonstruktion erlaubt zwar auch verpflichtungsinkonsi-
stente Dispute, die angegebene Schlussweise lässt sich dennoch rekonstruieren. *Verpflichtungskonsistenz* gilt zwar nicht allgemein, aber bei
Korrektheit des *Disputs*. Dies ist für unsere Zwecke schon hinreichend:
Ist der *Vorgänger* eines *Disputs* d, d–, *korrekt*, so gilt unter der fraglichen Bedingung dann auch die *Verpflichtungskonsistenz* von d–. Wegen
Behauptung 4.2–4 lässt sich damit von: in d *wird* einer *Verpflichtung*
nachgekommen, auf: in d *wird* keiner *Verpflichtung zuwidergehandelt* schließen. Wird also in d einer *Verpflichtung nachgekommen*, so ist dies zusammen mit der *Korrektheit* von d– hinreichend für die *Korrektheit* von d.
Wir können behaupten:

> Behauptung 4.2–7
> Sei d ein *Disput* bzgl. L und es gelte *Verpflichtungskonsistenz* bei *Korrektheit*.
> Wenn d– *korrekt* ist und in d einer *Verpflichtung nachgekommen wird*, so ist
> d *korrekt*.

Verpflichtungskonsistenz bei *Korrektheit*, d.h. die Tatsache, dass alle *korrekten*
Dispute auch *verpflichtungskonsistent* sind, kann nicht bereits anhand der
hier eingeführten Begriffs-Schemata „*Korrektheit*" und „*Verpflichtungs-*

---

[93] Vgl. unten Behauptung 4.3–7.

konsistenz" bewiesen werden; eine entsprechende Behauptung werden wir erst zeigen können, wenn diese Schemata durch die Verpflichtungsbegriffe der *responsiones* ausgefüllt sind. Für die letztliche Rekonstruktion der Schlussweise steht dieses Ergebnis also noch aus.[94]

Wieder können wir Behauptung 4.2–7 für unsere fünf Performationen ausbuchstabieren. Wir erhalten dann:

> Behauptung 4.2–8
> Sei d ein *Disput* bzgl. L und es gelte *Verpflichtungskonsistenz* bei *Korrektheit*. Wenn d– *korrekt* ist und es eine Aussage p gibt, so dass
>> (a) p *wird* in d+ *zugelassen* und *muss* in d– *zugelassen werden*
>>
>> oder
>>
>> (b) p *wird* in d+ *abgelehnt* und *muss* in d– *abgelehnt werden*
>>
>> oder
>>
>> (c) p *wird* in d+ *eingeräumt* und *muss* in d– *eingeräumt werden*
>>
>> oder
>>
>> (d) p *wird* in d+ *bestritten* und *muss* in d– *bestritten werden*
>>
>> oder
>>
>> (e) p *wird* in d+ *offengelassen* und *muss* in d– *offengelassen werden*
>
> dann gilt: d ist *korrekt*.

Mittels Behauptung 4.2–8 lässt sich die *Korrektheit* eines gegebenen *Disputs* auf eine Weise zeigen, die sich nahe an entsprechenden Argumentationen mittelalterlicher Autoren bewegt: Diese nehmen sich gelegentlich einen Disput Schritt für Schritt vor, und zeigen jeweils, dass bezüglich derjenigen Performation, die der Respondent vollzogen hat, eine Verpflichtung besteht. In jedem Schritt verlassen sie sich also auf die diskutierte Schlussweise: „A *est* Φ-*endum et tu* Φ-*s illud, ergo bene respondes*".[95]

Bei der Rekonstruktion einer entsprechenden Korrektheitsbehauptung kann man analog vorgehen: Zunächst gilt wegen Behauptung 4.2–2, dass der entsprechende *Disput* mit *leerem Disputverlauf korrekt* ist. Man zeigt dann sukzessive mittels Behauptung 4.2–8, dass die Erweiterung um die einzelnen *Schritte* jeweils in *korrekten Disputen* resultiert, bis man die Repräsentation des gewünschten Disputs erreicht hat.[96]

---

[94] Vgl. unten, 4.3.7.
[95] Für ein Beispiel vgl. unten, 4.3.13.
[96] Dies werden wir unten in ein Schema für Korrektheitsbeweise fassen, vgl. 4.3.14.

4.3. *Die beiden responsiones*

In unserem Definitionsschema der Korrektheit ist die Bedeutung der Begriffe „*muss ge-Φ-t werden*" unbestimmt geblieben. Eine Bestimmung dieser Begriffe im Sinne der einzelnen *responsiones* wird im Folgenden gegeben. Nachdem die Regeln für die *antiqua responsio* ausführlich besprochen worden sind, lassen sich die der *nova responsio* in einem kurzen Abriss etablieren. Mit den neu gewonnenen Begriffen werden die oben gewonnenen Schemata ausgefüllt. Dann werden die beiden *responsiones* in einem Vergleich einander gegenübergestellt.

4.3.1. *Die Abhängigkeitsbegriffe der antiqua responsio*

Eine fundamentale Rolle für die Regeln beider *responsiones* spielen die Abhängigkeitsbegriffe „*pertinens sequens*", „*pertinens repugnans*" und „*impertinens*". Diese Begriffe wollen wir durch die rekonstruktionssprachlichen Begriffe „*folgend*" „*widersprechend*" und „*unabhängig*" repräsentieren. Die Repräsentation des *antiqua-responsio*-Begriffs von „*folgend*" versehen wir mit einem „$_A$", um ihn später einfach von dem entsprechenden *nova-responsio*-Begriff, versehen mit einem „$_N$", unterscheiden zu können.

   In der *antiqua responsio* wird der Begriff „*pertinens sequens*" gebraucht, wenn eine Aussage aus der bzw. den These(n) zusammen mit den bisher eingeräumten Aussagen und den Negationen der bereits bestrittenen Aussagen folgt. Den Begriff des *bisher Gesagten* eines *Disputs* d, DIC (d), haben wir oben (vgl. Definition 3.2–8) derart gestaltet, dass er die fraglichen Aussagen umfasst. Wir können daher eine Aussage *folgend$_A$* nennen genau dann, wenn sie aus dem *bisher Gesagten folgt*. Analoges gilt für „*pertinens repugnans*": Eine Aussage ist *widersprechend$_A$* genau dann, wenn sie dem bisher Gesagten *widerspricht*. Schließlich rekonstruieren wir „*impertinens*": wenn eine *Aussage* weder aus dem *bisher Gesagten folgt*, noch ihm *widerspricht*, so nennen wir sie „*unabhängig$_A$*". In diesem Sinne definieren wir:

> Definition 4.3–1 (Abhängigkeitsbegriffe i. d. ant. resp.)
> Sei d ein *Disput* bzgl. L = <S, ⊢>.
>   (a) p ist *folgend$_A$* in d gdw. DIC (d) ⊢ p
>   (b) p ist *widersprechend$_A$* in d gdw. ¬p ist *folgend$_A$* in d.
>   (c) p ist *unabhängig$_A$* in d gdw. p ist weder *folgend$_A$* noch *widersprechend$_A$*
>   in d.[97]

---

[97] Da wir nicht von einer bestimmten *Disputlogik* ausgehen, müsste eine in allen

Es entspricht der Auffassung der *antiqua responsio*, dass eine Aussage, die in einem Disput eingeräumt worden ist, *pertinens sequens* ist. Dementsprechend gilt in der Rekonstruktion, dass eine in d *eingeräumte Aussage folgend*$_A$ ist, denn eine solche *Aussage folgt* aus dem *bisher Gesagten* von d (vgl. Behauptung 3.2–5). Analog lässt sich zeigen, dass *zugelassene Aussagen* ebenfalls *folgend*$_A$ und *bestrittene widersprechend*$_A$ sind.

4.3.2. *Abhängigkeitsbegriffe: Historische Adäquatheit*

Die mittelalterlichen Autoren verwenden in ihren Regeln entweder die Begriffe „*pertinens sequens*", „*pertinens repugnans*" usw. oder sie formulieren die Regeln, indem sie die entsprechenden Aussagentypen aufzählen.[98] Bei der Einführung von „*pertinens sequens*" oder der Verwendung der vergleichbaren Konstruktion gebrauchen die Autoren gelegentlich den Zusatz „*bene*" zu „*concessum*", „*negatum*" usw. Paul von Venedig bestimmt den für die Disputation einschlägigen Begriff von *pertinens sequens* beispielsweise folgendermaßen:

> Pertinens sequens ex obligato et *bene* concesso vel *bene* concessis vel *bene* negato vel *bene* negatis simul dicitur esse quod ad ea simul sumpta sequitur <Hervorhebungen von mir, H.K.>.[99]

Ich will den Zusatz „*bene*" im Folgenden diskutieren. Wir verschaffen uns zunächst einen Überblick über die historische Situation hinsichtlich Häufigkeit und Verwendungskonsequenz des „*bene*". Was für *pertinens sequens* gilt, gilt analog auch von *pertinens repugnans* und *impertinens*, wir beschränken uns daher hier auf die Untersuchung von *pertinens sequens*. Wir untersuchen die Regeln für das Einräumen, Bestreiten und Offenlassen bzw. die für den jeweiligen Traktat zugrundegelegte Definition von „*pertinens sequens*":

Ganz ohne das „*bene*" werden die Regeln im *Tractatus Emmeranus de falsi positione*[100] und bei Fland[101] formuliert. Eine nur sporadische

---

Teilen explizite Definition der Abhängigkeitsbegriffe diese als dreistellig konstruieren: „p ist *folgend*$_A$ in einem *Disput* d bzgl. einer *Logik* L = <S, ⊢> gdw. DIC (d) ⊢ p". Analoges gilt für alle anderen in 4.3 definierten Begriffe. Aus Gründen der leichteren Lesbarkeit unterdrücke ich die Stelle für die *Disputlogik* durchgehend, hieraus sollten keine Verwechslungen entstehen.

[98] Vgl. z.B. Busers oben, in 4.1.1, zitierte Regel.

[99] Paul von Venedig, *Tractatus de obligationibus*, S. 28.

[100] Vgl. Anonym, *Tractatus Emmeranus de falsi positione*, S. 106 f, ein Beispiel wird oben, in 4.1.8, zitiert.

[101] Vgl. Fland, *Obligationes*, S. 43 f, als Beispiele die Zitate oben, in 4.1.8.

Verwendung des „*bene*" finden wir in den *Obligationes Parisienses*,[102] bei Pseudo-Sherwood,[103] Burley,[104] Buser,[105] Johannes von Holland[106] und Paul von Pergula.[107] Hier wird das „*bene*" oft nur auf die „*negata*", nicht auf die „*concessa*" angewendet. Der Ausdruck „*bene*" wird (fast) ganz konsequent verwendet bei: Ockham,[108] Martinus Anglicus,[109] Paul von Venedig[110] und Brinkley.[111]

Von den Autoren wird der Zusatz „*bene*" meines Wissens weder diskutiert noch begründet. Er hat jedoch allem Anschein nach die folgende Bedeutung: Eine Aussage ist „gut" eingeräumt (*bene concessum*), wenn sie im Einklang mit den Regeln eingeräumt wurde bzw. — in der oben entwickelten Terminologie — wenn ihr Einräumen zugleich ein Nicht-Zuwiderhandeln war.

Wir wollen der Frage nachgehen, was es für die Rekonstruktion bedeutet, diesen Zusatz zu vernachlässigen bzw. ihm Bedeutung beizumessen. Genauer handelt es sich um die folgende Alternative: Wir betrachten die ohne Zuwiderhandlung eingeräumten und die Negationen der ohne Zuwiderhandlung bestrittenen Aussagen zusammen mit der (den) These(n) eines Disputs. Soll eine gegebene Aussage A *auch dann* „folgend" genannt werden, wenn sie aus diesen Aussagen folgt, oder soll A *nur dann* „folgend" genannt werden?

---

[102] Vgl. Anonym, *Obligationes Parisienses*, S. 29, und als Beispiel das Zitat oben, in 4.1.8.

[103] Vgl. Pseudo-Sherwood, *Tractatus de Obligationibus*, S. 3, z.B. „omne propositum aut est pertinens posito vel concesso vel concessis cum posito vel opposito vel oppositis *bene* negati vel *bene* negatorum cum posito, aut impertinens. <Hervorhebung von mir, H.K.>" (Pseudo-Sherwood, *Tractatus de Obligationibus*, S. 3).

[104] Vgl. Burley, *Tractatus de Obligationibus*, S. 48, zitiert oben, in 4.1.2.

[105] Vgl. Buser, *Obligationes*, S. 78, S. 98, ein Beispiel wird in 4.1.2 zitiert.

[106] Vgl. Johannes von Holland, *Logic*, S. 92, 99, z.B. „illa regula est generalis ad omne sequens, sive ex positione tantum, sive ex positione et admissione simul, sive ex positione cum *bene* concesso vel cum *bene* concessis. <Hervorhebung von mir, H.K.>" (Johannes von Holland, *Logic*, S. 99).

[107] Vgl. Paul von Pergula, *Logica*, S. 102 f, eine Regel mit Einschränkung lautet: „omne sequens ex posito vel cum opposito *bene* negati vel cum oppositis *bene* negatorum est concedendum. <Hervorhebung von mir, H.K.>" (Paul von Pergula, *Logica*, S. 103.) Eine Regel ohne Einschränkung wird oben, in 4.1.2, zitiert.

[108] Vgl. Ockham, *Summa logicae*, S. 737 f, ein Beispiel wird oben, in 4.1.2, zitiert.

[109] Vgl. Martinus Anglicus, *De Obligationibus*, S. 12, 14, ein Beispiel wird oben, in 4.1.2, zitiert.

[110] Vgl. Paul von Venedig, *Tractatus de Obligationibus*, S. 28, S. 56–62, vgl. das Zitat zu Beginn dieses Abschnitts.

[111] Vgl. „omne sequens ex posito <. . .> cum *bene* concesso vel *bene* concessis vel cum opposito *bene* negati vel oppositis *bene* negatorum infra tempus positionis propositum scitum a te esse tale est concedendum <Hervorhebung von mir, H.K.>". (Brinkley, *Obligationes*, S. 40.)

Wenn wir das „*bene*" nicht für wesentlich erachten, unterstellen wir die „auch dann"-Lesart. Dem Ausdruck können wir dann eine didaktische Funktion zuschreiben: Es soll den Blick des Lesers auf den eigentlich interessierenden Fall lenken, nämlich auf den Fall, dass im bisherigen Disput nicht-zuwiderhandelnd geantwortet wurde, mithin, dass der Disput korrekt ist. Unter dieser Lesart werden die Regeln bei den entsprechenden Autoren nur für korrekte Dispute formuliert, eine Anwendung der Regeln ohne den Zusatz auf inkorrekte Dispute wird aber nicht ausgeschlossen.[112]

Wenn wir dem „*bene*" dagegen Bedeutung beilegen, lesen wir es im Sinne eines „nur dann". Die Regeln müssen wir dann so verstehen, dass ein Respondent nicht von jeder seiner eingeräumten etc. Aussagen abhängig ist, sondern nur von denen, die er nicht-zuwiderhandelnd eingeräumt etc. hat — also u.U. bloß eines Teils der insgesamt eingeräumten etc. Aussagen. Nur diese spielen für die im Disput zu gebenden Antworten eine Rolle. Der Zusatz hat unter dieser Lesart also Auswirkung auf die bestehenden Verpflichtungen.

Wie obiger Definition von „*folgend*$_A$" sowie der Definition des *bisher Gesagten* zu entnehmen ist, haben wir bereits entschieden, das „*bene*" nicht für wesentlich zu erachten. In der Rekonstruktionssprache gilt, dass eine Aussage auch dann *folgend*$_A$ ist, wenn sie ohne Zuwiderhandlung eingeräumt etc. wurde, sie ist jedoch ebenfalls folgend, wenn sie mit einer solchen Zuwiderhandlung eingeräumt etc. wurde. Wir unterstellen also die „auch dann", nicht die „nur dann"-Lesart.

Eine Rekonstruktion im Sinne der „nur dann"-Lesart ist ebenfalls möglich. Hierzu kann von einem Begriff des *korrekt bisher Gesagten* ausgegangen werden, der komplizierter ist als der von uns verwendete des *bisher Gesagten*. Ich will hier kurz skizzieren, wie man diesen Begriff definieren kann:

Die induktive Basis bilden *Dispute* mit *leerem Disputverlauf*, die man mit einem tautologischen *korrekt bisher Gesagten* ausstattet. Bis hierhin besteht Gleichheit mit dem Begriff des *bisher Gesagten*; die Unterschiede ergeben sich beim Induktionsschritt: Wird im *aktuellen Disput* beispielsweise eine *Aussage* p *eingeräumt*, so wird die Erweiterung des *korrekt bisher Gesagten* um p von der Klausel abhängig gemacht, dass p

---

[112] Unterstellen wir diese Lesart, so sind die Regeln bei den entsprechenden Autoren nicht exhaustiv, da sie nur für den Fall des korrekten Disputs formuliert sind. Wir haben oben, in 4.1.2, bereits festgestellt, dass, unabhängig von dieser Fragestellung, Nicht-Exhaustivitäten bei Regelformulierungen gelegentlich vorkommen.

entweder aus dem *korrekt bisher Gesagten* des *Vorgängers* folgt oder *dem korrekt bisher Gesagtem* des *Vorgängers* nicht *widerspricht* und *bekannterma-ßen wahr* ist. Diese Klausel formuliert den Verpflichtungsbegriff von „*einräumen*" und leistet auf diese Weise die Rekonstruktion im Sinne des „*bene*". Sie fehlt in unserem Ansatz. Ist die Klausel nicht erfüllt, so wird festgelegt, dass das *korrekt bisher Gesagte* des *Vorgängers* unver-ändert übernommen wird. Ähnliche Klauseln sind auch für die Fälle des Zulassens und Bestreitens zu formulieren.

Im alternativen Ansatz ist eine *Aussage* genau dann folgend$_A$, wenn sie aus dem *korrekt bisher Gesagten* folgt. (Entsprechendes gilt für „wider-sprechend$_A$" und „unabhängig$_A$"). Bei Zugrundelegung dieser Definitio-nen kann die gesamte übrige Terminologie unseres Ansatzes ansonsten unverändert übernommen werden.

In der gerade skizzierten Rekonstruktionsalternative werden die Verpflichtungsbegriffe bei der Definition des *korrekt bisher Gesagten* ver-wendet. Das sukzessive Vorgehen des vorliegenden Ansatzes — erst definieren wir das *bisher Gesagte*, darauf bauen wir die Regeln auf — ist im alternativen Ansatz zwar „den Buchstaben", nicht aber „dem Geist" nach möglich: Das „*bene*" in der „nur dann"-Lesart setzt den Begriff der Zuwiderhandlung voraus, dieser wiederum die Regeln, die jedoch vermittels des „*bene*" etabliert werden. Es liegt hier eine schwer bestimmbare Art von Zirkularität vor. Diese Zirkularität ist insofern harmlos, als die benötigten Begriffe — wie gerade skizziert — im Sinne moderner Definitionsverfahren zirkelfrei definiert werden können.

Es lässt sich induktiv zeigen, dass bei (nach unserem Ansatz) *kor-rekten Disputen* das *bisher Gesagte* und das *korrekt bisher Gesagte* identisch sind. Aufgrund dieser Tatsache lässt sich wiederum beweisen, dass die alternative Vorgehensweise und die hier gewählte in dem Sinne äquivalent sind, dass sie dieselben *Dispute* als *korrekt* ausweisen. Die daneben bestehenden Unterschiede der beiden Ansätze können wir unter den Gesichtspunkten ihrer systematischen und ihrer historischen Vorzüge fassen:

Die alternative Vorgehensweise hat gegenüber dem hier gewähl-ten Verfahren den systematischen Vorteil der generellen Verpflichtungs-konsistenz. Da in unserer Rekonstruktion ausnahmslos alle *eingeräumten Aussagen* zum *bisher Gesagten* zählen, kann es auch *inkonsistente bisher Ge-sagte* geben, woraus Verpflichtungsinkonsistenzen resultieren können.[113]

---

[113] Vgl. u.a. die Diskussion unten, 4.3.15.

Der Begriff des *korrekt bisher Gesagten* ist dagegen selektiv: Das *korrekt bisher Gesagte* wird beispielsweise nicht um Aussagen erweitert, die dem *korrekt bisher Gesagten* des *Vorgängerdisputs* widersprechen. Auf Grund dessen bleibt das *korrekt bisher Gesagte* konsistent und ein entsprechender *Disput* verpflichtungskonsistent.

Die Rekonstruktion im Sinne der „nur dann"-Lesart hat darüber hinaus einen historischen Vorteil: In unserem Ansatz gelten manche Behauptungen, welche die Autoren uneingeschränkt formulieren, nur eingeschränkt auf *korrekte Dispute*. Sofern diese Einschränkung mit der Möglichkeit von Verpflichtungsinkonsistenzen zusammenhängt, kann man sie beim alternativen Verfahren fallen lassen. Die Rekonstruktion mancher Behauptungen der Autoren scheint also die „nur dann"-Lesart vorauszusetzen.[114]

Demgegenüber hat das hier gewählte Vorgehen den systematischen Vorteil, dass es durch die sukzessive, nicht durch versteckte Zirkularitäten behaftete Einführung des Begriffs des bisher Gesagten und der Regeln einfacher, überschaubarer und intuitiver ist.

Ferner hat es die folgenden historischen Vorteile: In Argumentationen der Autoren wird das „*bene*" selten verwendet. Sie gebrauchen es, wenn überhaupt, dann meist nur in den Regeln und Definitionen und selbst da (wie der Überblick zeigt) oft nachlässig. Sie diskutieren die Folgen des Zusatzes nicht. Insgesamt scheint er daher eine untergeordnete Rolle zu spielen. Wenn man der „nur dann"-Lesart folgt, so impliziert dies eine durchgehende Unterscheidung zwischen „A *conceditur simpliciter*" und „A *conceditur bene*". Wir müssten den Autoren bei ihren Argumentationen oft unterstellen, dass sie mit „A *conceditur*" meinen: „A *bene conceditur*", obwohl sie dies selten artikulieren. Es ist unwahrscheinlich, dass einer für den ganzen Ansatz grundlegenden Unterscheidung so wenig Beachtung geschenkt wird.

Die Tatsache, dass die „nur dann"-Lesart bei der Rekonstruktion einiger Behauptungen vorausgesetzt werden muss, kann überdies nicht das letztlich entscheidende Argument sein, denn dasselbe gilt auch für die hier zugrundegelegte „auch dann"-Lesart: Beispielsweise besteht nach Buser, der das „*bene*" (inkonsequent) verwendet, die Möglichkeit, dass zwei widersprechende Aussagen in einem Disput einzuräumen

---

[114] Vgl. z.B. die Behauptung „*propter possibile tibi positum non est impossibile concedendum*" und unsere auf *korrekte Dispute* eingeschränkte Rekonstruktion durch Behauptung 4.3–17.

sind.[115] Nach mittelalterlicher Auffassung erfordert dies, dass beide Aussagen folgend sind, was wiederum voraussetzt, dass das bisher Gesagte inkonsistent ist. Hier kann also mit „bisher Gesagtem" nicht das korrekt bisher Gesagte gemeint sein, da dieses, wie wir gesehen haben, immer konsistent bleibt.

Es zeigt sich hier, wie bereits in anderen Zusammenhängen, dass die Terminologie der Traktate uneinheitlich ist und dass die Rekonstruktion daher nicht allein von den mittelalterlichen Auffassungen bestimmt sein kann. Für beide Rekonstruktionsalternativen lassen sich sowohl historische als auch systematische Vorzüge angeben. Meine Entscheidung für die „auch dann"-Lesart treffe ich unter Berufung auf das (bereits in anderen Zusammenhängen hinzugezogene) Maximalitätsprinzip:[116] der Begriff des *bisher Gesagten* ist weiter als der des *korrekt bisher Gesagten*, aus diesem Grund lässt sich die „nur dann"-Lesart in unserem Ansatz durch eine Einschränkung auf *korrekte Dispute* annähern.

4.3.3. *Die Regeln für die These in der antiqua responsio*

Regeln im rekonstruktionssprachlichen Sinn sind, wie erwähnt, Definitionen der Verpflichtungsbegriffe. Verpflichtungsbegriffe richten sich in den Obligationen auf Respondenten-Performationen, für die These sind die Performationen des Zulassens und Ablehnens einschlägig. Die Regeln für die These in der *antiqua responsio* sind daher die Definitionen der Begriffe „*muss zugelassen werden$_A$*" und „*muss abgelehnt werden$_A$*". Diese Begriffe sind zu definieren, indem die notwendigen und hinreichenden Bedingungen dafür angegeben werden, dass eine *Aussage* p in einem *Disput* d *zugelassen werden muss$_A$* bzw. *abgelehnt werden muss$_A$*.

Bezüglich der Regeln für Zulassen und Ablehnen haben wir oben zwischen einer maximalen, einer Kontingenz- und einer minimalen Lösung unterschieden.[117] Wir haben uns dort auch bereits für die Rekonstruktion der maximalen Lösung entschieden. Die maximale Lösung besteht darin, dass eine Aussage genau dann zugelassen werden muss, wenn sie konsistent ist. Für das Ablehnen gilt der verbleibende Fall, nämlich dass die Aussage inkonsistent ist.

An diesen Festlegungen müssen wir noch eine Veränderung vornehmen: Es ist zu unterstellen, dass die Akzeptanz einer inkonsisten-

---

[115] Vgl. Buser, *Obligationes*, S. 110.
[116] Vgl. oben, 1.2.4.
[117] Vgl. 4.1.6.

ten These deswegen als Zuwiderhandlung zählt, weil das bisher Gesagte nicht durch eine korrekte Wahl der These inkonsistent werden soll.[118] Die Bedingung der Konsistenz der These leistet dies jedoch nur dann allgemein, wenn das *positum* immer an erster Stelle in einem Disput steht. In unserer Rekonstruktion ist dies nicht gefordert, da wir auch Dispute mit mehreren Thesen behandeln wollen. Um den strittigen Fall dennoch auszuschließen, müssen wir in den Regeln für die These „*konsistent*" zu „nicht *widersprechend$_A$*" verstärken und „*inkonsistent*" zu „*widersprechend$_A$*" abschwächen. Dies ist insofern eine unbedeutende Änderung, als sich die Regeln mit „*konsistent*" und „*inkonsistent*" aus den hier gegebenen folgern lassen, sobald wir in der Definition des *Disputs* fordern, dass eine These nur ganz zu Beginn des *Disputs* stehen darf.

Als Regeln für das *positum* erhalten wir damit:

> Definition 4.3–2 (Regeln f. Positum i. d. ant. resp.)
> Sei d ein *Disput* bzgl. L.
> (a) p *muss zugelassen werden$_A$* in d gdw. p ist nicht *widersprechend$_A$* in d.
> (b) p *muss abgelehnt werden$_A$* in d gdw. p ist *widersprechend$_A$* in d.[119]

Diese Regeln etablieren manifeste Verpflichtungsbegriffe, dies zeigt sich daran, dass kein Antezedens wie „p wird gesetzt" vorgeschaltet ist. — In Vorbereitung darauf, für die *antiqua responsio* Verpflichtungskonsistenz bei Korrektheit zu etablieren, haben wir in Behauptung 4.2–6 drei Bedingungen formuliert, die zusammengenommen hierfür hinreichend sind. Anhand der gegebenen Definitionen lässt sich bereits die erste dieser Bedingungen verifizieren.

> Behauptung 4.3–1
> Sei d ein *Disput* bzgl. L.
> p *muss* in d *zugelassen werden$_A$* gdw. p in d nicht *abgelehnt werden muss$_A$*.[120]

---

[118] Um eine Verwirrung in Bezug auf den im vorigen Abschnitt diskutierten Sachverhalt zu vermeiden: Das *bisher Gesagte* kann (in unserem Ansatz) *inkonsistent* werden — allerdings nur in einem *inkorrekten Disput*.

[119] Wir geben hier noch Definitionsansätze für minimale Lösung und Kontingenzlösung. Um die minimale Lösung zu rekonstruieren, definieren wir die Verpflichtungsbegriffe für die These folgendermaßen: „p muss zugelassen werden$_A$ in d gdw. p ist nicht *widersprechend$_A$* in d und nicht *bekanntermaßen wahr* in d" und „p muss abgelehnt werden$_A$ in d gdw. p ist *widersprechend$_A$* in d oder *bekanntermaßen wahr* in d". Bei der Kontingenzlösung lauten die Definitionen „p muss zugelassen werden$_A$ in d gdw. p ist nicht *widersprechend$_A$* in d und nicht *gültig*" und „p muss abgelehnt werden$_A$ in d gdw. p ist *widersprechend$_A$* in d oder *gültig*".

[120] Es lässt sich feststellen, dass diese Behauptung auch für die minimale Lösung und die Kontingenzlösung gilt (vgl. die obigen Definitionsansätze).

4.3.4. *Die Regeln für den Vorschlag in der antiqua responsio*

Kommen wir zur Einführung der Verpflichtungsbegriffe „*muss einge-räumt werden$_A$*", „*muss bestritten werden$_A$*" und „*muss offengelassen werden$_A$*". Welches sind die notwendigen und hinreichenden Bedingungen dafür, dass entsprechende Verpflichtungen gelten?

Einmal abgesehen vom grundsätzlichen Unterschied der *responsiones* gibt es bezüglich dieser Frage kaum kontroverse Meinungen. Die Regeln für das Einräumen, Bestreiten und Offenlassen fasst beispielsweise Paul von Pergula folgendermaßen zusammen:

> <O>mne illud quod proponitur aut est pertinens sequens et ita concedendum quantumcumque falsum, aut pertinens repugnans et sic est negandum quantumcumque verum. Aut est impertinens et sic debes ad eam libere respondere secundum sui qualitatem <. . .>[121]

„*Est respondendum secundum sui qualitatem*" hat Paul vorher bereits folgendermaßen erklärt:

> <I>d est, si scitum esse verum concedendum, si falsum negandum, si dubium dubitandum.[122]

Mithin muss also eine Aussage eingeräumt werden (*est concedendum*), wenn sie entweder folgend (*pertinens sequens*) ist oder unabhängig (*impertinens*) und bekanntermaßen wahr (*scitum esse verum*). Andere Fälle von Einräumen-Müssen kommen nicht vor. Wir können die Bedingungen daher zusammengenommen als notwendig betrachten: Eine Aussage muss genau dann eingeräumt werden, wenn sie entweder folgend ist oder unabhängig und bekanntermaßen wahr. — Aus dem Zitat geht weiterhin hervor, dass eine Aussage bestritten werden muss (*est negandum*), wenn sie widersprechend (*pertinens repugnans*) ist oder unabhängig (*impertinens*) und bekanntermaßen falsch (*falsum*). Auch dies fassen wir gleichzeitig als notwendige Bedingung auf. Bestritten werden muss eine Aussage also genau dann, wenn sie entweder widersprechend oder unabhängig und bekanntermaßen falsch ist. — Nach Paul von Pergula muss eine Aussage offengelassen werden, wenn sie unabhängig (*impertinens*) und ungewiss (*dubium*) ist. Auch hier verstärken wir wieder zu „. . . dann und nur dann, wenn . . .".

Nach dieser Überlegung lässt sich beispielsweise „p *muss bestritten werden$_A$*" definieren als „p ist *widersprechend$_A$* oder: *unabhängig$_A$* und *bekann-*

---

[121] Paul von Pergula, *Logica*, S. 104.
[122] Paul von Pergula, *Logica*, S. 103.

termaßen *falsch*". Wir können das Definiens ein wenig abschwächen: *Unabhängig$_A$* war definiert als „weder *folgend$_A$* noch *widersprechend$_A$*". Daher können wir statt „*unabhängig$_A$*" sagen: „nicht *folgend$_A$*". Ist nämlich eine nicht *folgende$_A$* Aussage nicht *unabhängig$_A$*, so muss sie *widersprechend$_A$* sein. In diesem Fall *muss* sie aber schon aufgrund des ersten Disjunkts des Definiens *bestritten werden$_A$*. Auch die Obligationenautoren machen von diesem Zusammenhang Gebrauch und argumentieren diesbezüglich ähnlich.[123] — Für das „*muss eingeräumt werden$_A$*" gilt Analoges: Zunächst gilt: eine *Aussage muss eingeräumt werden$_A$* genau dann, wenn sie *folgend$_A$* oder: *unabhängig$_A$* und *bekanntermaßen wahr* ist. Wir können „*unabhängig$_A$*" zu „nicht *widersprechend$_A$*" abschwächen und erhalten als Definiens: „ist *folgend$_A$* oder: nicht *widersprechend$_A$* und *bekanntermaßen falsch*". — Im Fall von *muss offengelassen werden$_A$* ist keine solche Abschwächung möglich, es bleibt hier bei „*unabhängig$_A$* und *ungewiss*".

[margin handwritten note: w sgs 'wahr']

Definition 4.3–3 (Regeln f. Propositum i. d. ant. resp.)
Sei d ein *Disput* bzgl. L.

   (a) p *muss eingeräumt werden$_A$* in d gdw.

      (aa) p ist *folgend$_A$* in d

      oder

      (ab) p ist nicht *widersprechend$_A$* in d und p ist *bekanntermaßen wahr* in d.

   (b) p *muss bestritten werden$_A$* in d gdw.

      (ba) p ist *widersprechend$_A$* in d

      oder

      (bb) p ist nicht *folgend$_A$* in d und p ist *bekanntermaßen falsch* in d.

   (c) p muss *offengelassen werden$_A$* in d gdw.

      p ist *unabhängig$_A$* in d und p ist *ungewiss* in d.

---

[123] Auf diesem Zusammenhang basiert die Formulierung der Regeln für das *concedendum* und das *negandum* in den *Obligationes Parisienses* (vgl. Anonym, *Obligationes Parisienses*, S. 29). — Bei Paul von Venedig findet sich eine der oben gegebenen parallele Argumentation für diesen Zusammenhang: „Omne falsum non sequens scitum esse tale infra tempus obligationis est negandum et omne verum non repugnans est concedendum. Patet quia illud falsum ex quo est non sequens vel est impertinens vel repugnans. Si impertinens, negandum per regulam immediatem <aus der hervorgeht, dass ein falsches *impertinens* bestritten werden muss, H.K.>, si repugnans, negandum similiter secundum quod ostendunt priores regulae mentionem de repugnantia facientes <nämlich Pauls *regula sexta* und *regula octava*, H.K.>. Secunda pars similiter patet quia si illud est verum et non repugnans, igitur impertinens vel sequens, et per consequens iuxta regulam concdendum <hier werden *regula quinta*, *regula septima* und *regula nona* verwendet, H.K.>." (Paul von Venedig, *Tractatus de Obligationibus*, S. 64.)

Auch durch diese Regeln werden manifeste Verpflichtungsbegriffe eingeführt, da beispielsweise nicht gefordert ist, dass p vorgeschlagen ist, um *eingeräumt werden* zu *müssen*$_A$. — Die folgende Behauptung stellen wir auf, um später[124] das in der Rekonstruktion Erreichte mit dem historisch-systematischen Interesse in Verbindung zu bringen.

> Behauptung 4.3–2
> Sei d ein *Disput* bzgl. L.
> (a) Wenn p *folgend*$_A$ in d ist, dann muss p in d *eingeräumt werden*$_A$.
> (b) Wenn p *widersprechend*$_A$ in d ist, dann muss p in d *bestritten werden*$_A$.
> (c) Wenn p *unabhängig*$_A$ in d ist, dann gilt:
>> (ca) wenn p in d *bekanntermaßen wahr* ist, dann *muss* p in d *eingeräumt werden*$_A$
>>
>> und
>>
>> (cb) wenn p in d *bekanntermaßen falsch* ist, dann *muss* p in d *bestritten werden*$_A$
>>
>> und
>>
>> (cc) wenn p in d *ungewiss* ist, dann *muss* p in d *offengelassen werden*$_A$.

Beweisidee
(a) und (b) ergeben sich unmittelbar aus Definition 4.3–3.

Zu c): Ist p *unabhängig*$_A$, so ist p weder *folgend*$_A$ noch *widersprechend*$_A$. Ist eine *Aussage* p nicht *widersprechend*$_A$ und darüber hinaus *bekanntermaßen wahr*, so *muss* sie nach Definition 4.3–3 *eingeräumt werden*$_A$, ist sie nicht *folgend*$_A$ und *bekanntermaßen falsch*, dann *muss* sie *bestritten werden*$_A$. Überdies muss ein *unabhängiges*$_A$ und *ungewisses* p definitionsgemäß *offengelassen werden*$_A$.

Mittels einer weiteren Behauptung verdeutlichen wir einige Zusammenhänge zwischen den etablierten Verpflichtungsbegriffen.

> Behauptung 4.3–3
> Sei d ein *Disput* bzgl. L.
> (a) p *muss* in d genau dann *bestritten werden*$_A$, wenn ¬p *eingeräumt werden muss*$_A$.[125]
> (b) p *muss* in d *offengelassen werden*$_A$ gdw. p weder *eingeräumt* noch *bestritten werden muss*$_A$.

---

[124] Vgl. unten, 4.4.1.

[125] Für diese intuitive und anschauliche Behauptung habe ich in den mittelalterlichen Traktaten kein Beispiel finden können. Sie wird jedoch bei manchen Argumentationen als selbstverständlich unterstellt, so z.B. bei Paul von Pergula: „Omne repugnans posito <...> est negandum, patet, quia suum contradictorium est concedendum <...>." (Paul von Pergula, *Logica*, S. 103.)

Beweisidee
Zu a): Es gilt: ¬p ist genau dann *folgend$_A$*, wenn p *widersprechend$_A$* ist, außerdem: ¬p ist genau dann *bekanntermaßen wahr*, wenn p *bekanntermaßen falsch* ist. Damit gilt: ¬p *muss eingeräumt werden$_A$* gdw. ¬p ist *folgend$_A$* oder: nicht *widersprechend$_A$* und *bekanntermaßen wahr* gdw. p ist *widersprechend$_A$* oder: nicht *folgend$_A$* und *bekanntermaßen falsch* gdw. p *muss bestritten werden$_A$*.

Zu b): Wenn p *offengelassen werden muss$_A$*, so ist p *unabhängig$_A$* und *ungewiss*. Daraus ergibt sich, dass p weder *folgend$_A$* noch *bekanntermaßen wahr* ist, daher nicht *eingeräumt werden muss$_A$*, ferner, dass p weder *widersprechend$_A$* noch *bekanntermaßen falsch* ist, daher nicht *bestritten werden muss$_A$*. Umgekehrt, wenn p weder *eingeräumt* noch *bestritten werden muss$_A$*, so kann p weder *folgend$_A$* noch *widersprechend$_A$* sein, p ist also *unabhängig$_A$*. Wäre p *bekanntermaßen wahr*, so *müsste* p nach Behauptung 4.3–2 *(ca) eingeräumt werden$_A$* im Widerspruch zur Annahme. Analoges ergibt sich für „*bekanntermaßen falsch*" und „*bestreiten*". p ist also *ungewiss* und *unabhängig$_A$* und *muss* daher *offengelassen werden$_A$*.

Mit der gerade bewiesenen Behauptung 4.3–3 (b) haben wir eine weitere der gemäß Behauptung 4.2–6 für Verpflichtungskonsistenz hinreichenden Bedingungen etabliert. Wir können uns nun der noch verbleibenden Bedingung zuwenden. Diese letzte Bedingung gilt bei einem *konsistenten bisher Gesagten*.

Behauptung 4.3–4
Sei das *bisher Gesagte* eines *Disputs* d *konsistent*. Dann gilt: Wenn p in d *eingeräumt werden muss$_A$*, dann *muss* p in d nicht *bestritten werden$_A$*.

Beweisidee
Von: p *muss eingeräumt werden$_A$* können wir auf die Adjunktion: p ist *folgend$_A$* oder p ist nicht *widersprechend$_A$* und *bekanntermaßen wahr* schließen. Wir treffen eine Fallunterscheidung: Sei p *folgend$_A$*. Dann gilt: DIC (d) ⊢ p, bei *Konsistenz* von DIC (d) können wir auf: DIC (d) ⊬ ¬p schließen. Es gilt also: p ist nicht *widersprechend$_A$* und p ist *folgend$_A$*. *Müsste* p *bestritten werden$_A$*, so würde gelten: p ist *widersprechend$_A$* oder nicht *folgend$_A$*, damit gilt: p *muss* nicht *bestritten werden$_A$*. Im anderen Fall ist p nicht *widersprechend$_A$* und *bekanntermaßen wahr*. Aus: p ist *bekanntermaßen wahr* können wir mit Behauptung 3.2–2 (a) schließen: p ist nicht *bekanntermaßen falsch*. Also gilt: p ist nicht *widersprechend$_A$* und nicht *bekanntermaßen falsch*. Würde gelten: p *muss bestritten werden$_A$* so würde gelten: p ist *widersprechend$_A$* oder p ist *bekanntermaßen falsch*, also ebenfalls ein Widerspruch. Daher gilt insgesamt: p *muss* nicht *bestritten werden$_A$*.

Unter Voraussetzung eines *konsistenten bisher Gesagten* können wir damit gemäß Behauptung 4.2–6 auf Verpflichtungskonsistenz des entsprechenden *Disputs* schließen. Auf die Bedeutung dieser Tatsache werden wir eingehen, nachdem wir den Begriff der Korrektheit im Sinne der *antiqua responsio* eingeführt haben. Vorher wenden wir uns der Rekonstruktion einer mittelalterlichen *regula* zu.

4.3.5. *Rekonstruktion einer historischen Regel*

Den bisher etablierten Apparat wollen wir an der Rekonstruktion eines historischen Beispiels erproben. Die mittelalterlichen Regelformulierungen fassen wir im Sinne der Überlegungen in 4.1.3 als Behauptungen auf. Mit der folgenden *regula quinta* Paul von Venedigs habe ich eine Regel ausgewählt, die einige Schwierigkeiten birgt:

> Omne sequens ex posito obligato et bene concesso vel bene concessis scitum esse tale infra tempus obligationis est ab eodem concedendum.[126]

Bei der Rekonstruktion dieser Regelformulierung werden wir zunächst die Klauseln „*bene*" und „*scitum esse tale*" vernachlässigen; dies wurde oben bereits begründet.[127] Als Repräsentation der Formulierung „*infra tempus obligationis*" können wir den Ausdruck „in dem *Disput* d" ansehen.

Die Wendung „*ab eodem*" in „*est ab eodem concedendum*" können wir vernachlässigen, sofern hiermit die Partei des Respondenten gemeint ist. Jemand, der die Performation des Einräumens vollzieht, ist damit immer der Partei des Respondenten zuzuordnen, da sich die Parteien über die Typen der vollzogenen Performationen bestimmen.[128] Schwierigkeiten für die Rekonstruktion würde das „*ab eodem*" bereiten, wenn die Person des Respondenten gemeint wäre. Letzteres brauchen wir nicht zu unterstellen, da Paul anscheinend keine Dispute mit verschiedenen Personen, welche die Rolle des Respondenten ausfüllen, betrachtet.

Die Wendung „*posito obligato*" in der Regelformulierung lässt sich nach den Ausführungen Pauls so verstehen, dass die entsprechende Aussage sowohl gesetzt als auch zugelassen ist.[129] In unserem Rekonstruktionsansatz müssen *zugelassene Aussagen* immer gesetzt sein. Insofern erhalten wir eine gleichwertige Behauptung, wenn wir *positum obligatum* im Sinne von *admissum* verstehen.

---

[126] Paul von Venedig, *Tractatus de Obligationibus*, S. 56.

[127] Die referenzbewahrende Klausel *scitum esse tale* wurde in 4.1.7, der Zusatz „*bene*" in 4.3.2 diskutiert. Dort haben wir auch begründet, warum wir diese Einschränkungen nicht rekonstruieren.

[128] Vgl. dazu auch die betreffenden Ausführungen oben, in 3.2.4.

[129] Vgl. Paul von Venedig, *Tractatus de Obligationibus*, S. 52, wo er sich auf die Stelle S. 6/8 bezieht.

Mit den bisherigen Mitteln lässt sich der Plural-Term „*concessa*" nicht repräsentieren. Es ist möglich, die „Zugelassenen" eines *Disputs* als die Konjunktion aller *zugelassenen Aussagen* zu definieren; eine entsprechende Definition kann ähnlich wie die des *bisher Gesagten* rekursiv gestaltet werden. Um den formalen Apparat überschaubar zu halten, verzichte ich darauf und beschränke mich bei der Rekonstruktion auf den Fall eines *concessum*.

Berücksichtigen wir all diese Einschränkungen, so erhalten wir aus Pauls Regel eine Formulierung wie: „*omne sequens ex admisso et concesso infra tempus obligationis est concedendum*". Diese Formulierung repräsentieren wir durch: „wenn p in d *zugelassen* und q *eingeräumt wird* und aus p ∧ q *folgt* r, dann *muss* r in d *eingeräumt werden*$_A$". Eine Behauptung dieser Formulierung können wir rekonstruieren:

Behauptung 4.3–5
Wenn p in einem *Disput* d *zugelassen* und q *eingeräumt wird* und aus p ∧ q *folgt* r, dann *muss* r in d *eingeräumt werden*$_A$.

Beweisidee
Sei p *zugelassen* und q *eingeräumt*. Gemäß obiger Behauptung 3.2–5 und ihres Analogons für „*zulassen*" gilt dann: DIC (d) ⊢ p und DIC (d) ⊢ q. Bei p ∧ q ⊢ r können wir mittels KA folgern, dass DIC (d) ⊢ r. r ist also *folgend*$_A$ und *muss* daher gemäß Behauptung 4.3.2 (a) *eingeräumt werden*$_A$.

4.3.6. *Korrektheit in der antiqua responsio*

Um dem Begriff der Korrektheit im Sinne der *antiqua responsio* einzuführen, formulieren wir zunächst die obige schematische Definition des Zuwiderhandelns (Definition 4.2–2) mit den neu gewonnenen Verpflichtungsbegriffen „*muss ge-Φ-t werden*$_A$". Den definierten Begriff nennen wir „einer *Verpflichtung zuwiderhandeln*$_A$":

Definition 4.3–4 (zuwiderhandeln i. d. ant. resp.)
Sei d ein *Disput* bzgl. L.
In d *wird* einer *Verpflichtung zuwidergehandelt*$_A$ gdw.
es gibt eine *Aussage* p, eine Performation Φ und eine *Alternative* Ψ zu Φ, so dass gilt: p *wird* in d+ *ge-Φ-t* und p *muss* in d− *ge-Ψ-t werden*$_A$.

Ausgehend von Begriff „einer *Verpflichtung zuwiderhandeln*$_A$" kann nun der Begriff „*korrekt*$_A$" im Sinne der schematischen Definition 4.2–3 eingeführt werden:

Definition 4.3–5 (korrekt i. d. ant. resp.)
Sei d = <v, K> ein *Disput* bzgl. L.
d ist *korrekt*$_A$ gdw.

(a) v = / /

   oder

(b) d– ist *korrekt_A* und in d *wird* keiner *Verpflichtung zuwidergehandelt_A*.

Eine für das Folgende wichtige Tatsache besteht darin, dass das *bisher Gesagte* eines *korrekten_A Disputs* konsistent ist. Im Sinne dieser Tatsache fordert die *antiqua responsio* vom Respondenten, dass er in seinen Antworten konsistent ist. Wie wir unten sehen werden,[130] unterscheidet sie sich hierin von der *nova responsio*.

Die Forderung nach Konsistenz des bisher Gesagten drückt sich in dem mittelalterlichen Prinzip: „*omnes responsiones sunt ad idem instans retorquendae*" aus. Es findet sich bei Burley[131] als eine „*regula de bene esse*", sowie bei Buser[132] und bei Paul von Venedig[133] als eine „*suppositio*". Der Hintergrund dieser Formulierung ist, dass einander widersprechende Aussagen zu unterschiedlichen Zeitpunkten wahr sein können. Wenn man daher von der Gesamtheit der gegebenen Aussagen Konsistenz bzw. Inkonsistenz aussagen will, so müssen diese im Zuge dessen auf „denselben Zeitpunkt bezogen werden". Bei der Forderung handelt es sich also eigentlich um eine Voraussetzung, um von der Konsistenz der gegebenen Antworten überhaupt sprechen zu können. Die Formulierung wird manchmal aber auch als Forderung dieser Konsistenz selbst verstanden, wie wir bei Peter von Mantua lesen können:

> Omnes propositiones concessae et contradictoriae negatorum debent facere copulativam possibilem: et hoc est quod aliqui voluerunt dicere cum dixerunt quod omnes responsiones in arte obligatoria sunt retorquendae ad idem instans.[134]

Peter sagt also, dass die Forderung oft so verstanden wird, als wolle sie sagen: „*omnes propositiones concessae et contradictoriae negatorum debent facere copulativam possibilem*". In dieser letzteren Behauptung können wir das „*debent*" als Ausdruck dafür verstehen, dass hier über korrekte Dispute gesprochen wird (vgl. beim Schachspiel: „der Läufer

---

[130] Vgl. 4.3.15.
[131] Vgl. Burley, *Tractatus de Obligationibus*, S. 61.
[132] Vgl. Buser, *Obligationes*, S. 96.
[133] Vgl. Paul von Venedig, *Tractatus de Obligationibus*, S. 32.
[134] Peter von Mantuas Traktat ist leider bislang nicht ediert. Ich zitiere daher nach der Fußnote von J. Ashworth in Paul von Venedig, *Tractatus de Obligationibus*, S. 34.

muss diagonal ziehen"). Peter spricht von einer „*copulativa*", welche die „*propositiones concessae*" und „*contradictoriae negatorum*" umfasst; nehmen wir noch die „*propositiones admissae*" hinzu, erhalten wir das Konzept des *bisher Gesagten*. Diese „*copulativa*" soll „*possibilis*" sein, in der Rekonstruktion also konsistent.[135] Peters Deutung des „*omnes responsiones sunt ad idem instans retorquendae*" kommen wir daher mit folgender Behauptung nahe:

Behauptung 4.3–6
Sei d ein *Disput* bzgl. L.
Wenn d *korrekt$_A$* ist, dann ist das *bisher Gesagte* von d *konsistent*.

Beweisidee
Wir induzieren über den *Disputverlauf* v des *Disputs* d. Ist v = / /, so ist DIC (d) = T, damit gilt: ⊢ DIC (d). Wir benötigen hier die Tatsache, dass der *Folgerungsbegriff* ⊢ einer *Disputlogik widerspruchsfrei* ist (vgl. Behauptung 3.1–2). Aufgrund von *Widerspruchsfreiheit* gilt: ⊬ ¬DIC (d), mithin ist DIC (d) *konsistent* und der Basisfall ist gezeigt.

Induktionsschritt: Unsere Behauptung gelte für einen *Disput* <|X|, K>, sei d = <|X s|, K> für einen *Schritt* s. Wir nehmen an, dass d *korrekt$_A$* ist. Da der *Disputverlauf* von d ungleich / / ist, gilt gemäß Definition von „*korrekt$_A$*": d– ist *korrekt$_A$*. Aufgrund der Induktionsannahme können wir folgern: DIC (d–) ist *konsistent*. Es kann nun eine Aussage p in d+ entweder (i) *zugelassen* oder (ii) *abgelehnt* oder (iii) *eingeräumt* oder (iv) *bestritten* oder (v) *offengelassen* werden. In den Fällen (ii) und (v) ändert sich nichts am *bisher Gesagten*, hier gilt also: DIC (d) ist *konsistent*. Was die Fälle (i) und (iii) angeht, so folgt aus der *Korrektheit* von d bei (i), dass p in d– nicht *abgelehnt werden muss$_A$*, bei (iii) dass p in d– nicht *bestritten werden muss$_A$* (andernfalls würde in d *zuwidergehandelt$_A$*). Wäre p in d– *widersprechend$_A$*, dann müsste p in d– *abgelehnt*[136] bzw. *bestritten werden$_A$*; in diesen beiden Fällen gilt also: DIC (d–) ⊬ ¬p, woraus wir mit KA folgern können: ⊬ ¬(DIC (d–) ∧ p). DIC (d–) ∧ p ist in diesen beiden Fällen jedoch gerade gleich DIC (d), damit gilt hier: DIC (d) ist *konsistent*. Eine ganz analoge Argumentation trifft auf den verbleibenden Fall (iv) zu, hier gilt: DIC (d–) ⊬ p und: DIC (d–) ∧ ¬p = DIC (d), daher ist DIC (d) ebenfalls *konsistent*.

---

[135] Zur Gleichsetzung von *possibile* und *konsistent*, vgl. die Diskussion der analogen Problematik in Bezug auf *necessarium* und *gültig* oben, in 3.1.4.

[136] Dies gilt auch in der minimalen Lösung und der Kontingenzlösung, vgl. die oben, in 4.3.2, präsentierten alternativen Definitionsansätze.

4.3.7. *Verpflichtungskonsistenz in der antiqua responsio*

Wir können nun zeigen, dass gemäß unserer Rekonstruktion korrekte Dispute verpflichtungskonsistent sind. Wir definieren zunächst den Begriff der *Verpflichtungskonsistenz$_A$*, indem wir in obige Definition 4.2–5 die Verpflichtungsbegriffe der *antiqua responsio* einsetzen:

> Definition 4.3–6 (verpflichtungskonsistent i. d. ant. resp.)
> Sei d ein *Disput* bzgl. L.
> d ist *verpflichtungskonsistent$_A$* gdw. für alle *Aussagen* p, Performationen Φ gilt:
> wenn p *ge-Φ-t werden muss$_A$*, dann gilt für alle *Alternativen* Ψ *zu* Φ: p *muss* nicht *ge-Ψ-t werden$_A$*.

Nach Behauptung 4.2–6, Behauptung 4.3–1, Behauptung 4.3.3 (b) und Behauptung 4.3–4 gilt *Verpflichtungskonsistenz$_A$* bei *konsistentem bisher Gesagtem*. Nach Behauptung 4.3–6 gilt *Konsistenz* des *bisher Gesagten* bei *Korrektheit$_A$*. Aus diesen beiden Tatsachen können wir schließen:

> Behauptung 4.3–7
> Sei d ein *Disput* bzgl. L.
> Wenn d *korrekt$_A$* ist. dann ist d *verpflichtungskonsistent$_A$*.

Es kann gefragt werden, welche Auswirkungen es auf das Ergebnis der *Verpflichtungskonsistenz* bei *Korrektheit* hat, wenn wir unsere Definitionen dahingehend liberalisieren, dass auch *Disputlogiken* mit einem *widerspruchsvollen Folgerungsbegriff* zugelassen sind. Sei daher ⊢ ein *widerspruchsvoller Folgerungsbegriff*. Es gibt also eine *Aussage* p mit ⊢ p und ⊢ ¬p. Gilt nun für den Begriff ⊢ überdies Importation, so können wir folgern: ⊤ ⊢ p und ⊤ ⊢ ¬p. Damit gilt für *Dispute* d mit *leerem Disputverlauf*: DIC (d) ⊢ p und DIC (d) ⊢ ¬p, also auch: p ist *folgend$_A$* und *widersprechend$_A$*, mithin: p *muss* in d *eingeräumt* und *bestritten werden$_A$*. *Dispute* mit *leerem Disputverlauf*, die ja die induktive Basis für den Begriff des *korrekten$_A$* Disputs bilden, sind dann also bereits *verpflichtungsinkonsistent$_A$*. Hieraus ist zu ersehen, welche fundamentale Rolle die *Widerspruchsfreiheit* von ⊢ für unser Ergebnis spielt.

Die in 4.2.4 f. im Zusammenhang mit Verpflichtungskonsistenz und Korrektheit diskutierte, mittelalterliche Schlussweise können wir nun rekonstruieren. Zunächst führen wir *nachkommen$_A$* analog zu Definition 4.2–4 ein:

> Definition 4.3–7 (nachkommen i. d. ant. resp.)
> Sei d ein *Disput* bzgl. L.
> In d *wird einer Verpflichtung nachgekommen$_A$* gdw.
> es gibt eine *Aussage* p und eine Performation Φ, so dass gilt: p *wird* in d+ *ge-Φ-t* und p *muss* in d– *ge-Φ-t werden$_A$*.

Gemäß Behauptung 4.2–7 und Behauptung 4.3–7 gilt dann:

> Behauptung 4.3–8
> Sei d ein *Disput* bzgl. L,
> Sei d– *korrekt$_A$*.
> Wenn in d einer *Verpflichtung nachgekommen wird$_A$*, so ist d *korrekt$_A$*.

Für die *antiqua responsio* gilt damit das Theorem, dass das Nachkommen einer Verpflichtung Korrektheit bewahrt: Ist der entsprechende Disput vor einer solchen Performation korrekt, so auch unmittelbar darauf.

4.3.8. *Die Neuerungen der nova responsio*

Bevor wir weitere Ergebnisse für die *antiqua responsio* formulieren, führen wir die Terminologie der *nova responsio* ein, um so einen Vergleich der *responsiones* in Bezug auf diese Resultate zu ermöglichen. Die Neuerungen der *nova* gegenüber der *antiqua responsio* stellen wir in diesem Abschnitt zunächst im Rahmen einer historischen Betrachtung heraus.

Der erste heute bekannte Traktat der *nova responsio* stammt von dem Obligationenautor Swyneshed. Dieser Traktat ist um die Jahre 1330–1335 herum verfasst,[137] also kurz vor der eigentlichen Blütezeit der Obligationenliteratur. Ein weiterer Traktat, welcher der *nova responsio* zugerechnet werden kann, ist der Traktat Lavenhams (entstanden im späten 14. Jahrhundert). Er ist offensichtlich stark von Swyneshed beeinflusst und liest sich über weite Strecken wie eine Kurzfassung desselben. Es sind außerdem zwei Traktate überliefert, in denen *antiqua* und *nova responsio* einander gegenübergestellt werden: Martinus Anglicus und Fland. Diese beiden Traktate sind einander sehr ähnlich, Schupp vermutet, dass sie auf eine gemeinsame Vorlage zurückgehen.[138] Aufgrund der Überlieferungslage lässt sich schließen, dass die *nova responsio* im Mittelalter weniger geschätzt wird als die *antiqua responsio*: Die große Mehrheit der uns erhaltenen Traktate sind der *antiqua responsio* zuzurechnen und erwähnen die *nova responsio* allenfalls kritisch.

Mit der *nova responsio* werden zwei unterschiedliche Neuerungen in Verbindung gebracht: Erstens, die abweichende Definition der Begriffe „*pertinens*" und „*impertinens*" und zweitens, die Verwendung der Klausel „*repugnans positioni*" in den Regeln.[139] Bezüglich letzterer Klausel ist

---

[137] Vgl. Swyneshed, *Obligationes*, S. 246.
[138] Vgl. Schupp, „Einleitung", S. XIV.
[139] Nachdem Fland die unterschiedliche Behandlung der *pertinentia* und *impertinentia*

festzuhalten: Ihre Verwendung ist nicht auf die *nova responsio* beschränkt, da wir mit Johannes von Holland mindestens einen Angehörigen der *antiqua responsio* haben, der sie ebenfalls verwendet.[140] Eine sinnvolle Diskussion der Klausel setzt überdies eine *Disputlogik* voraus, deren Mittel über aussagenlogische hinausgehen. Eine solche *Disputlogik* wird unten entwickelt, ich verschiebe daher die Diskussion der Klausel auf später.[141]

Für das Folgende werde ich allein die abweichenden Abhängigkeitsbegriffe als definierendes Kriterium für die *nova responsio* betrachten. Die hier vorgenommene Untersuchung der *nova responsio* befasst sich mit der Rekonstruktion dieser Abhängigkeitsterminologie und der darauf aufbauenden Begriffe, sowie mit der Rekonstruktion von Behauptungen der *nova-responsio*-Autoren, sofern sie sich allein aus dieser neuen Abhängigkeitsterminologie ergeben.

Wie wir wissen, wird in der *antiqua responsio* eine Aussage „*pertinens*" genannt, wenn sie aus dem bisher Gesagten folgt oder ihm widerspricht. Die Innovation der *nova* responsio besteht darin, dass nur diejenigen Aussagen *pertinens* sind, die bereits aus der oder den These(n) folgen bzw. ihr/ihnen widersprechen. In diesem Sinne lesen wir bei Swyneshed:

> Propositionum alia est pertinens obligato alia est impertinens obligato.[142]

Der Begriff „*obligatum*" ist dabei ein Oberbegriff für solche Aussagen, die dem Respondenten im Sinne einer der Obligationenspezies übertragen worden sind. Wir haben uns hier auf die Obligationenspezies der *positio* beschränkt, für unsere Zwecke bleibt damit festzuhalten, dass unter „*obligatum*" insbesondere das *positum* fällt. Da Swyneshed auch Dispute mit mehreren Thesen diskutiert, müssen wir ihn überdies so verstehen, dass das *obligatum* auch mehrere Thesen umfassen kann. Entscheidend für Swynesheds Ansatz ist damit, ob eine Aussage von

---

diskutiert hat, lesen wir: „Alia regula est *nova*, scilicet, eodem modo respondendum est ad positum et propter *repugnans posito* infra tempus obligationis sicut extra <Hervorhebungen von mir, H. K.>." (Fland, *Obligationes*, S. 47. Der Begriff „*repugnans posito*" ist jedoch irreführend, gerade hierin unterscheiden sich strenggenommen die *responsiones* nicht. Glücklicher ist die Wendung „*repugnans positioni*", die wir bei anderen Autoren finden.) — In der Sekundärliteratur behandelt beispielsweise Schupp die Klausel als einen zweiten Unterschied zwischen den *responsiones* (vgl. Schupp, „Kommentar", S. 103 ff).

[140] Vgl. Johannes von Holland *Logic*, S. 98.
[141] Vgl. die Abschnitte 5.2.14 ff.
[142] Swyneshed, *Obligationes*, S. 251.

der oder den Thesen „abhängt" oder nicht. Mit „Abhängigkeit" ist logische Abhängigkeit gemeint, wie aus einer späteren Stelle hervorgeht:

> Et nota quod propositio impertinens in omni specie obligationis est illa quae nec sequitur nec repugnat obligato.[143]

Der Stelle können wir entnehmen, dass eine unabhängige Aussage weder aus dem *obligatum* folgt noch ihm widerspricht. Erschließen lässt sich, dass eine Aussage in den verbleibenden Fällen abhängig ist, nämlich entweder bei Folge aus dem *obligatum* oder bei Widerspruch.

Entsprechendes finden wir bei Lavenham, der sich (nicht nur) diesbezüglich klarer ausdrückt:[144]

> Propositio impertinens est quae nec sequitur ex obligato nec ei repugnat in bona consequentia <...> Propositio pertinens est quae sequitur ex obligato vel ei repugnat.[145]

Lavenham bestimmt also „*impertinens*" analog zu Swyneshed und erwähnt auch den Fall des „*pertinens*" im oben erschlossenen Sinne. Über die Textstelle hinausgehend lässt sich unterstellen, dass *pertinens sequens* dann eine Aussage ist, die aus dem *obligatum* folgt und *pertinens repugnans* eine solche, die ihm widerspricht.

4.3.9. *Vorbemerkungen zum Vergleich der responsiones*

Bei der Rekonstruktion der *nova responsio* erhalten zunächst die Begriffe „*folgend*", „*widersprechend*" und „*unabhängig*" eine Neudefinition, des Weiteren alle Begriffe, die von jenen unmittelbar oder mittelbar abhängen.

---

[143] Swyneshed, *Obligationes*, S. 259.

[144] Es kann zu Spekulationen Anlass geben, dass Swyneshed seine Reformen nicht explizit als solche herausstellt oder gar seinen Traktat mit ihnen beginnen lässt. Stattdessen wird die Umgestaltung wie nebenbei vollzogen und muss z.T., wie wir sehen, aus seinen Behauptungen erschlossen werden. Bei der Lektüre des Traktats bekommt man daher den Eindruck, dass Swyneshed bei seinen Lesern eine Vertrautheit mit der *nova responsio* unterstellt. Es könnte demnach sein, dass Swyneshed nicht der erste *nova-responsio*-Autor ist oder dass er zumindest auf eine bestehende Praxis zurückgreift.

Es ließe sich weitergehen und vermuten, dass die *nova responsio* tatsächlich älter ist als die *antiqua responsio*. Hierfür spricht, dass sie erstens einfacher ist als diese (dies werden wir beim Beweis einiger Behauptungen sehen) sowie zweitens, dass die frühe Obligationenskizze Boethius von Daciens eher Ähnlichkeiten zur *nova* als zur *antiqua responsio* aufweist (vgl. oben, 2.2.6). Gegen diese Vermutung spricht jedoch eindeutig, dass die Begriffe *antiqua* und *nova responsio* bereits von mittelalterlichen Autoren verwendet werden.

[145] Lavenham, *Obligationes*, S. 229.

Diese Begriffe sind die Verpflichtungsbegriffe sowie die Begriffe des *Zuwiderhandelns*, der *Korrektheit*, des *Nachkommens* und der *Verpflichtungskonsistenz*. Für die abweichende Begrifflichkeit der *nova responsio* verwende ich Begriffszeichen, die mit dem Subskript „$_N$" versehen sind.

Bevor wir die Rekonstruktionssprache entsprechend erweitern, werden wir hier zunächst eine meta-rekonstruktionssprachliche Redeweise einführen. Wir wollen im Folgenden davon sprechen, dass eine rekonstruktionssprachliche Aussage Δ das „*nova-responsio*-Analogon" einer rekonstruktionssprachlichen Aussage Γ ist. Dafür muss Folgendes der Fall sein: in Γ dürfen von den oben aufgeführten Begriffen nur *antiqua-responsio*-Begriffe vorkommen und Δ muss durch vollständige Ersetzung dieser Begriffe durch die entsprechenden *nova-responsio*-Begriffe entstehen. Umgekehrt können wir dann natürlich vom „*antiqua-responsio*-Analogon" sprechen. Statt „Analogon" sage ich manchmal auch „Entsprechung" oder „Gegenstück".

Dieses Redemittel kürzt zunächst die begriffliche Etablierung der *nova responsio* ab. Wir können hiermit *nova-responsio*-Begriffe analog zur *antiqua responsio* einführen, indem wir das *nova-responsio*-Analogon der entsprechenden Definitionsaussage setzen. Außerdem lassen sich, aufbauend auf diese Redeweise, weitere metasprachliche Begriffe gewinnen, die den Vergleich der *responsiones* ermöglichen.

Bei diesem Vergleich gehen wir von den jeweils zutreffenden Behauptungen aus und unterscheiden insbesondere drei mögliche Fälle: Zunächst kann eine *antiqua-responsio*-Aussage Γ_A beweisbar sein, auf deren *nova-responsio*-Gegenstück Γ_N dies ebenfalls zutrifft. In diesem Fall werden wir von einer „Übereinstimmung *inter responsiones*" oder auch kurz (wenn dies aus dem Kontext klar ist) von einer „Übereinstimmung" sprechen. — Daneben kann in der *antiqua responsio* Γ_A gelten, während in der *nova responsio* ein kontradiktorisches Gegenstück nicht-Γ_N gültig ist. Wir werden dies dann als einen „Widerspruch *inter responsiones*" oder kurz als einen „Widerspruch" bezeichnen. — Abweichungen zwischen den *responsiones* können sich auch in jeweils konträren Aussagen äußern. Wenn aus einer zutreffenden *antiqua-responsio*-Behauptung Γ_A das negierte Analogon einer ebenfalls zutreffenden *nova-responsio*-Behauptung Δ_N (d.h. also die Aussage nicht-Δ_A) folgt (bzw. analog für Δ_N und nicht-Γ_N), so werden wir dies als eine „Unverträglichkeit *inter responsiones*" oder kurz „Unverträglichkeit" bezeichnen.[146]

---

[146] Wir sehen, dass bei zwei unverträglichen Behauptungen Γ_A und Δ_N die

4.3.10. *Rekonstruktion der nova responsio*

Unsere historische Betrachtung hat gezeigt, dass für die Abhängigkeitsbegriffe der *nova responsio* die These(n) eines Disputs relevant sind.
Im Hinblick auf eine Rekonstruktion der *nova responsio* haben wir
oben bereits den Begriff des *Verpflichteten* bereitgestellt (Definition
3.2–9). Das *Verpflichtete* eines Disputs umfasst dessen *zugelassene(n)*
These(n). In der Abhängigkeitsterminologie der *nova responsio* übernimmt der Begriff des *Verpflichteten* diejenige Rolle, die in der *antiqua
responsio* das *bisher Gesagte* innehat. Die Begriffe *folgend$_N$*, *widersprechend$_N$*
und *unabhängig$_N$* lassen sich also analog zu Definition 4.3–1 einführen, es wird hierbei „das *bisher Gesagte*", „DIC (d)", durch „das
Verpflichtete", „OBL (d)", ersetzt.

> Definition 4.3–8 (Abhängigkeitsbegriffe i. d. nova resp.)
> Sei d ein *Disput* bzgl. L = <S, ⊢>.
> (a) p ist *folgend$_N$* in d gdw. OBL (d) ⊢ p.
> (b) p ist *widersprechend$_N$* in d gdw. ¬p ist *folgend$_N$* in d.
> (c) p ist *unabhängig$_N$* in d gdw. p ist weder *folgend$_N$* noch *widersprechend$_N$*
>   in d.

Zwischen den Abhängigkeitsbegriffen der *responsiones* bestehen gewisse
Beziehungen, die darauf beruhen, dass das *Verpflichtete* eines *Disputs*
aus seinem *bisher Gesagten* folgt:

> Behauptung 4.3–9[147]
> Sei d ein *Disput* bzgl. L.
> (a) Wenn p *folgend$_N$* in d ist, dann ist p *folgend$_A$* in d.
> (b) Wenn p *widersprechend$_N$* in d ist, dann ist p *widersprechend$_A$* in d.
> (c) Wenn p *unabhängig$_A$* in d ist, dann ist p *unabhängig$_N$* in d.

Beweisidee
Wenn p *folgend$_N$* ist, so gilt OBL (d) ⊢ p. Da gemäß Behauptung 3.2–6
gilt: DIC (d) ⊢ OBL (d), gilt mit KA also auch DIC (d) ⊢ p, mithin:
p ist *folgend$_A$*. Ist p *widersprechend$_N$*, so ist ¬p *folgend$_N$*, damit ist ¬p *folgend$_A$*
und p ist *widersprechend$_A$*. Ist p schließlich *unabhängig$_A$* so ist p weder
folgend$_A$ noch *widersprechend$_A$*, damit weder *folgend$_N$* noch *widersprechend$_N$*
(Kontraposition der gerade bewiesenen Konditionale), also *unabhängig$_N$*.

Behauptungen nicht-Δ_A und nicht-Γ_N, ebenfalls zutreffen müssen. Außerdem gilt,
dass wir es bei Widersprüchen immer auch mit Unverträglichkeiten *inter responsiones*
zu tun haben, dass das Umgekehrte jedoch nicht zutrifft.
[147] Soweit ich sehen kann, findet sich weder bei Fland noch bei Martinus Anglicus
ein entsprechender Hinweis.

Die Begriffe „*folgend*" und „*widersprechend*" sind in der *nova responsio* schwächer als in der *antiqua responsio.* Andererseits ist „*unabhängig*" der in der *nova responsio* stärkere Begriff. Die Abhängigkeitsterminologie ist also in der *nova responsio* in Richtung auf Unabhängigkeit verschoben. Da unabhängige Aussagen (in beiden *responsiones*) gemäß ihres epistemischen Status' beantwortet werden müssen, bedeutet dies, dass die *nova responsio* einer solchen epistemischen Beantwortung einen größeren Raum zuweist als die *antiqua responsio.* Auf die philosophischen Konsequenzen dieser Tatsache werden wir unten eingehen.[148]

Die übrige Begrifflichkeit der *nova responsio* lässt sich analog zur entsprechenden *antiqua-responsio*-Nomenklatur einführen: Die *nova-responsio*-Verpflichtungsbegriffe „*muss zugelassen werden$_N$*" und „*muss abgelehnt werden$_N$*" werden eingeführt, indem das *nova-responsio*-Analogon zu Definition 4.3–2 definitorisch gesetzt wird.[149] Die Entsprechung zu Behauptung 4.3–1 wird dann beweisbar. Wir haben es hier also mit einer ersten Übereinstimmung *inter responsiones* zu tun.

Die übrigen Verpflichtungsbegriffe „*muss eingeräumt werden$_N$*" „*muss bestritten werden$_N$*" und „*muss offengelassen werden$_N$*" werden analog zu Definition 4.3–3 definiert. Ausgehend von dieser Definition können wir weitere Übereinstimmungen zwischen den *responsiones* beweisen, nämlich die *nova-responsio*-Entsprechungen zu Behauptung 4.3–2 und Behauptung 4.3–3. Die diesbezüglichen Überlegungen lassen sich bei konsequenter Ersetzung der entsprechenden Begriffe übernehmen. Bei Behauptung 4.3–4 ist es zweckmäßig, neben der Ersetzung der *antiqua-responsio*-Begrifflichkeit eine weitere Veränderung vorzunehmen (das strikte Analogon dieser Behauptung gilt jedoch ebenfalls); hier werden wir zusätzlich „das *bisher Gesagte*" durch „das *Verpflichtete*" ersetzen:

Behauptung 4.3–10
Sei das *Verpflichtete* eines *Disputs* d *konsistent.* Dann gilt: Wenn p in d *eingeräumt werden muss$_N$,* dann *muss* p in d nicht *bestritten werden$_N$.*

Beweisidee
Von: p *muss eingeräumt werden$_N$* schließen wir auf die Disjunktion: p ist *folgend$_N$* oder p ist nicht *widersprechend$_N$* und bekanntermaßen wahr. Im ersten Fall, p ist *folgend$_N$*, erhalten wir gemäß Definition 4.3–8: OBL (d) ⊢ p.

---

[148] Vgl. 4.4.3.
[149] Analog zu den alternativen Definitionen in 4.3.3 lässt sich auch eine minimale und eine Kontingenzlösung für die *nova responsio* angeben.

Aufgrund der angenommenen *Konsistenz* von OBL (d) gilt: OBL (d) ⊬ ¬p. p ist also nicht *widersprechend*$_N$ und *folgend*$_N$, was hinreichend ist für: p *muss* nicht *bestritten werden*$_N$. Die Argumentation für den zweiten Fall kann bei Ersetzung der Terminologie von Behauptung 4.3−4 übernommen werden.

Bei der Etablierung der Begriffe *zuwiderhandeln*$_N$ bzw. *korrekt*$_N$, setzen wir die *nova-responsio*-Analoga zu Definition 4.3−4 bzw. Definition 4.3−5.[150] Bei Behauptung 4.3−6 weichen wir erneut vom *nova-responsio*-Gegenstück ab, wiederum ersetzen wir zusätzlich „das *bisher Gesagte*" durch „das *Verpflichtete*" (diesmal ist das strikte Analogon nicht beweisbar, vgl. unten, Behauptung 4.3−20):

Behauptung 4.3−11
Sei d ein *Disput* bzgl. L.
Wenn d *korrekt*$_N$ ist, dann ist das *Verpflichtete* von d *konsistent*.

Beweisidee
Der Beweis ist etwas einfacher als der von Behauptung 4.3−6, da sich OBL im Gegensatz zu DIC nur bei einer *eingeräumten Aussage* verändert. Wir induzieren erneut über den *Disputverlauf* v des *Disputs* d. Ist v = / /, so ist OBL (d) = T, wegen *Widerspruchsfreiheit* von ⊢ gilt: OBL (d) ist *konsistent*. Sei unsere Behauptung für *Dispute* </X/, K> gezeigt, sei d = </X s/, K>. Sei d *korrekt*$_N$. Dann gilt: d− ist *korrekt*$_N$, gemäß Induktionsannahme gilt also: OBL (d−) ist *konsistent*. Im Fall s ≠ /Po, p, Ad/ ändert sich nichts am *Verpflichteten*, hier gilt also: OBL (d) ist *konsistent*. Sei andererseits s = /Po, p, Ad/. Aus der *Korrektheit*$_N$ von d folgt, dass p in d− nicht *abgelehnt werden muss*$_N$, daher: p ist nicht *widersprechend*$_N$.[151] Es gilt also: OBL (d−) ⊬ ¬p, da OBL (d−) ∧ p identisch mit OBL (d) ist, folgt gemäß KA die *Konsistenz* von OBL (d).

Wir führen den Begriff der *Verpflichtungskonsistenz*$_N$ durch Setzung der Entsprechung zu Definition 4.3−6 ein.[152] Gemäß den *nova-responsio*-Gegenstücken zu Behauptung 4.3−1 und Behauptung 4.3−3 (b) sowie gemäß Behauptung 4.3−10 können wir nach Behauptung 4.2−6 auf *Verpflichtungskonsistenz*$_N$ bei *konsistentem Verpflichteten* schließen. Nach Behauptung 4.3−11 gilt überdies *Konsistenz* des *Verpflichteten* bei *Korrektheit*$_N$. Wir erhalten also *Verpflichtungskonsistenz*$_N$ bei *Korrektheit*$_N$. und damit eine weitere Übereinstimmung *inter responsiones*.

---

[150] Dasselbe Ergebnis erhalten wir durch Einsetzung der *nova-responsio*-Terminologie in die schematische Definition 4.2−2 bzw. in die schematische Definition 4.2−3.
[151] Auch dies gilt gemäß allen drei Lösungen für die These.
[152] Abermals macht es keinen Unterschied, ob wir stattdessen von der schematischen Definition 4.2−5 ausgehen.

Auf *Verpflichtungskonsistenz$_N$* bei *Korrektheit$_N$* beruht die Tatsache, dass sich die Schlussweise: „Einer Verpflichtung Nachkommen wirkt korrektheitsbewahrend" auch für die *nova responsio* rekonstruieren lässt. Wir definieren „*nachkommen$_N$*" analog zu Definition 4.3–7.[153] Gemäß Behauptung 4.2–7 und *Verpflichtungskonsistenz$_N$* bei *Korrektheit$_N$* gilt damit auch das Analogon zu Behauptung 4.3–8. Auch hier besteht also eine Übereinstimmung zwischen den *responsiones*.

4.3.11. *Trivialisierungseffekte unmöglicher und wahrer posita*

Wir können an dieser Stelle eine Diskussion aufgreifen, die wir oben im Zusammenhang mit maximaler, Kontingenz- und minimaler Lösung begonnen haben.[154] Bei den mittelalterlichen Autoren findet sich, wie wir gesehen haben, erstens eine globale Tendenz zum Ausschluss unmöglicher Thesen, zweitens eine lokale Tendenz zum Ausschluss bekanntermaßen wahrer Thesen. Wir werden uns in diesem Abschnitt um eine begriffliche Erklärung der beiden Tendenzen bemühen.

Die logischen Eigenschaften der These eines Disputs haben, wie wir im Folgenden zeigen werden, einen gewissen Einfluss darauf, welche Vorschläge jeweils einzuräumen, zu bestreiten oder offen zu lassen sind. Die Effekte sind von der Art, dass wir sagen können: unmögliche bzw. wahre Thesen trivialisieren die Verpflichtungen bezüglich vorgeschlagener Aussagen in einer bestimmten, jedoch jeweils unterschiedlichen Weise. Will man diese Trivialisierungen vermeiden, so ist es sinnvoll, die Regeln für die These entsprechend zu gestalten. Da die drei Lösungen, wie wir oben festgestellt haben, *responsio*-übergreifend vorkommen, wollen wir die Trivialisierungseffekte anhand geeigneter Übereinstimmungen *inter responsiones* diskutieren.

Der Fall, dass die These(n) eines Disputs unmöglich ist (sind), kann rekonstruktionssprachlich durch die Annahme repräsentiert werden, dass das *Verpflichtete* eines gegebenen *Disputs* inkonsistent ist. In *antiqua* und *nova responsio* ergeben sich dann die gleichen Verpflichtungen bezüglich vorgeschlagener *Aussagen*. Die Behauptung kann deswegen übereinstimmend für beide *responsiones* formuliert werden. Die hier und im Folgenden verwendete Schreibweise „p *muss ge-Φ-t werden$_{A,N}$*" bedeutet dabei: „p *muss ge-Φ-t werden$_A$* und p *muss ge-Φ-t werden$_N$*".

---

[153] Hier ergibt sich als Alternative die schematische Definition 4.2–4.
[154] Vgl. oben, 4.1.6.

Behauptung 4.3–12
Sei das *Verpflichtete* eines *Disputs* d *inkonsistent.* Dann gilt:
  (a) p *muss eingeräumt werden$_{A,N}$* in d

  und

  (b) p *muss bestritten werden$_{A,N}$* in d

  und

  (c) p *muss* nicht *offengelassen werden$_{A,N}$* in d.

Beweisidee
Bei $\vdash \neg$ OBL (d) gilt aufgrund von KA: OBL (d) $\vdash$ p und OBL (d) $\vdash$ ¬p. Damit gilt: p ist *folgend$_N$* und: p ist *widersprechend$_N$* und damit auch: p ist nicht *unabhängig$_N$* in d. Hieraus lässt sich folgern: p *muss eingeräumt werden$_N$* und p *muss bestritten werden$_N$* und p *muss* nicht *offengelassen werden$_N$*. Nach Behauptung 4.3–9 gilt überdies bei: p ist *folgend$_N$* und p ist *widersprechend$_N$* auch: p ist *folgend$_A$* und p ist *widersprechend$_A$*, damit also auch: p ist nicht *unabhängig$_A$*. Analog gilt dann: p *muss eingeräumt werden$_A$* und p *muss bestritten werden$_A$* und p *muss* nicht *offengelassen werden$_A$*.

In einem *Disput* mit *inkonsistentem Verpflichteten* muss also jede vorgeschlagene *Aussage* sowohl *eingeräumt* als auch *bestritten* werden. In diesem Fall können die Verpflichtungen bezüglich einer beliebigen Aussage angegeben werden, ohne dass auf deren Abhängigkeitsstatus oder ihren epistemischen Status eingegangen wird. Im Fall einer konsistenten These sind u.U. sowohl Abhängigkeitsverhältnisse als auch epistemische Verhältnisse für die bestehenden Verpflichtungen relevant. Da die ansonsten möglicherweise relevanten Verhältnisse der Abhängigkeit und Epistemik in Disputen mit unmöglichen Thesen keine Rolle spielen, können wir die dort herrschenden Verpflichtungen als trivial bezeichnen.

Da *Einräumen* und *Bestreiten Alternativen* von einander sind, ist ein *Disput* mit *inkonsistentem Verpflichteten verpflichtungsinkonsistent$_{A,N}$*. Wenn die Regeln für die These diesen Fall nicht ausschließen, so ist die Verpflichtungsinkonsistenz auf regulärem Weg zustande gekommen. Der generelle Ausschluss unmöglicher Thesen verhindert daher nicht nur den angesprochenen Trivialisierungseffekt, sondern dient auch der Vermeidung von gleichzeitig korrekten und verpflichtungsinkonsistenten Disputen.

Kommen wir zum Trivialisierungseffekt bekanntermaßen wahrer Thesen. Diesen Trivialisierungseffekt zu formulieren, erfordert größeren Aufwand. Um den Effekt zu zeigen, gehen wir davon aus, dass das *Verpflichtete* eines *Disputs bekanntermaßen wahr* ist. Welche Verpflichtungen für den Vorschlag gelten unter dieser Bedingung?

In der *nova responsio* gilt die folgende Behauptung, die sich im Sinne eines Trivialisierungseffekts deuten lässt. Da das *antiqua-responsio*-Gegenstück zu dieser Behauptung nicht gilt und ich die Trivialisierungseffekte an übereinstimmenden Behauptungen zeigen will, werde ich jedoch nicht sie als Ausgangspunkt der Diskussion wählen. Aufbauend auf diese Behauptung lässt sich ein weiteres Ergebnis zeigen, das für beide *responsiones* gilt und ebenfalls im Sinne eines Trivialisierungseffektes interpretiert werden kann.

Behauptung 4.3–13
Ist *das Verpflichtete* eines *Disputs* d *bekanntermaßen wahr*, so gilt:
   (a) p *muss eingeräumt werden$_N$* gdw. p *bekanntermaßen wahr* ist.
   (b) p *muss bestritten werden$_N$* gdw. p *bekanntermaßen falsch* ist.
   (c) p *muss offengelassen werden$_N$* gdw. p *ungewiss* ist.

Beweisidee
zu a) Links-Rechts: Es gelte: p *muss eingeräumt werden$_N$*. Dann ist p entweder *folgend$_N$* oder nicht *widersprechend$_N$* und *bekanntermaßen wahr*. Im zweiten Fall haben wir bereits das Gewünschte, im ersten Fall gilt wegen: OBL (d) ⊢ p und: OBL (d) ist *bekanntermaßen wahr* ebenfalls: p ist *bekanntermaßen wahr* (vgl. Behauptung 3.2–2 (c)).
   Rechts-Links: Sei p andererseits *bekanntermaßen wahr*. p kann nun nicht *widersprechend$_N$* sein: Wäre p dies, so würde gelten OBL (d) ⊢ ¬p, mit Behauptung 3.2–2 (c) wäre ¬p also *bekanntermaßen wahr*, damit p gleichzeitig *bekanntermaßen wahr* und *falsch* (im Widerspruch zu Behauptung 3.2–2 (a)). p ist also nicht *widersprechend$_N$* und *bekanntermaßen wahr*, was hinreichend ist für: p *muss eingeräumt werden$_N$*.
   zu b) Aufgrund des *nova-responsio*-Analogons von Behauptung 4.3–3 gilt: p *muss* in d genau dann *bestritten werden$_N$*, wenn ¬p *eingeräumt werden muss$_N$*, ferner gilt: p ist genau dann *bekanntermaßen falsch*, wenn ¬p *bekanntermaßen wahr* ist. Gemäß der gerade bewiesenen Behauptung (a) lässt sich folgern: p *muss bestritten werden$_N$* gdw. p *bekanntermaßen falsch* ist.
   zu c) Links-Rechts: Generell gilt, dass wenn p *offengelassen werden muss$_N$*, p *ungewiss* ist.
   Rechts-Links: Ist andererseits p *ungewiss*, so ist p weder *bekanntermaßen wahr* noch *falsch* (vgl. Behauptung 3.2–2 (b)). Wie wir bereits gesehen haben, gilt unter der Annahme dass OBL (d) *bekanntermaßen wahr* ist: Wäre *widersprechend$_N$*, so wäre p *bekanntermaßen falsch*, analog gilt (aufgrund entsprechender Äquivalenzen): wäre p *folgend$_N$*, so wäre p *bekanntermaßen wahr*. p ist also weder *widersprechend$_N$* noch *folgend$_N$*, also *unabhängig$_N$* und *muss*, da außerdem *ungewiss*, *offengelassen werden$_N$*.

In der *antiqua responsio* gilt nicht das Analogon zu Behauptung 4.3–13, aber eine ähnliche Behauptung: Neben der Ersetzung der *responsio*-spezifischen Terminologie müssen wir zusätzlich OBL (d) durch DIC (d) substituieren:

Behauptung 4.3–14
Ist das *bisher Gesagte* eines *Disputs* d *bekanntermaßen wahr*, so gilt:
   (a) p *muss eingeräumt werden*$_A$ gdw. p *bekanntermaßen wahr* ist.
   (b) p *muss bestritten werden*$_A$ gdw. p *bekanntermaßen falsch* ist.
   (c) p *muss offengelassen werden*$_A$ gdw. p *ungewiss* ist.

Beweisidee
Der Beweis kann von Behauptung 4.3–13 übernommen werden, indem
erstens die *nova-responsio*-Begriffe durch *antiqua responsio*-Begriffe und zweitens OBL (d) durch DIC (d) ersetzt wird.

Die letztere Behauptung trifft nicht den uns interessierenden Fall, da
sie statt eines *bekanntermaßen wahren Verpflichteten* ein *bekanntermaßen wahres bisher Gesagten* annimmt. Unter Annahme der *Korrektheit*$_A$ eines
Disputs besteht jedoch ein Implikationsverhältnis zwischen einem solchen *Verpflichteten* und *bisher Gesagten*:

Behauptung 4.3–15
Ist ein *Disput* d *korrekt*$_A$ und das *Verpflichtete* von d *bekanntermaßen wahr*,
so ist auch das *bisher Gesagte* von d *bekanntermaßen wahr*.

Beweisidee
Wir induzieren über den *Disputverlauf* v des *Disputes* d. Ist v = | |, so
gilt OBL (d) = DIC (d), ist ersteres *bekanntermaßen wahr*, dann daher
auch letzteres, unsere Behauptung gilt damit für den Basisfall. Für den
Induktionsschritt nehmen wir an, dass unsere Behauptung für einen
Disput <|X|, K> gilt, es sei d = <|X s|, K>. Im Fall von DIC (d) =
DIC (d–) gilt unsere Behauptung aufgrund der Induktionsannahme. Ist
dagegen DIC (d) ≠ DIC (d–), so ist DIC (d) = DIC (d–) ∧ p für eine
Aussage p und p *wird* in d+ entweder (a) *zugelassen* oder (b) *eingeräumt*
oder (c) es gibt eine *Aussage* q mit p = ¬q und q *wird* in d+ *bestritten*.
Im ersten Fall gilt: OBL (d) = OBL (d–) ∧ p, damit OBL (d) ⊢ p, da
OBL (d) gemäß Annahme *bekanntermaßen wahr* ist, ist p ebenfalls *bekanntermaßen wahr*. Im zweiten Fall gilt aufgrund von *Korrektheit*$_A$ von d, dass
p in d– weder *bestritten* noch *offengelassen werden muss*$_A$, da DIC (d–) *bekanntermaßen wahr* ist, können wir mit Behauptung 4.3–14 (b) und (c) folgern:
p ist nicht *bekanntermaßen falsch* und: p ist nicht *ungewiss*, woraus sich ergibt:
p ist *bekanntermaßen wahr*. Analog können wir im dritten Fall folgern: q
ist weder *bekanntermaßen wahr* noch *ungewiss*, damit also *bekanntermaßen
falsch*, da p = ¬q, gilt also auch hier: p ist *bekanntermaßen wahr*. In
DIC (d–) ∧ p sind also beide Konjunkte *bekanntermaßen wahr* sind, (ersteres
aufgrund Induktionsannahme, das zweite wie bewiesen) gemäß Behauptung 3.2–2 (d) ist die Konjunktion dann selbst *bekanntermaßen wahr*, wegen
DIC (d–) ∧ p = DIC (d) folgt hieraus: DIC (d) ist *bekanntermaßen wahr*.

Aus den letzten drei Behauptungen können wir eine Übereinstimmung
inter responsiones folgern, anhand derer wir den Trivialisierungseffekt diskutieren wollen:

Behauptung 4.3–16
Sei das *Verpflichtete* eines *Disputs* d *bekanntermaßen wahr.*
Sei d– *korrekt$_A$* bzw. *korrekt$_N$*.
Wenn in d+

   (a) eine *bekanntermaßen wahre Aussage* p *eingeräumt wird*

       oder

   (b) eine *bekanntermaßen falsche Aussage* p *bestritten wird*

       oder

   (c) eine *ungewisse Aussage* p *offengelassen wird*
dann ist d *korrekt$_A$* bzw. *korrekt$_N$*.

Beweisidee
Sei OBL (d) *bekanntermaßen wahr.* Für die *antiqua responsio* gilt: Ist d–
korrekt$_A$, so lässt sich gemäß Behauptung 4.3–15 schließen: DIC (d–) ist
bekanntermaßen wahr. Behauptung 4.3–14 zufolge gilt dann: Ist eine *Aussage*
p *bekanntermaßen* wahr, so *muss sie in d– eingeräumt werden$_A$*, ist sie *bekanntermaßen falsch*, so muss sie in d– *bestritten werden$_A$*, ist sie *ungewiss*, so muss
sie *offengelassen werden$_A$*. Wird nun eine entsprechende *Aussage* in d + *eingeräumt, bestritten* bzw. *offengelassen*, so gilt, da *Nachkommen$_A$ Korrektheit$_A$*
bewahrt: d ist *korrekt$_A$*. Für die *nova responsio* können wir gemäß Behauptung
4.3–13 direkt schließen, dass in d– eine *bekanntermaßen wahre Aussage eingeräumt* bzw. eine *falsch bestritten* bzw. eine *ungewisse offengelassen werden
muss$_N$*. Da *Nachkommen$_N$* ebenfalls *Korrektheit$_N$* bewahrt, gilt in den entsprechenden Fällen: d ist *korrekt$_N$*.

Für beide *responsiones* ist es also bei einer *bekanntermaßen wahren* These
zur Korrektheitsbewahrung hinreichend, vorgeschlagene *Aussagen* gemäß ihres epistemischen Status' zu beantworten. Die zur Korrektheitsbewahrung relevanten Verpflichtungen bezüglich einer vorgeschlagenen
Aussage können also ohne Bezugnahme auf die Abhängigkeitsterminologie beschrieben werden, da dies im Fall einer falschen These
nicht generell zutrifft, kann von einem Trivialisierungseffekt gesprochen werden.

Der Trivialisierungseffekt wird im Mittelalter gelegentlich wie folgt
charakterisiert: Wenn wir davon ausgehen, dass außerhalb eines Obligationendisputs Aussagen gemäß ihres epistemischen Status' beantwortet werden müssen — man muss z.B. eine Aussage einräumen,
von der man weiß, dass sie wahr ist — dann besteht der Trivialisierungseffekt darin, dass bei wahrer These zur Korrektheitsbewahrung
innerhalb des Disputs dieselben Verpflichtungen gelten wie außerhalb.
In diesem Sinne drückt sich der anonyme Autor von Merton College
aus: Wahre Thesen sind wirkungslos („*frustra*"), da der Respondent
bekanntermaßen Wahres ohnehin („*sine positione*") einräumen muss:

Si cognoscente respondentem opponente scire propositionem ponendam, frustra ei eandem supponeret opponens. Haec patet. Nullum verum scitum est negandum deducta obligatione simpliciter; igitur si proponatur propositio respondenti vera scita, eam habet concedere sine positione.[155]

Vermittels Behauptung 4.3–16 lässt sich induktiv zeigen, dass ein *Disput* mit *bekanntermaßen wahrem Verpflichteten* genau dann *korrekt$_A$* ist, wenn er *korrekt$_N$* ist. Dies gilt, weil sich die beiden *responsiones* allein in Bezug auf die Abhängigkeitsterminologie unterscheiden und zur Korrektheitsbewahrung in diesem Fall nur die epistemischen Begriffe relevant sind. Daher kann davon gesprochen werden, dass ein bekanntermaßen wahres Verpflichtetes die Unterschiede zwischen den *responsiones* nivelliert. Auch dies lässt sich als Trivialisierungseffekt ansehen.

Der Trivialisierungseffekt bekanntermaßen wahrer Thesen ist weniger tiefgreifend als der unmöglicher Thesen: Erstens betrifft der Trivialisierungseffekt wahrer Thesen nur die zur Aufrechterhaltung von Korrektheit relevanten Verpflichtungen (d.h. wir müssen annehmen, dass der Vorgängerdisput korrekt ist), während sich der Effekt unmöglicher Thesen auf Verpflichtungen überhaupt bezieht. Abgesehen davon bleiben zweitens bei wahren Thesen die epistemischen Eigenschaften relevant, während bei unmöglichen auch diese vernachlässigt werden können.

Beim Aufbau einer Theorie rechtfertigen letztlich die verfolgten Interessen, welche Fälle man aus der Betrachtung ausschließt bzw. als u.U. nicht-intendierte Grenzfälle zulässt.[156] Wie wir gesehen haben, bringt die Akzeptanz unmöglicher *posita* zusätzlich mit sich, dass sich das Ergebnis der Verpflichtungskonsistenz bei Korrektheit nicht allgemein halten lässt, was jedoch von der Akzeptanz wahrer Thesen nicht gilt. Verpflichtungskonsistenz bei Korrektheit ist Voraussetzung für gewisse Zielsetzungen, die, wie wir unten argumentieren werden,[157] den Obligationenautoren unterstellt werden können. Damit ergibt sich für den Ausschluss unmöglicher *posita* ein die Trivialisierungseffekte übersteigendes theoretisches Interesse. Im Gegensatz zu unmöglichen,

---

[155] Anonym, *De Arte Obligatoria*, S. 246.

[156] Ich erinnere in diesem Zusammenhang an das Vorgehen in der klassischen Prädikatenlogik, die einen leeren Diskursbereich nicht als Grenzfall zulässt, sondern ausschließt, um beispielsweise die Aussage $\forall x\ (Fx \land \neg Fx)$ als inkonsistent erweisen zu können. Manche Systeme der sogenannten „*free Logic*", die von anderen Zielsetzungen ausgehen, machen diese Voraussetzung nicht.

[157] Vgl. dazu 5.3.1.

können bekanntermaßen wahre Thesen als nicht-intendierte Grenzfälle geduldet werden, ohne dieses Interesse zu gefährden. Das hier gewählte Vorgehen, nämlich der maximalen Lösung beizutreten und unmögliche Thesen aus-, bekanntermaßen wahre jedoch einzuschließen, kann auf diese Weise gerechtfertigt werden. — Auf Motivationen, die sich aus dem unterstellten historischen Interesse für die Akzeptanz von minimaler, Kontingenz- oder maximaler Lösung ergeben, werden wir weiter unten eingehen.[158]

4.3.12. Die „Inkonsistenz" der nova responsio

Es wurde schon erwähnt, dass die *antiqua responsio* bei den mittelalterlichen Autoren weiter verbreitet ist als die *nova responsio*. Manche *antiqua-responsio*-Autoren formulieren spezielle Argumente, welche die *nova responsio* als „inkonsistent"[159] (*inconveniens*) erweisen sollen. Je nach den Vorstellungen, die man an eine Disputationstheorie anlegt, gelten in der *nova responsio* einige vielleicht „kontraintuitiv" erscheinende Behauptungen, dasselbe trifft jedoch, wie wir sehen werden, auch auf die *antiqua responsio* zu. Um daher eine der beiden *responsiones* als inkonsistent bezeichnen zu können, muss die Eigenschaft, auf die abgezielt wird, präzisiert werden.[160]

Im Mittelalter werden vor allem zwei kritische Argumente gegen die *nova responsio* vorgebracht. Das eine geht vermutlich auf Strode[161] zurück, das andere auf Buser.[162] Beide Argumente finden sich bei Paul von Venedig.[163] Aus der Stoßrichtung der Argumente lässt sich der zugrundeliegende Begriff von Inkonsistenz erschließen: Es wird jeweils versucht zu zeigen, dass in einem gemäß der *nova responsio* korrekten Disput eine dem Verpflichteten widersprechende Aussage

---

[158] Vgl. 4.4.2.
[159] In Anlehnung an Spade (vgl. folgende Fußnote) wende ich hier den Begriff der Inkonsistenz auf Obligationentheorien an, obwohl dieser Begriff bereits eine spezielle Eigenschaft von Aussagen bezeichnet. Durch den Kontext sollten Missverständnisse ausgeschlossen sein.
[160] In diesem Sinne hat P.V. Spade eine Reihe von Inkonsistenzbegriffen in Bezug auf Obligationentheorien zusammengestellt, vgl. Spade, „Three Theories", S. 7–9. — Ich werde im Folgenden in Fußnoten darauf hinweisen, wenn wir ein Ergebnis formulieren, das einem von Spades Inkonsistenzbegriffen nahe kommt.
[161] Vgl. die Diskussion in Ashworth, „Relevance and Order", S. 186 ff.
[162] Vgl. Buser, *Obligationes*, S. 182 ff.
[163] Vgl. Paul von Venedig, *Obligationes*, S. 68 ff.

eingeräumt werden muss.[164] Eine Obligationentheorie lässt sich nach dem implizierten Sprachgebrauch also als inkonsistent bezeichnen genau dann, wenn in einem *korrekten Disput* eine dem *Verpflichteten widersprechende Aussage eingeräumt werden muss*.[165] Für beide *responsiones* kann jedoch ihre Konsistenz in diesem Sinne gezeigt werden:

Behauptung 4.3–17
Sei d ein *Disput* und es gelte: p *widerspricht* dem *Verpflichteten* von d.
  (a) Wenn d *korrekt$_A$* ist, dann *muss* p nicht *eingeräumt werden$_A$*.
  (b) Wenn d *korrekt$_N$* ist, dann *muss* p nicht *eingeräumt werden$_N$*.

Beweisidee
Wegen $\vdash \neg(p \land \text{OBL}(d))$ gilt: $\text{OBL}(d) \vdash \neg p$. p ist also *widersprechend$_N$* und daher auch *widersprechend$_A$* (vgl. Behauptung 4.3–9 (b)). Damit gilt: p *muss bestritten werden$_{A,N}$*. Da *Einräumen* eine *Alternative* zu *Bestreiten* ist, gilt wegen *Verpflichtungskonsistenz$_{A,N}$* bei *Korrektheit$_{A,N}$*: p *muss* nicht *eingeräumt werden$_{A,N}$*.

Swyneshed weist ausdrücklich darauf hin, dass die *nova responsio* in diesem Sinne konsistent ist.[166] Als Korrolar folgt aus Behauptung 4.3–17, dass in *korrekten$_{A,N}$* Disputen keine *inkonsistente Aussage* eingeräumt werden *muss$_{A,N}$*, da eine solche allem *widerspricht* und insbesondere OBL (d).[167] Diese Tatsache rekonstruiert die Behauptung: „*propter possibile tibi positum non est impossibile concedendum*", die wir bei Burley,[168] Ockham,[169] Buser[170], Johannes von Holland,[171] Paul von Venedig[172] und Paul von Pergula[173] als eine *regula* finden.

Mit den mittelalterlichen Inkonsistenz-„Beweisen" bezüglich der *nova responsio* werden wir uns nur kurz befassen: Buser konstruiert einen Disput mit den Thesen „*nullus homo est Parisius*" und „*nullus homo*

---

[164] Im Fall eines inkorrekten Disputs müssen in beiden *responsiones* u.U. dem Verpflichteten widersprechende Aussagen eingeräumt werden. Wird beispielsweise eine unmögliche Aussage zugelassen, so müssen, wie wir gesehen haben, alle Aussagen eingeräumt werden, insbesondere also auch dem Verpflichteten widersprechende.

[165] Zu diesem Inkonsistenzbegriff findet sich bei Spade keine Entsprechung.

[166] Vgl. das entsprechende Zitat unten, in 4.3.15.

[167] Eine entsprechende Tatsache formuliert Spade als seinen „stärksten" Konsistenzbegriff (4a)-Konsistenz, vgl. Spade, „Three Theories", S. 7.

[168] Vgl. Burley, *Tractatus de Obligationibus*, S. 53.

[169] Vgl. Ockham, *Summa logicae*, S. 738.

[170] Vgl. Buser, *Obligationes*, S. 102.

[171] Johannes nennt dies eine „*regula communis in ista arte*", vgl. Johannes von Holland, *Logic*, S. 94.

[172] Vgl. Paul von Venedig, *Obligationes*, S. 64.

[173] Vgl. Paul von Pergula, *Logica*, S. 104.

est Romae" und behauptet, hier müsse gemäß der *nova responsio* „*aliquis homo est Parisius et aliquis homo est Romae"* eingeräumt werden. Aus letzterer Aussage folgt die Negation beider Thesen, nach Behauptung 4.3–17 muss daher ein Rekonstruens zu Busers Behauptung falsch sein oder aber die Repräsentation seines Disputs ist nicht *korrekt$_N$*.

Die Überprüfung der Korrektheit des Disputs können wir uns ersparen, da bereits Busers Behauptung nicht zutrifft: Sein Argument für das Einräumen lautet, dass gemäß der *nova responsio* gelte: „*copulativa est impertinens suis partibus"*.[174] Er will damit allem Anschein nach sagen, dass in der *nova responsio* eine Konjunktion nicht aus ihren Konjunkten folge, dass also die Folgerungsregel der Konjunktionseinführung nicht gelte. Weiter unten werden wir sehen, wie Buser zu dieser Auffassung kommen kann,[175] tatsächlich nimmt die *nova responsio* jedoch keine Veränderung der Folgerungsregeln sondern eine Neudefinition der Abhängigkeitsbegriffe vor. Entgegen der Behauptung Busers ist daher in seinem Beispiel die fragliche Aussage gemäß der *nova responsio* zu bestreiten.

Mit dem zweiten Einwand verhält es sich ähnlich. Paul von Venedig konstruiert einen Disput mit der These „*aliquis homo est Romae"*. (Seine Argumentation geht seltsamerweise davon aus, dass diese Aussage bekanntermaßen falsch ist.) Nach einer langen Disputverlauf gelangt er zu der Behauptung, dass „*nullus homo est Romae vel tu non es homo, sed tu es homo"* eingeräumt werden müsse. Auch aus dieser Aussage folgt die Negation der These, wieder gibt uns Behauptung 4.3–17 gute Gründe, an Pauls Behauptung zu zweifeln.

Pauls Begründung für das Einräumen lautet, die letztere Aussage sei wahr und im Sinne der *nova responsio* unabhängig.[176] Sie kann jedoch nicht unabhängig sein, da sie der These widerspricht. Vielleicht glaubt Paul, sie sei unabhängig, da jedes ihrer Konjunkte unabhängig ist. Weder in der *antiqua* noch in der *nova responsio* gilt jedoch, dass, wenn A und B jeweils unabhängig sind, auch A *et* B unabhängig ist (A *et* B könnte ja eine Kontradiktion sein). — Beide Einwände beruhen damit auf Unterstellungen, die in der *nova responsio* nicht gültig sind.[177]

---

[174] Buser, *Obligationes*, S. 186.
[175] Vgl. 4.3.16.
[176] „<Q>uia copulativa ultimo facta est impertinens, ut habet dicere opinio, et vera quia quaelibet pars est vera." (Paul von Venedig, *Obligationes*, S. 70.)
[177] Vgl. hierzu auch die ausführliche Diskussion in Schupp, „Kommentar" 93–102.

4.3.13. *Abweichende Antworten*

Nachdem wir bisher vornehmlich Übereinstimmungen zwischen den *responsiones* behandelt haben, wenden wir uns nun den Unterschieden zu. Einige Unterscheide lassen sich anhand der Rekonstruktion eines Beispiels erläutern, das der Obligationenautor Martinus Anglicus zum selben Zweck erörtert. Martinus betrachtet zwei Disputverläufe, in denen jeweils dieselben Aussagen gesetzt und vorgeschlagen werden (siehe im folgenden Zitat 1 bis 4 und 7 bis 10). Auf den ersten Disput wendet Martinus die Regeln der *antiqua* (5), auf den zweiten die der *nova responsio* an (6). Martinus kommt zu dem Ergebnis, dass im letzten Schritt der ansonsten identischen Disputverläufe jeweils unterschiedliche Antworten vorgeschrieben sind.

<1> Ponatur illa „omnis homo currit"; ipsa est admittenda, quia possibilis

<2> et si postea proponatur, ipsa est concedenda, quia posita et admissa.

<3> Si autem proponatur illa: „tu es homo", hec est concedenda, quia vera et impertinens.

<4> Et si tunc proponatur illa: „tu curris", est concedenda, quia sequitur ex posito cum bene concesso. Sequitur enim „omnis homo currit, tu es homo; igitur tu curris".[178]

<5> <. . .> Et illa responsio est antiqua <. . .>

<6> Est autem alia responsio et magis nova ad huiusmodi obligationes.

<7> Ut si proponatur tibi ista „omnis homo currit" et sit admissa illa,

<8> quando proponitur est concedenda.

<9> Si tunc proponatur: „tu es homo", illa est concedenda, quia vera et impertinens.

<10> Si tunc proponitur illa: „tu curris", si sit falsa, ipsa est neganda.[179]

Den Übergang von einem Disputationsschritt zum nächsten markiert der Autor dadurch, dass er eine jeweils bestehende Verpflichtung angibt („*est concedenda*", „*est neganda*"). Meist gibt er eine kurze Begründung für das Bestehen dieser Verpflichtung. Er erwähnt nicht eigens, dass die entsprechende Antwort dann auch gegeben wird, dies ist aber offenbar durchweg zu unterstellen. In jedem Schritt wird damit von „A *est* Φ-*endum*" und „Φ-*s illa*" auf „*bene*" geschlossen.

---

[178] Martinus Anglicus, *De Obligationibus*, S. 12/14.
[179] Martinus Anglicus, *De Obligationibus*, S. 16/18.

Letztlich handelt es sich um zwei Korrektheitsbeweise, die darauf
beruhen, dass Einer-Verpflichtung-Nachkommen korrektheitsbewahrend wirkt: Es wird gezeigt, dass 1 bis 4 korrekt im Sinne der *antiqua responsio* und 7 bis 10 korrekt im Sinne der *nova responsio* ist.

In beiden Disputverläufe wird als erstes die These „*omnis homo currit*" zugelassen (1 und 7). Im zweiten Schritt wird „*omnis homo currit*"
vorgeschlagen und eingeräumt (2 und 8). Daraufhin wird der Vorschlag
„*tu es homo*" ebenfalls eingeräumt (3 und 9). Der letzte Vorschlag lautet: „*tu curris*". Dies wird im *antiqua-responsio*-Disput eingeräumt (4)
und im *nova-responsio*-Disput bestritten (10).

Martinus' Argumentation beruht auf einer ganzen Reihe von Folgerungsverhältnissen in Bezug auf die drei Aussagen „*omnis homo currit*", „*tu es homo*" und „*tu curris*". Einige erwähnt Martinus, andere
sind implizit unterstellt. Martinus sagt beispielsweise ausdrücklich,
dass „*omnis homo currit*" möglich ist (1). Außerdem stellt Martinus fest,
dass aus „*omnis homo currit*" und „*tu es homo*" die Aussage „*tu curris*"
folgt (4). „*Tu es homo*" ist Martinus zufolge „*impertinens*" (3), bei dem
positum „*omnis homo currit*" setzt dies voraus, dass „*omnis homo currit*"
und „*tu es homo*" keinen Widerspruch bilden, mithin, dass „*omnis homo
currit et tu es homo*" möglich ist. Damit die Argumentation in 10 gültig ist, muss analog die Möglichkeit von „*omnis homo currit et tu non
curris*" unterstellt werden, auch dies wird von Martinus nicht explizit angeführt. Martinus konstatiert, dass „*tu es homo*" bekanntermaßen wahr (3) und „*tu curris*" bekanntermaßen falsch ist (10). In der
von Martinus beschriebenen Disputsituation ist damit also auch „*tu
es homo et tu non curris*" bekanntermaßen wahr, es muss daher vorausgesetzt werden, dass auch diese letztere Aussage möglich ist.

Wenden wir uns der Rekonstruktion zu: Wir repräsentieren „*omnis
homo currit*" durch o, „*tu es homo*" durch h und „*tu curris*" durch c.
Übersetzen wir die gerade herausgestellten Folgerungsverhältnisse der
Reihe nach in die Rekonstruktionssprache, so ergeben sich die folgenden Forderungen an einen *disputsprachlichen Folgerungsbegriff*:

(i)   o ist *konsistent*
(ii) aus $o \land h$ *folgt* c
(iii) $o \land h$ ist *konsistent*
(iv) $o \land \neg c$ ist *konsistent*
(v) $h \land \neg c$ ist *konsistent*

Diese Forderungen dürfen wir nicht als Annahmen rekonstruieren:
Martinus nimmt nicht etwa an, dass aus „*omnis homo currit*" und „*tu*

es homo" die Aussage „*tu curris*" folgt, sondern er behauptet es. Um Martinus' Behauptungen rekonstruieren zu können, haben wir den Begriff eines *disputsprachlichen Folgerungsbegriffs* oben bereits im Hinblick darauf definiert, dass (i)–(v) gelten. (Dazu ist hinreichend, dass (ii)–(v) gelten, da sich (i) aus (iii) oder (iv) folgern lässt.)

Den Disputverlauf von Martinus' erstem Disput (1–4) repräsentieren wir folgendermaßen:

$$
\begin{array}{llll}
| \; | \; Po, & o, & Ad & | \\
| \quad Pr, & o, & Co & | \\
| \quad Pr, & h, & Co & | \\
| \quad Pr, & c, & Co & | \; |
\end{array}
$$

Es gilt, dass dieses Gebilde *Disputverlauf* jeder *Disputsprache* ist. Dasselbe trifft auch auf die Verlaufs-Repräsentation des zweiten Disputs (7–10) zu, die bis auf den letzten *Schritt* mit der ersten identisch ist:

$$
\begin{array}{llll}
| \; | \; Po, & o, & Ad & | \\
| \quad Pr, & o, & Co & | \\
| \quad Pr, & h, & Co & | \\
| \quad Pr, & c, & Ne & | \; |
\end{array}
$$

Martinus' Korrektheitsbeweise finden in derselben epistemischen Situation statt: jedes Mal wird davon ausgegangen, dass „*tu es homo et tu non curris*" wahr ist. Zu einer Repräsentation der Dispute kommen wir damit, wenn wir die beiden *Disputverläufe* mit einem Wissenstand K verbinden, der $h \wedge \neg c$ enthält. Da $h \wedge \neg c$ *konsistent* ist, wissen wir, dass ein solcher *Wissenstand* existiert (vgl. Behauptung 3.1–4). Das geordnete Paar aus dem ersten *Disputverlauf* und K nennen wir a, das Paar aus dem zweiten *Disputverlauf* und K heißt n. Martinus' Argumentation rekonstruieren wir, indem wir zeigen, dass a *korrekt$_A$* und n *korrekt$_N$* ist, dabei verwenden wir die in 3.2.6 eingeführte Schreibweise d^{-n}. Entsprechend Martinus machen wir stillschweigend von Behauptung 4.3–8 und ihrem *nova-responsio*-Analogon Gebrauch, d.h. von dem Umstand, dass Einer-*Verpflichtung-Nachkommen$_{A,N}$ Korrektheit$_{A,N}$* bewahrt.

Behauptung 4.3–18
Sei a = <| |*Po, o, Ad*| |*Pr, o, Co*| |*Pr, h, Co*| |*Pr, c, Co*| |, K> ein *Disput* mit $h \wedge \neg c \in$ K. a ist *korrekt$_A$*.

Beweisidee
Wir gehen von a^{-4} = <| |, K> aus. Dieser *Disput* ist *korrekt$_A$* wegen v = | |.

DIC (a^{-4}) = $\top$, wegen *Konsistenz* von o gilt: DIC (a^{-4}) $\nvdash$ $\neg o$. o ist also nicht *widersprechend$_A$* in a^{-4} und *muss* daher *zugelassen werden$_A$*. In $a^{-3}+$ = <$|$ $|Po, o, Ad|$ $|$, K> *wird o zugelassen*, daher gilt: a^{-3} = <$|$ $|Po, o, Ad|$ $|$, K> ist *korrekt$_A$*.

DIC (a^{-3}) = $\top \wedge o$, daher gilt: DIC (a^{-3}) $\vdash$ o. o ist also *folgend$_A$* und *muss* deswegen *eingeräumt werden$_A$*. In $a^{-2}+$ = <$|$ $|Pr, o, Co|$ $|$, K> *wird o eingeräumt*, daher ist a^{-2} = <$|$ $|Po, o, Ad|$ $|Pr, o, Co|$ $|$, K> *korrekt$_A$*.

DIC (a^{-2}) = $\top \wedge o \wedge o$. Wegen der *Konsistenz* von $o \wedge h$ gilt: DIC (a^{-2}) $\nvdash$ $\neg h$, h ist also nicht *widersprechend$_A$* in a^{-2}. Wegen $h \wedge \neg c \in$ K gilt: h ist *bekanntermaßen wahr* in a^{-2}. Daher *muss h* in a^{-2} *eingeräumt werden$_A$*. h *wird* in $a^{-1}+$ = <$|$ $|Pr, h, Co|$ $|$, K> *eingeräumt*, daher ist a^{-1} = <$|$ $|Po, o, Ad|$ $|Pr, o, Co|$ $|Pr, h, Co|$ $|$, K> *korrekt$_A$*.

DIC (a^{-1}) = $\top \wedge o \wedge o \wedge h$. Wegen $\vdash$ $o \wedge h \supset c$ gilt: DIC (a^{-1}) $\vdash$ c, c ist also *folgend$_A$* und *muss* daher *eingeräumt werden$_A$* in a. c *wird* in $a^{-0}+$ = <$|$ $|Pr, c, Co|$ $|$, K> *eingeräumt*, daher ist a^{-0} = a *korrekt$_A$*.

Behauptung 4.3–19
Sei n = <$|$ $|Po, o, Ad|$ $|Pr, o, Co|$ $|Pr, h, Co|$ $|Pr, c, Ne|$ $|$, K> ein *Disput* mit $h \wedge \neg c \in$ K. n ist *korrekt$_N$*.

Beweisidee
n^{-4} ist *korrekt$_N$* wegen v = $|$ $|$.

OBL (n^{-4}) = $\top$, wegen *Konsistenz* von o gilt: OBL (n^{-4}) $\nvdash$ $\neg o$. o ist damit nicht *widersprechend$_N$* in n^{-4} und *muss* daher *zugelassen werden$_A$*. n^{-3} ist daher *korrekt$_A$*.

OBL (n^{-3}) = $\top \wedge o$. Wegen: OBL (n^{-3}) $\vdash$ o ist o *folgend$_N$* und *muss* deswegen *eingeräumt werden$_N$*. Mithin ist auch n^{-2} *korrekt$_N$*.

OBL (n^{-2}) = $\top \wedge o$. Da $o \wedge h$ konsistent ist, *folgt* aus OBL (n^{-2}) nicht $\neg h$, Deswegen ist h nicht *widersprechend$_N$* in n^{-2}. h ist *bekanntermaßen wahr* in n^{-2}, da $h \in$ K. Daher *muss h* in n^{-2} *eingeräumt werden$_N$* und n^{-1} ist *korrekt$_N$*.

OBL (n^{-1}) = $\top \wedge o$. Wegen der *Konsistenz* von $o \wedge \neg c$ gilt: aus OBL (n^{-1}) *folgt* nicht c. Damit ist c nicht *folgend$_N$* in n^{-1}. c ist überdies *bekanntermaßen falsch* in n^{-1}, wegen $\neg c \in$ K. c *muss* daher in n^{-1} *bestritten werden$_N$*. Da c in $n^{-0}+$ = <$|$ $|Pr, c, Ne|$ $|$, K> *bestritten wird*, ist n *korrekt$_N$*.

Um unser Ergebnis etwas zu verallgemeinern, können wir fragen, unter welchen Umständen die *responsiones* jeweils abweichende Antworten vorschreiben. D.h. genauer: Unter welchen Umständen ist es der Fall, dass in demselben *Disput* gemäß den *responsiones* unterschiedliche Verpflichtungen bestehen?

Ist eine *Aussage folgend$_N$* bzw. *widersprechend$_N$*, so ist sie auch *folgend$_A$* bzw. *widersprechend$_A$*. Der uns interessierende Fall kann also nur eintreten, wenn eine *Aussage unabhängig$_N$* und gleichzeitig *folgend$_A$* oder *widersprechend$_A$* ist. Zum Beispiel ist in den identischen a^{-1} und n^{-1} die *Aussage c unabhängig$_N$* und *bekanntermaßen falsch*, daher muss sie *bestrit-*

ten werden$_N$, gleichzeitig ist sie *folgend$_A$* und *muss* daher *eingeräumt werden$_A$*.

Dieser letzte Fall, dass nämlich eine *unabhängige$_N$ Aussage* gleichzeitig *folgend$_A$* oder *widersprechend$_A$* ist, kann seinerseits nur dann eintreten, wenn sich die inferentiellen Potenziale von *Verpflichtetem* und *bisher Gesagtem* voneinander unterscheiden. Das inferentielle Potenzial dieser *Aussagen* ändert sich in gleicher Weise, wenn eine These *zugelassen* wird. Wird eine *folgende$_A$* bzw. *widersprechende$_A$ Aussage eingeräumt* bzw. *bestritten*, so ändert sich am Potenzial des *bisher Gesagten* nichts, hieraus kann also ebenfalls kein inferentieller Unterschied entstehen. In einem *korrekten$_A$ Disput* tritt der interessierende Fall also nur dann ein, wenn eine *unabhängige$_A$ Aussage eingeräumt* oder *bestritten wurde*. In unserem Beispiel ist dies die *Aussage* h, die in dem *korrekten$_A$* a^{-1} bzw. n^{-1} *eingeräumt wird*.

4.3.14. *Ein Format für Korrektheitsbeweise*

Korrektheitsbeweise wie Behauptung 4.3–18 und Behauptung 4.3–19 können wir für das Folgende übersichtlicher und einfacher gestalten. Bei einem solchen Beweis sind die *Vorgänger* d^{-n} des in Frage stehenden *Disputs* d der Reihe nach zu betrachten, beginnend mit demjenigen *Disput*, dessen *Verlauf* gleich | | ist. Diese *Vorgänger* können wir zusammen mit dem *Disput* d darstellen, indem wir dessen Repräsentation auf der linken Seite von oben nach unten mit den Bezeichnungen „d^{-0}", „d^{-1}" usw. versehen. Die Bezeichnung des *Vorgängers* mit leerem *Disputverlauf* wird zuoberst geschrieben, die entsprechende Zeile bleibt leer. Auf diese Weise erscheint die Bezeichnung jedes *Vorgängers* auf selber Höhe mit seinem jeweils letzten *Schritt*. Im Falle von Behauptung 4.3–18 erhalten wir so:

```
a⁻⁴
a⁻³  |  |  Po,    o,    Ad   |
a⁻²  |  Pr,     o,    Co   |
a⁻¹  |  Pr,     h,    Co   |
a⁻⁰  |  Pr,     c,    Co   |  |
```

Der oberste *Disput* d^{-n} ist *korrekt$_{A,N}$* aufgrund seines *leeren Disputverlaufs*. Mit den übrigen d^{-n} verfahren wir in aufsteigender Ordnung wie folgt: Je nachdem, ob wir *Korrektheit$_A$* oder *Korrektheit$_N$* des Gesamtdisputs zeigen wollen, wählen wir eine gültige, hinreichende Bedingung gemäß Definition 4.3–2 oder Definition 4.3–3 bzw. ihrer *nova-responsio*-Gegenstücke dafür aus, dass dasjenige p, das in d^{-n+} *ge-Φ-t* wird, in

$d^{-(n+1)}$ *ge-Φ-t werden muss.* Gelingt es, für jedes d^{-n} eine solche Bedingung anzugeben, so resultiert gemäß Behauptung 4.3–8 die *Korrektheit$_A$* bzw. *Korrektheit$_N$* des gesamten *Disputs.*

In obigem *Disput* gilt beispielsweise, dass a^{-3} *korrekt$_A$* ist, da o in a^{-4} nicht *widersprechend$_A$* ist. Diese Tatsache können wir anzeigen, indem wir „o ist nicht *widersprechend$_A$*" rechts auf dieselbe Höhe wie a^{-4} schreiben. Ähnlich verfahren wir mit den übrigen a^{-n}. Wir erhalten dann:

$$
\begin{array}{llllll}
a^{-4} & & & & & o \text{ ist nicht } \textit{widersprechend}_A \\
a^{-3} & |\ | \ \textit{Po,} & o, & \textit{Ad} & | & o \text{ ist } \textit{folgend}_A \\
a^{-2} & |\ \ \textit{Pr,} & o, & \textit{Co} & | & h \text{ ist nicht } \textit{widersprechend}_A \text{ und } \textit{bekanntermaßen wahr} \\
a^{-1} & |\ \ \textit{Pr,} & h, & \textit{Co} & | & c \text{ ist } \textit{folgend}_A \\
a^{-0} & |\ \ \textit{Pr,} & c, & \textit{Co} & |\ | &
\end{array}
$$

Die entsprechenden Bedingungen: o ist nicht *widersprechend$_A$* in a^{-4}, o ist *folgend$_A$* in a^{-3} usw. können wir nun mittels der Definitionen in logische bzw. klassentheoretische Begriffe auflösen, z.B. in: DIC (a^{-4}) $\nvdash \neg o$, DIC $(a^{-3}) \vdash o$ usw. Die Funktorausdrücke DIC (d^{-n}) können wir weiter auflösen, indem wir ihren Wert angeben: Da DIC (a^{-4}) = T schreiben wir statt: DIC $(a^{-4}) \nvdash \neg o$ also: $T \nvdash \neg o$. In dieser Weise aufgelöst liest sich das Beweisformat letztlich folgendermaßen:

$$
\begin{array}{llllll}
a^{-4} & & & & & T \nvdash \neg o \\
a^{-3} & |\ | \ \textit{Po,} & o, & \textit{Ad} & | & T \wedge o \vdash o \\
a^{-2} & |\ \ \textit{Pr,} & o, & \textit{Co} & | & T \wedge o \wedge o \nvdash \neg h, h \in K \\
a^{-1} & |\ \ \textit{Pr,} & h, & \textit{Co} & | & T \wedge o \wedge o \wedge h \vdash c \\
a^{-0} & |\ \ \textit{Pr,} & c, & \textit{Co} & |\ | &
\end{array}
$$

Haben wir es mit einem *nova-responsio*-Beweis zu tun, so geben wir den entsprechenden Wert für OBL (d^{-n}) an. Den Beweis für die *nova-responsio*-Behauptung 4.3–19 können wir demnach folgendermaßen schreiben:

$$
\begin{array}{llllll}
n^{-4} & & & & & T \nvdash \neg o \\
n^{-3} & |\ | \ \textit{Po,} & o, & \textit{Ad} & | & T \wedge o \vdash o \\
n^{-2} & |\ \ \textit{Pr,} & o, & \textit{Co} & | & T \wedge o \nvdash \neg h, h \in K \\
n^{-1} & |\ \ \textit{Pr,} & h, & \textit{Co} & | & T \wedge o \nvdash c, \neg c \in K \\
n^{-0} & |\ \ \textit{Pr,} & c, & \textit{Ne} & |\ | &
\end{array}
$$

Das Beweisformat kann zusätzlich kommentiert werden. Im obigen Fall kann beispielsweise darauf hingewiesen werden, dass $T \wedge o \wedge o \wedge h \vdash c$ wegen $o \wedge h \vdash c$ gilt. Die entsprechenden Zwischenschritte werden jedoch im Folgenden nicht mehr eigens aufgeführt.

4.3.15. *Konsistenz der zu gebenden Antworten*

Nachdem wir uns mit dem Phänomen der abweichenden Antworten vertraut gemacht haben, können wir, ausgehend von dem als *korrekt$_N$* erwiesenen Beispiel*disput* n, in diesem Abschnitt einen ersten Widerspruch *inter responsiones* formulieren und diskutieren. Im Zusammenhang mit Behauptung 4.3–6 haben wir festgestellt, dass *korrekte Dispute* der *antiqua responsio* immer ein *konsistentes bisher Gesagtes* haben. Im Gegensatz dazu lässt sich aus Behauptung 4.3–19 ersehen, dass das *bisher Gesagte* in einem *korrekten$_N$ Disput* inkonsistent sein kann: Das *bisher Gesagte* des untersuchten *Disputs* n ist gleich: $\top \wedge o \wedge o \wedge h \wedge \neg c$, daraus *folgt* $\neg c$, außerdem aber auch $o \wedge h$ und aus letzterem gemäß den Forderungen an *disputsprachliche Folgerungsbegriffe* c. Aus dem *bisher Gesagten folgt* also sowohl $\neg c$ als auch c, mithin ist es *inkonsistent*. Da es gemäß Behauptung 3.1–3 *Disputlogiken* gibt und bezüglich jeder solchen ein *Wissensstand* mit $h \wedge \neg c$ existiert, berechtigt uns Behauptung 4.3–19 zu folgender Behauptung:

> Behauptung 4.3–20
> Es gibt *Dispute* d bzgl. *Logiken* L, so dass gilt: d ist *korrekt$_N$* und DIC (d) ist *inkonsistent*.[180]

Mit der *antiqua-responsio*-Behauptung 4.3–6 und der *nova-responsio*-Behauptung 4.3–20 haben wir einen Widerspruch *inter responsiones*. Anders als die *antiqua responsio* fordert also die *nova responsio* vom Respondenten keine Konsistenz der zu gebenden Antworten, d.h. eine aus dem bisher Gesagten folgende Aussage darf hier u.U. bestritten werden. Dies resultiert dann trotz korrektem Disput in einem inkonsistenten bisher Gesagten.

Die Möglichkeit eines inkonsistenten bisher Gesagten in der *nova responsio* wird bei Swyneshed ausdrücklich zugestanden:

> Et sic contradictoria infra tempus obligationis forent concedendae. Et hoc est verum dum tamen nullum contradictorium repugnans posito concedatur infra tempus obligationis.[181]

Swyneshed sagt an dieser Stelle, dass zwar u.U. einander widersprechende Aussagen während eines Disput eingeräumt werden müssen, aber keine dem *positum* widersprechenden. Letztere Behauptung haben

---

[180] Dies entspricht in etwa Spades (4c)-Inkonsistenz, vgl. Spade, „Three Theories", S. 8.
[181] Swyneshed, *Obligationes*, S. 274.

wir oben im Zusammenhang mit der Frage nach der Inkonsistenz der *nova responsio* rekonstruiert (vgl. Behauptung 4.3–17 (b)).

Um den aufgewiesenen Widerspruch *inter responsiones* richtig einzuschätzen, muss der unterschiedliche Stellenwert des bisher Gesagten in *antiqua* und *nova responsio* berücksichtigt werden: In der *antiqua responsio* ist alles einzuräumen, was aus dem bisher Gesagten folgt, ist dieses daher unmöglich, so ist überhaupt alles einzuräumen. Die Unmöglichkeit des bisher Gesagten ergibt hier eine Verpflichtungsinkonsistenz, ähnlich wie im Fall eines unmöglichen Verpflichteten. In der *nova responsio* ist dagegen das bisher Gesagte für die bestehenden Verpflichtungen irrelevant, die fragliche Rolle wird vom Verpflichteten übernommen. Daher können ohne Verpflichtungsinkonsistenz Aussagen eingeräumt werden, die dem bisher Gesagten widersprechen.

Es wäre jedoch irreführend, deswegen der *nova responsio* einen anderen Konsistenzbegriff zuschreiben zu wollen als der *antiqua responsio*. Der Konsistenzbegriff leitet sich aus den Folgerungsverhältnissen her, die jeweils akzeptiert werden; die *nova responsio* modifiziert gegenüber der *antiqua responsio* jedoch nicht die Bedingungen, unter denen eine Aussage aus einer anderen folgt, sondern die Bedingungen, unter denen Verpflichtungen gelten. Während die Verpflichtungsbegriffe in der *antiqua responsio* so beschaffen sind, dass die zu gebenden Antworten konsistent sind, ist dies bei den modifizierten Begriffen der *nova responsio* nicht der Fall.

4.3.16. *Die Behandlung von Konjunktionen*

Die Autoren erörtern die Frage, ob die Konjunktion (*copulativa*) zweier eingeräumter Aussagen ebenfalls einzuräumen ist, bzw. ob bei einem eingeräumten Disjunkt die Disjunktion (*disiunctiva*) einzuräumen ist. Bei meiner Diskussion der hier herrschenden Auffassungen beschränke ich mich auf den Fall der Konjunktion, die Behandlung der Disjunktion verläuft dann analog.

Die Behauptung, dass eine Konjunktion, deren beide Glieder eingeräumt worden sind, ebenfalls eingeräumt werden muss, finden wir bei dem *antiqua-responsio*-Autor Paul von Venedig:

> Quaelibet parte copulativae concessa, concedenda est copulativa cuius illae vel consimiles sunt partes principales.[182]

---

[182] Paul von Venedig, *Obligationes*, S. 68.

Analoge Behauptungen treffen Paul von Pergula[183] und Johannes von Holland.[184] Wir können die Behauptung folgendermaßen rekonstruieren:

Behauptung 4.3–21
Sei d ein *Disput* bzgl. L.
Werden p und q in d *eingeräumt, so muss* p $\wedge$ q in d *eingeräumt werden$_A$*.

Beweisidee
Werden p und q in d *eingeräumt*, so gilt DIC (d) $\vdash$ p und DIC (d) $\vdash$ q, mithin DIC (d) $\vdash$ p $\wedge$ q, p $\wedge$ q *muss* daher *eingeräumt werden$_A$*.

In der *nova responsio* gilt die entsprechende Behauptung nicht allgemein. In diesem Sinne äußern sich sowohl Swyneshed als auch Lavenham.[185] Swyneshed schreibt:

Propter concessionem partium copulativae non est copulativa concedenda <...> Sit *a* una copulativa facta ex obligato falso et impertinente significante principaliter sicut est. Sit *b* illud obligatum. Tunc concessis istis partibus tota copulativa est impertinens obligato scita principaliter significare aliter quam est. Igitur, neganda.[186]

Swyneshed betrachtet also einen Disput mit einem bekanntermaßen falschen Verpflichteten, das er „*b*" nennt. In diesem Disput seien *b* und eine bekanntermaßen wahre und unabhängige Aussage eingeräumt. Die Konjunktion aus der wahren Aussage und *b* nennt er „*a*". Die Aussage *a* ist bekanntermaßen falsch („*scitum principaliter significare aliter quam est*" ist in Obligationenkontexten ein synonymer Ausdruck zu „*scitum esse falsum*"), da eines ihrer Konjunkte bekanntermaßen falsch ist, nämlich *b*. Außerdem folgt *a* nicht aus dem Verpflichteten, da von dem anderen Konjunkt Unabhängigkeit angenommen ist.[187] Daher ist *a* gemäß der *nova responsio* unabhängig. Weil *a* unabhängig und bekanntermaßen falsch ist, muss *a* bestritten werden. Swyneshed unterschlägt hier den letzten Folgerungsschritt auf: *a* muss nicht eingeräumt werden, der bei Korrektheit des Disputs zulässig ist. Diesen Schritt müssen wir unterstellen, damit seine Begründung zu der ursprünglichen Behauptung („*propter concessionem partium copulativae non est copulativa concedenda*") passt.

---

[183] Vgl. Paul von Pergula, *Logica*, S. 105.
[184] Vgl. Johannes von Holland, *Logic*, S. 93.
[185] Vgl. Lavenham, *Obligationes*, S. 229 f.
[186] Swyneshed, *Obligationes*, S. 257.
[187] Bei p $\nvdash$ q gilt p $\nvdash$ p $\wedge$ q.

Rekonstruieren können wir die Behauptung anhand des oben behandelten Beispiels von Martinus Anglicus, dem Disput n der Behauptung 4.3–19. Auch Martinus stellt fest, dass der Disput die hier
interessierende Eigenschaft hat.[188] Dort wird „*omnis homo currit*", welches bekanntermaßen falsch ist, zugelassen und dann eingeräumt,
außerdem wird das bekanntermaßen wahre und unabhängige „*tu es
homo*" eingeräumt. Dennoch muss „*omnis homo currit et tu es homo*"
bestritten werden. Wir haben also genau den Fall, der Swyneshed
vorschwebt: „*omnis homo currit*" entspricht Swynesheds *b*, „*omnis homo
currit et tu es homo*" Swynesheds *a* und „*tu es homo*" dem unabhängigen
Konjunkt von *a*. Zur Rekonstruktion Swynesheds Behauptung zeigen
wir zunächst, dass $o \wedge h$ in diesem Disput nicht einzuräumen ist:

Behauptung 4.3–22
Sei n = <| |Po, o, Ad| |Pr, o, Co| |Pr, h, Co| |Pr, c, Ne| |, K>, ein *Disput*
mit $h \wedge \neg c \in$ K. *o* und *h* werden in n *eingeräumt* und $o \wedge h$ *muss* nicht
eingeräumt werden$_N$.

Beweisidee
o wird in n *eingeräumt*, da *o* in n^{-2} *eingeräumt wird*, *h* wird in n *eingeräumt*,
da *h* in n^{-1} *eingeräumt wird*. Nehmen wir an, $o \wedge h$ *müsse* in n *eingeräumt
werden$_N$*. Dann wäre $o \wedge h$ entweder *folgend$_N$* oder *bekanntermaßen wahr*.
Es gilt jedoch, dass $o \wedge h$ nicht *folgend$_N$* ist: Wegen *Konsistenz* von $o \wedge \neg c$
und wegen $o \wedge h \vdash c$ ist $o \wedge \neg h$ konsistent, mit OBL (d) = $\top \wedge o$
gilt: OBL (d) $\nvdash o \wedge h$. $o \wedge h$ ist auch nicht *bekanntermaßen wahr*: Wegen
$o \wedge h \vdash c$ *folgt* aus $h \wedge \neg c$ die *Aussage* $\neg(o \wedge h)$, bei $h \wedge \neg c \in$ K erhalten wir also: $\neg(o \wedge h) \in$ K. Es gilt also: $o \wedge h$ *muss* in n nicht *eingeräumt werden$_N$*.

Da aufgrund der Forderungen an eine *Disputlogik Dispute* wie n existieren (vgl. oben), können wir auf eine Behauptung schließen, welche Swynesheds „*propter concessionem partium copulativae non est copulativa
concedenda*" rekonstruiert:

Behauptung 4.3–23
Es gibt *Dispute* d bzgl. *Logiken* L, es gibt *Aussagen* p und q, so dass gilt:
p und q *werden* in d *eingeräumt* und p $\wedge$ q *muss* in d nicht *eingeräumt
werden$_N$*.

Mit Behauptung 4.3–21 und Behauptung 4.3–23 haben wir erneut
einen Widerspruch *inter responsiones*. Wir können diesen Widerspruch
noch etwas genereller formulieren: Wenn p und q *eingeräumt werden*,

---

[188] Vgl. Martinus Anglicus, *De Obligationibus*, S. 18.

so folgen sie aus dem *bisher Gesagten*. Behauptung 4.3–23 impliziert demnach, dass nicht alles, was aus dem *bisher Gesagten* eines *Disputs* d *folgt*, auch *eingeräumt werden muss$_N$*. In der *antiqua responsio* gilt gerade das Gegenteil: Alles, was aus dem *bisher Gesagten folgt*, ist *folgend$_A$* und *muss daher eingeräumt werden$_A$*.

Den hier in Frage stehenden Sachverhalt können wir mit dem Ausdruck „Konsequenz der zu gebenden Antworten" bezeichnen. Der Begriff der Konsequenz der zu gebenden Antworten ist zu unterscheiden von dem bereits verwendeten der Konsistenz der zu gebenden Antworten: Wir sagen, dass eine Obligationentheorie Konsequenz der Antworten fordert, wenn alles, was aus dem bisher Gesagten folgt bzw. ihm widerspricht, eingeräumt bzw. bestritten werden muss; wir sagen dagegen, dass sie Konsistenz fordert, wenn dies nicht bestritten bzw. nicht eingeräumt werden darf. Die *antiqua responsio* fordert nicht nur Konsistenz der zu gebenden Antworten sondern auch Konsequenz; die *nova responsio* fordert weder Konsistenz noch Konsequenz.

Die Tatsache, dass die *nova responsio* keine Konsequenz der zu gebenden Antworten fordert, bedeutet wiederum nicht, dass sie einen anderen Begriff von logischer Konsequenz hat als die *antiqua responsio*, dass ihr also ein anderer Folgerungsbegriff zugrunde liegt. Tatsächlich modifiziert sie, wie gesagt, die Verpflichtungsbegriffe: Während gemäß der Verpflichtungsbegriffe der *antiqua responsio* das Einräumen von A und B schon hinreicht, damit A *et* B eingeräumt werden muss, ist dies in der *nova responsio* nicht der Fall. Insbesondere kann Behauptung 4.3–23 nicht so aufgefasst werden, als beschränke die *nova responsio* die Regel der Konjunktionseinführung. Auf diese Weise können wir die oben diskutierte,[189] von Buser gemachte Unterstellung erklären: er verwechselt hier offenbar Abhängigkeits- und Folgerungsverhältnisse; gleichzeitig können wir die Unrichtigkeit dieser Unterstellung, auf der seine Kritik beruht, einsehen.

Wir haben die Frage diskutiert, ob die Konjunktion zweier eingeräumter Aussagen immer eingeräumt werden muss. Hiervon ist die Frage zu unterscheiden, ob die Konjunktion zweier Aussagen, die eingeräumt werden müssen, eingeräumt werden muss. Diese Frage geht also nicht von vollzogenen Performationen, sondern von bestehenden Verpflichtungen aus. Sie ist in beiden *responsiones* zu verneinen;

---

[189] Vgl. oben, 4.3.12.

für beide gilt sogar, dass es korrekte Dispute gibt, in denen solche Aussagen bestritten werden müssen.

Betrachten wir dazu einem Disput, dessen Verlauf allein das Zulassen der These „*omnis homo currit*" beinhaltet. Wenn wir annehmen, dass „*tu es homo*" und „*tu non curris*" bekanntermaßen wahr sind, so gilt, dass beide eingeräumt werden müssen, da sie einzeln aus „*omnis homo currit*" nicht folgen. Dagegen ist „*tu es homo et tu non curris*", da widersprechend, zu bestreiten. Dies formuliert folgende Behauptung für beide *responsiones*:

> Behauptung 4.3–24
> Sei d = <| |Po, o, Ad| |, K> ein *Disput* mit $h \wedge \neg c \in$ K. h und $\neg c$ *müssen* in d *eingeräumt werden*$_{A,N}$ und $h \wedge \neg c$ *muss bestritten werden*$_{A,N}$,

> Beweisidee
> Es gilt: DIC (d) = OBL (d) = $o \wedge T$. Da $o \wedge h$ konsistent ist, gilt: h ist in d nicht *widersprechend*$_{A,N}$, da h *bekanntermaßen wahr* in d ist, gilt: h *muss eingeräumt werden*$_{A,N}$. Analog gilt wegen der *Konsistenz* von $o \wedge \neg c$ und wegen *bekannter Wahrheit* von $\neg c$: $\neg c$ *muss eingeräumt werden*$_{A,N}$. Aus $o \wedge h$ *folgt* c, daher gilt: aus o *folgt* $\neg(h \wedge \neg c)$. $h \wedge \neg c$ ist also *widersprechend*$_{A,N}$ und *muss* daher *bestritten werden*$_{A,N}$.[190]

Da eine *Disputlogik* und ein entsprechender *Wissensstand* existiert, können wir behaupten:

> Behauptung 4.3–25
> Es gibt *Dispute* d bzgl. *Logiken* L, es gibt *Aussagen* p und q, so dass p und q in d *eingeräumt werden müssen*$_{A,N}$, und p $\wedge$ q in d *bestritten werden muss*$_{A,N}$.

In der *antiqua responsio* müssen zwar Konjunktionen aus eingeräumten Aussagen immer eingeräumt werden (Behauptung 4.3–21), dennoch gibt es Konjunktionen von einzuräumenden Aussagen, die bestritten werden müssen (Behauptung 4.3–25). Johannes von Holland stellt die Behauptungen einander gegenüber:

> Circa impositionem sit prima regula quod aliqua copulativa est neganda cuius tamen utraque pars est concedenda. <. . .> Alia regula est quod omnis copulativa est concedenda cuius quaelibet pars est concessa.[191]

---

[190] Wegen *Korrektheit*$_{A,N}$ (diese wurde im Verlauf der Beweisideen zu Behauptung 4.3–18 und Behauptung 4.3–19 gezeigt) und daraus folgender *Verpflichtungskonsistenz*$_{A,N}$ gilt überdies: $h \wedge \neg c$ *muss* in d nicht *eingeräumt werden*$_{A,N}$.

[191] Johannes von Holland, *Logic*, S. 93. Unklar ist, warum Johannes von *impositio* spricht, sein Beispiel verwendet die *positio*.

Dieser Sachverhalt gilt für die gesamte *antiqua responsio*, schon bei Burley finden wir eine entsprechende Behauptung.[192] Es kann also nicht gesagt werden, dass Johannes mit den obigen Behauptungen eine „Zwischenposition" zwischen *antiqua* und *nova responsio* einnimmt, wie dies in der Sekundärliteratur behauptet worden ist.

4.3.17. *Dynamischer vs. statischer Charakter*

Die *responsiones* unterscheiden sich bezüglich der Frage, ob und inwieweit sich Verpflichtungen während eines Disputs verändern. Das Mittelalter gibt dieser Frage folgendermaßen Ausdruck: Ist eine Aussage, die „an einer Stelle" (*in uno loco*) einzuräumen ist, auch „an anderer Stelle" (*in alio loco*) einzuräumen?

Burley (im Zusammenhang seiner ersten *regula de bene esse*)[193] und Paul von Venedig (in seiner *quinta conclusio*)[194] weisen darauf hin, dass die *antiqua responsio* diese Eigenschaft nicht hat. Fland gebraucht die Formulierung bei der Gegenüberstellung der *responsiones*, aus dem Kontext geht hervor, dass er die Eigenschaft allein der *antiqua responsio* zuschreibt.[195] Bei Buser finden wir folgende Erläuterung:

<1> Quinta regula est quod eadem propositio infra tempus obligationis in uno loco proposita esset pertinens sequens et per consequens concedenda, quae, si in alio loco fuisset proposita, fuisset impertinens et neganda.

<2> Quia si ponatur ista „omnis homo est Romae"

<3> et immediate post positum proponatur ista „tu es homo", concedenda est quia impertinens vera;

<4> deinde si secundo loco proponatur ista „tu es Romae", ipsa est pertinens sequens et per consequens concedenda, sequitur enim „omnis homo est romae, tu es homo ergo tu es Romae".

<5> Tamen si haec eadem propositio, scilicet ista „tu es Romae" fuisset primo loco proposita; scilicet immediate post positum, ipsa fuisset impertines et neganda.[196]

Buser geht also von dem *positum „omnis homo est Romae"* aus (2), wobei eine epistemische Situation unterstellt ist, in der „*tu es homo*" bekanntermaßen wahr und „*tu es Romae*" bekanntermaßen falsch ist. Im

---

[192] Vgl. Burley, *Tractatus de Obligationibus*, S. 86.
[193] Vgl. Burley, *Tractatus de Obligationibus*, S. 52.
[194] Vgl. Paul von Venedig, *Obligationes*, S. 82.
[195] Vgl. Fland, *Obligationes*, S. 45.
[196] Buser, *Obligationes*, S. 100.

Ausgangsdisput ist „*tu es homo*" einzuräumen (3), ist „*tu es homo*" einmal eingeräumt, so ist „*tu es Romae*" ebenfalls einzuräumen (4). Wäre „*tu es Romae*" jedoch direkt nach dem *positum*, also anstelle des „*tu es homo*" vorgeschlagen worden, so hätte diese Aussagen nicht eingeräumt, sondern bestritten werden müssen (5).

Im Sinne von Busers Beispiel können wir die Redewendung „*in uno loco — in alio loco*" mittels des Begriffs des Vorgängerdisputs erläutern: Betrachten wir den Disput, der aus dem zugelassenen „*omnis homo est Romae*" und dem eingeräumten „*tu es homo*" besteht: In diesem Disput gilt, dass „*tu es Romae*" einzuräumen, aber (so fügen wir über Busers Aussage hinzu) nicht zu bestreiten ist. Im Vorgänger dieses Disputs muss „*tu es Romae*" dagegen noch bestritten werden. Wir können annehmen, dass die Verwendung des „*in uno loco — in alio loco*" präsupponiert, dass das Verpflichtete gegenüber dem Vorgänger gleich bleibt, so wie dies in Busers Beispiel der Fall ist, ansonsten ist eine entsprechende Behauptung unkontrovers bzgl. der *responsiones*. Die Formulierung besagt demnach: Die Verpflichtungen können sich ändern, auch wenn das Verpflichtete gleich bleibt. — Wir rekonstruieren dies, indem wir zunächst eine Behauptung in Anlehnung an Busers Beispiel zeigen.[197]

> **Behauptung 4.3–26**
> Es sei d = <| |Po, o, Ad| |Pr, h, Co| |, K> ein *Disput* mit $h \wedge \neg c \in K$. Dann gilt: OBL (d) = OBL (d–), *c muss* in d– *bestritten* und in d nicht *bestritten werden$_A$*.
>
> **Beweisidee**
> DIC (d–) = $\top \wedge o$, da $o \wedge \neg c$ *konsistent ist, folgt* aus DIC (d–) nicht *c*, *c* ist *bekanntermaßen falsch* und *muss* daher in d– *bestritten werden$_A$*. Da keine *Aussage* in d+ *zugelassen wird*, gilt OBL (d–) = OBL (d). DIC (d) = $\top \wedge o \wedge h$, hieraus *folgt c* und *muss* daher *eingeräumt werden$_A$*. Da h (wie in Behauptung 4.3–24 gezeigt) in d– *eingeräumt werden muss$_A$*, ist d *korrekt$_A$*, wegen *Verpflichtungskonsistenz$_A$ muss c* also nicht *bestritten werden$_A$*.

Hieraus können wir schließen:

> **Behauptung 4.3–27**
> Es gibt *Dispute* d bzgl. *Logiken* L mit OBL (d) = OBL (d–), es gibt *Aussagen* p, Performationen Φ, so dass: p *muss* in d– *ge-Φ-t* und p in d nicht *ge-Φ-t werden$_A$*.[198]

---

[197] Um an die bisherigen Beispiele anzuknüpfen, ändern wir Busers „*esse Romae*" in „*currere*".

[198] Es besteht eine Verbindung zwischen dieser Behauptung und Spades (4f)-Inkonsistenz. Vgl. Spade, „Three Theories", S. 9.

Verstehen wir die mit „*uno loco — alio loco*" ausgedrückte Eigenschaft im gerade rekonstruierten Sinne, so erklärt sich, dass Fland sie als ein distinktives Merkmal der *responsiones* anführt. In der *nova responsio* gilt folgende Gegenbehauptung:

Behauptung 4.3–28
Sei d ein *Disput* bzgl. L.
Wenn OBL (d) = OBL (d–) dann gilt: p *muss* in d– *ge-Φ-t werden$_N$* gdw. p in d *ge-Φ-t werden muss$_N$*.

Beweisidee
Wegen OBL (d) = OBL (d–) lässt sich zeigen, dass die Begriffe *folgend$_N$*, *widersprechend$_N$* und *unabhängig$_N$* in d und d– zusammenfallen. Beispielsweise: p ist *folgend$_N$* in d gdw. OBL (d) ⊢ p gdw. OBL (d–) ⊢ p gdw. p ist *folgend$_N$* in d–. Da die *Wissensstände* eines *Disputs* und seines *Vorgängers* identisch sind, fallen auch die epistemischen Begriffe zusammen, generell gilt, dass eine *Aussage* beispielsweise *bekanntermaßen wahr* in d ist gdw. sie *bekanntermaßen wahr* in d– ist. Aus diesem Grund fallen auch die Verpflichtungen zusammen. Z. B. gilt: p *muss* in d *eingeräumt werden$_N$* gdw. p ist entweder: *folgend$_N$* in d oder: nicht *widersprechend$_N$* und *bekanntermaßen wahr* in d gdw. p ist entweder: *folgend$_N$* in d– oder: nicht *widersprechend$_N$* und *bekanntermaßen wahr* in d– gdw. p *muss* in d– *eingeräumt werden$_N$*.

Behauptung 4.3–28 habe ich etwas stärker formuliert als die Negation des *nova-responsio*-Gegenstücks zu Behauptung 4.3–27, denn es gilt hier nicht nur die Implikation von einer Verpflichtung in d– auf die entsprechende Verpflichtung in d, sondern auch die umgekehrte Richtung. Die beiden Behauptungen bilden daher keinen Widerspruch, sondern eine Unverträglichkeit *inter responsiones*.

Behauptung 4.3–28 zeigt den statischen Charakter der *nova responsio* auf: Während eines Disputs bleiben die Verpflichtungen identisch, solange nur das *obligatum* gleich bleibt. Demgegenüber hat die *antiqua responsio* einen dynamischen Charakter: eingeräumte oder bestrittenen Aussagen erweitern das bisher Gesagte, so dass sich u.U. die zu gebenden Antworten ändern. Der Unterschied ist allerdings in folgendem Sinne graduell: Wenn ein weiteres *positum* zugelassen worden ist, so hat dies in beiden *responsiones* denselben Effekt, den gegebene Antworten in der *antiqua responsio* haben.

4.3.18. *Minimierung von Implausibilität*

Von der *antiqua responsio* gilt ein Sachverhalt, dessen Konsequenzen ihren Sympathisanten offenbar wenig wünschenswert erscheinen.

Bereits Burley[199] diskutiert diese Tatsache und weist auf Schwierigkeiten hin, Paul von Venedig[200] und Paul von Pergula[201] formulieren
die entsprechende Behauptung als Sophisma. Johannes von Holland
drückt den fraglichen Umstand folgendermaßen aus:

> Alia regula est quod posito falso contingenti, et admisso, contingit pro-
> bare quodlibet falsum sibi compossibile.[202]

Es geht hier demnach um die Setzung einer falschen These und um
eine zweite mit dieser These verträgliche Aussage. Johannes sagt, es
sei immer möglich, diese zweite Aussage „zu beweisen" (*probare*). Die
Begründung Johannes' gibt Aufschluss darüber, was in diesem Kontext
mit „beweisen" gemeint ist: Er konstruiert eine korrekte Erweiterung
des Disputs mit der zugelassenen These, in der die Aussage einzuräumen ist. Damit die Behauptung nicht trivial wird, erachten wir
es, wie schon oben, hierbei für wesentlich, dass die konstruierte
Erweiterung dasselbe Verpflichtete hat. Die Behauptung besagt damit
insgesamt: Bei Setzung einer bekanntermaßen falschen These gibt es
für jede mit dieser These verträgliche Aussage eine korrekte Disputer-
weiterung bei gleichem Verpflichteten, in der die Aussage eingeräumt
werden muss.

Bei der Rekonstruktion von Johannes' Behauptung können wir
vom Begriff des *Nachfolgers* Gebrauch machen: d* ist ein *Nachfolger*
von d gdw. d *Vorgänger* von d* ist. Die fragliche Behauptung kann
dann wie folgt repräsentiert werden: Zu jedem *Disputverlauf*, der aus
dem *Zulassen* einer *bekanntermaßen falschen* These besteht, und zu jeder
mit dieser These verträglichen Aussage gibt es einen *korrekten Nachfolger*
mit identischem *Verpflichteten*, in dem diese *Aussage eingeräumt werden
muss$_A$*. Bei der Begründung lehne ich mich an Johannes' Begründung an:

Behauptung 4.3–29
Es sei d = <| |*Po*, p, *Ad*| |, K> ein *Disput*, wobei ¬p ∈ K, es sei
p ∧ q *konsistent*. Dann gibt es einen *korrekten$_A$ Nachfolger* d* von d, so
dass OBL (d) = OBL (d*) und q *muss* in d* *eingeräumt werden$_A$*.

Beweisidee
Für d* wählen wir: <| |*Po*, p, *Ad*| |*Pr*, ¬p ∨ q, *Co*| |, K>. Es gilt: d =
d*−, d* ist also *Nachfolger* von d. Außerdem gilt: OBL (d) = OBL (d*).
Dass d* *korrekt$_A$* ist, beweisen wir folgendermaßen:

[199] Vgl. Burley, *Tractatus de Obligationibus*, S. 58.
[200] Vgl. Paul von Venedig, *Obligationes*, S. 235.
[201] Vgl. Paul von Pergula, *Logica*, S. 111.
[202] Johannes von Holland, *Logic*, S. 100.

$$\text{d*}^{-2} \qquad\qquad\qquad T \nVdash \neg p$$
$$\text{d*}^{-1} \;/\;/\; \textit{Po}, \quad p, \qquad \textit{Ad} \;/\; T \wedge p \nVdash \neg(\neg p \vee q), \neg p \vee q \in K$$
$$\text{d*}^{\,0} \;/\; \textit{Pr}, \quad \neg p \vee q, \quad \textit{Co} \;/\;/$$

Kommentar: $T \nVdash \neg p$ gilt aufgrund dessen, dass $p \wedge q$ *konsistent* ist und dass daher auch p *konsistent* ist. Wegen der *Konsistenz* von $p \wedge q$ gilt auch: $T \wedge p \nVdash \neg(\neg p \vee q)$. Aufgrund von $\neg p \in K$ gilt: $\neg p \vee q \in K$. — Es gilt DIC (d*) $= T \wedge p \wedge (\neg p \vee q)$, daraus *folgt* q, q *muss* also in d* eingeräumt werden$_A$.

In Johannes' ursprünglicher Behauptung war gefordert, die Aussage, die eingeräumt werden muss (unser q in obiger Behauptung), solle falsch sein. Bei der Rekonstruktion zeigt sich, dass diese Forderung überflüssig ist. Auch Johannes macht bei seiner Begründung von ihr keinen Gebrauch. Aus Johannes' Diskussion lässt sich erschließen, warum die Behauptung für falsche *proposita* aufgestellt wird. Die Tatsache, dass man auf die angegebene Weise auch falsche Aussagen „beweisen" kann, stellt das oben angesprochene Problem dar, welches die Anhänger der *antiqua responsio* in diesem Theorem sehen. Johannes erläutert dieses Problem anhand eines Beispiels, in dem ein Respondent bei der (bekanntermaßen falschen) These „*tu es Romae*" zum Einräumen der (bekanntermaßen falschen) Aussage „*tu es papa*" genötigt wird. Die Schwierigkeit hiermit stellt Johannes folgendermaßen dar:

> Sed contra: propter unum inconveniens datum non est magis inconveniens concedendum. Sed magis possibile est quod tu es Rome quam quod tu es papa.[203]

Der Einwand lautet, dass durch die fragliche Eigenschaft ein Grundsatz verletzt wird, den man „Grundsatz der Minimierung von Implausibilität" nennen kann: „Aufgrund einer gesetzten Implausibilität sollten im Disput nicht größere Implausibilitäten eingeräumt werden müssen". Es ist jedoch implausibler oder abwegiger, dass man der Papst ist, verglichen damit, dass man sich in Rom befindet. Diesen Einwand will Johannes wie folgt auflösen:

> \<Q>uando dicitur: „magis possibili vel convenienti posito non est minus possibile vel inconveniens concedendum", dicitur bene concedendum hoc. Sed non magis possibile est quod tu es Rome quam quod tu es papa. Nullum enim possibile est alio magis possibile, nec aliquod verum vel falsum est alio verius vel falsius.[204]

---

[203] Johannes von Holland, *Logic*, S. 100.
[204] Johannes von Holland, *Logic*, S. 100.

Johannes' Antwort beruft sich darauf, dass die Maxime bei richtiger Deutung des Begriffs „*inconveniens*" erfüllt ist: Eine mögliche, aber falsche Aussage ist nicht mehr oder weniger abwegig als eine andere so beschaffene. Wird daher wegen „*tu es Romae*" die Aussage „*tu es papa*" eingeräumt, so wird damit keine größere, sondern eine gleich große Implausibilität eingeräumt. Im Sinne Johannes' können wir hinzufügen: Der Grundsatz wäre erst dann verletzt, wenn aufgrund einer möglichen eine unmögliche Aussage eingeräumt werden müsste. Hiervon wissen wir, dass dies in korrekten Disputen nicht der Fall ist.

Tatsächlich sind die Gründe, die uns „*tu es papa*" abwegiger erscheinen lassen als „*tu es Romae*", materialer (nicht-logischer) Natur; sie beruhen auf unserem Wissen über die Welt, etwa darauf, dass es leichter ist, nach Rom zu fahren, als Papst zu werden. In der rein formalen Obligationenterminologie ist dieses Weltwissen jedoch nicht explizierbar; im Sinne Johannes' können wir sagen: Der Einwand beruht auf einer unzulässigen Importation von Weltwissen in die Obligationentheorie.

Diese Auflösung ist jedoch nicht im selben Maße verfügbar, wenn wir statt „*tu es papa*" eine Aussage wie „*tu es papa et tu es Romae*" betrachten. Letztere Aussage können wir auf dem angegebenen Weg ebenfalls „beweisen" (da sie mit „*tu es Romae*" verträglich ist). Darüber hinaus kann man ein formales Argument dafür beibringen, dass „*tu es papa et tu es Romae*" „implausibler" ist als „*tu es Romae*": Aus der ersten Aussage folgt die zweite, aber nicht umgekehrt. Geben wir also dem „*magis inconveniens*" die Bedeutung „echt stärker" so ist der fragliche Grundsatz in der *antiqua responsio* nicht erfüllt.

An dieser Stelle kann eine Verbindung zur *nova responsio* hergestellt werden. Die gerade angeführte Replik auf Johannes' Auflösungsversuch liefert eine Erklärung für die Begriffsbestimmung, die Swyneshed dem „*magis inconveniens*" oder (bei Swyneshed) „*magis improbabile*" gibt:

> In omni consequentia bona pro significatis consequentis et antecedentis, ubi consequens est in plus quam antecedens est magis improbabile antecedens quam consequens. Ista satis patet. Nam in omni consequentia tali consequens pluribus modis potest probari quam antecedens.[205]

---

[205] Swyneshed, *Obligationes*, S. 252.

Swyneshed betrachtet eine bestimmte Art von „*consequentia*", nämlich
eine, „*ubi consequens est in plus quam antecedens*", und sagt, sie sei dadurch
gekennzeichnet, dass es mehr Möglichkeiten gebe, das Konsequens
zu beweisen als das Antezedens. Er hat hier anscheinend Konsequenz-
verhältnisse „aus A folgt B" im Sinn, bei denen die umgekehrte Konsequenz „aus B folgt A" nicht gilt. In einem solchen Fall will er A
„*magis improbabile*" als B nennen, diesen Begriff verwendet er demnach in der Bedeutung von „echt stärker". Der Begriff wird erneut
gebraucht, wenn Swyneshed den Grundsatz der Implausibilitätsminimierung formuliert:

> Tertia <suppositio> est quod obligato improbabili non est aliquid
> improbabilius illo concedendum.[206]

Bei einem implausiblen Verpflichteten ist also keine (noch) implau-
siblere Aussage einzuräumen. Wenn wir das „implausible" Verpflichtete
in Anlehnung an Johannes als ein nicht-bekanntermaßen wahres deuten, dann ergibt sich eine beweisbare Behauptung. „p ist *echt stärker*
als q" definieren wir dabei als: aus p *folgt* q und aus q *folgt* nicht p.

Behauptung 4.3–30
Sei d ein *Disput*, so dass das *Verpflichtete* von d nicht *bekanntermaßen wahr*
ist. Wenn p *echt stärker* ist als OBL (d), dann *muss* p in d nicht *eingeräumt werden$_N$*.

Beweisidee
Dafür, dass p nicht in d *eingeräumt werden muss$_N$*, ist hinreichend, dass
p nicht *folgend$_N$* und nicht *bekanntermaßen wahr* ist. Da p gemäß Annahme
aus OBL (d) nicht *folgt*, ist p nicht *folgend$_N$*. Wäre p ∈ K, so wäre, da
aus p das *Verpflichtete folgt*, auch OBL (d) ∈ K, im Widerspruch zur
Annahme.

Um die Unverträglichkeit *inter responsiones* dieser Behauptung mit
Behauptung 4.3–29 zu zeigen, knüpfen wir an Johannes' Beispiel mit
„*tu es Romae*" und „*tu es papa*" an. Wenn wir „*tu es Romae*" durch r
und „*tu es papa*" durch p repräsentieren, so lassen sich die in Definition
3.1–8 (d)–(f) gestellten Forderungen an *disputsprachliche Folgerungsbegriffe*,
nämlich ⊬ r, ⊬ ¬(r ∧ p) und ⊬ ¬(r ∧ ¬p), intuitiv rechtfertigen: Es
soll möglich sein, dass du nicht in Rom bist, dass du in Rom und
Papst bist und dass du in Rom und nicht Papst bist. Gemäß diesen
Forderungen gibt es einen *Disput* d = <| |Po, r, Ad| |, K> mit ¬r ∈ K.

---

[206] Swyneshed, *Obligationes*, S. 253.

Würde das *nova-responsio*-Analogon zu Behauptung 4.3–29 gelten, so gäbe es, da $r \wedge (r \wedge p)$ *konsistent* ist, einen *Nachfolger* d* mit gleichem *Verpflichteten*, so dass $r \wedge p$ *eingeräumt werden muss$_N$*. Da $r \wedge p$ jedoch *echt stärker* ist als das *Verpflichtete* von d*, $\top \wedge r$, gilt gemäß Behauptung 4.3–30, dass $r \wedge p$ in einem jeden solchen *Disput* nicht *eingeräumt werden muss$_N$*, das *nova-responsio*-Analogon zu Behauptung 4.3–29 kann also nicht gelten. Behauptung 4.3–30 schließt damit für die *nova responsio* den Fall aus, den wir oben als kritisch identifiziert haben.

Fassen wir unsere Überlegungen zur Implausibilitätsminimierung zusammen: Gegen den Vorwurf, die Maxime der Implausibilitätsminimierung zu verletzen, kann sich die *antiqua responsio* zunächst durch den Hinweis verteidigen, dass es keine logischen Gründe sind, die uns die eine möglich-falsche Aussage implausibler erscheinen lassen als die andere. Diese Argumentationsmöglichkeit entfällt, wenn wir „implausibler" als „echt stärker" deuten. Dann haben wir ein logisches Kriterium und die *antiqua responsio* verstößt gegen die so verstandene Maxime. Die Tatsache, dass die *nova responsio* den Grundsatz auch so verstanden noch bewahrheitet, kann — so haben wir Swyneshed verstanden — zur Rechtfertigung letzterer Theorie angeführt werden. Inwiefern sich diese Rechtfertigung in das unterstellte historische Interesse einfügt, werden wir im Folgenden zu diskutieren haben.

4.4. *Beziehungen zur Interessenlage*

An dieser Stelle soll ein Einschnitt gemacht und unsere Hypothese des historischen Interesses anhand der bisherigen Rekonstruktionsbemühungen überprüft werden. Die Hypothese haben wir in einer Übertragung motiviert, indem wir auf ein allgemeines Szenario für sachorientierte Streitgespräche diejenigen Merkmale der Obligationendispute projiziert haben, die sich bei einer ersten Auseinandersetzung als hinreichend überschaubar erwiesen haben. Bei der Rekonstruktion haben wir dagegen eine umfassende Bedeutungsfestlegung der in den Traktaten verwendeten Terminologie erarbeitet, unter der Behauptungen der Autoren beweisbar werden.

Wir überprüfen nun, ob die mittelalterliche Obligationentheorie auch in ihrer rekonstruktionssprachlichen Präsentation als Modell für den Interessengegenstand angesehen werden kann. Zunächst werden wir dazu die Begriffe des speziellen Szenarios in geeigneter Weise auf die rekonstruktionssprachliche Terminologie beziehen. Auf diese Weise wird die in der Übertragung informell gegebene Darstellung der Obligationentheorie durch eine explizite Formulierung eingelöst.

Während es sich hierbei um eine subsumierende Betrachtung handelt, bringt das Folgende eine Ausdifferenzierung des Verhältnisses von Obligationen und allgemeinem Szenario: Gewisse offenkundig elementare Züge der Obligationen haben sich bei unserem ersten Zugang als zu wenig kalkulierbar erwiesen, um in die Formulierung der Interessenhypothese einzugehen. Nach der erfolgten Klärung durch die Rekonstruktion wird nun der Versuch gemacht, diese Aspekte ebenfalls auf das vermutete historische Interesse zu beziehen.

Erstens sind in diesem Zusammenhang die Regeln und Rahmenbedingungen hinsichtlich der These zu nennen zusammen mit der Tatsache, dass diesbezüglich im Mittelalter unterschiedliche Auffassungen herrschen. Insoweit wir diese im Rahmen der Rekonstruktion begrifflich motivieren konnten, stellt sich die Frage, welche Rolle man den Festlegungen bei einer Modellierung des Interessengegenstandes zuweisen kann. — Zweitens ist auf die mittelalterliche Diskussion einzugehen, in der man die beiden *responsiones* anhand je eigener Merkmale zu rechtfertigen sucht. Entsprechende Differenzen konnten wir durch die Rekonstruktion bestimmen, im Sinne unserer Hypothese ist zu zeigen, dass sie sich als Vor- und Nachteile zweier konkurrierender Darstellungen von sachorientierten Streitgesprächen deuten lassen.

4.4.1. *Subsumierende Betrachtung*

Beim Entwurf unseres allgemeinen Szenarios sind wir davon ausgegangen, dass zwei Parteien eine Meinungsverschiedenheit in einem Streitgespräch austragen. Als Grundstruktur haben wir hierbei die Konstellation identifiziert, dass auf Angriffe mit Verteidigungen geantwortet wird. Die Gesamtheit der für Angriffe relevanten Äußerungen haben wir die „Position" des jeweiligen Verteidigers genannt. Als konstitutiv für einen erfolgreich abgewehrten Angriff haben wir die folgenden Regeln formuliert:

> Konservativitätsregel:
> Du musst deine Position aufrechterhalten.

> Plausibilitätsregel:
> Du musst dich um größtmögliche Plausibilität bemühen.

Unser spezielles Szenario ließ sich insofern als Vereinfachung des allgemeinen ansehen, da auf den Begriff „plausibel" zugunsten der Begriffe „bekanntermaßen wahr", „bekanntermaßen falsch" und „ungewiss" verzichtet werden konnte. Letzteren Begriffen hatten wir im Zuge eines Verfahrens der epistemischen Einigung gewisse Eigenschaften zugeschrieben: Folgerungen aus bekanntermaßen wahren Aussagen sollten ebenfalls bekanntermaßen wahr, ihre Negationen bekanntermaßen falsch und die übrigen Aussagen ungewiss sein. In der Rekonstruktionssprache ist es gelungen, den epistemischen Begriffen „*bekanntermaßen wahr*", „*bekanntermaßen falsch*" und „*ungewiss*" eben diese Eigenschaften zu verleihen.[207]

Im speziellen Szenario haben wir, entsprechend den *responsiones*, die Position des Verteidigers mit dem Verpflichteten bzw. dem bisher Gesagten identifiziert. Je nach den logischen Beziehungen zu Verpflichteten bzw. bisher Gesagten wurde eine Aussage „folgend", „widersprechend" bzw. „unabhängig" genannt. So erwiesen sich Konservativitäts- und Plausibilitätsregel des allgemeinen Szenarios mit den folgenden Regeln des speziellen Szenarios als äquivalent:

1 a) Alles, was folgend ist, muss eingeräumt werden.
   b) Alles, was widersprechend ist, muss bestritten werden.

2 Alles, was unabhängig ist,
   a) muss eingeräumt werden, wenn es bekanntermaßen wahr ist,
   b) muss bestritten werden, wenn es bekanntermaßen falsch ist,
   c) muss offengelassen werden, wenn es ungewiss ist.

Indem wir rekonstruktionssprachlich zunächst die Anwendung von Performationsbegriffen auf Dispute geklärt haben,[208] konnten wir die Begriffe des *Verpflichteten* und des *bisher Gesagten* analog zu deren Funktion im speziellen Szenario etablieren.[209] Vermittels dieser Begriffe ließen sich die Abhängigkeitsbegriffe der beiden *responsiones* definieren[210] und, aufbauend auf diese, die Verpflichtungsbegriffe bezüglich vorgeschlagener Aussagen.[211] Die genannten Regeln des speziellen Szenarios wurden so zu beweisbaren Aussagen.[212]

---

[207] Vgl. Definition 3.2–6 und Behauptung 3.2–2.
[208] Vgl. Definition 3.2–7.
[209] Vgl. Definition 3.2–8 und Definition 3.2–9.
[210] Vgl. Definition 4.3–1 und Definition 4.3–8.
[211] Vgl. Definition 4.3–3 und ihr *nova-responsio*-Analogon.
[212] Vgl. Behauptung 4.3–2 und ihr *nova-responsio*-Analogon.

Die Regeln des speziellen Szenarios wurden in gewisse Rahmenbedingungen eingefasst. Hierzu gehörte, dass wir es mit zwei Parteien zu tun haben, die sich abwechselnd äußern, wobei die eine Einwände vorbringt, während sich die andere durch Einräumen, Bestreiten oder Offenlassen verteidigt. Die Rahmenbedingungen konnten in die Rekonstruktion durch den Begriff eines *Disputverlaufs* eingebracht werden,[213] der seinerseits den *Disput*begriff konstituiert.[214] Insofern die übrige Terminologie auf letzteren Begriff zurückgeführt werden konnte, erfüllen *Disputverläufe* in der Rekonstruktion eine den Rahmenbedingungen des speziellen Szenarios analoge Funktion.

4.4.2. *Die Festlegungen bezüglich der These*

Da ein Streitgespräch auf einer Meinungsverschiedenheit beruht, sollte eine Disputationstheorie die Möglichkeit bieten, diese Meinungsverschiedenheit zu modellieren. Die Gründe, aus denen Meinungsverschiedenheiten entstehen und in Streitgesprächen ausgetragen werden, sind unterschiedlicher Art; hiervon kann jedoch abgesehen werden, wenn wir an der Form und nicht am Inhalt des Streitgesprächs interessiert sind. Damit eröffnet sich die Möglichkeit, die modellhafte Entsprechung zur Meinungsverschiedenheit im Hinblick auf andere Zwecke zu gestalten.

Oben in 2.1.9 wurde gesagt, dass sich eine Meinungsverschiedenheit durch Angabe bestimmter Aussagen charakterisieren lässt. Im Sinne einer eindeutigen Darstellung des Konflikts ist zu gewährleisten, dass die Meinungsverschiedenheit im Modell wohldefiniert ist (ein Umstand, der bei vielen lebensweltlichen Streitgesprächen nicht gegeben ist). Dieser Zielsetzung wird entsprochen, wenn in den jeweiligen Disput die Aussagen, die den Gegenstand der Meinungsverschiedenheit darstellen, sukzessive als Thesen eingebracht werden. Die Gesamtheit dieser Aussagen haben wir das Verpflichtete genannt.

Hat man das Verfahren der sukzessiven Etablierung der Thesen zur Verfügung, so können damit weitere sinnvoll erscheinende Forderungen an eine Meinungsverschiedenheit umgesetzt werden. Bereits im allgemeinen Szenario erscheint es angebracht, die Verteidigung einer Meinung, für die sich keine Gründe angeben lassen, ausschließen:

---

[213] Vgl. oben, 3.2.4 und 3.2.5.
[214] Vgl. Definition 3.2–4.

Eine solche Verteidigung wäre gänzlich beliebig, was zeigt, dass Sachorientiertheit keine Motivation des Streites bilden kann. In den Obligationen finden wir dieselbe Beliebigkeit einer Verteidigung bei einem inkonsistenten Verpflichteten: Hier sind alle Aussagen gleichzeitig einzuräumen und zu bestreiten.[215] Wollen wir die im allgemeinen Szenario gewonnene Beschränkung daher analog umsetzen, so ist zu fordern, dass eine vom Verteidiger übernommene These seiner bisherigen Position nicht widersprechen darf. Betrachten wir dies als einzige Beschränkung, dann kann auf diese Weise die maximale Lösung im Sinne der Interessenhypothese motiviert werden.[216]

Auch für die minimale Lösung lässt sich aus der Sicht des allgemeinen Szenarios argumentieren: Vertritt ein Disputant eine Position, die den vorausgesetzten Plausibilitätsstandards entspricht, so kann die Bemühung um Plausibilität nicht mit der Aufrechterhaltung der Position in Konflikt treten. Zum erfolgreichen Disputieren genügt es dann also insgesamt, der Plausibilitätsregel zu folgen. In der Rekonstruktion haben wir analog gesehen, dass bei wahren Thesen das Regelsystem des speziellen Szenarios mit zwei Regeln seine Pointe verliert; es verkürzt sich im Wesentlichen zu „Wahres muss eingeräumt, Falsches bestritten und Unbestimmtes offengelassen werden".[217] Bei einer plausiblen Meinung wird also eine zweiseitige Organisationsform disputationalen Verhaltens überflüssig; da sich jedoch nicht der Sinn der Sachorientiertheit verkehrt, ist eine diesbezügliche Einschränkung weniger dringlich.

Die Kontingenzlösung kann als der zur maximalen Lösung komplementäre Fall aus der Sicht des Angreifers angesehen werden: Es ist sinnlos, eine These anzugreifen, für die es keine Gegengründe gibt. Insofern sich jedoch in den Obligationen die Form eines Streitgesprächs in der Reglementierung adäquaten Verteidigungsverhaltens widerspiegelt,[218] kann von einer diesbezüglichen Einschränkung abgesehen werden: Wenn der Opponent den ihm gesteckten Rahmen optimal ausnutzt, wird er keine notwendige These wählen.

Da die Etablierung einer These, wie herausgestellt, insgesamt anderen Zielsetzungen folgt als die Abwehr eines Angriffs, benötigen wir

---

[215] Vgl. Behauptung 4.3–12.
[216] Vgl. Definition 4.3–2 und ihr *nova-responsio*-Gegenstück.
[217] Vgl. Behauptung 4.3–16.
[218] Vgl. die entsprechende Bemerkung oben, 2.1.6.

spezielle Performationen, an die sich diesbezügliche Regeln richten können. Im Sinne seiner Rolle als Angreifer gibt der Opponent die These durch das Setzen vor und der Respondent muss als Verteidiger mittels Zulassen bzw. Ablehnen Sorge tragen, dass das *positum* die geforderten Eigenschaften hat. Auf diese Weise können die entsprechenden Rahmenbedingungen expliziert werden.[219]

Insgesamt zeigt sich, dass die Festlegungen bezüglich der These im Zusammenhang des allgemeinen Szenarios gedeutet werden können. Sie erfüllen die Funktion, den Gegenstand der Kontroverse auf eindeutige, sinnvolle und einfach handhabbare Weise festzulegen.

4.4.3. *Vergleich der responsiones*

Um einen Vergleich der *responsiones* im Hinblick auf das historische Interesse durchzuführen, unterstellen wir, dass es sich bei ihnen um unterschiedliche Modelle für das allgemeine Szenario handelt. Hieraus ergibt sich als Ausgangspunkt der Diskussion die Frage, inwiefern Konservativitäts- und Plausibilitätsregel des allgemeinen Szenarios jeweils unterschiedlich in die speziellen Szenarien der *antiqua* und *nova responsio* übertragen werden. Es ist dann zu prüfen, ob diese Differenzen durch die Zielsetzung einer Modellierung adäquaten Verteidigungsverhaltens motiviert sein können.

Die Konservativitätsregel soll Sorge tragen, dass die Position gewahrt wird. Die Wahrung der Position ist in den Szenarien beider *responsiones* genau dann in Gefahr, wenn eine vorgeschlagene Aussage folgend oder widersprechend ist (jeweils verstanden im Sinne der entsprechenden *responsio*). Eine folgende bzw. widersprechende Aussage im Sinne der *nova responsio* ist immer auch folgend bzw. widersprechend im Sinne der *antiqua responsio*, das Umgekehrte gilt jedoch nicht.[220] Alle Fälle, in denen die Konservativitätsregel im Szenario der *nova responsio* einschlägig ist, sind damit auch Fälle, in denen sie im Szenario der *antiqua responsio* bemüht wird; in diesem Sinne sagen wir: die *nova responsio* fasst die Konservativitätsregel weiter auf als die *antiqua responsio*.

Die Konservativitätsregel tritt im Szenario der *nova responsio* nicht schon dann in Kraft, wenn eine Aussage aus dem bisher Gesagten

---

[219] Vgl. erneut 3.2.4 und 3.2.5.
[220] Vgl. Behauptung 4.3–9.

folgt bzw. ihm widerspricht, sondern erst dann, wenn sie aus dem Verpflichteten folgt bzw. ihm widerspricht. Dies hat zur Folge, dass die Gesamtheit der gegebenen Antworten in einem korrekten Disput inkonsistent sein können.[221] Außerdem muss der Antwortende nicht immer konsequent in seinen Antworten sein. (Ein Spezialfall hiervon ist, dass die Konjunktion zweier eingeräumter Aussagen nicht immer eingeräumt werden muss.)[222] Wenn wir mangelnde Konsistenz oder Konsequenz generell als Kennzeichen inadäquaten Verteidigungsverhaltens ansehen, dann erweist sich der Umstand, dass die *nova responsio* diese nicht fordert, als Nachteil. Für die *antiqua responsio* zählt dagegen das entsprechende Merkmal als Vorteil.

Die Plausibilitätsregel verpflichtet dagegen zu größtmöglicher Plausibilität. Sie tritt in Kraft, wenn die Aufrechterhaltung der Position nicht gefährdet ist, wenn also eine unabhängige Aussage vorgeschlagen wird. „Unabhängig" im Sinne der *antiqua responsio* ist immer auch „unabhängig" im Sinne der *nova responsio*,[223] aber nicht umgekehrt. Die plausible Antwort, die im Einräumen von Wahrem, Bestreiten von Falschem und Offenlassen von Ungewissem besteht, muss also in der *nova responsio* in Fällen gegeben werden, in denen die *antiqua responsio* dies nicht fordert. Die Plausibilitätsregel wird also umgekehrt in der *antiqua responsio* weiter aufgefasst.

In der *antiqua responsio* können Aussagen, die vom Verpflichteten unabhängig sind, durch Erweiterung des bisher Gesagten folgend oder widersprechend werden. Aufgrund dessen lässt sich in solchen Fällen nicht die plausible Antwort geben. Die weitere Auffassung der Plausibilitätsregel führt im Szenario der *antiqua responsio* dazu, dass bei einer falschen These u.U. noch stärkere Aussagen zugegeben werden müssen.[224] Wir können es als Merkmal inadäquaten Verteidigungsverhaltens ansehen, wenn ein Disputant in Bezug auf seine verteidigenden Behauptungen unplausibler ist als in Bezug auf die ursprüngliche Meinungsverschiedenheit.[225] Bei einer entsprechenden Deutung des Begriffs „unplausibler" durch das spezielle Szenario wird

---

[221] Vgl. Behauptung 4.3–20.
[222] Vgl. Behauptung 4.3–25.
[223] Vgl. auch hierzu Behauptung 4.3–9.
[224] Vgl. Behauptung 4.3–29 und Behauptung 4.3–30.
[225] Auf diese Weise lässt sich der mittelalterliche Grundsatz der Implausibilitätsminimierung verstehen, vgl. 4.3.18.

dieser Grundsatz in der *antiqua responsio* verletzt, in der *nova responsio* jedoch bewahrt.

Die Unterschiede zwischen den *responsiones* beruhen letztlich auf einer unterschiedlichen Behandlung von unabhängigen Aussagen: Im Gegensatz zur *antiqua responsio* bedeuten in der *nova responsio* unabhängige Aussagen, die eingeräumt oder bestritten werden, keine zusätzliche Verpflichtung.[226] Zurückübertragen auf das allgemeine Szenario bedeutet dies: Wir haben eine unterschiedliche Behandlung von Aussagen, die aufgrund einer Plausibilitätserwägung eingeräumt wurden. Solche Fälle können wir „Zugeständnisse an die Plausibilität" nennen.

In der *nova responsio* werden Zugeständnisse an die Plausibilität als irrelevant für zukünftige Angriffe angesehen, sie gehören nicht zur Position des Verteidigers. In der *antiqua responsio* sind dagegen solche Äußerungen im selben Sinne relevant wie die ursprüngliche Meinungsverschiedenheit. Die Frage nach der Adäquatheit der jeweiligen speziellen Szenarien für eine Modellierung disputationaler Normen können wir daher als folgende Frage an das allgemeine Szenario formulieren: Gehören auch Zugeständnisse an die Plausibilität zur Position eines Disputanten?

In lebensweltlichen Disputsituationen haben wir bezüglich Zugeständnissen vielleicht etwas wie intermediäre Relevanz: Bei Zugeständnissen sagt man etwa: „Eigentlich interessiert mich diese Frage nicht, aber ich gebe Dir dies einmal zu". Damit ist für den anderen Disputanten signalisiert, dass dieses Zugeständnis für die eigene Gegenargumentation nicht das gleiche Gewicht haben kann wie diejenige Ansicht, für die man eigentlich einstehen will. Dennoch sind diese Zugeständnisse für die weitere Diskussion nicht völlig irrelevant; wenn sich in Bezug auf sie Ungereimtheiten häufen, so kann das dennoch bedeuten, dass man sich geschlagen geben muss.

Es steht kein naheliegender Weg zur Verfügung eine solche intermediäre Relevanz in das spezielle Szenario einzubringen. Die Unterscheidung zwischen Relevanz und Irrelevanz stellt sich hier in der Entscheidungsfrage, ob die fragliche Aussage aus bestimmten anderen Aussagen folgt. Es muss daher eine definite Entscheidung gefunden werden. Diese Entscheidung fällt in der *nova responsio* in die eine, in der *antiqua responsio* in die andere Richtung aus.

---

[226] Dies haben wir durch die Formel vom statischen und dynamischen Charakter der *responsiones* umschrieben, vgl. Behauptung 4.3–27 und Behauptung 4.3–28.

Im allgemeinen Szenario hatten wir das Befolgen von Konservativitäts- und Plausibilitätsregel zusammengenommen als hinreichend für eine erfolgreiche Verteidigung angesehen. Ist die Position nicht völlig plausibel, dann muss ein Kompromiss zwischen dem Aufrechterhalten der Position und größtmöglicher Plausibilität gefunden werden.[227] *Antiqua* und *nova responsio* können so gelesen werden, dass sie diesen Kompromiss unterschiedlich gestalten: Die *antiqua responsio* betont eher die Aufrechterhaltung der Position, die *nova responsio* eher die Plausibilität. Folgerichtig kommen auch die Unterschiede in *antiqua* und *nova responsio* erst beim entsprechenden Fall im speziellen Szenario — das *positum* ist nicht bekanntermaßen wahr — zum Tragen.[228]

Wann immer ein Kompromiss zwischen polaren Gegensätzen gefunden werden muss, so kann dieser bald mehr nach der einen und bald mehr nach der anderen Seite ausfallen. *Prima facie* kommen damit beide *responsiones* zu ihrem Recht. Nichtsdestotrotz scheint der Preis, um den die *nova responsio* diese etwas andere Akzentuierung erkauft, zu hoch: Ein Disputant kann hier korrekt disputieren und doch Aussagen einräumen, die zusammengenommen widersprüchlich sind. Zeigen sich in einem Disput Widersprüche in den Antworten eines Disputanten, so würde uns dies als sicheres Indiz dafür gelten, dass dieser nicht optimal disputiert hat. Die Tatsache, dass die *nova responsio* die rigidere Auslegung der Plausibilitätsregel um den Preis einer Unmöglichkeit des bisher Gesagten erkauft, bleibt damit befremdlich.

Noch verbleibende Zweifel an der Geeignetheit der *nova responsio* im Hinblick auf das unterstellte historische Interesse dürfen aus folgendem Grund nicht zu hoch bewertet werden: Die *nova responsio* stellt nur ein kurzes Intermezzo in der spätmittelalterlichen Obligationendiskussion dar. Sowohl in den frühen, als auch wieder in den späten Obligationentraktaten wird die *antiqua responsio* vertreten. Insgesamt gehört die große Mehrheit der Traktate der *antiqua responsio* an. Die Tatsache, dass die *antiqua responsio* sowohl der mittelalterlichen Auffassung nach als auch unter dem systematischen Interesse die größere Attraktivität hat, spricht damit zusätzlich für die Hypothese eines gemeinsamen historisch-systematischen Interesses.

---

[227] Den Charakter des Regelsystems als Kompromiss betonen auch Knuuttila/ Yrjönsuuri, „Norms and Action", S. 193 f.
[228] Vgl. die diesbezügliche Bemerkung in 4.3.11.

Diese Überlegungen lassen sich zu folgendem Fazit zusammenfassen: Beide *responsiones* können auf das allgemeine Szenario übertragen und damit als Modelle sachorientierter Streitgespräche gelesen werden. Die hier vorgenommene Überprüfung hat damit insgesamt gezeigt, dass sich unsere Hypothese auch nach den bisherigen Ergebnissen der Rekonstruktion aufrechterhalten lässt.

5. SOPHISMATA

Die Untersuchung der Sophismata[1] bildet neben der Präsentation und Diskussion der Regeln den zweiten Sinnabschnitt eines typischen Obligationentraktats. Im ersten Teil des vorliegenden Kapitels werden wir versuchen, die Charakteristika eines obligationalen Sophisma zu bestimmen: Gibt es bestimmte Merkmale, die allen Sophismata gemeinsam sind? — Der zweite Teil ist speziellen Sophismata gewidmet, nämlich solchen, die das zur Formulierung der Regeln benötigte, obligationentypische Vokabular verwenden. Im Zuge der Rekonstruktion solcher „regelsprachlichen Sophismata" werden wir eine eigene *Disputsprache* nebst zugehörigem *Folgerungsbegriff* definieren. — Im dritten Teil wird dann die Frage aufgeworfen, wie sich das mittelalterliche Interesse für Sophismata zu dem von uns unterstellten historischen Interesse verhält. Wenn aus mittelalterlicher Sicht die Untersuchung von Sophismata bei einer Behandlung der Obligationen unabdingbar ist, so sollte sich im Sinne unserer Hypothese das Erfordernis dieser Untersuchung aus dem historischen Interesse ergeben.

5.1. *Allgemeine Charakterisierung*

Im Mittelpunkt eines obligationalen Sophisma steht typischerweise ein bestimmter Disput. Dieser Disput ist Bezugspunkt zweier Argumente. Das erste Argument können wir die „Problemstellung" nennen. Es soll zeigen, dass der Disput bestimmte, als problematisch empfundene Eigenschaften aufweist. Das andere Argument ist die „Auflösung" (*responsio* oder *solutio*). Es zeigt, dass das vorher gestellte Problem in Wirklichkeit nicht existiert. Oft (allerdings, wie wir sehen werden, nicht immer) wird dazu ein fehlerhafter Argumentationsschritt der Problemstellung korrigiert. Da sich Problemstellung und Auflösung

---

[1] Der Ausdruck „Sophisma" hat in der mittelalterlichen Logik allgemein die Bedeutung von „Fehlschluss". Diese allgemeine Bedeutung trifft, wie wir sehen werden, auch auf die Sophismata der Obligationentraktate zu. Ich verwende den Ausdruck jedoch nicht in seiner allgemeinen Bedeutung, sondern immer eingeschränkt auf Obligationenkontexte.

immer auf einen bestimmten Disput beziehen, handelt es sich bei den Sophismata um singuläre Aussagen über Dispute, wodurch sie sich formal von den Regeln unterscheiden.

Im vorliegenden Abschnitt wollen wir eine Charakterisierung der Sophismata über eine allgemeine Beschreibung der beiden Bestandteile, Problemstellung und Auflösung, erarbeiten. Unsere leitende Fragestellung lautet: Ist es in allen Sophismata dieselbe Eigenschaft, die als problematisch empfunden wird und daher aufgelöst werden muss? Wir beginnen mit einer Untersuchung der Problemstellung und wenden uns dann der Auflösung zu.

5.1.1. *Die Problemstellung: Erste Form*

Um invariante Eigenschaften der Problemstellung eines Sophisma zu identifizieren, untersuchen wir unterschiedliche Formen, die eine solche annehmen kann. Wir werden sehen, dass diese Formen trotz ihrer Unterschiedlichkeit eine Gemeinsamkeit aufweisen. Bei unserer Untersuchung wollen wir zunächst die folgende Komplikation außer acht lassen: Manche Problemstellungen enthalten einen Fehler und erreichen daher ihr Argumentationsziel nicht wirklich. Dies wird uns im Moment nicht weiter beschäftigen, uns geht es allein um die Bestimmung des Argumentationszieles, nicht um die Frage, ob es auch erreicht wird. Aus diesem Grund interessieren uns auch die Eigenarten der herangezogenen Beispiele nur am Rande, diesbezügliche Kommentare bringe ich in den Fußnoten unter.

Die Problemstellung wird in manchen Fällen folgendermaßen präsentiert: In den fraglichen Disput des Sophisma wird ein bestimmtes *propositum* eingebracht. Dann werden die Antwortmöglichkeiten des Respondenten der Reihe nach untersucht: „*si concedis...*“, „*si negas...*“, „*si dubitas...*“. Gegen jede dieser Antwortmöglichkeiten wird derselbe Einwand erhoben: der Respondent handele mit der entsprechenden Antwort einer Verpflichtung zuwider.

Beim Obligationenautor Buser finden wir fast durchweg Problemstellungen dieser Art. Ich greife ein Beispiel heraus: Buser betrachtet einen Disput mit der These „*tantum deum esse deum est tibi positum*“ und stellt die Frage, wie auf den Vorschlag „*deum esse deum est tibi positum*“ zu antworten sei.

> <1> Si negas, tu negas sequens ex posito, ergo male. Consequentia
> tenet et antecedens probatur, quia sequitur „tantum deum esse

deum est tibi positum, ergo deum esse deum est tibi positum"
quia hic arguitur ab exclusiva ad suam praeiacentem.

<2> Eodem modo arguitur si dubitas eam.

<3> Si concedis, tunc sic „deum esse deum est tibi positum, sed deum
esse deum est aliud quam tantum deum esse deum, ergo aliud
quam tantum deum esse deum est tibi positum" et ultra „aliud
quam tantum deum esse deum est tibi positum, ergo non tantum deum esse deum est tibi positum", quod est oppositum positi.[2]

Wird der Vorschlag bestritten, so liegt eine Zuwiderhandlung vor,
da dieser, wie 1 zeigt, aus dem *positum* folgt,[3] und daher, wie wir
hinzufügen können, eingeräumt werden muss. Analoges ergibt sich
für das Offenlassen: 1 hat gezeigt, dass der Vorschlag einzuräumen
ist, wird eine einzuräumende Aussage offengelassen, so ist dies ebenfalls eine Zuwiderhandlung. Wird die Aussage schließlich eingeräumt,
so wird, wie 3 zeigen soll,[4] eine Aussage eingeräumt, aus der die
Negation der These („*oppositum positi*") folgt, die also, so lässt sich
hinzufügen, widersprechend und daher zu bestreiten ist. Alle drei
Antwortmöglichkeiten resultieren also (scheinbar) in einer Zuwiderhandlung, da sich jeweils eine Verpflichtung zu einer alternativen
Performation aufweisen lässt.

Diese erste Form der Problemstellung lässt sich charakterisieren als
der (versuchte oder erfolgreiche) Nachweis, dass in einem gegebenen
Disput alle auf einen Vorschlag möglichen Antworten Zuwiderhandlungen sind. Im Hinblick auf eine Gemeinsamkeit der Problemstellungen können wir dies noch etwas genereller beschreiben: Gilt in
einem Disput, dass alle drei Antworten, die auf einen Vorschlag hin
möglich sind, Zuwiderhandlungen darstellen, so ist der fraglichen
Disput verpflichtungsinkonsistent. Dies zeigt die folgende Behauptung.

---

[2] Buser, *Obligationes*, S. 190/192.

[3] Bei seinem Schluss von „nur ‚Gott ist Gott' ist dir gesetzt" auf „‚Gott ist Gott'
ist dir gesetzt" schließt Buser „*ab exclusiva ad suam praeiacentem*", wir können sagen:
von Einzigkeit auf Existenz.

[4] Busers Auflösung beruft sich darauf, dass die Argumentation in 3 fehlerhaft ist
(vgl. Buser, *Obligationes*, S. 194). Das *non sequitur* besteht darin, dass aus der Tatsache,
dass dir nicht „nur Gott ist Gott" gesetzt ist, nicht folgt, dass dir nicht nur „Gott
ist Gott" gesetzt ist. Die Verwirrung entsteht also daraus, dass „nur" einmal auf
„Gott" und einmal auf „gesetzt" bezogen ist.

Da die Argumentation in 3 fehlerhaft ist, ist „*deum esse deum est tibi positum*" nicht
wirklich zu bestreiten, eine andernfalls bestehende Verpflichtungsinkonsistenz liegt
daher nicht vor. Nach der unten, in 5.1.4, einzuführenden Terminologie ist Busers
Auflösung damit eine „Auflösung durch Verpflichtungskonsistenz".

Unsere erste Form der Problemstellung lässt sich damit auch folgendermaßen beschreiben: Es handelt sich um den (versuchten oder erfolgreichen) Aufweis, dass der im Sophisma thematisierte Disput verpflichtungsinkonsistent ist.

Behauptung 5.1–1
Sei d = <$/X/$, K> ein *Disput*. Es gelte für ein p: in d* = <$/X /Pr$, p, $Co/ /$, K>, in d** = <$/X /Pr$, p, $Ne/ /$, K> und in d*** = <$/X /Pr$, p, $Du/ /$, K> wird jeweils *einer Verpflichtung zuwidergehandelt*. Dann gilt: d *ist verpflichtungsinkonsistent*.

Beweisidee
d ist der *Vorgänger* sowohl zu d* als auch zu d** und d***. Daraus, dass in d* *einer Verpflichtung zuwidergehandelt wird*, können wir folgern, dass gilt: p *muss* in d *bestritten* oder *offengelassen werden*. In d** *wird* ebenfalls *einer Verpflichtung zuwidergehandelt*, so dass gilt: p *muss* in d *eingeräumt* oder *offengelassen werden*. Wegen d*** können wir analog folgern: p *muss* in d *eingeräumt* oder *bestritten werden*. Durch aussagenlogische Umformungen erhalten wir: p *muss* in d *bestritten* und *eingeräumt* werden oder: p *muss* in d *bestritten* und *offengelassen* werden oder: p *muss* in d *offengelassen* und *eingeräumt* werden. Für jeden dieser drei Fälle gilt, dass es ein p gibt, das in d *ge-Φ-t werden muss* und dass es eine *Alternative* Ψ *zu* Φ gibt, so dass p in d *ge-Φ-t werden muss*, mithin, dass d *verpflichtungsinkonsistent* ist.

5.1.2. *Die Problemstellung: Zweite Form*

Bei der zweiten Form der Problemstellung, die wir hier betrachten wollen, wird ebenfalls ein *propositum* in den im Sophisma untersuchten Disput eingebracht. Dann werden jedoch nicht alle drei Antwortmöglichkeiten untersucht, sondern bloß zwei, und zwar meist die Möglichkeiten des Einräumens und Bestreitens („*si concedis . . .*", „*si negas . . .*").

Der überwiegende Teil von Burleys Sophismata hat diese Form. Burley betrachtet beispielsweise einen Disput mit dem *positum* „*tibi concludi et te nescire tibi concludi sunt similia*" („*similis*" bedeutet in diesem Zusammenhang, dass die Aussagen material äquivalent sind). Im Verlauf dieses Disputs wird „*tibi concluditur*" bestritten und „*tu scis tibi concludi*" eingeräumt. Das Problem stellt sich, wenn daraufhin „*tibi concluditur*" erneut vorgeschlagen wird:[5]

---

[5] Zu diesem Sophisma vgl. auch Yrjönsuuri, *Obligationes*, S. 53 f. — Buser, *Obligationes*, S. 206–210, und Paul von Venedig, *Tractatus de Obligationibus*, S. 350, diskutieren dasselbe Sophisma in etwas differenzierterer Weise als Burley.

<1> Si concedas, idem concessisti et negasti, igitur male.

<2> Si neges, negas sequens, quia sequitur: „tu scis tibi concludi, igitur, tibi concluditur".[6]

Wird der Vorschlag also eingeräumt, so wird damit zuwidergehandelt, da ein bereits bestrittener Vorschlag (gemäß der *antiqua responsio*) widersprechend ist und daher bestritten werden muss. Wird der Vorschlag dagegen bestritten, so wird ebenfalls einer Verpflichtung zuwidergehandelt, da, wie 2 zeigt „*tibi concluditur*" folgend ist und daher eingeräumt werden muss.[7]

Diese Art der Problemstellung lässt sich folgendermaßen auf ein Schema bringen: Zunächst wird gezeigt, dass das Ausführen einer bestimmten Performation Φ eine Zuwiderhandlung darstellt, da eine Verpflichtung zu einer Alternative Ψ zu Φ besteht. (Im Beispiel ist Φ das Einräumen und Ψ das Bestreiten.) Im nächsten Schritt wird gezeigt, dass, wenn der Respondent der Verpflichtung zu Ψ nachkommt, dies ebenfalls eine Zuwiderhandlung ist, da wieder eine Verpflichtung zu einer Alternative Θ zu Ψ besteht. (Im Beispiel ist $\Theta = \Phi$.) Eine einfache Charakterisierung dieses Problemstellungs-Typs lautet daher: Einer Verpflichtung Nachkommen bedeutet gleichzeitig eine Zuwiderhandlung. Dies ist ebenfalls hinreichend für eine Verpflichtungsinkonsistenz des Ausgangsdisputs, wie die folgende Behauptung zeigt. Es ergibt sich damit, dass auch Problemstellungen der zweiten Art als Verpflichtungsinkonsistenz-Nachweise beschrieben werden können.

Behauptung 5.1–2
Wenn es einen *Nachfolger* d* zu d gibt, so dass gilt: in d* wird einer *Verpflichtung nachgekommen* und einer *Verpflichtung zuwidergehandelt*, dann ist d *verpflichtungsinkonsistent*.

Beweisidee
Der Beweis ergibt sich durch Kontraposition aus Behauptung 4.2–4.

---

[6] Burley, *Tractatus de Obligationibus*, S. 64.

[7] Bei seiner Auflösung macht Burley darauf aufmerksam, dass im bereits geführten Beispielsdisput „*tibi concluditur*" nicht hätte bestritten werden dürfen (Burley, *Tractatus de Obligationibus*, S. 64). Da aus „*tu scis tibi concludi*" die Aussage „*tibi concluditur*" folgt, folgt aus „*tibi concludi et te nescire tibi concludi sunt similia*" ebenfalls bereits „*tibi concluditur*" (Vgl. die entsprechenden Folgerungsverhältnisse in klassischer Aussagenlogik: Bei p ⊢ q gilt auch q ≡ ¬p ⊢ q.) „*Tibi concluditur*" ist also folgend und hätte daher nicht bestritten, sondern eingeräumt werden müssen.

Burley weist also darauf hin, dass bereits einer Verpflichtung zuwidergehandelt wurde und dass der in Frage stehende Disput deswegen inkorrekt ist. Damit ist hier eine „Auflösung durch Inkorrektheit" gegeben, vgl. zu diesem Begriff unten, 5.1.5.

5.1.3. Die Problemstellung: Dritte Form

Eine dritte typische Form der Problemstellung ist dadurch charakterisiert, dass ein Respondent widersprechende Aussagen einräumt,
was ihm mit einem „*concessisti contradictoria*" angezeigt wird. Als Beispiel
hierfür lässt sich ein Sophisma Brinkleys anführen. Brinkley betrachtet einen Disput mit dem *positum* „*tu curris et 'tu non curris' est a te con-
cedend<um>*". Im Verlauf dieses Disputs wird „*'tu curris' est a te
concedendum*" eingeräumt. Die Problemstellung lautet folgendermaßen:

> <D>einde proponatur tibi ista „*'tu non curris' est a te concedendum*".
> Haec est concedenda, quia posita. Qua concessa cedat tempus. con-
> cessisti contradictoria infra tempus obligationis; igitur male.[8]

„*'Tu non curris' est a te concedendum*" muss also im fraglichen Disput
eingeräumt werden, da es aus dem *positum* folgt.[9] Die Aussage ist
jedoch (scheinbar) das kontradiktorische Gegenteil einer schon eingeräumten Aussage (gemeint ist „*'tu curris' est a te concedendum*").[10]

Auch die dritte Form der Problemstellung kann als (*antiqua-responsio*-
spezifischer) Nachweis einer Verpflichtungsinkonsistenz beschrieben
werden: Muss nämlich eine Aussage eingeräumt werden, deren kontradiktorisches Gegenteil bereits eingeräumt ist, so gilt (in der *antiqua
responsio*, der Brinkley zuzurechnen ist), dass der Disput verpflichtungsinkonsistent ist.

Behauptung 5.1–3
Sei d ein *Disput*, so dass gilt ¬p *wird* in d *eingeräumt. Wenn* p *in* d *eingeräumt werden muss$_A$ dann ist* d *ist verpflichtungsinkonsistent$_A$.*

Beweisidee
Wird eine *Aussage* ¬p *eingeräumt, so folgt* sie gemäß Behauptung 3.2–5
aus dem *bisher Gesagten,* p *ist damit widersprechend$_A$ und muss* in d *bestritten werden$_A$. Wenn* nun gilt: p *muss* in d *eingeräumt werden$_A$* so bestehen
Verpflichtungen zu *Alternativen,* es gilt also: d *ist verpflichtungsinkonsistent$_A$.*

---

[8] Brinkley, *Obligationes*, S. 64.

[9] Brinkley drückt sich hier etwas unpräzise aus, wenn er sagt, dass die Aussage
gesetzt ist. Gesetzt ist eine Konjunktion, deren zweites Konjunkt sie ist.

[10] Busers Auflösung macht geltend, dass „*'tu non curris' est a te concedendum*" und
„*'tu curris' est a te concedendum*" in Wahrheit keine kontradiktorischen Gegenteile bilden (Brinkley, *Obligationes*, S. 64): Das „*non*" in „*'tu non curris' est a te concedendum*"
regiert nicht das Hauptverb (*verbum principale*), letztere Aussage ist also nicht gleichbedeutend mit „*'tu curris' non est a te concedendum*".
Tatsächlich muss daher keine widersprechende Aussage eingeräumt werden, aufgrund dessen besteht auch keine Verpflichtungsinkonsistenz. Die Auflösung ist daher
wie die in 5.1.1 besprochene Busers vom Typ „Auflösung durch Verpflichtungskonsistenz".

Die drei behandelten Formen der Problemstellung legen die folgende Verallgemeinerung nahe: Die Problemstellung eines Sophisma versucht, die Verpflichtungsinkonsistenz eines gegebenen Disputs nachzuweisen.

5.1.4. *Auflösung durch Verpflichtungskonsistenz*

Nachdem wir zu einer Charakterisierung der Problemstellung gelangt sind, wenden wir uns der Auflösung, der zweiten für ein Sophisma wesentlichen Argumentation, zu. Diesbezüglich lassen sich zwei Typen unterscheiden: In manchen Fällen weist die Auflösung der Problemstellung ein *non sequitur* nach, in manchen Fällen ist dies nicht der Fall. In diesem und dem folgenden Abschnitt wollen wir die zwei Typen anhand der Rekonstruktion jeweils eines Beispiels analysieren.

Das Beispiel für den ersten Auflösungstyp stammt von Paul von Pergula.[11] Paul entwickelt sein Sophisma ausgehend von dem folgenden Disput:

<1> <P>ono tibi illam disiunctivam „tu curris vel rex sedet", qua admissa quia possibilis

<2> propono „nullus rex sedet" et patet quod est dubitanda quia dubia est et impertinens.

<3> Tunc propono „tu curris", patet quod est neganda, quia falsa et impertinens <...>.

<4> tunc propono illam: „rex sedet", patet quod est concedenda, quia sequens ex posito et opposito bene negati <...>.[12]

Der Beispieldisput geht von dem *positum „tu curris vel rex sedet"* aus (1). Es wird der Reihe nach den folgenden Verpflichtungen nachgekommen: *„nullus rex sedet"* wird offengelassen (2), *„tu curris"* wird bestritten (3) und *„rex sedet"* wird eingeräumt (4). Die Problemstellung lautet folgendermaßen:

<5> Tunc propono illam: „nullus rex sedet",

<6> si negas eam et prius dubitasti, ergo male respondes <...>

<7> si ergo dubitas habeo contra sextam regulam, nam illa „nullus rex sedet" est repugnans posito et opposito bene negati, <...> ergo per regulam esset neganda et non dubitanda.[13]

---

[11] Vgl. zum folgenden Sophisma auch Burley, *Tractatus de Obligationibus*, S. 73 f, wo eine analoge Lösung präsentiert wird. Die Lösung wird diskutiert bei Spade, „Three Theories", S. 8.

[12] Paul von Pergula, *Logica*, S. 113.

[13] Paul von Pergula, *Logica*, S. 113 f.

Ein in den Disput eingebrachtes *propositum* „*nullus rex sedet*" muss also bestritten werden, da sein kontradiktorisches Gegenteil bereits eingeräumt wurde (7). Wird „*nullus rex sedet*" jedoch bestritten, dann scheint damit gleichzeitig einer Verpflichtung zuwidergehandelt zu werden (6): Eine vorher offengelassene Aussage darf im späteren Disput nicht bestritten werden. Wir haben also eine Problemstellung des nach obiger Unterscheidung zweiten Typs: der in Frage stehende Disput ist (scheinbar) verpflichtungsinkonsistent, da (angeblich) ein Nachfolger existiert, in dem ein Nachkommen gleichzeitig eine Zuwiderhandlung ist.

Pauls Auflösung beruft sich darauf, dass in Wahrheit das Bestreiten von „*nullus rex sedet*" keine Zuwiderhandlung darstellt. Es gibt nämlich keine Verpflichtung zum Offenlassen dieser Aussage: „*non inconvenit unam propositionem primo dubitare et postea concedere vel negare*".[14] Dies mag überraschen, da einmal eingeräumte bzw. bestrittene Aussagen (gemäß der *antiqua responsio*) im folgenden Disput auch weiterhin eingeräumt bzw. bestritten werden müssen.[15] Dies gilt jedoch nicht für offengelassene Aussagen, nicht immer müssen diese auch künftig offengelassen werden.[16] Der Anschein der Verpflichtungsinkonsistenz entsteht also dadurch, dass sich die Problemstellung auf eine Verpflichtung beruft, die in Wahrheit nicht besteht.

Wir wollen überlegen, wie sich Pauls *solutio* rekonstruieren lässt, um uns darüber klar zu werden, welche Art von Argumentation hier vorliegt: Zunächst können wir die *solutio* repräsentieren, indem wir zeigen, dass die Verpflichtung „*nullus rex sedet*" offen zu lassen im interessierenden Disput nicht besteht, sondern dass vielmehr gilt: „*nullus rex sedet*" muss nicht offengelassen werden. „*Tu curris*" repräsentieren wir dazu durch c, „*rex sedet*" durch s, „*nullus rex sedet*" wird dementsprechend zu $\neg s$. Pauls Disputverlauf wird folgendermaßen repräsentiert:

$$
\begin{array}{llll}
| \ | \ Po, & c \lor s, & Ad & | \\
| \ Pr, & \neg s, & Du & | \\
| \ Pr, & c, & Ne & | \\
| \ Pr & s, & Co & | \ |
\end{array}
$$

---

[14] Paul von Pergula, *Logica*, S. 114.

[15] Wurde eine *Aussage* p in d *eingeräumt*, so *folgt* sie gemäß Behauptung 3.2–5 aus dem *bisher Gesagten* von d, ist daher *folgend_A* und *muss* in d *eingeräumt werden_A*. Analoges gilt für das Bestreiten.

[16] Vgl. die folgende Rekonstruktion.

Eine entsprechende Behauptung lautet:

Behauptung 5.1–4
Sei d = <| $|Po, c \lor s, Ad|$ $|Pr, \neg s, Du|$ $|Pr, c, Ne|$ $|Pr, s, Co|$ |, K> ein
Disput. Dann gilt: $\neg s$ *muss* in d nicht *offengelassen werden$_A$*.

Beweisidee
DIC (d) = $T \land (c \lor s) \land \neg c \land s$, da hieraus $\neg\neg s$ *folgt*, ist $\neg s$ *widersprechend$_A$*
und *muss* damit nicht *offengelassen werden$_A$*.

Die Problemstellung Pauls behauptet eine bestimmte Verpflichtungsinkonsistenz. In seiner *solutio* zeigt Paul, dass eine gewisse, in der
Problemstellung behauptete Verpflichtungsaussage in Wahrheit falsch
ist. Damit ist nicht gezeigt, dass der fragliche Disput verpflichtungskonsistent ist: Eine Verpflichtungsinkonsistenz könnte ja aus anderen,
bisher nicht betrachteten Verpflichtungen erwachsen. Wir können
jedoch Pauls Präsentation des in Frage stehenden Disputs als Kor-
rektheitsbeweis lesen. Hier bemüht sich der Autor, für jeden Schritt
zu zeigen, dass einer Verpflichtung nachgekommen wird. Da einer
Verpflichtung Nachkommen$_A$ Korrektheit$_A$ bewahrt, kann auf diese Weise, in
Anlehnung an Paul, über *Korrektheit$_A$* die *Verpflichtungskonsistenz$_A$* des
Repräsentans erwiesen werden.

Zur *Korrektheit$_A$* des *Disputs* ist notwendig, dass s *ungewiss* und c
bekanntermaßen falsch ist. Dies ist in Pauls Disput unausgesprochene
Voraussetzung. Zur *bekannten Falschheit* von c ist $\nvdash c$ erforderlich (vgl.
Behauptung 3.1–4). Damit s unter diesen Umständen *ungewiss* sein
kann, müssen die folgenden stärkeren Forderungen gelten: (*) $\neg c \nvdash$
s und (**) $\neg c \nvdash \neg s$. Beim Beweis benötigen wir darüber hinaus noch
die Tatsache, dass (***) $c \nvdash s$. Diese Forderungen sind durch ein intuitives Verständnis der Repräsentanda abgedeckt: Die Tatsache, dass
du nicht läufst, impliziert weder, dass ein König sitzt (*), noch dass
kein König dies tut (**), und daraus, dass du läufst, lässt sich nicht
schließen, dass ein König sitzt (***). Im Hinblick auf die Rekonstruktion
dieses Sophisma haben wir *Disputlogiken* so eingeführt, dass die entsprechenden Forderungen allgemein gelten.

Behauptung 5.1–5
Sei d = <| $|Po, c \lor s, Ad|$ $|Pr, \neg s, Du|$ $|Pr, c, Ne|$ $|Pr, s, Co|$ |, K> ein
Disput mit $s \notin K$, $\neg s \notin K$, und $\neg c \in K$. d ist *verpflichtungskonsistent$_A$*.

Beweisidee
d ist *korrekt$_A$*:

d^{-4} $T \nvdash \neg(c \lor s)$
d^{-3}| $| Po, \quad c \lor s, \quad Ad |$ $T \land (c \lor s) \nvdash s$, $T \land (c \lor s) \nvdash \neg s$, $s \notin K$,
                                      $\neg s \notin K$

$d^{-2}/$ $Pr,$ $\neg s,$ Du / $T \wedge (c \vee s) \nvdash c, \neg c \in K$
$d^{-1}/$ $Pr,$ $c,$ Ne / $T \wedge (c \vee s) \wedge \neg c \vdash s$
$d^{-0}/$ $Pr,$ $s,$ Co / /

Kommentar: $T \nvdash \neg(c \vee s)$ folgt aus (**) oder (***). $T \wedge (c \vee s) \nvdash s$ folgt aus (***). $T \wedge (c \vee s) \nvdash \neg s$ sowie $T \wedge (c \vee s) \nvdash c$ folgen aus (**). Nach Behauptung 4.3–7 ergibt sich *Verpflichtungskonsistenz$_A$* von d.

Als erste Möglichkeit der Auflösung eines Sophisma wollen wir den Nachweis der Verpflichtungskonsistenz des problematischen Disputs ansehen. Diese Form der Auflösung nennen wir Auflösung durch Verpflichtungskonsistenz. Unter diesen Auflösungstyp werden wir auch Fälle wie den gerade diskutierten subsumieren, wo in der *solutio* keine Verpflichtungskonsistenz, sondern etwas Schwächeres gezeigt wird, nämlich beispielsweise, dass eine bestimmte Verpflichtung, die am Zustandekommen einer angeblichen Verpflichtungsinkonsistenz beteiligt ist, nicht besteht. Im Kontext der Sophismata deuten wir eine entsprechende Argumentation jedoch so, dass sie im Hinblick auf eine zu etablierende Verpflichtungskonsistenz geführt wird — umso mehr, wenn sich Verpflichtungskonsistenz in der Rekonstruktion tatsächlich zeigen lässt.

5.1.5. *Auflösung durch Inkorrektheit*

Den zweiten Auflösungstyp werde ich anhand eines Sophisma von Buser diskutieren.[17] Buser untersucht hier den folgenden Disput:

<1> Aliud Sophisma sit tale: pono tibi istam „tu es Romae vel homo est asinus",
<2> qua admissa propono tibi istam „tu es Romae".
<3> Si concedis, contra: tu concedis falsum et impertinens, ergo male.
<4> Eodem modo arguitur si dubitas.
<5> Si negas <. . .>[18]

Es geht also um einen Disput mit dem *positum* „*tu es Romae vel homo est asinus*" (1). Es wird „*tu es Romae*" vorgeschlagen (2). Dieses *propositum* ist falsch und scheint unabhängig zu sein, wäre mithin zu bestreiten und darf dann ohne Zuwiderhandlung weder eingeräumt (3) noch

---

[17] Ähnliche Sophismata mit analogen Lösungen finden sich bei: Burley, *Tractatus de Obligationibus*, S. 72 f, Johannes von Holland, *Logic*, S. 103 f. und bei Brinkley, *Obligationes*, S. 68.
[18] Buser, *Obligationes*, S. 220.

offengelassen werden (4). Wird „*tu es Romae*" jedoch bestritten (5), ergibt sich die folgende Problemstellung:

<6> <...> propono tibi istam „homo est asinus",

<7> si negas, contra: tu negas sequens, ergo male, sequitur enim „tu es Romae vel homo est asinus, sed tu non es Romae, ergo homo est asinus",

<8> si concedis, contra: tu concedis impossibile simpliciter propter possibile positum ergo male respondes,

<9> eodem modo arguitur si dubitas.[19]

Das *propositum* „*homo est asinus*" (6) kann also in dem Disput ohne Zuwiderhandlung weder bestritten (7) noch eingeräumt (8) noch bezweifelt werden (9). Wir haben damit einen Verpflichtungsinkonsistenz-Nachweis vom ersten Typ.

Busers Auflösung des Sophisma lautet:

Ad hoc respondeo admittendo positum et concedo istam primo loco propositam scilicet „tu es Romae" tamquam sequentem ex disiunctiva in consequentia necessaria secundum quod patet per secundam regulam. Et sic patet quod falsum assumitur quando dicitur „concedis falsum et impertinens" <wie in 3 geschehen, H.K.>, quoniam ipsa est pertinens.[20]

Wir sehen, dass die Auflösung diesmal nicht bei der behaupteten Verpflichtungsinkonsistenz ansetzt. Stattdessen macht Buser geltend, dass „*tu es Romae*" im gegebenen Disput eigentlich hätte eingeräumt werden müssen. Das Bestreiten dieser Aussage war eine Zuwiderhandlung. Allgemeiner können wir formulieren: Buser weist nach, dass der in Frage stehende Disput inkorrekt ist.

Wir rekonstruieren Busers *solutio* durch die Behauptung, dass das Repräsentans seines Disputs *inkorrekt$_A$* ist. Wir repräsentieren „*tu es Romae*" durch r und „*homo est asinus*" durch das *material inkonsistente* $\bot$. Dies ist eine vertretbare Repräsentation mittelalterlicher Auffassungen, gemäß derer „*homo est asinus*" als Paradebeispiel für eine Inkonsistenz fungiert. Busers Disputverlauf wird zu:

$$| \ | \ Po, \quad r \vee \bot, \quad Ad \quad |$$
$$| \quad Pr, \quad r, \qquad Ne \ | \ |$$

Die zugehörige Behauptung lautet:

---

[19] Buser, *Obligationes*, S. 220/222.

[20] Buser, *Obligationes*, S. 222.

Behauptung 5.1–6

Sei d = <| |Po, r ∨ ⊥, Ad| |Pr, r, Ne| |, K> ein *Disput.* d ist *inkorrekt$_A$*.

Beweisidee

DIC (d–) = T ∧ $(r ∨ ⊥)$, wegen ⊢ ¬⊥ und KA gilt: T ∧ $(r ∨ ⊥)$ ⊢ *r. r* ist also *folgend$_A$* in d– und *muss* daher *eingeräumt werden$_A$*. In d+ wird *r bestritten*, damit wird in d *zuwidergehandelt$_A$*. d ist damit *inkorrekt$_A$*.

Die Behauptung der Problemstellung, dass der Disput verpflichtungsinkonsistent ist, können wir, der Argumentation Busers folgend, als zutreffend erweisen:

Behauptung 5.1–7

Sei d = <| |Po, r ∨ ⊥, Ad| |Pr, r, Ne| |, K> ein *Disput.* d ist *verpflichtungsinkonsistent$_A$*.

Beweisidee

DIC (d) = T ∧ $(r ∨ ⊥)$ ∧ ¬r, wegen T ∧ $(r ∨ ⊥)$ ∧ ¬r ⊢ ⊥ gilt: ⊥ ist *folgend$_A$* in d und daher: p *muss eingeräumt werden$_A$* in d. Wegen ⊢ ¬⊥ gilt jedoch ebenfalls: DIC (d) ⊢ ¬⊥, ⊥ ist damit *widersprechend$_A$* und *muss* daher *bestritten werden$_A$* in d. Es gibt also eine *Aussage* p und *Alternativen* Φ und Ψ, so dass p in d *ge-Φ-t* und *ge-Φ-t werden muss$_A$*, mithin gilt, dass d *verpflichtungsinkonsistent$_A$* ist.

Wir können nun die zweite Form der Auflösung charakterisieren: Ein Sophisma kann dadurch aufgelöst werden, dass der problematische Disput als inkorrekt erwiesen wird. Diese Form der Auflösung wollen wir Auflösung durch Inkorrektheit nennen. Die Frage, ob tatsächlich eine Verpflichtungsinkonsistenz vorliegt, wird durch den Aufweis der Inkorrektheit nicht beantwortet, kann aber zusätzlich gestellt werden.

5.1.6. *Das Wesen eines Sophisma*

Unsere bisherigen Ergebnisse lassen sich folgendermaßen zusammenfassen:

- Die Problemstellung eines Sophisma besteht im versuchten Nachweis der Verpflichtungsinkonsistenz eines bestimmten Disputs.

- Die Auflösung eines Sophisma weist entweder die Verpflichtungskonsistenz oder die Inkorrektheit des fraglichen Disputs nach.

Diese beiden Aussagen treffen auf alle bisher behandelten Sophismata sowie auf diejenigen, die wir noch behandeln werden, zu. Für das Folgende werde ich unterstellen, dass sie überhaupt auf alle obligationalen Sophismata zutreffen.[21] D.h. ich werde davon ausgehen, dass jede Problemstellung eine Verpflichtungsinkonsistenz nachweisen will und dass die Auflösungsmöglichkeiten durch Verpflichtungskonsistenz und durch Korrektheit erschöpfend sind. Sollte es sich herausstellen, dass es mittelalterliche Gegenbeispiele gibt, so bleibt es dennoch wahr, dass die Behauptungen auf eine große Untermenge der obligationalen Sophismata zutreffen. Die folgenden Ausführungen gelten dann nur für diese Untermenge.

Es ist nun der Begriff eines obligationalen Sophisma zu bestimmen. Die Bezeichnung „Sophisma" unterstellt, dass es sich um Problemfälle, um unerwünschte Ergebnisse handelt. Die obligationalen Sophismata erhalten jedoch eine Auflösung, die zeigt, dass ein Problem in Wirklichkeit nicht besteht. Es ist in diesem Sinne berechtigt, zwischen Sophismata im Versuchs- und im Erfolgssinn zu unterscheiden:[22]

Angesichts dessen, dass die obligationalen Sophismata eine Auflösung erhalten, die Wortbedeutung von „Sophisma" jedoch ein Problem anzeigt, handelt es sich bei ihnen um keine „echten" Sophismata, wir können sagen: es handelt sich um Sophismata im Versuchssinn.[23] Von den Sophismata im Erfolgssinn her will ich dagegen ihre Bezeichnung verstehen, letztere können als solche bestimmt werden, für die es keine Auflösung gibt. Eine Auflösung ist ihrerseits wiederum bestimmt als der Nachweis entweder der Verpflichtungskonsistenz oder der Inkorrektheit des in Frage stehenden Disputs, ein Sophisma im Erfolgssinn ist daher genauer als ein Disput zu definieren, der sowohl verpflichtungsinkonsistent als auch korrekt ist. Ein Sophisma im Versuchssinn ist dann ein Disput, der scheinbar ein Sophisma im Erfolgssinn ist. Damit ergibt sich: Die Auflösung eines Sophisma im Versuchssinn ist der Nachweis, dass es sich um kein Sophisma im Erfolgssinn handelt.

---

[21] Vgl. hierzu und zum Folgenden auch Keffer, „Die *ars obligatoria* als Grundlegung", Kap. 6 u. 7. Dort finden sich weitere Beispiele für diese These. Statt des Terminus „verpflichtungsinkonsistent" verwende ich in diesem Aufsatz den Ausdruck „regelinkonsistent".

[22] Zur Unterscheidung Versuchs-/Erfolgssinn vgl. Siegwart, *Vorfragen zur Wahrheit*, S. 104 f.

[23] Vgl.: „Russells Paradox" ist kein „echtes" Paradox (mehr), wenn wir ihm eine „Auflösung" bspw. in Form einer Typentheorie gegeben haben. Eine „Herleitung" des Paradoxes muss dann auf einem Fehlschluss beruhen; auf diese Weise ergibt sich der Zusammenhang zu der oben, zu Beginn von 5 (Fußnote 1), erwähnten Bedeutung von Sophisma als „Fehlschluss".

Wenn die Bezeichnung „Sophisma" ein Problem indiziert und
Sophismata eigentlich zu bestimmen sind als sowohl verpflichtungsin-
konsistente als auch korrekte Dispute, so können wir sagen: Die
Bezeichnung „Sophisma" unterstellt, dass es keine sowohl verpflichtungsinkonsistenten als auch korrekten Dispute geben darf. Anders
gesagt: Sie unterstellt, dass die These von Verpflichtungskonsistenz
bei Korrektheit gelten muss. Ein erfolgreiches Sophisma kann damit
auch als Gegenbeispiel gegen die These von Verpflichtungskonsistenz
bei Korrektheit bestimmt werden.

5.1.7. *Das Problem der Sophismata in der Rekonstruktion*

Die Konstruktion und Auflösung von Sophismata nimmt einen großen Teil eines typischen Obligationentraktats ein. Es kann als erklärungsbedürftig angesehen werden, dass singulären Behauptungen wie
den Sophismata ein solch großes theoretisches Interesse entgegenge-
bracht wird. Mit unseren bisherigen Überlegungen lässt sich hierfür
ein Grund angeben: Das Interesse an den Sophismata rührt daher,
dass sie die universelle Aussage der Verpflichtungskonsistenz bei Korrektheit als falsch erweisen können. Die Auflösung der Sophismata
ist gleichbedeutend damit, potentielle Gegenbeispiele zu dieser universellen Aussage zu beseitigen. Wenn unsere Interpretation richtig
ist, so dient die Diskussion der Sophismata der Untersuchung der
Frage, ob das obligationale Regelwerk die These der Verpflichtungskonsistenz bei Korrektheit erfüllt.

Eine universelle Aussage wie die fragliche These kann freilich durch
das Ausräumen von Gegenbeispielen nicht bewiesen werden. Hierzu
sind vielmehr metatheoretische Überlegungen vonnöten. Weil Dispute
beliebig lang werden können, wird in diesem Zusammenhang insbesondere das Verfahren der mathematischen Induktion gebraucht. Da
dieses Verfahren im Mittelalter nicht im erforderlichen Maße zur
Verfügung steht, ist es verständlich, dass die Autoren keinen wirkli-
chen Beweis für die These antreten. Die von ihnen befolgte Praxis
des Ausräumens von Gegenbeispielen kann allerdings die Glaubwürdigkeit der These erhöhen.[24] Eine Äußerung Pauls von Venedig lässt

---

[24] Ähnlich lässt sich die Konsistenz einer Mengentheorie im (nach Hilbert) „abso-
luten" Sinne nicht beweisen; die Glaubwürdigkeit dessen beruht auf der Tatsache,
dass bisher keine Widersprüche gefunden wurden.

sich in diesem Sinne verstehen, mit den folgenden Worten leitet er
von der Präsentation der Regeln zur Behandlung der Sophismata über:

> Contra regulas <...> intendo arguere et argumenta contra easdem
> dissolvere ut eisdem fides firmius debeat adhiberi.[25]

Paul beabsichtigt also, „Argumente gegen die Regeln", d.h. Sophismata,
„aufzulösen, damit wir in unserem Glauben an sie bestärkt werden".
Im Sinne der obigen Interpretation richtet sich der hier geforderte
„Glaube" darauf, dass die Regeln die These der Verpflichtungskonsistenz bei Korrektheit erfüllen.

Im Rahmen der vorliegenden Rekonstruktion konnten wir die
These der Verpflichtungskonsistenz bei Korrektheit beweisen (vgl.
Behauptung 4.3–7 bzw. ihr ebenfalls gültiges *nova-responsio*-Gegenstück,
wo wir die induktive Methode verwendet haben). Wir wissen also,
dass es keine Gegenbeispiele gegen die These gibt, mithin, dass keine
Sophismata im Erfolgssinn existieren. Haben wir damit das Problem
der mittelalterlichen Autoren (so wie es sich aus unserer Interpretation
ergibt) gelöst oder haben wir es in ein anderes Problem transformiert?

In einem bestimmten Sinne ist letzteres der Fall: Beim Beweis von
Verpflichtungskonsistenz bei *Korrektheit* mussten wir von speziellen Eigenschaften *disputlogischer Folgerungsbegriffe* Gebrauch machen. Insbesondere
spielt hierbei die *Widerspruchsfreiheit* des *Folgerungsbegriffs* eine tragende
Rolle.[26] Eine *Disputlogik* haben wir so definiert, dass sie die gewünschten Eigenschaften aufweist. Klassische Aussagenlogik bildet eine Teilmenge jeder *Disputlogik* und von ihr können wir die gewünschten
Eigenschaften, insbesondere Widerspruchsfreiheit, zeigen. Kämen wir
bei der Analyse der obligationalen Sophismata insgesamt mit klassischer Aussagenlogik aus, so könnten wir das Problem der mittelalterlichen Autoren für gelöst erklären.

Tatsächlich lassen sich jedoch nicht alle der in Sophismata benötigten Folgerungsverhältnisse mit einem aussagenlogischen Apparat
modellieren. Es wurde bereits darauf hingewiesen, dass in den Obligationen eine Fülle von semantischen Phänomenen, deren Darstellung
stärkere als aussagenlogische Mittel voraussetzt, eine Rolle spielen
kann. Im Zuge der Behandlung (eines Teilbereichs) der Sophismata
ergibt sich für eine Rekonstruktion daher folgendes Problem: Es muss
eine *Disputlogik* formuliert werden, die einerseits stark genug ist, um

---

[25] Paul von Venedig, *Tractatus de Obligationibus*, S. 100.
[26] Vgl. hierzu die Überlegungen oben, in 4.3.7.

die benötigten Folgerungsverhältnisse zu artikulieren, die andererseits jedoch die zu *Verpflichtungskonsistenz* bei *Korrektheit* notwendigen Eigenschaften aufweist.

Dieses Problem hängt eng mit dem Problem der mittelalterlichen Autoren zusammen: Wir wissen zwar, dass es keine Repräsentationen von erfolgreichen Sophismata geben kann, aber wir wissen nicht, ob sich alles, was die Autoren als „Sophisma" bezeichnen, auch repräsentieren lässt. Auch wenn wir unseren Apparat verstärken, kann es sein, dass wir mit weiteren Sophismata konfrontiert werden, die sich auf diese Weise nicht rekonstruieren lassen. Für dieses Problem kann daher keine abschließende Lösung, im Sinne eines definitiven „ja" oder „nein" gegeben werden. Dies verbindet es mit dem Problem der mittelalterlichen Autoren: Die Autoren haben immer neue Sophismata konstruiert, woraus wir schließen können, dass sie ihr Problem als ungelöst betrachtet haben. In diesem Sinne ist also zu sagen, dass sich das Problem der mittelalterlichen Autoren in das gerade aufgewiesene Problem der Rekonstruktion mittelalterlicher Sophismata transformiert hat.

In einem gewissen anderen Sinn kann das Problem der Sophismata jedoch als gelöst betrachtet werden. Durch die Rekonstruktion wissen wir, dass es Folgerungsbegriffe gibt, für die Verpflichtungskonsistenz bei Korrektheit gilt. Ferner können wir angeben, inwiefern die Existenz erfolgreicher Sophismata von den Eigenschaften des zugrundegelegten Folgerungsbegriffs abhängt. Wir haben also eine hypothetische Lösung präsentiert, indem wir die Umstände präzisiert haben, unter denen es keine erfolgreichen Sophismata geben kann.

Es kann jedoch gesagt werden, dass die jeweilige Gestaltung des Folgerungsbegriffs nicht zur Obligationenthematik im engeren Sinne, d.h. zu dem, was für die Obligationen spezifisch ist, gehört. Tatsächlich sind umgekehrt die Obligationen auf einen bereits vorgegebenen Folgerungsbegriff angewiesen.[27] Vom Standpunkt der Obligationenthematik aus kann unsere hypothetische Lösung daher bereits als endgültige Lösung angesehen werden: Eine Obligationentheorie kann nicht mehr leisten, als das Verhältnis zwischen Folgerungsmöglichkeiten und Verpflichtungskonsistenz zu bestimmen; darüber hinaus gehende Fragen nach den tatsächlich bestehenden Folgerungsverhältnissen liegen außerhalb ihrer Zuständigkeit.[28]

---

[27] Vgl. hierzu auch die entsprechende Fußnote 12 in 2.1.3.
[28] Ich bin Michael Astroh für einen diesbezüglichen Hinweis dankbar.

5.2. *Regelsprachliche Sophismata*

Ein bestimmter Teilbereich obligationaler Sophismata, den Bereich der (von mir so genannten) „regelsprachlichen Sophismata", bietet sich für eine nähere Untersuchung an. In diesen Sophismata werden *disputlogische* Folgerungsverhältnisse beansprucht, die obligationenspezifischen Charakter haben, die also nicht primär in anderen Traktattypen der mittelalterlichen Logik behandelt werden. Da sie sich in klassischer Aussagenlogik nicht repräsentieren lassen, besteht zu ihrer Rekonstruktion die Notwendigkeit eine eigene *Disputlogik* zu schaffen.

Nachdem wir im Folgenden zunächst auf das Problem der Isolierung einer disputsprachlichen Ausdrucksebene in den Traktaten eingegangen sind, wird der Begriff des regelsprachlichen Sophisma eingeführt. Dann entwickeln wir die benötigte *Disputlogik*. Wir werden einige Beispiele rekonstruieren, um den Kernpunkt der regelsprachlichen Sophismata herauszuarbeiten. Schließlich untersuchen wir mittelalterliche Tendenzen zur Trivialisierung regelsprachlicher Sophismata.

5.2.1. *Zwei Sprachebenen: Analyse- und Disputlogik*

In Vorbereitung auf die Rekonstruktion der regelsprachlichen Sophismata werden wir in diesem Abschnitt, teilweise in einem Rückgriff, auf eine Unterscheidung zweier Sprachebenen in den mittelalterlichen Traktaten eingehen. Wir werden dann darstellen, wie sich deren Verhältnis in der Rekonstruktion präsentiert. In diesem Zusammenhang wird eine Disanalogie zwischen Quelltexten und Rekonstruktion zu diagnostizieren sein. Im nächsten Abschnitt werden wir diese Disanalogie methodisch reflektieren und Konsequenzen für die Rekonstruktion der regelsprachlichen Sophismata ziehen.

Die mittelalterlichen Autoren stellen in ihren Traktaten Behauptungen auf und begründen sie durch Folgerungen, insofern können wir ihnen eine zugrundegelegte Logik unterstellen. Die Gesamtheit der verwendeten Wissenschaftssprache zusammen mit den Folgerungsmöglichkeiten der Autoren wollen wir „Analysenlogik" nennen. Bei ihren Behauptungen über Obligationendispute beziehen sich die Autoren auf Aussagen und identifizieren zwischen ihnen bestehende Folgerungsbeziehungen. Sie sprechen also vermittels der Analysenlogik selbst wiederum über eine Logik, die wir Disputlogik nennen. Die Disputlogik umfasst die Gesamtheit der in mittelalterlichen Beispielen von Disputen vorkommenden Aussagen sowie die zwischen ihnen bestehenden Folgerungsbeziehungen, soweit sie von den Autoren thematisiert werden. Analyselogische Aussagen und Folgerungsbeziehungen werden von den Autoren verwendet, disputlogische erwähnt, erstere machen daher die Metalogik, letztere die Objektlogik der Autoren aus.

Anhand der beiden Handlungsweisen „Verwenden" und „Erwähnen" können wir also zwischen zwei Logikebenen in den mittelalterlichen Traktaten unterscheiden. Es gibt jedoch bei den mittelalterlichen Autoren keinen Hinweis darauf, dass sie Analyse- und Disputlogik als zwei verschiedene, im Sinne von: unterschiedlich starke Logiken auffassen. Im Gegenteil verwenden die Autoren analyselogische Begriffsbildungen ohne weitere Umstände innerhalb der Disputlogik. Dieser Zug ist für das Folgende relevant, denn auf dieser Möglichkeit beruhen die regelsprachlichen Sophismata.

Der Analyse- bzw. der Disputlogik in den mittelalterlichen Traktate entspricht auf Seiten der Rekonstruktion die Rekonstruktions- bzw. die *Disputlogik*. Die analysesprachlichen Behauptungen der Autoren rekonstruieren wir durch Behauptungen ihrer rekonstruktionslogischen Repräsentationen, bei solchen Behauptungen und den entsprechenden Beweisen wird die Rekonstruktionslogik verwendet. Die *Disputlogik* dient uns dazu, Aussagen der Autoren über disputlogische Verhältnisse zu repräsentieren, wir formulieren jedoch keine Behauptungen mittels ihrer, sondern allein über sie, sie stellt daher eine Objektlogik dar. Indem also Rekonstruktions- bzw. *Disputlogik* jeweils Analyse- bzw. Disputlogik repräsentieren, spiegeln sich auch die beiden Handlungsweisen „Verwenden" und „Erwähnen" entsprechend wider.

Wenn wir oben festgestellt haben, dass es sich bei Analyse- und Disputlogik nicht um unterschiedlich starke Logiken handelt, so trifft dies auf Rekonstruktions- und *Disputlogik* nicht ohne weiteres zu: Die Rekonstruktionslogik beinhaltet induktive Verfahren, in Bezug auf eine Disputlogik haben wir dagegen nur gefordert, dass sie klassische Aussagenlogik umfasst. Es ist möglich, *Disputlogiken* von derselben Ausdrucksstärke wie die der Rekonstruktionslogik zu definieren, eine solche Ausdrucksstärke ist jedoch nicht allgemein gefordert; Rekonstruktions- und *Disputlogik* können also unterschiedlich starke Logiken sein.

Diese Asymmetrie zwischen Rekonstruktions- und *Disputlogik* bringt mit sich, dass uns die rekonstruktionssprachlichen Begriffsbildungen nicht ohne weiteres in der *Disputlogik* zur Verfügung stehen. Gerade diese Verfügbarkeit scheint jedoch, wie bereits erwähnt, für die entsprechenden Repräsentanda Analyse- und Disputlogik charakteristisch und im Zusammenhang mit den regelsprachlichen Sophismata relevant zu sein. Es gilt also die historische Adäquatheit der herausgestellten Asymmetrie zu diskutieren.

5.2.2. *Zwei Sprachebenen: Historische Adäquatheit*

Wir haben festgestellt, dass zwischen Analyse- und Disputlogik kein feststellbarer Unterschied in Bezug auf Ausdrucksstärke besteht. Um dieser Tatsache historisch gerecht zu werden, könnten wir unsere *Disputlogik* um mengentheoretische Axiome verstärken und auf diese Weise die Asymmetrie zwischen ihr und der Rekonstruktionslogik aufheben. Einer Rekonstruktion der regelsprachlichen Sophismata stünden dann keine nennenswerten Schwierigkeiten mehr im Weg: Die benötigte Terminologie könnte in die *Disputlogik* auf demselben Weg eingebracht werden, wie dies in der Rekonstruktionslogik bereits geschehen ist. Der Zuwachs an historischer Adäquatheit in der einen Hinsicht, nämlich in Hinsicht der Aufhebung der Asymmetrie, würde jedoch in anderer Hinsicht wiederum historische Inadäquatheit bedeuten: Ein solches Vorgehen wäre in dem Sinne historisch unangemessen, dass wir damit den Autoren induktive Verfahren als Objekte ihrer Rede unterstellt hätten. Eine Theorie der mathematischen Induktion ist jedoch im Mittelalter noch nicht formuliert worden.

Scheinbar stehen wir hier vor einem Dilemma. Wir lösen es auf, indem wir die Asymmetrie zwischen Rekonstruktions- und *Disputlogik* methodisch rechtfertigen und damit zeigen, dass die Notwendigkeit, sie aufzuheben, nicht wirklich besteht. Im Zuge dieser Rechtfertigung gehen wir in einer Wiederholung erneut auf die mit Rekonstruktions- und *Disputlogik* verbundenen Zielsetzungen ein.

Die Rekonstruktionslogik hat den Zweck, Einsicht in die Begründetheit mittelalterlicher Behauptungen zu gewähren. Um diesem Zweck zu genügen, muss sie, so haben wir vorausgesetzt, bei strukturellen Eigenschaften von Disputen ansetzen. Da zur Repräsentation dieser Eigenschaften induktive Verfahren benötigt werden, musste die Rekonstruktionslogik verhältnismäßig stark gestaltet werden.

Eine *Disputlogik* dient dem Zweck, die logischen Verhältnisse in Disputen zu repräsentieren, insoweit sie von den mittelalterlichen Autoren thematisiert werden. Die Frage, welche Verhältnisse dies im Einzelnen sind und wie sie am besten zu repräsentieren seien, haben wir nicht primär zur Klärung der Obligationenthematik gezählt. Um daher die Frage nach disputlogisch relevanten Folgerungsverhältnissen

weitestgehend offen zu lassen, haben wir Forderungen an die Ausdrucksstärke einer *Disputlogik* verhältnismäßig schwach gestaltet.

Die Asymmetrie zwischen Rekonstruktions- und Disputlogik lässt
sich dadurch rechtfertigen, dass die Logiken unterschiedlichen Zwecken
dienen: Die Rekonstruktionslogik dient u.a. zur Erklärung der von
den Autoren unterstellten Folgerungsverhältnisse, die *Disputlogik* allein
dazu, diese Verhältnisse abzubilden. Es ist möglich, dass sich mittelalterliche Behauptungen anhand von Verhältnissen erklären lassen,
die von den Autoren selbst nicht thematisiert werden.

Damit ergibt sich die Rechtfertigung, die angesprochene Asymmetrie
auch im Folgenden aufrecht zu erhalten. Auch bei der Rekonstruktion
der regelsprachlichen Sophismata werden wir also Folgerungsverhältnisse innerhalb der obligationenspezifischen Terminologie nur in dem
Maße *disputlogisch* repräsentieren, wie diese von den Autoren selbst
thematisiert werden. Insbesondere werden wir auf induktive Verfahren
verzichten; hieraus ergibt sich die Konsequenz, dass die *disputlogische*
Obligationenterminologie nicht auf demselben Weg wie die rekon-
struktionslogische zur Verfügung gestellt werden kann.

Der Verzicht auf induktive Verfahren bringt einen Verzicht auf eine
disputlogische Entsprechung zum Disputbegriff mit sich. Konnten wir
in der Rekonstruktionslogik die gesamte Obligationenterminologie
letztlich auf den Disputbegriff zurückführen, so müssen daher innerhalb der zu etablierenden *Disputlogik* manche der benötigten Begriffe
als primitiv betrachtet werden, die übrigen können definiert werden.
Dies hat Auswirkungen auf die Etablierung der *disputlogischen* Folgerungsverhältnisse: Während sich rekonstruktionslogisch alle benötigten Folgerungsverhältnisse anhand der Definitionen beweisen ließen, so ist
dies in der unten eingeführten *Disputlogik* nur bei einem Teil möglich,
andere müssen axiomatisch gesetzt werden.

Bei den definitorischen und axiomatischen Festlegungen hinsichtlich der zu etablierenden *Disputlogik* orientieren wir uns an den entsprechenden rekonstruktionslogischen Verhältnissen und begründen
dies wie folgt: Hinsichtlich mittelalterlicher Analyse- und Disputlogik
haben wir von einem wechselseitigen Abbildungsverhältnis auszugehen: Alles, was in der einen Logik gilt, gilt auch in der anderen. Aus
historisch-methodischen Gründen ist eine völlige Übereinstimmung
zwischen Rekonstruktions- und *Disputlogik* nicht angemessen, das
Abbildungsverhältnis soll dann jedoch wenigstens in eine der beiden
Richtungen umgesetzt werden: Alle *disputlogischen* Folgerungen sollen

rekonstruktionslogisch gültig sein. *Disputlogische* Definitionen sind also zulässig, wenn der fragliche Begriff auch rekonstruktionslogisch entsprechend definierbar ist, *disputlogische Axiome* dürfen gesetzt werden, wenn der in ihnen ausgesprochene Zusammenhang auch rekonstruktionslogisch gilt.

Es sei angemerkt, dass die im Folgenden entwickelte *Disputlogik* als ein Versuch gewertet werden muss. Selbst bei einer Beschränkung auf regelsprachliche Sophismata lassen sich mittels ihrer manche disputlogische Folgerungsverhältnisse nicht wiedergeben. Ein spezielles (von mir) ungelöstes Problem, das der Quantifizierung über Aussagen, werde ich unten diskutieren. Die entwickelte *Disputlogik* soll daher nur als ein erster Schritt zur Klärung regelsprachlicher Sophismata angesehen werden.

5.2.3. *Der Begriff „regelsprachliches Sophisma"*

In diesem Abschnitt wollen wir den Begriff „regelsprachliches Sophisma" einführen. Zu diesem Zweck gebe ich in Tabelle 5 eine Liste derjenigen Begriffe, die ich im Folgenden als „regelsprachliche Ausdrücke" bezeichnen will. Es handelt sich um die Terminologie, mit deren Hilfe sich Obligationenregeln formulieren lassen. Diese Liste kann bei Bedarf um weitere Begriffe (wie *„cedat tempus"* oder *„male respondisti"*) erweitert werden. Die regelsprachlichen Ausdrücke lassen sich unterteilen in: epistemische Begriffe, Performationsbegriffe, Abhängigkeitsbegriffe und Verpflichtungsbegriffe. Um obligationenspezifische Ausdrücke im engeren Sinn handelt es sich nur bei den letzten drei Kategorien, die epistemische Begrifflichkeit wird auch in anderen Kontexten verwendet. Sie hinzunehmen ist jedoch nützlich, da mit ihrer Hilfe ein anderer Teil der regelsprachlichen Ausdrücke (nämlich die Verpflichtungsbegriffe) definiert werden kann.

Tabelle 5

Kategorie	regelsprachlicher Begriff
epistemische Begriffe	A *est scitum esse verum*
	A *est scitum esse falsum*
	A *est dubium*
Performationsbegriffe	A *est positum*
	A *est admissum*

A *est concessum*
A *est negatum*
A *est dubitatum*

Abhängigkeitsbegriffe   A *est pertinens sequens*
A *est pertinens repugnans*
A *est impertinens*

Verpflichtungsbegriffe   A *est admittendum*
A *est concedendum*
A *est negandum*
A *est dubitandum*

Alle und nur die Sophismata, die anhand eines Disputs entwickelt werden, in dem einer dieser Ausdrücke vorkommt, wollen wir als regelsprachliche Sophismata bezeichnen.

5.2.4. *Repräsentationen von regelsprachlichen Ausdrücken*

Bei den regelsprachlichen Ausdrücken handelt es sich um Operatoren, die auf Aussagen angewendet werden und dabei neue Aussagen erzeugen. In *Disputsprachen* stehen die entsprechenden Operatoren nicht allgemein zur Verfügung; um regelsprachliche Sophismata zu rekonstruieren, müssen wir also eine spezielle, um diese Operatoren erweiterte *Disputsprache* angeben. Hierfür sind als erstes *disputsprachliche* Repräsentationen der obligationenspezifischen Operatoren bereitzustellen. Die hier verwendeten Repräsentationen werden in Tabelle 6 dargestellt.[29] In der Tabelle ist p als Repräsentation eines lateinischen Satzes A aufzufassen.

Tabelle 6

Kategorie	Repräsentandum	Repräsentans
epistemische Begriffe	A *est scitum esse verum*	V p
	A *est scitum esse falsum*	F p
	A *est dubium*	D p
Performationsbegriffe	A *est positum*	*Ad* p ⎱
	A *est admissum*	*Ad* p ⎰

---

[29] Diese Repräsentationen ähneln den von Yrjönsuuri in Yrjönsuuri, *Obligationes* verwendeten.

	A *est concessum*	*Co* p
	A *est negatum*	*Ne* p
	A *est dubitatum*	*Du* p
Abhängigkeitsbegriffe	A *est pertinens sequens*	*S* p
	A *est pertinens repugnans*	*R* p
	A *est impertinens*	*I* p
Verpflichtungsbegriffe	A *est admittendum*	*OAd* p
	A *est concedendum*	*OCo* p
	A *est negandum*	*ONe* p
	A *est dubitandum*	*ODu* p

Der Tabelle lässt sich entnehmen, dass sowohl „A *est positum*" als auch „A *est admissum*" durch „*Ad* p" wiedergegeben wird. Dies hat den folgenden Grund: Viele Sophismata mit der Wendung „A *est positum*" entwickeln ihre Pointe erst, wenn dies im Sinne des (strenggenommen stärkeren) „A *est admissum*" verstanden wird (ein Beispiel werden wir unten kennen lernen).[30] Die Obligationenautoren gebrauchen die beiden Wendungen also gelegentlich synonym. Wollten wir Fälle rekonstruieren, in denen die Wendungen nicht synonym gebraucht werden, so könnten wir für „A *est positum*" ein zusätzliches Zeichen einführen; für die nachfolgenden Rekonstruktionen ist dies jedoch nicht nötig.

Für die regelsprachlichen Ausdrücke haben wir jetzt unterschiedliche Repräsentationen, je nachdem ob der Ausdruck vom Obligationenautor verwendet wird, um über Dispute zu sprechen (Analyselogik), oder ob er in einem Disput vorkommt (Disputlogik). Behauptet beispielsweise ein *antiqua-responsio*-Autor in Bezug auf einen bestimmten Disput: „A *est concedendum*" und repräsentieren wir A durch p und den fraglichen Disput durch d, so wird die Behauptung des Autors nach wie vor durch „p *muss* in d *eingeräumt werden$_A$*" repräsentiert. Kommt aber die Aussage „A *est concedendum*" in einem Disput vor, d.h. wird sie dort eingeräumt, bestritten o.ä., dann repräsentieren wir sie durch „*OCo* p". Bei der Repräsentation eines der obigen Ausdrücke muss also darauf geachtet werden, ob er analyselogisch oder disputlogisch verwendet wird.

Die rekonstruktionssprachlichen Repräsentationen der regelsprachlichen Ausdrücke sind zweistellige Prädikate: sie beziehen sich immer auf eine *Aussage* und auf einen *Disput*. Da wir in der *Disputlogik* keine

---

[30] Vgl. 5.2.9.

Repräsentationen für *Dispute* zur Verfügung haben, sind die *disputlogischen* Repräsentationen einstellig: sie beziehen sich nur auf *Aussagen*. Die rekonstruktionssprachlichen zweistelligen Prädikate können in einstellige umgewandelt werden, indem die Disputstelle durch einen Quantor abgebunden wird. Die *disputlogischen* Repräsentationen lassen sich mit solchen quantorenlogisch reduzierten Prädikaten vergleichen.

Bezüglich der Abhängigkeits- und Verpflichtungsbegriffe haben wir in der Rekonstruktionslogik jeweils unterschiedliche Repräsentationen, je nachdem, ob wir ihren Gebrauch in der *antiqua* bzw. *nova responsio* wiedergeben wollen. Für die *Disputlogik* erweist es sich als vorteilhaft, diese Differenzierung nicht auf der Ebene der Repräsentationen, sondern auf der Ebene des *Folgerungsbegriffs* einzubringen: Wir verwenden hier einheitliche Repräsentationen und definieren unterschiedliche *Folgerungsbegriffe* für die *responsiones*.[31]

5.2.5. *Definition der Sprache LAN*

Wir können nun zur Definition einer *Disputsprache LAN* kommen, welche die Repräsentation von Aussagen mit regelsprachlichen Ausdrücken erlaubt. Die Anzahl der neu einzuführenden Ausdrücke kann vermindert werden, indem wir bestimmte Operatoren mit Hilfe anderer definieren. Gemäß obiger Ausführungen werden wir uns hierbei an der rekonstruktionssprachlichen Definierbarkeit des entsprechenden Begriffs orientieren. Die übrigen Operatoren werden als primitiv betrachtet.

Bezüglich der epistemischen Begriffe werde ich V, die *disputsprachliche* Repräsentation von „*scitum esse verum*" als primitiv betrachten. Rekonstruktionssprachlich gilt, dass p in einem Disput d genau dann *bekanntermaßen falsch* ist, wenn $\neg$p in d *bekanntermaßen wahr* ist. Die Repräsentation des disputsprachlichen „*A est scitum esse falsum*", also F p, können wir daher durch: $V \neg$p definieren. D p, die Repräsentation von „*A est dubium*", kann analog zur Rekonstruktionssprache durch: $\neg V$ p $\wedge \neg F$ p definiert werden — eine *Aussage* ist *ungewiss* genau dann, wenn sie weder *bekanntermaßen wahr* noch *falsch* ist.

---

[31] Im Hinblick auf die oben, in 4.3.15 und 4.3.16 geführte Diskussion lässt sich sagen, dass bezüglich der regelsprachlichen Terminologie tatsächlich unterschiedliche Folgerungsmöglichkeiten in den *responsiones* bestehen. Oben wurden jedoch aussagenlogische Folgerungsbeziehungen (z.B. Konjunktionseinführung) diskutiert und diesbezüglich unterscheiden sich die definierten *Folgerungsbegriffe* nicht.

Die Performationsbegriffe können auf keinen anderen regelsprach-lichen Begriff zurückgeführt werden. Rekonstruktionssprachlich haben wir sie anhand der *Disputverläufe* eingeführt, hier werden wir sie als grundlegend betrachten.[32]

In Bezug auf die Abhängigkeitsbegriffe werde ich S, die *disput-sprachliche* Repräsentation von „*pertinens sequens*" als grundlegend betrach-ten. Da für beide *responsiones* gilt, dass p genau dann *widersprechend* ist, wenn ¬p *folgend* ist, können wir die Repräsentation des disput-sprachlichen „*A est pertinens repugnans*", also R p, durch: S ¬p definieren, ohne damit eine Vorentscheidung für eine der beiden *responsiones* zu treffen. Ähnlich kann I p, die Repräsentation von „*A est imperti-nens*", analog zu den rekonstruktionssprachlichen Definitionen durch ¬S p ∧ ¬R p definiert werden.

Die Verpflichtungsbegriffe sind in beiden *responsiones* vermittels Abhängigkeits- und epistemischer Terminologie definierbar: p *muss zugelassen werden* gilt genau dann, wenn p nicht *widersprechend* ist, daher definieren wir das disputsprachliche „*A est admittendum*", OAd p, durch: ¬R p; „p *muss eingeräumt werden*" gilt genau dann, wenn p entwe-der *folgend* oder nicht *widersprechend* und *bekanntermaßen wahr* ist, für das *disputsprachliche* „*A est concedendum*", OCo p, erhalten wir also: S p ∨ (¬R p ∧ V p). Nach analogen Überlegungen kommen wir zu den Definitionen ONe p = R p ∨ (¬S p ∧ F p) für „*A est negandum*" und ODu p = I p ∧ D p für „*A est dubitandum*".[33]

Als grundlegende Operatoren bleiben damit V, Ad, Co, Ne, Du und S. Wir nennen diese Zeichen *Operatoren*:

Definition 5.2–1 (Operator)
O ist *Operator* gdw. O ∈ {$V, Ad, Co Ne, Du, S$}

Eine Menge LAN kann dann wie folgt definiert werden:

Definition 5.2–2 (die Sprache LAN)
LAN ist die kleinste aller Mengen S, so dass für alle k, p, q gilt:
(a) wenn k *Aussagenkonstante* ist, dann ist k ∈ S

und

----

[32] Im Sinne der Bemerkungen zu Beginn von 3.2.9 könnte mit den hier zugrun-degelegten Performationsbegriffen eine disputsprachliche Repräsentation für „p wird vorgeschlagen" definiert werden: Pr p = Co p ∨ Ne p ∨ Du p.
[33] Gemäß Behauptung 4.3–3 bzw. ihrem *nova-responsio*-Analogon hätte ONe p auch durch OCo ¬p und ODu p auch durch ¬OCo p ∧ ¬ONe p definiert werden kön-nen. Vgl. dazu auch die Bemerkung Bohs in der Fußnote von Boh, *Rules of Obligation*, S. 57.

(b) wenn p ∈ S und q ∈ S, dann ist ¬p ∈ S und *(p ⊃ q)* ∈ S.

und

(c) wenn p ∈ S und O ist ein *Operator*, dann ist O p ∈ S

Von dieser Menge kann gezeigt werden, dass sie eine *Disputsprache* im Sinne von Definition 3.1–2 ist:

Behauptung 5.2–1
LAN ist eine *Disputsprache*.

Beweisidee
Da eine *Aussagenkonstante* k Element jeder Menge S ist, die insbesondere Klausel (a) der obigen Definition erfüllt, gilt dies auch für *LAN*. Sind p und q Elemente von *LAN*, so sind sie aufgrund von (b) Elemente einer Menge S, die, wenn sie p und q enthält, auch ¬p und *(p ⊃ q)* enthält. Letztere sind daher ebenfalls Elemente von *LAN*. Damit sind die Bedingungen erfüllt, dass *LAN* eine *Disputsprache* ist.

Wir führen die abgeleiteten Operatoren gemäß den obigen Überlegungen ein. (Die Junktoren ∧, ∨, ≡ sind bereits generell für *Disputsprachen* definiert, vgl. Definition 3.1–3.)

Definition 5.2–3 (abgeleitete Operatoren)
Es sei p eine *Aussage* von *LAN*.
(a) *F* p = *V* ¬p
(b) *D* p = ¬*V* p ∧ ¬*F* p
(c) *R* p = *S* ¬p
(d) *I* p = ¬*S* p ∧ ¬*R* p
(e) *OAd* p = ¬*R* p
(f) *OCo* p = *S* p ∨ (¬*R* p ∧ *V* p)
(g) *ONe* p = *R* p ∨ (¬*S* p ∧ *F* p)
(h) *ODu* p = *I* p ∧ *D* p

5.2.6. *Eigenschaften der Operatoren*

Mit den Definitionen der abgeleiteten *Operatoren* haben wir bereits einige logische Beziehungen innerhalb der *disputsprachlichen* Repräsentationen regelsprachlicher Ausdrücke hergestellt. Um zusätzlich Beziehungen zwischen primitiven *Operatoren* herzustellen und ihnen weitere gewünschte Eigenschaften zu verleihen, dienen uns *disputsprachliche Folgerungsbegriffe*. Wir bilden dabei unterschiedliche *Folgerungsbegriffe*, um einmal das Folgerungsverhalten der *antiqua-* und einmal das der *nova-responsio*-Terminologie abzubilden. Wie bereits oben orientieren sich die diesbezüglichen Überlegungen an den entsprechenden rekonstruktionssprachlichen Begriffen.

Kommen wir zunächst zu Beziehungen zwischen den *Operatoren*: Zwischen epistemischen und Performationsbegriffen bestehen keine logischen Beziehungen: Daraus, dass eine *Aussage bekanntermaßen wahr* in einem *Disput* ist, folgt nicht, dass sie in dem *Disput* beispielsweise *zugelassen* oder *eingeräumt wird*, noch gilt das Umgekehrte. Auch epistemische und Abhängigkeitsbegrifflichkeit weisen keine Interdependenzen auf: Weder gilt, dass *bekanntermaßen wahre Aussagen folgend sind*, noch sind *folgende bekanntermaßen wahr*.

Anders ist dies bei Performations- und Abhängigkeitsbegriffen: Zwar lässt sich von einer Abhängigkeit nicht auf eine vollzogene Performation schließen, eine *folgende Aussage* muss weder *zugelassen*, noch *eingeräumt*, *bestritten* oder *offengelassen sein*. Es gelten aber Beziehungen in die umgekehrte Richtung: In beiden *responsiones* gilt, dass eine *zugelassene Aussage folgend* ist. In der *antiqua responsio* gilt, dass eine *eingeräumte Aussage* und die Negation einer *bestrittenen Aussage folgend* ist, dies gilt jedoch nicht in der *nova responsio*. *Offengelassene Aussagen* stellen in keiner *responsio* eine Abhängigkeitsbeziehung her. Für die *antiqua responsio* fordern wir daher die folgenden drei *Axiome*; die entsprechenden *nova-responsio*-Beziehungen erhalten wir, wenn wir die letzen beiden *Axiome* ersatzlos streichen.

Ad p $\supset$ S p
Co p $\supset$ S p
Ne p $\supset$ S $\neg$p

Wir wenden uns den logischen Eigenschaften unserer Begriffe zu. Die Performationsbegriffe haben keine solchen Eigenschaften, wir können sagen: Die empirische Tatsache, dass eine bestimmte Aussage in einem Disput eingeräumt wurde, kann sich nicht aufgrund von begrifflichen Überlegungen erweisen lassen. Dies zeigt sich auch daran, dass wir bei der rekonstruktionssprachlichen Einführung der Performationsbegriffe auf den zugrundegelegten *Folgerungsbegriff* nicht Bezug nehmen mussten; wir haben hier allein den Begriff des *Disputverlaufs* verwendet.

Anders ist dies mit dem Begriff „*folgend*". Für beide *responsiones* gilt rekonstruktionssprachlich, dass jede *gültige Aussage folgend* ist, da sie aus jedem *bisher Gesagten* respektive *Verpflichteten* folgt. Für den *disputsprachlichen* Operator S sollte deswegen die sogenannte „Gödel-Regel" gelten: $\vdash$ p impliziert $\vdash$ S p. Rekonstruktionssprachlich gilt außerdem: Sind gewisse *Aussagen* p$_1$, ..., p$_n$ in einem *Disput folgend*, so sind auch alle ihre Konsequenzen *folgend*. Übertragen in die *Disputsprache* heißt dies, dass wir bei $\vdash p_1 \wedge \ldots \wedge p_n \supset q$ aus der Annahme $S\, p_1 \wedge \ldots \wedge S\, p_n$ auf $S\, q$ schließen wollen.

Die beiden genannten Eigenschaften teilt der Operator S mit dem Notwendigkeitsoperator einer K-Modallogik. Bekanntlich lassen sich diese Eigenschaften folgendermaßen axiomatisch implementieren:[34]

Wenn p *Axiom* ist, dann auch $S\, p$
$S\, (p \supset q) \supset (S\, p \supset S\, q)$

Wenden wir uns nun noch den Eigenschaften des Operators V zu. Die beiden Eigenschaften, die wir für *„folgend"* herausgestellt haben, gelten auch für *„bekanntermaßen wahr"*: *Folgerungen* aus *bekanntermaßen wahren Aussagen* sind ebenfalls *bekanntermaßen wahr*, da *Wissensstände* nicht leer sein dürfen, sind auch *gültige Aussagen bekanntermaßen wahr*. Wir fordern also für den Operator V analog:

Wenn p *Axiom* ist, dann auch $V\, p$
$V\, (p \supset q) \supset (V\, p \supset V\, q)$

Bekanntermaßen wahre Aussagen haben noch eine weitere Eigenschaft, die von *folgenden* nicht generell geteilt wird: In *Disputen* mit einem *inkonsistenten bisher Gesagten* bzw. *Verpflichteten* können unvereinbare *Aussagen* folgend sein, ist jedoch eine *Aussage bekanntermaßen wahr*, so gilt dies nicht ebenfalls für ihre Negation (vgl. Behauptung 3.2–2 (a)).[35] Für den *Operator V* fordern wir daher zusätzlich das folgende

---

[34] Stehen die genannten Axiome zur Verfügung, so lässt sich durch Induktion über die Länge eines *Beweises* zeigen: Wenn $\vdash p$, dann $\vdash S\, p$. Hat der Beweis nämlich die Länge 1, so ist p *Axiom* und es gilt nach der ersten Forderung $\vdash S\, p$. Sei andererseits die Eigenschaft für *Beweise* einer Länge kleiner n gezeigt und es gebe einen *Beweis* der Länge n für p. Ist p *Axiom*, dann gilt die gerade angestellte Überlegung. Andernfalls gibt es vorhergehende Einträge $q \supset p$ und q im *Beweis*. Da die *Beweise* für diese eine Länge kleiner n haben, gilt gemäß Induktionsannahme $S\,(q \supset p)$ und $S\, q$, gemäß $S\,(p \supset q) \supset (S\, p \supset S\, q)$ gilt dann auch $S\, p$. Auch die zweite Eigenschaft lässt sich zeigen: Wegen der gerade bewiesenen Eigenschaft gilt bei $\vdash p_1 \wedge \ldots \wedge p_n \supset q$ auch $\vdash S\,(p_1 \wedge \ldots \wedge p_n \supset q)$, nehmen wir $S\, p_1 \wedge \ldots \wedge S\, p_n$ an, so kann S q dann mit $S\,(p \supset q) \supset (S\, p \supset S\, q)$ und KA gefolgert werden.
Umgekehrt gilt, dass die axiomatische Implementierung nicht stärker ist als die gewünschten Eigenschaften: Da jedes *Axiom gültig* ist, gilt bei der Implikation von $\vdash$ p auf $\vdash S\, p$ auch $S\, p$ für *Axiome* p. Wegen: $\vdash p \wedge (p \supset q) \supset q$ gilt aufgrund der zweiten Eigenschaft: $S\, p \wedge S\,(p \supset q) \vdash S\, q$, woraus gemäß KA folgt: $\vdash S\,(p \supset q) \supset (S\, p \supset S\, q)$.
[35] Mittels der Implementierung und den Definitionen lassen sich die übrigen in Behauptung 3.2–2 genannten Eigenschaften leicht herleiten.

Axiom, womit der *Operator V* dann insgesamt dieselben Eigenschaften hat wie der Notwendigkeitsoperator einer D-Modallogik.[36]

$$V \, p \supset \neg V \, \neg p$$

5.2.7. *Definitionen der Folgerungsbegriffe*

Um zu gewährleisten, dass die zu definierenden *Folgerungsbegriffe formal-material* im Sinne von Definition 3.1–6 und Definition 3.1–7 sind, fordern wir die dazu hinreichenden *Axiome* spezifiziert auf *Aussagen* von *LAN*. Nehmen wir die nach obigen Überlegungen für die *antiqua responsio* einschlägigen *Axiome* hinzu, so können wir eine entsprechende *Axiomen*menge wie folgt bestimmen:

Definition 5.2–4 (Axiomenmenge A)
A ist die kleinste Menge A, so dass gilt:
   (a) $\neg \bot \in$ A

      und

   (b) $\top \in$ A

      und

   (c) $o \wedge h \supset c \in$ A
[materiale Axiome]
und für alle *Aussagen* p, q $\in$ *LAN*:
   (d) p $\supset$ (q $\supset$ p) $\in$ A

      und

   (e) (p $\supset$ (q $\supset$ r)) $\supset$ ((p $\supset$ q) $\supset$ (p $\supset$ r)) $\in$ A

      und

   (f) (¬p $\supset$ ¬q) $\supset$ (q $\supset$ p) $\in$ A
[Aussagenaxiome]

      und

   (g) *Ad* p $\supset$ *S* p $\in$ A

      und

   (h) *Co* p $\supset$ *S* p $\in$ A

      und

---

[36] Für einen diesbezüglichen Hinweis bin ich Johan Klüwer dankbar.

(i) *Ne* p ⊃ *S* ¬p ∈ A
[Performationsaxiome]

und

(j) *S (*p ⊃ q*)* ⊃ *(S* p ⊃ *S* q*)* ∈ A

und

(k) wenn p ∈ A, dann *S* p ∈ A
[Abhängigkeitsaxiome]

und

(l) *V (*p ⊃ q*)* ⊃ *(V* p ⊃ *V* q*)* ∈ A

und

(m) *V* p ⊃ ¬*V* ¬p ∈ A

und

(n) wenn p ∈ A, dann *V* p ∈ A
[epistemische Axiome]

Eine für die *nova responsio* geeignete *Axiomen*menge *N* erhalten wir, wenn wir die letzten beiden Performationsaxiome, d.h. die Klauseln (h) und (i), streichen. Da *LAN* gemäß Behauptung 5.2–1 eine *Disput-sprache* ist, und die von Definition 3.1–6 und Definition 3.1–7 geforderten *Axiome* spezifiziert auf *LAN* in *A* und *N* enthalten sind, ergibt sich:

Behauptung 5.2–2
(a) ⊢*ₐ* ist ein *formaler* und ein *materialer Folgerungsbegriff* zu *LAN*.
(b) ⊢*ₙ* ist ein *formaler* und ein *materialer Folgerungsbegriff* zu *LAN*.

Wir können nun ⊢*ₐ* bzw. ⊢*ₙ* jeweils mit der *Sprache LAN* zusammenfassen und das Ergebnis als *LOG*ₐ bzw. *LOG*ₙ definieren:

Definition 5.2–5 (Logiken)
(a) *LOG*ₐ = <*LAN*, ⊢*ₐ*>.
(b) *LOG*ₙ = <*LAN*, ⊢*ₙ*>.

Um die definierten Gebilde als *Disputlogiken* gemäß Definition 3.1–9 ausweisen zu können, bleibt zu zeigen, dass ⊢*ₐ* und ⊢*ₙ* *material widerspruchsfrei* sind. Dies ist Aufgabe des nun folgenden Abschnitts.

5.2.8. *Materiale Widerspruchsfreiheit*

Unser Beweis der *materialen Widerspruchsfreiheit* von ⊢*ₐ* und ⊢*ₙ* verläuft wie folgt: Wir konstruieren ein Fragment der *Disputlogik LOG*ₐ, welches die *Operatoren Ad, Co* und *Ne* nicht enthält. Als *Operatoren* kommen also nur *S*, *V* und *Du* vor. Den *Operator Du* werden wir trivial behandeln, da dieser in den *Axiomen* von $\vdash_A$ nicht wesentlich vorkommt. Da *S* einem K-Notwendigkeitsoperator und *V* einem D-Notwendigkeitsoperator entspricht, lässt sich für das *Logik*-Fragment eine Mögliche-Welten-Semantik angeben. Vom diesbezüglichen Standard[37] muss nur in den folgenden beiden Punkten abgewichen werden: Die materialen Axiome sind zu implementieren und die triviale Behandlung des *Operators Du* ist zu ermöglichen. Vermittels Korrektheit der Mögliche-Welten-Semantik kann *materiale Konsistenz* des eingeschränkten *Folgerungsbegriffs* gezeigt werden. Auf den eigentlich interessierenden *Folgerungsbegriff* $\vdash_A$ wird dies übertragen, indem wir zeigen, dass eine entsprechende Erweiterung der *Logik* konservativ ist. Das Ergebnis gilt dann auch für den schwächeren *Folgerungsbegriff* $\vdash_N$.

Zum Zweck des Beweises, konstruieren wir die Hilfs-*Logik* LOG_A* = $<LAN*, \vdash_{A*}>$. $LAN*$ gewinnen wir, indem wir uns auf die Operatoren *V*, *S* und *Du* beschränken. Wir definieren dazu: O ist *Operator** gdw. O $\in$ {*V, S, Du*}. Die Definition von $LAN*$ ist identisch mit der von *LAN*, nur dass wir statt „*Operator*", „*Operator**" schreiben. Die *Axiomen*menge $A*$ ist mit *A* identisch, bis auf die Tatsache, dass wir die Performationsaxiome, d.h. die Klauseln (g) — (i), streichen. Wir definieren also:

Definition 5.2–6 (Axiomenmenge A*)
$A*$ ist die kleinste Menge A, so dass gilt:

(a) $\neg\bot \in$ A

und

(b) $\top \in$ A

und

(c) $o \wedge h \supset c \in$ A
und für alle *Aussagen* p, q $\in$ $LAN*$:
(d) p $\supset$ (q $\supset$ p) $\in$ A

und

(e) (p $\supset$ (q $\supset$ r)) $\supset$ ((p $\supset$ q) $\supset$ (p $\supset$ r)) $\in$ A

und

(f) ($\neg$p $\supset$ $\neg$q) $\supset$ (q $\supset$ p) $\in$ A

und

---

[37] Vgl. etwa Kreiser/Gottwald/Stelzner, *Nichtklassische Logik*, Kap. 3, „Modallogik".

(g) S $(p \supset q)$ $\supset$ $(S$ p $\supset$ S q$)$ $\in$ A

und

(h) wenn p $\in$ A, dann S p $\in$ A

und

(i) V $(p \supset q)$ $\supset$ $(V$ p $\supset$ V q$)$ $\in$ A

und

(j) V p $\supset$ $\neg V$ $\neg$p $\in$ A

und

(k) wenn p $\in$ A, dann V p $\in$ A

Für diese *Logik* können wir nun eine Mögliche-Welten-Semantik angeben. Wir definieren zunächst einen geeigneten *Modell*-Begriff. Dabei
fordern wir auf der Menge der Welten zwei Relationen, $\mathcal{R}^s$ und $\mathcal{R}^V$,
welche die Semantik für die *Operatoren** S und V liefern. Die *Interpretationsfunktion* I leistet die triviale Behandlung von *Aussagen* der Form
Du p, diese werden wie *Aussagenkonstanten* behandelt. Außerdem erle-
gen wir der *Interpretationsfunktion* einige Einschränkungen auf ((da) —
(dc)), welche die materialen *Axiome* berücksichtigen. Wir können I
daher auch eine *materiale Interpretationsfunktion* nennen.

Definition 5.2–7 (Modell)
Ein *Modell* $\mathcal{M}$ ist ein geordnetes Quadrupel $<\mathcal{W},\ \mathcal{R}^s,\ \mathcal{R}^V,\ I>$, so dass
  (a) $\mathcal{W} \neq \varnothing$

und

(b) $\mathcal{R}^s \subseteq \mathcal{W} \times \mathcal{W}$

und

(c) $\mathcal{R}^V \subseteq \mathcal{W} \times \mathcal{W}$, wobei es für alle w $\in$ $\mathcal{W}$ ein w' gibt mit $<$w,
    w'$>$ $\in$ $\mathcal{R}^V$

und

(d) I ist eine Funktion, die jeder *Aussagenkonstante* bzw. jeder *Aussage
    Du* p_1, wobei p $\in$ *LAN**, und jedem w $\in$ $\mathcal{W}$ einen der beiden
    Werte 0 oder 1 zuordnet, dergestalt dass für alle w $\in$ $\mathcal{W}$ gilt:
    (da) I $(\top,$ w$)$ = 1

    und

    (db) I $(\bot,$ w$)$ = 0

    und

    (dc) I $(o,$ w$)$ = 0 oder I $(h,$ w$)$ = 0 oder I $(c,$ w$)$ = 1

$I^{\mathcal{M}}$, die Fortsetzung der *materialen Interpretationsfunktion* des *Modells* $\mathcal{M}$, hat jeweils eine Klausel für die beiden uns interessierenden *Operatoren**: In der Klausel (d) für S wird auf die Relation $\mathcal{R}^S$, in (e) für V dementsprechend auf $\mathcal{R}^V$ Bezug genommen.

Definition 5.2–8 (Fortsetzung der Interpretationsfunktion)
Sei $\mathcal{M} = <\mathcal{W}, \mathcal{R}^S, \mathcal{R}^V, I>$ ein *Modell*.
Die *Fortsetzung* der *materialen Interpretationsfunktion* von $\mathcal{M}$, $I^{\mathcal{M}}$, ist diejenige Funktion auf $LAN^* \times \mathcal{W}$ in $\{0, 1\}$, so dass für alle p $\in$ LAN^*, w $\in$ $\mathcal{W}$ gilt:
  (a) $I^{\mathcal{M}}$ (p, w) = I (p, w) gdw. p *Aussagenkonstante* ist oder es ein q gibt mit p = Du q

  und

  (b) $I^{\mathcal{M}}$ ($\neg$p, w) = 1 gdw. $I^{\mathcal{M}}$ (p, w) = 0

  und

  (c) $I^{\mathcal{M}}$ (p $\supset$ q, w) = 1 gdw. $I^{\mathcal{M}}$ (p, w) = 0 oder $I^{\mathcal{M}}$ (q, w) = 1

  und

  (d) $I^{\mathcal{M}}$ (S p, w) = 1 gdw. für alle w' $\in$ $\mathcal{W}$: wenn w $\mathcal{R}^S$ w', dann $I^{\mathcal{M}}$ (p, w') = 1

  und

  (e) $I^{\mathcal{M}}$ (V p, w) = 1 gdw. für alle w' $\in$ $\mathcal{W}$: wenn w $\mathcal{R}^V$ w', dann $I^{\mathcal{M}}$ (p, w') = 1

Wie üblich definieren wir eine *Tautologie*:

Definition 5.2–9 (Tautologie)
Sei p *Aussage* der *Disputsprache LAN**.
p heißt *tautologisch*, kurz: $\vDash$ p, gdw. für alle Modelle $\mathcal{M} = <\mathcal{W}, \mathcal{R}^S, \mathcal{R}^V, I>$, für alle Welten w $\in$ $\mathcal{W}$ gilt: $I^{\mathcal{M}}$ (p, w) = 1.

Wir zeigen nun die Korrektheit dieser Semantik für $\vdash_{A^*}$. Dazu zeigen wir zunächst, dass alle *Aussagen* der *Axiomenmenge A** tautologisch sind.

Behauptung 5.2–3
Wenn p $\in$ A^*, dann $\vDash$ p.

Beweisidee
Wir gehen induktiv vor: den Basisfall bilden die Klauseln (a)–(g), (i) und (j), die induktive Erweiterung die Klauseln (h) und (k) von Definition 5.2–6. Sei also $\mathcal{M} = <\mathcal{W}, \mathcal{R}^S, \mathcal{R}^V, I>$ ein *Modell*, w $\in$ $\mathcal{W}$. Aufgrund der Klauseln (da)–(dc) von Definition 5.2–7 und der Forderungen (a)–(c) von Definition 5.2–8 erweisen sich die materialen Axiome als *tautologisch*. Beispielsweise: Wegen: I (o, w) = 0 oder I (h, w) = 0 oder I (c, w) = 1, gilt $I^{\mathcal{M}}$ (o $\supset$ $\neg$h, w) = 1 oder $I^{\mathcal{M}}$ (c, w) = 1, mithin

$I^{\mathcal{M}}$ $(\neg(o \supset \neg h) \supset c$, w$)$ = 1, da $\neg(o \supset \neg h) \supset c = o \wedge h \supset c$, also $I^{\mathcal{M}}$ $(o \wedge h \supset c$, w$)$ = 1. — Die Aussagen*axiome* gelten aufgrund der Klauseln (a)–(c) von Definition 5.2–8. — Wir zeigen ferner, dass S $(p \supset q)$ $\supset$ $(S\,p \supset S\,q)$ *tautologisch* ist: Gilt in allen Welten w' mit w $\mathcal{R}^S$ w', dass $I^{\mathcal{M}}$ $(p \supset q$, w'$)$ = 1 und $I^{\mathcal{M}}$ $(p$, w'$)$ = 1, so gilt auch $I^{\mathcal{M}}$ $(q$, w'$)$ = 1, aufgrund dieser Tatsache gilt $I^{\mathcal{M}}$ $(S$ $(p \supset q)$ $\supset$ $(S\,p \supset S\,q)$, w$)$ = 1. — Eine analoge Überlegung trifft auf V $(p \supset q)$ $\supset$ $(V\,p \supset V\,q)$ zu. — Gilt schließlich $I^{\mathcal{M}}$ $(V\,p$, w$)$ = 1, so gibt es gemäß Klausel (c) von Definition 5.2–7 eine Welt w' mit w $\mathcal{R}^V$ w' und $I^{\mathcal{M}}$ $(p$, w'$)$ = 1. Für diese Welt gilt damit $I^{\mathcal{M}}$ $(\neg p$, w'$)$ = 0, also auch $I^{\mathcal{M}}$ $(V\,\neg p$, w$)$ = 0, so dass wir erhalten: $I^{\mathcal{M}}$ $(V\,p \supset \neg V\,\neg p$, w$)$ = 1.

Für den Induktionsschritt nehmen wir an, p sei *tautologisch*. Dann gilt für alle *Modelle* $\mathcal{M}'$, für alle Welten w': $I^{\mathcal{M}'}$ $(p$, w'$)$ = 1, insbesondere also auch für alle w' von $\mathcal{M}$ mit w $\mathcal{R}^S$ w', so dass wir folgern können: $I^{\mathcal{M}}$ $(S\,p$, w$)$ = 1. Analoges gilt für V.

Mit diesem Ergebnis lässt sich Korrektheit zeigen:

Behauptung 5.2–4
Wenn $\vdash_{A*}$ p, dann $\vDash$ p.[38]

Beweisidee
Wir induzieren über die Länge des *Beweises* von p. Ist die Länge gleich 1, so ist p *Axiom* von $\vdash_{A*}$ und die Behauptung gilt aufgrund der gerade gezeigten Behauptung 5.2–3. Sei die Behauptung für *Beweise* einer Länge kleiner n gezeigt, sei die Länge des *Beweises* für p gleich n. Im Fall, dass p *Axiom* ist, verweisen wir wieder auf Behauptung 5.2–3. Andernfalls gibt es Einträge q $\supset$ p und q mit *Beweisen* einer Länge kleiner n, aufgrund der Induktionsannahme sind also q $\supset$ p und q *tautologisch*. Es gilt damit für alle *Modelle* $\mathcal{M}$: $I^{\mathcal{M}}$ $(q \supset p$, w$)$ = 1 und $I^{\mathcal{M}}$ $(q$, w$)$ = 1, damit gilt auch $I^{\mathcal{M}}$ $(p$, w$)$ = 1, p ist also ebenfalls *tautologisch*.

Wir nennen eine *Aussage* genau dann *erfüllbar*, wenn ihre Negation nicht *tautologisch* ist, d.h. wenn gilt $\nvDash \neg p$. Eine *Aussage* ist genau dann *erfüllbar*, wenn es ein *Modell* $\mathcal{M}$ mit einer *möglichen Welt* w gibt, so dass $I^{\mathcal{M}}$ $(p$, w$)$ = 1. In diesem Fall sagen wir, dass $\mathcal{M}$ p *erfüllt*. Durch Kontraposition der gerade bewiesenen Behauptung ergibt sich: Ist p *erfüllbar*, so ist p *konsistent* bzgl. $\vdash_{A*}$. Damit können wir zeigen:

Behauptung 5.2–5
$\vdash_{A*}$ ist *material widerspruchsfrei*.

---

[38] Es gilt auch die umgekehrte Richtung, dieses Ergebnis benötigen wir jedoch für das Folgende nicht.

Beweisidee
Wir konstruieren für jede *Aussage*, für die in Definition 3.1–8 *Konsistenz* gefordert ist, ein *Modell*, das sie *erfüllt*. Sei $\mathcal{M}^* = <\{w\}, \emptyset, \{<w, w>\}, I>$, wobei I $(\top, w) = I$ $(o, w) = I$ $(h, w) = I$ $(c, w) = I$ $(r, w) = I$ $(p, w) = 1$, I $(\bot, w) = I$ $(s, w) = 0$ und I (p, w) = 0 für alle anderen *Aussagenkonstanten* p und alle *Aussagen* der Form *Du* q. $\mathcal{M}^*$ ist ein *Modell* und *erfüllt* die Formeln $o \wedge h$, $r \wedge p$ und $c \wedge \neg s$, also die Klauseln (a), (e) und (i) von Definition 3.1–8.

Sei nun $\mathcal{M}^{**}$ identisch mit $\mathcal{M}^*$ bis auf den Umstand, dass I (c, w) $= I$ $(h, w) = I$ $(s, w) = I$ $(r, w) = 0$. $\mathcal{M}^{**}$ ist ebenfalls ein *Modell* und *erfüllt* die *Aussagen* $o \wedge \neg c$, $\neg r$ und $\neg c \wedge \neg s$, mithin die Klauseln (b), (d), und (g) von Definition 3.1–8.

Sei schließlich $\mathcal{M}^{***}$ identisch $\mathcal{M}^*$ bis auf die Tatsache, dass I (s, w) $= 1$ und I $(o, w) = I$ $(c, w) = I$ $(p, w) = 0$. Dieses *Modell* *erfüllt* $h \wedge \neg c$, $r \wedge \neg p$ und $\neg c \wedge s$, also die verbleibenden Klauseln (c), (f) und (h).

Wir können diese Ergebnisse nun auf die *Logiken* LOG_A und LOG_N übertragen.[39] Wir definieren dazu einen Funktor, der *Aussagen* von *LAN* auf *Aussagen* von *LAN** abbildet:

Definition 5.2–10 (S-Form)
Sei p eine *Aussage* von *LAN*. Die *S-Form* von p, kurz *[p]*, resultiert aus p, indem

   (a) alle Subformeln *Ad* q von p durch *S* q ersetzt werden

      und

   (b) alle Subformeln *Co* q von p durch *S* q ersetzt werden

      und

   (c) alle Subformeln *Ne* q von p durch *S* ¬q ersetzt werden.

Die *S-Form* von: *Co (Ad o ⊃ Ne Du s) ⊃ V r* ist also beispielsweise gleich: *S (S o ⊃ S ¬Du s) ⊃ V r*. Es lässt sich zeigen, dass die *S-Form* einer beliebigen *Aussage* von *LAN* eine *Aussage* von *LAN** ist. Damit können wir behaupten:

Behauptung 5.2–6
Sei p eine *Aussage* von *LAN*. Wenn $\vdash_A$ p, dann $\vdash_{A*}$ *[p]*.

Beweisidee
Unsere Behauptung beweisen wir induktiv über die Länge eines *Beweises*. Im Basisfall ist p *Axiom* von $\vdash_A$. Für alle *Axiome* bis auf die Performationsaxiome gilt trivialerweise, dass $\vdash_{A*}$ *[p]*, da deren *S-Formen* bereits

---

[39] Die im Folgenden verwendete Beweisidee findet sich u.a. bei Hughes/Cresswell, *Modallogik*, S. 35.

Elemente von $A*$, mithin *Axiome* von $\vdash_{A*}$ sind. Die *S-Formen* der drei Performationsaxiome lauten $S \, [p] \supset S \, [p]$, $S \, [p] \supset S \, [p]$ und $S \, \neg[p] \supset S \, \neg[p]$, diese lassen sich bereits mit aussagenlogischen Mitteln ableiten. Damit ist der Basisfall gezeigt. Lässt sich nun p aus $q \supset p$ und q ableiten, so kann entsprechend $[p]$ aus $[q \supset p]$ und $[q]$ abgeleitet werden. Damit gilt auch der Induktionsschritt.

Durch Kontraposition dieser letzten Behauptung erhalten wir: Ist $[p]$ *konsistent* bzgl. $\vdash_{A*}$, dann ist p *konsistent* bzgl. $\vdash_A$. Für die Forderungen an *materiale Konsistenz*, also die Klauseln (a)–(i) von Definition 3.1–8 gilt: $[p] = p$, da in diesen *Aussagen* keine *Operatoren* vorkommen. Damit gilt insgesamt:

Behauptung 5.2–7
$\vdash_A$ ist *material widerspruchsfrei*.

Die folgende Behauptung lässt sich leicht induktiv über die Länge eines *Beweises* zeigen, sie gilt aufgrund der Tatsache, dass N eine Teilmenge von A ist.

Behauptung 5.2–8
Wenn $\vdash_N$ p, dann $\vdash_A$ p.

Aus den beiden letzten Behauptungen ergibt sich:

Behauptung 5.2–9
$\vdash_N$ ist *material konsistent*.

Die *materiale Konsistenz* von $\vdash_N$ und $\vdash_A$ waren die noch ausstehenden Bedingungen, um LOG_A und LOG_N als *Disputlogiken* zu erweisen. Wir können jetzt also folgern:

Behauptung 5.2–10
  (a) LOG_A ist eine *Disputlogik*.
  (b) LOG_N ist eine *Disputlogik*.

Wir schließen noch ein für das Folgende nützliches Korrolar an. Nehmen wir Behauptung 5.2–4 und Behauptung 5.2–6 zusammen, so erhalten wir: Wenn $\vdash_A$ p, dann $\models [p]$. Zusammen mit Behauptung 5.2–8 ergibt sich: Wenn $\vdash_N$ p oder $\vdash_A$ p, dann $\models [p]$. Durch Kontraposition gewinnen wir:

Behauptung 5.2–11
Wenn $[p]$ *erfüllbar* ist, dann ist p *konsistent* bzgl. $\vdash_A$ und $\vdash_N$.

Damit haben wir ein Verfahren um die *Konsistenz* bestimmter, uns interessierender *Aussagen* von *LAN* zu zeigen: Wir konstruieren ein *Modell* im Sinne von Definition 5.2–7, das ihre *S-Form erfüllt*.

5.2.9. Brinkleys „,tu curris‘ est tibi positum“

Im Folgenden soll der entwickelte Apparat an drei mittelalterlichen Beispielen regelsprachlicher Sophismata erprobt werden. Anhand der ausgewählten Beispiele wollen wir dann das Spezifikum regelsprachlicher Sophismata demonstrieren.[40]

Zu Brinkleys „,tu curris‘ est tibi positum“ ist zunächst ein Hinweis angebracht. Das von Brinkley im Sophisma aufgeworfene Problem entsteht nicht, wenn die Wahrheitsbedingungen dieser Aussage die Möglichkeit offen lassen, dass „tu curris“ nur gesetzt, aber nicht zugelassen ist. Um das Sophisma angemessen diskutieren zu können, werden wir „. . . est tibi positum“ im Sinne von „. . . est a te admissum“ verstehen. Brinkleys Sophisma ist ein Beispiel für die schon oben angesprochene Nachlässigkeit mancher Autoren bezüglich dieser Unterscheidung.

Das Sophisma thematisiert einen Disput, in dem „,tu curris‘ est tibi positum“ gesetzt wird (1). (Es wird unmittelbar danach vorgeschlagen, das spielt jedoch für das Folgende keine Rolle.)

<1> Ponatur ista „,tu curris‘ est tibi positum“.[41]

Die Problemstellung lautet folgendermaßen:

<2> Deinde eadem proposita proponatur „tu curris“.
<3> Si negatur, contra: omne positum est a te concedendum; „tu curris“ est tibi positum, igitur „tu curris“ est a te concedendum.
<4> Si conceditur vel dubitatur, contra: ista est falsa et impertinens; igitur est neganda.[42]

Der Disput scheint bereits verpflichtungsinkonsistent zu sein: Einerseits muss die Aussage „tu curris“ anscheinend eingeräumt werden. Die zu diesem Ergebnis führende Argumentation lautet: „omne positum est a te concedendum; ,tu curris‘ est tibi positum, igitur ,tu curris‘ est a te concedendum“ (3). Andererseits muss „tu curris“ jedoch auch bestritten werden, da es bekanntermaßen falsch und unabhängig ist (4). Der epistemische Status dieser Aussage kann als gegeben gelten; ihre Unabhängigkeit ergibt sich daraus, dass aus der These „,tu curris‘ est tibi positum“ nicht folgt „tu curris“:

---

[40] Vgl. unten 5.2.12
[41] Brinkley, *Obligationes*, S. 50.
[42] Brinkley, *Obligationes*, S. 51 f.

> Nam non sequitur „‚tu curris‘ est tibi positum, igitur tu curris“, cum antecedens possit esse verum sine consequente.[43]

Brinkley sagt hier, das Antezedens der Subjunktion „‚*tu curris‘ est tibi positum, igitur tu curris*“ könne wahr sein, ohne dass das Sukzedens wahr ist. Er bezieht sich auf die Möglichkeit, dass in einem Disput die falsche Aussage „*tu curris*“ zugelassen wird, so dass „‚*tu curris‘ est tibi positum*“ wahr ist, „*tu curris*“ jedoch falsch.

Wäre die gesamte Argumentation korrekt, so würde der Respondent, indem er der Verpflichtung zum Einräumen nachkommt, gleichzeitig der Verpflichtung zum Bestreiten zuwiderhandeln. Brinkley formuliert also einem Verpflichtungsinkonsistenz-Nachweis des nach obiger Zählung zweiten Typs (vgl. 5.1.2).

Bei seiner Auflösung konzentriert sich Brinkley auf die Argumentation, die zeigen sollte, dass „*tu curris*“ eingeräumt werden muss (3):

> <O>mne positum est a te concedendum; „tu curris“ est tibi positum, igitur „tu curris“ est a te concedendum.

Der Schwachpunkt dieser Argumentation liegt, wie Brinkley feststellt, in der zweiten Prämisse, dem Untersatz (*minor*):[44]

> Si ista minor sit propositio posita, tunc non valet consequentia eo quod subiectum minoris non distribuitur ad distributionem subiecti maioris, cum subiectum minoris non sit propositio posita sed tota ista propositio cuius ista est pars.[45]

Um auf die Konklusion schließen zu können, müsste gelten: Auf alles, worauf das Subjekt des Untersatzes, nämlich „*tu curris*“, referieren oder „distribuiert werden“ kann, muss auch das Subjekt des Obersatzes, nämlich „*positum*“, referieren oder „distribuiert werden“

---

[43] Brinkley, *Obligationes*, S. 51.

[44] Bei seiner Auflösung schlägt Brinkley zunächst einen Umweg ein, indem er die erste Prämisse, den Obersatz (*maior*), des Arguments angreift. Er weist darauf hin, dass „*omne positum est a te concedendum*“ nicht generell gilt, sondern nur unter gewissen Bedingungen. Eine dieser Bedingungen ist, dass die Aussage im selben Disput gesetzt wurde, in dem sie eingeräumt werden soll. („Sed ad hoc quod talis propositio <gemeint ist „omne positum est a te concedendum“, H.K.> universaliter sit vera, oportet addere alias particulas, <...> quarum una est ut positum proponatur tempore positionis suae.“ Vgl. Brinkley, *Obligationes*, S. 51.) Rekonstruktionssprachlich können wir dies folgendermaßen formulieren: Aus „p ist in d *zugelassen*“ folgt „p *muss* in d *eingeräumt werden*“ nur unter der Bedingung d = d'. Solche Angriffe auf den Obersatz bringen aber, wie Brinkley feststellt, keine Lösung, da die entsprechenden Bedingungen einfach dem *positum* hinzugefügt werden können. (Vgl. dazu „sed videtur quod hoc non solvit“ und den folgenden Text, Brinkley, *Obligationes*, S. 52.)

[45] Brinkley, *Obligationes*, S. 52.

können. Eben dies ist jedoch nicht der Fall: Nicht „*tu curris*" ist ein *positum* des Disputs, sondern das ganze „,*tu curris' est tibi positum*", von dem „*tu curris*" bloß ein Teil ist („*cum subiectum minoris non sit proposi- tio posita sed tota ista propositio cuius ista est pars*"). Das Argument ist zwar formal gültig, die zweite Prämisse ist jedoch falsch. Es gilt näm- lich nicht „,*tu curris' est tibi positum*", sondern vielmehr „,,*tu curris' est tibi positum' est tibi positum*".

Brinkleys Sophisma soll im Folgenden rekonstruiert werden. Da Brinkley ein Autor der *antiqua responsio* ist, legen wir die entspre- chende rekonstruktionssprachliche Terminologie sowie die *Disputlogik* LOG_A zugrunde. „,*Tu curris' est tibi positum*" repräsentieren wir im Sinne der obigen Ausführungen durch *Ad c*. Der in Frage stehende *Disputverlauf* kann folgendermaßen repräsentiert werden:

| | *Po*,   *Ad c*,   *Ad* | |

In dem Sophisma ist vorausgesetzt, dass „*tu curris*" bekanntermaßen falsch ist. Da $\vdash_A$ *material konsistent* ist, wissen wir, dass $\neg c$ konsistent bzgl. $\vdash_A$ ist, mithin, dass es einen *Wissensstand* gibt, der $\neg c$ enthält. Wir verbinden den *Disputverlauf* mit einem solchen *Wissenstand* und nennen das Ergebnis b.

Im Zusammenhang des Sophisma ist die Tatsache entscheidend, dass aus „,*tu curris' est tibi positum*" nicht folgt „*tu curris*" (vgl. Brinkleys Behauptung: „*Nam non sequitur ,,tu curris' est tibi positum, igitur tu cur- ris'*"). Dies repräsentieren wir durch: *Ad c* $\nvdash_A c$. Eine entsprechende Behauptung lässt sich zeigen, indem wir ein *Modell* angeben, das die *S-Form* von *Ad c* $\wedge \neg c$, also $S c \wedge \neg c$, erfüllt. Als ein solches *Modell* kann das oben in der Beweisidee zu Behauptung 5.2–5 konstruierte *Modell* $\mathcal{M}^*$ dienen: Wegen $I (c, w) = 0$ gilt: $I^{\mathcal{M}^*} (\neg c, w) = 1$, wegen $\mathcal{R}^S = \varnothing$ gilt trivialerweise für alle w' mit $w \mathcal{R}^S$ w', dass $I^{\mathcal{M}^*} (c, w')$ $= 1$, mithin auch $I^{\mathcal{M}^*} (S c, w) = 1$.

In Brinkleys *solutio* wird gezeigt, dass eine bestimmte Argumentation von einer falschen Prämisse ausgeht. Die Argumentation lässt sich folgendermaßen repräsentieren:

> Für alle p, d: wenn p in d *zugelassen wird*, dann muss p in d *einge- räumt werden$_A$*.
> c *wird* in b *zugelassen*.
> ∴ c *muss* in b *eingeräumt werden*.

Die erste Prämisse gilt rekonstruktionslogisch, die zweite lässt sich, analog zu Brinkleys Argumentation, als falsch erweisen. Offenbar ist dies jedoch weder hinreichend dafür, dass die Konklusion falsch ist, noch dazu, dass der *Disput* b *verpflichtungskonsistent$_A$* ist. Um Brinkleys *solutio* als Antwort auf die Problemstellung zu begreifen, interpretieren wir ihn so, dass er diese beiden letzten Tatsachen etablieren will. Dann haben wir es mit einer Auflösung durch Verpflichtungskonsistenz zu tun, es gilt, dass „*tu curris*" nicht eingeräumt werden muss.

> **Behauptung 5.2–12**
> Sei b = <| |Po, Ad c, Ad| |, K> ein *Disput* bzgl. *LOG$_A$* mit ¬c ∈ K. b ist *verpflichtungskonsistent$_A$* und c *muss* in b nicht *eingeräumt werden$_A$*.

> **Beweisidee**
> Wegen *Ad c* $\nvdash_A$ *c* und KA gilt T $\nvdash_A$ ¬Ad c, damit ist b *korrekt$_A$*, mithin *verpflichtungskonsistent$_A$*. Wegen T ∧ *Ad c* $\nvdash_A$ *c* ist *c* nicht *folgend$_A$*, weil *c bekanntermaßen falsch* ist, ist *c* nicht *bekanntermaßen wahr*, was zusammen hinreichend dafür ist, dass *c* in b nicht *eingeräumt werden muss$_A$*.

5.2.10. *Paul von Venedigs „omnis homo currit et pono tibi ,tu non curris'"*

Das zweite von mir ausgesuchte Beispiel für ein regelsprachliches Sophisma stammt von Paul von Venedig. Paul konstruiert den problematischen Disput wie folgt:

> <1> Pono tibi „omnis homo currit et pono tibi ·tu non curris'". Quo posito et admisso
> <2> propono tibi illam „tu es homo". Si negas contra „tu negas verum non repugnans ergo male". Antecedens probatur, nam quod sit vera patet et quod sit non repugnans probatur quia non sequitur „omnis homo currit et pono tibi ,tu non curris', igitur tu non es homo". Concessa igitur illa, <...>[46]

In Pauls Disput wird zunächst das *positum* „*omnis homo currit et pono tibi ,tu non curris'*" vom Respondenten zugelassen (1).[47] Der Vorschlag „*tu es homo*" ist wahr und widerspricht nicht dem *positum*, er ist daher

---

[46] Paul von Venedig, *Tractatus de Obligationibus*, 228.

[47] Im Lateinischen, wo keine Anführungszeichen stehen, ist noch eine andere Lesart der *positio* möglich: *pono tibi „omnis homo currit" et pono tibi „tu non curris"*. Diese Lesart behandelt Paul ebenfalls, ihm zufolge führt der Respondent dann gleichzeitig zwei Dispute, d und d', wobei das *positum* des einen Disputs lautet: „*omnis homo currit*" und das des zweiten: „*tu non curris*" (vgl. Paul von Venedig, *Tractatus de Obligationibus*, S. 230 f). Bei dieser Setzung der Anführungszeichen wäre noch eine weitere Interpretation möglich, nämlich dass wir es mit zwei Thesen in ein und demselben Disput zu tun haben. Bei diesen beiden Interpretationen handelt es sich jedoch um keine regelsprachlichen Sophismata, uns interessiert daher nur die Lesart mit der oben gegebenen Setzung der Anführungszeichen.

einzuräumen (2). Wird „*tu es homo*" eingeräumt, so scheint eine Verpflichtungsinkonsistenz aufzutreten:

> <3> <...> propono tibi „tu non curris".
> <4> Si concedis et bene respondes habeo intentum quia repugnat posito, videlicet „omnis homo currit" et concesso scilicet „tu es homo".
> <5> Si negas contra: „tu negas tibi positum et a te admissum, igitur male respondes". Antecedens probatur, eo quod posui tibi illam „tu non curris" et tu eam admisisti.[48]

Der Vorschlag „*tu non curris*" (3) kann einerseits nicht eingeräumt werden, da aus dem ersten Konjunkt der These, „*omnis homo currit*", und dem bereits eingeräumten „*tu es homo*" seine Negation folgt. Da er mithin widersprechend ist (4), muss er bestritten werden. Andererseits scheint jedoch auch Bestreiten eine Zuwiderhandlung zu sein: Hier soll dem zweiten Konjunkt des *positum*, welches angeblich ebenfalls „*tu non curris*" lautet, widersprochen werden (5). Wir haben hier also erneut eine Problemstellung des zweiten Typs (5.1.2).

Pauls Auflösung lautet, dass die korrekte Antwort darin besteht, „*tu non curris*" zu bestreiten:

> <C>um ultimo proponatur „tu non curris" nego eam <...>.[49]

Im Gegensatz zu der in (5) vorgebrachten Argumentation entsteht dadurch kein Widerspruch zur These, da nicht „*tu non curris*" ein Konjunkt der These ist, sondern „*pono tibi ,tu non curris'*". „*Pono tibi ,tu non curris'*" widerspricht jedoch nicht „*tu curris*":

> Et dato adhuc quod admiserim utramque partem copulativae <positae>, non tamen admisi istam „tu non curris" sed istam „pono tibi ,tu non curris'" ex qua non sequitur quod tu non curris.[50]

Auch dies können wir als eine Auflösung durch Verpflichtungskonsistenz ansehen: Es wird gezeigt, dass keine Verpflichtung zum Einräumen von „*tu non curris*" besteht.

Paul von Venedig gehört der *antiqua responsio* an, wir rekonstruieren Pauls *solutio* daher, indem wir zeigen, dass eine Repräsentation seines Beispieldisputs *verpflichtungskonsistent$_A$* ist. Den Disputverlauf repräsentieren wir folgendermaßen:

---

[48] Paul von Venedig, *Tractatus de Obligationibus*, 228.
[49] Paul von Venedig, *Tractatus de Obligationibus*, 228.
[50] Paul von Venedig, *Tractatus de Obligationibus*, 228.

$$| \ | \ Po, \quad o \wedge Ad \ \neg c, \quad Ad \ |$$
$$| \quad Pr, \quad h, \qquad\qquad Co \ | \ |$$

Der dazugehörige *Wissensstand* K soll *h* enthalten, damit repräsentieren wir die bekannte Wahrheit von „*tu es homo*" (vgl. in 2 „*. . . quod sit vera patet . . .*"). Für die Rekonstruktion müssen wir insbesondere zeigen, dass die *Aussage* $o \wedge Ad \ \neg c \wedge h$ konsistent bzgl. LOG_A ist. Hierzu weisen wir nach, dass die *S-Form* dieser Aussage, nämlich $o \wedge S \ \neg c \wedge h$ *erfüllbar* ist: Im Modell $\mathcal{M}^*$ von Behauptung 5.2–5 gilt nämlich $I \ (o, \ w) = I \ (h, \ w) = 1$ und $I^{\mathcal{M}^*} \ (S \ c, \ w) = 1$, da $\mathcal{R}^s = \emptyset$. Aufgrund der *Konsistenz* von $o \wedge Ad \ \neg c \wedge h$ gilt dann: $T \nVdash_A o \wedge Ad \ \neg c$ und $T \wedge o \wedge Ad \ \neg c \nVdash_A \neg h$. Wir zeigen, dass der entsprechende Disput verpflichtungskonsistent ist und dass „*tu non curris*", getreu Pauls Behauptung, bestritten werden muss:

Behauptung 5.2–13
Sei d = <| *|Po, o $\wedge$ Ad $\neg c$, Ad| |Pr, h, Co| |*, K> ein *Disput* bzgl. LOG_A mit $h \in$ K. d ist *verpflichtungskonsistent$_A$* und $\neg c$ *muss* in d *bestritten werden$_A$*.

Beweisidee
d ist *korrekt$_A$*:

d^{-2} $T \nVdash_A o \wedge Ad \ \neg c$
d^{-1} | | *Po, o $\wedge$ Ad $\neg c$, Ad | T $\wedge$ o $\wedge$ Ad $\neg c \nVdash_A \neg h$, h $\in$ K*
d^{-0} | *Pr h, Co | |*

Damit ist d *verpflichtungskonsistent$_A$*. Das *bisher Gesagte* von d ist gleich $T \wedge o \wedge Ad \ \neg c \wedge h$, wegen $o \wedge h \vdash_A c$ *folgt* hieraus c, $\neg c$ ist also *widersprechend$_A$* und *muss* daher *bestritten werden$_A$*.

5.2.11. Busers „„*homo est asinus*' *est . . . a te admissum*"

Bei dem dritten und letzten Beispiel eines regelsprachlichen Sophisma handelt es sich um Busers „„*homo est asinus*' *est tibi positum et a te admissum*". Dieses Sophisma wird in einer Reihe von Obligationentraktaten in leicht von einander abweichenden Versionen behandelt.[51] Es ist dem Sophisma Brinkleys bezüglich Struktur der These und Zustandekommen der vermeintlichen Verpflichtungsinkonsistenz ähnlich.

Als *positum* wird „„*homo est asinus*' *est tibi positum et a te admissum*" gesetzt (1) und, da konsistent (2), zugelassen (3):

---

[51] Vgl.: Anonym, *Tractatus Emmeranus de falsi positione*, S. 110 f; Burley, *Tractatus de Obligationibus* S. 53; Brinkley, *Obligationes*, S. 53; Paul von Venedig, *Tractatus de Obligationibus*, 303 ff.

<1> Aliud Sophisma sit tale: pono tibi istam „‚homo est asinus' est tibi positum et a te admissum",

<2> haec est possibilis, quia possibilis est te male respondere, ergo valde possibile est quod tu admittas istam „homo est asinus" et sic possibile est quod ista „homo est asinus" sit tibi posita et a te admissa,

<3> admisso posito <...>[52]

Bezüglich der Konsistenz der These besteht Erklärungsbedarf (2), da die eingebettete Aussage „*homo est asinus*" selbst inkonsistent ist. Buser argumentiert hier folgendermaßen: Es kann Dispute geben, in denen die Aussage „*homo est asinus*" zugelassen wird. Ein solcher Disput ist dann freilich, wie Buser anmerkt, inkorrekt, nichtsdestoweniger ist eine solche Antwort möglich („*possibilis est te male respondere*"). Die These „‚*homo est asinus*' *est tibi positum et a te admissum*" ist also konsistent, da es Dispute gibt, von denen sie gilt.

Buser erweist hier die Konsistenz einer Aussage, die in dem interessierenden Disput vorkommt, indem er einen anderen Disput konstruiert, von dem diese Aussage gilt. Solche Überlegungen, die wir in den Traktaten gelegentlich finden, können wir „Verifikation an einer Disputsituation" nennen: Eine Aussage ist möglich, wenn sich die Disputsituation, die sie beschreibt, konstruieren lässt. In der Rekonstruktionssprache weisen wir die *Konsistenz* von *Aussagen* wie *Ad* ⊥ durch die Konstruktion eines diese *Aussagen erfüllenden Modells* nach, dies kann als Gegenstück zur mittelalterlichen Methode der Verifikation an Disputsituationen aufgefasst werden. — Die Problemstellung des Sophisma lautet folgendermaßen:

<4> <...> propono tibi istam „homo est asinus".

<5> Si concedis, contra: tu concedis impossibile simpliciter propter possibile positum, ergo male.

<6> Si dubitas, arguitur eodem modo.

<7> Si negas, contra: omne tibi positum et a te admissum est a te concedendum, „homo est asinus" est tibi positum et a te admissum, ergo „homo est asinus" est a te concedendum.[53]

Der resultierende Disput scheint verpflichtungsinkonsistent zu sein: „*homo est asinus*" darf weder eingeräumt (5) noch offengelassen (6) werden, da „*homo est asinus*" inkonsistent ist und solche Aussagen generell widersprechend, damit also zu bestreiten sind. Andererseits

---

[52] Buser, *Obligationes*, S. 188.
[53] Buser, *Obligationes*, S. 188/190.

scheint „*homo est asinus*" gleichzeitig eingeräumt werden zu müssen. Wir finden diesbezüglich eine Argumentation, die derjenigen Brinkleys analog ist: „*omne tibi positum et a te admissum est a te concedendum, ‚homo est asinus' est tibi positum et a te admissum, ergo ‚homo est asinus' est a te concedendum*". Auch das Bestreiten wäre damit eine Zuwiderhandlung (7). Insgesamt haben wir eine Problemstellung vom ersten Typ (vgl. 5.1.1).

Aus Brinkleys Sophisma wissen wir bereits, warum die Argumentation in 7 fehlerhaft ist: nicht „*homo est asinus*" wurde im Disput gesetzt und zugelassen, sondern „‚*homo est asinus' est tibi positum et a te admissum*". In diesem Sinne lautet Busers *solutio*:

> Ad istud respondetur admittendo positum quia possibile ut probatum est; et quando proponitur ista „*homo est asinus*", nego eam quia est impossibilis simpliciter; <. . .>[54]

Buser macht auf eine weitere Konsequenz aufmerksam:

> <E>t ad argumentum <gemeint ist 7, H.K.> dico concedendo maiorem, minorem et conclusionem istam videlicet „‚*homo est asinus' est a te concedendum*", nec ista conclusio est plus impossibilis quam positum.[55]

Auf den ersten Blick mag es befremdlich scheinen, dass Buser hier die Konklusion des Arguments, „‚*homo est asinus' est a te concedendum*", akzeptiert, da unmittelbar vorher gesagt wurde, „*homo est asinus*" sei zu bestreiten. Tatsächlich macht Buser hier jedoch keine analysesprachliche Aussage, es geht stattdessen um das disputsprachliche „‚*homo est asinus' est a te concedendum*". Es wird nicht behauptet: „‚*homo est asinus' est a te concedendum*", sondern es wird behauptet, dass „‚*homo est asinus' est a te concedendum*" eingeräumt werden muss (in diesem Sinne ist das „*dico concedendo*" zu verstehen). Letzteres widerspricht nicht der vorher getroffenen Behauptung, dass „*homo est asinus*" im Disput zu bestreiten ist.

Da ein Repräsentans von Busers Disput *verpflichtungskonsistent_A* ist, werden wir auch seine *solutio* als Auflösung durch Verpflichtungskonsistenz verstehen. Den *Disputverlauf* von Busers Disput repräsentieren wir wie folgt:

    | | Po,   Ad ⊥,   Ad | |

Um Verpflichtungskonsistenz zu zeigen, ist notwendig, die *Konsistenz* von *Ad* ⊥ bzgl. *LOG_A* zu zeigen (vgl. hierzu Busers Verifikation von

---

[54] Buser, *Obligationes*, S. 190.
[55] Buser, *Obligationes*, S. 190.

„‚*homo est asinus*' *est tibi positum et a te admissum*" anhand einer Disputsituation in 2). Hierzu greifen wir erneut auf das *Modell* $\mathcal{M}^*$ zurück,
dieses *Modell erfüllt [Ad ⊥]* = *S ⊥*: wegen $\mathcal{R}^S = \emptyset$ gilt, wie oben ausgeführt, trivialerweise $I^{\mathcal{M}^*}$ (*S ⊥, w*) = 1.

Wir wollen zusätzlich die spezielle Konsequenz repräsentieren, auf
die Buser aufmerksam macht: Es gilt zwar nicht, dass „*homo est asinus*" eingeräumt werden muss, es gilt jedoch, dass „‚*homo est asinus*'
est a te concedendum" eingeräumt werden muss. Wir zeigen also, dass
zwar *OCo ⊥* in diesem *Disput eingeräumt werden muss_A*, nicht jedoch ⊥.
Um ersteres zu zeigen, benötigen wir: *Ad ⊥* ⊢_A *OCo ⊥*. Dies lässt
sich folgendermaßen erweisen:

(1) ⊢_A *Ad ⊥* ⊃ *S ⊥*   Axiom
(2) ⊢_A *OCo ⊥* ≡ *S ⊥* ∨ (¬*R ⊥* ∧ *V ⊥*)   Definition, KA
(3) ⊢_A *S ⊥* ⊃ *OCo ⊥*   (2), KA
(4) ⊢_A *Ad ⊥* ⊃ *OCo ⊥*   (1), (3), KA

Damit können wir behaupten:

Behauptung 5.2-14
Sei d = <| |*Po, Ad ⊥, Ad*| |, K> ein *Disput* bzgl. *LOG_A*. d ist *verpflichtungs-
konsistent_A*, *OCo ⊥* muss in d *eingeräumt werden_A* und ⊥ muss in d nicht *eingeräumt werden_A*.

Beweisidee
Wie gezeigt, gilt ⊬_A ¬*Ad ⊥*, damit auch ⊤ ⊬_A ¬*Ad ⊥*. d ist damit
korrekt_A, und daher auch *verpflichtungskonsistent_A*. Wegen *Ad ⊥* ⊢_A *OCo ⊥*
gilt auch ⊤ ∧ *Ad ⊥* ⊢_A *OCo ⊥*, *OCo ⊥* ist also *folgend_A* und *muss* damit
eingeräumt werden_A. Aufgrund von ⊢_A ¬⊥ gilt ⊤ ∧ *Ad ⊥* ⊢_A ¬⊥, ⊥ ist
also *widersprechend_A* in d und *muss* daher *bestritten werden_A*. Wegen *Verpflich-
tungskonsistenz_A* von d gilt damit: ⊥ *muss* in d nicht *eingeräumt werden_A*.

5.2.12. *Regelsprachliche Relevanz*

Unsere drei Beispiele für regelsprachliche Sophismata haben gemein-
sam, dass sie eine scheinbare Verpflichtungsinkonsistenz aufweisen.
Wie ich im Folgenden argumentieren werde, erwächst Anschein der
Verpflichtungsinkonsistenz in jedem dieser drei Fälle aus demselben
Umstand.[56] Diesen Umstand gilt es definitorisch zu fassen.

Kehren wir dazu zunächst zu Brinkleys Sophisma zurück: Wie wir
gesehen haben, wird hier der Eindruck einer Verpflichtungsinkonsistenz

---

[56] Die hier interessierenden Zusammenhänge diskutiert Yrjönsuuri unter dem Titel
„*The Disputational Context*" in Yrjönsuuri, *Obligationes*, VI A. Vgl. auch Stump,
„Obligations A".

vermittels einer Argumentation erweckt, die von einer falschen Prämisse ausgeht. Es ist falsch, dass in dem von Brinkley untersuchten Disput gilt: „‚*tu curris*‘ *est tibi positum*“. Wieso kann aber der Eindruck entstehen, diese Prämisse sei wahr? Hierfür können wir den folgenden Grund angeben: „‚*tu curris*‘ *est tibi positum*“ ist gesetzt, oder allgemeiner: „‚*tu curris*‘ *est tibi positum*“ ist folgend. Es gibt also eine bestimmte disputsprachliche Aussage, nämlich „‚*tu curris*‘ *est tibi positum*“, die im Disput folgend ist. Dies könnte jemanden veranlassen, zu glauben, dass ihr analysesprachliches Gegenstück vom Disput selbst gilt, dass also in diesem Disput „*tu curris*“ gesetzt ist. Dies trifft jedoch, wie wir wissen, nicht zu. Da für die zu gebenden Antworten sowohl relevant ist, welche Aussagen folgend sind, als auch, welche analysesprachlichen Aussagen gelten, kann ein Sophisma die Verwechslung der beiden Sprachebenen ausnutzen.

Wenn wir den herausgestellten Sachverhalt rekonstruktionssprachlich ausdrücken, so kann diese Verwirrung kaum entstehen, da wir hier eine optische Trennung zwischen Rekonstruktions- und *Disputlogik* haben. In der Repräsentation des von Brinkley konstruierten Disputs gilt:

(1) *Ad c* ist *folgend$_A$* in d und *c wird* in d nicht *zugelassen*.

Analoges lässt sich auch über die Repräsentationen von Paul von Venedigs und Busers Disput sagen. Im Falle Pauls ist zwar „‚*tu non curris*‘ *est tibi positum*“ folgend, „*tu non curris*“ jedoch keine These des Disputs. Rekonstruktionssprachlich gilt von der Repräsentation des fraglichen Disputs daher eine ähnliche Aussage wie in Brinkleys Fall:

(2) *Ad ¬c* ist *folgend$_A$* in d und *¬c wird* in d nicht *zugelassen*.

Buser macht auf die Konsequenz aufmerksam, dass in dem von ihm diskutierten Disput „‚*homo est asinus*‘ *est a te concedendum*“ folgend ist. Gleichzeitig gilt jedoch von diesem Disput: „‚*homo est asinus*‘ *non est a te concedendum*“, worauf u.a. dessen Verpflichtungskonsistenz beruht. Rekonstruktionslogisch gilt damit die folgende Aussage von Busers Disput:

(3) *OCo* $\perp$ ist *folgend$_A$* in d und $\perp$ *muss* in d nicht *eingeräumt werden$_A$*.

Die Geltung von Aussagen dieser Form können wir als die Pointe eines regelsprachlichen Sophisma ansehen. Diese Pointe besteht darin, dass eine disputsprachliche Aussage folgend ist, deren analysesprachliches Gegenstück gleichzeitig nicht gilt. Wir subsumieren hierunter

auch den offenbar symmetrischen Fall, dass eine Aussage widersprechend ist, deren Gegenstück wahr ist.

Bei der Pointe eines regelsprachlichen Sophisma handelt es sich
im Grunde um einen Spezialfall eines eigentlich üblichen Phänomens,
nämlich des Phänomens, dass das *positum* falsch ist. Wann immer ein
positum falsch ist, sind Aussagen folgend, die in der Disputsituation
nicht gelten: Wird z.B. „*tu curris*" gesetzt, so ist dies folgend, auch
wenn der Respondent nicht läuft. Regelsprachliche Sophismata zeich-
nen sich allein dadurch aus, dass in diesen falschen, aber folgenden
Aussagen das regelsprachliche Vokabular verwendet wird, und dies
lässt sie auf den ersten Blick als besonders verwirrend erscheinen.

Wir wollen im Folgenden die herausgestellte Pointe eines regelsprachlichen Sophisma rekonstruktionssprachlich fassen. Wir definieren
dazu eine *atomare regelsprachliche Aussage* folgendermaßen: p ist eine
atomare regelsprachliche Aussage gdw. es ein q $\in$ *LAN* gibt, so dass p mit
einer der folgenden *Aussagen* identisch ist: *V* q, *F* q, *D* q, *Ad* q,
Co q, *Ne* q, *Du* q, *S* q, *R* q, *I* q, *OAd* q, *OCo* q, *ONe* q, *ODu* q. Zu
jeder *atomaren regelsprachlichen Aussage* gibt die folgende Definition genau
ein *analysesprachliches Gegenstück$_A$* an.

Definition 5.2–11 (analysespr. Ggnstck. i. d. ant. resp.)
Sei p eine *atomare regelsprachliche Aussage*.
Das *analysesprachliche Gegenstück* zu p ist gleich Φ gdw. es gibt eine Aussage
q, so dass

(a) p = *V* q und Φ ist gleich: q ist *bekanntermaßen wahr*

     oder

(b) p = *F* q und Φ ist gleich: q ist *bekanntermaßen falsch*

     oder

(c) p = *D* q und Φ ist gleich: q ist *ungewiss*

     oder

(d) p = *Ad* q und Φ ist gleich: q wird *zugelassen*

     oder

(e) p = *Co* q und Φ ist gleich: q wird *eingeräumt*

     oder

(f) p = *Ne* q und Φ ist gleich: q wird *bestritten*

     oder

(g) p = *Du* q und Φ ist gleich: q wird *offengelassen*

     oder

(h)   p = S q und Φ ist gleich: q ist *folgend$_A$*

oder

(i)   p = R q und Φ ist gleich: q ist *widersprechend$_A$*

oder

(j)   p = I q und Φ ist gleich: q ist *unabhängig$_A$*

oder

(k)   p = OAd q und Φ ist gleich: q *muss zugelassen werden$_A$*

oder

(l)   p = OCo q und Φ ist gleich: q *muss eingeräumt werden$_A$*

oder

(m)   p = ONe q und Φ ist gleich: q *muss bestritten werden$_A$*

oder

(n)   p = ODu q und Φ ist gleich: q *muss offengelassen werden$_A$*.

Einen für die *nova responsio* geeigneten Begriff „*analysesprachliches Gegenstück$_N$*" erhalten wir, wenn wir in dieser Definition die *antiqua-responsio*-Terminologie durch die entsprechenden *nova-responsio*-Begriffe ersetzen. — Wir können nun den Begriff der *regelsprachlichen Relevanz$_A$* einführen. Ein *Disput* soll *regelsprachlich relevant$_A$* sein, wenn die Situation eintritt, die wir gerade als Parallele der behandelten regelsprachlichen Sophismata identifiziert haben, wenn also eine regelsprachliche *Aussage folgend* bzw. *widersprechend* ist, deren *analysesprachliches Gegenstück* nicht gilt bzw. gilt:[57]

> Definition 5.2–12 (regelsprachlich relevant i. d. ant. resp.)
> Sei d ein *Disput* bzgl. LOG_A.
> d ist *regelsprachlich relevant$_A$* gdw.
>   es gibt eine *atomare regelsprachliche Aussage*,

---

[57] Tatsächlich leistet die folgende Definition nicht genau dies, sondern ist dazu etwas zu schwach: Aufgrund der Tatsache, dass sie nur *atomare Aussagen* berücksichtigt, zeichnet sie keine *Dispute* als *regelsprachlich relevant* aus, in denen sich Probleme wie die in den drei Sophismata aufgewiesenen erst bei komplexen *Aussagen* zeigen. Um diese Inadäquatheit zu beseitigen, müssten wir über den Aufbau rekonstruktionssprachlicher Ausdrücke induzieren. Für die Praxis ist jedoch bereits die obige Definition brauchbar, da die mittelalterlichen Autoren ihre regelsprachlichen Sophismata oft in einer Weise konstruieren, dass sich ihre Relevanz an atomaren Aussagen zeigt. Aus Gründen der Überschaubarkeit verzichte ich daher auf eine induktive Definition.

(a) die in d *folgend_A* ist und deren *analysesprachliches Gegenstück_A* von d nicht gilt

   oder

(b) die in d *widersprechend_A* ist und deren *analysesprachliches Gegenstück_A* von d gilt.

Eine *nova-responsio* Definition erhalten wir, wenn wir die Terminologie substituieren und „LOG_A" durch „LOG_N" ersetzen. — Aufgrund der jeweiligen Geltung der Aussagen (1) — (3) von den Repräsentationen der Dispute Brinkleys, Pauls und Busers lässt sich, wie gewünscht, zeigen, dass diese *regelsprachlich relevant_A* sind.

Es sei auf die Unterschiede zwischen den Begriffen eines regel-sprachlichen und eines regelsprachlich relevanten Disputs hingewie-sen: Einen regelsprachlichen Disput haben wir oben als einen solchen bestimmt, in dem an einer Stelle regelsprachliche Terminologie vor-kommt. Demnach ist also ein Disput, der einfach aus dem Offenlassen der Aussage „,tu curris‘ est tibi positum" besteht, zwar regelsprachlich, jedoch nicht regelsprachlich relevant, da das Offenlassen einer Aussage keinen Einfluss auf ihren Abhängigkeitsstatus hat. Nicht alle regel-sprachlichen Dispute sind also regelsprachlich relevant. — Auch sind regelsprachlich relevante Dispute nicht immer regelsprachlich: Ein nicht-regelsprachlicher Disput mit inkonsistentem Verpflichteten ist nach obiger Definition regelsprachlich relevant, da in ihm alle Aussagen folgend sind, insbesondere also auch regelsprachliche, die vom Disput nicht gelten.

Analog zu der Definition regelsprachlicher Relevanz *simpliciter* las-sen sich Definitionen von Relevanz bezüglich bestimmter regelsprach-licher Ausdrücke gewinnen. Die Beschränkung der Relevanz auf den Terminus „folgend" wird in den folgenden Abschnitten eine beson-dere Rolle spielen. Eine entsprechende Definition lautet:

Definition 5.2–13 (relevant bzgl. „folgend" i. d. ant. resp.)
Sei d ein *Disput* bzgl. LOG_A.
d ist *relevant_A* bzgl. „*folgend*" gdw. es gibt ein p, so dass
(a) S p ist in d *folgend_A* und p ist in d nicht *folgend_A*

   oder

(b) S p ist in d *widersprechend_A* und p ist in d *folgend_A*.

Wieder ersetzen wir für die *nova-responsio*-Definition die Terminologie und den Ausdruck „LOG_A". Es lässt sich, wie gewünscht, zeigen, dass ein *bzgl. „folgend" relevanter_{A,N} Disput* auch *regelsprachlich relevant_{A,N}* ist. Die

drei von uns besprochenen Beispieldispute sind bereits *relevant$_A$ bzgl.*
„folgend": Da aus *Ad* p generell *S* p *folgt*, ist in Brinkleys *Disput S c*,
in Pauls *S* ¬*c* und in Busers *S* ⊥ *folgend$_A$*. Weder ist jedoch in Brinkleys
Disput c, noch in Pauls ¬*c*, noch in Busers ⊥ *folgend$_A$*, wie wir den
Rekonstruktionen entnehmen konnten. Bei Brinkley erfüllt daher *c*,
bei Paul ¬*c* und bei Buser ⊥ die Klausel (a) in obiger Definition.

5.2.13. *Quantifikation über Aussagen*

In einem Einschub seien Grenzen des von uns entwickelten Apparats
und die Schwierigkeiten bei der Verfolgung eines Lösungswegs aufgezeigt. — Die mittelalterlichen Autoren verwenden innerhalb von
Disputen auch Quantifikationen über Aussagen. In diesem Zusammenhang kann das populäre Sophisma *„nihil est tibi positum"* als Beispiel
dienen.[58] Hier fungiert im Beispieldisput *„nihil est tibi positum"* als
These, kommt also in disputsprachlicher Verwendung vor. Bei *„nihil
est tibi positum"* handelt es sich um eine quantifizierte Aussage (*„nihil"*),
den Objektbereich der Quantifikation bilden Aussagen: *„‚nihil est tibi
positum' est tibi positum"* ist ein Gegenbeispiel zu: *„nihil est tibi positum"*,
hierauf beruht die Pointe des Sophisma.

Die Aussage *„nihil est tibi positum"* könnte folgendermaßen repräsentiert werden: $\forall x$ ¬*Ad x*. Bei einer adäquaten Rekonstruktion muss
x als Werte *Aussagen* annehmen können. Um dieses und ähnliche
Sophismata zu rekonstruieren, benötigen wir also eine *Disputsprache*
mit der Möglichkeit der Quantifikation über *Aussagen*.

Der Ausdruck $\forall x$ ¬*Ad x* gehört nicht zur oben definierten *Disputsprache LAN*. Es lässt sich aber eine erweiterte *Disputsprache LAN$_\forall$* angeben, die solche Ausdrücke enthält. Hierzu ist zunächst eine unendliche
Menge von *(Aussagen-)Variablen x, y, z, x$_1$, . . .* zur Verfügung zu stellen.
Als *(Aussagen-)Parameter* wollen wir *Aussagenkonstanten* bezeichnen, die
nicht in einem der materialen Axiome vorkommen, wir definieren
also einen *Parameter* als eine *Aussagenkonstante* ungleich *T, ⊥, o, h* oder *c*.
Für das Ergebnis der Ersetzung aller Vorkommnisse einer *Aussage* q

---

[58] Das Sophisma *„nihil est tibi positum"* und Varianten werden diskutiert in: Burley,
Tractatus de Obligationibus, S. 49; Ockham, *Summa Logicae*, S. 737; Swyneshed, *Obligationes*,
S. 271; Fland, *Obligationes*, S. 47; Martinus Anglicus, *De Obligationibus*, S. 24; Lavenham,
Obligationes, S. 233; Brinkley, *Obligationes*, S. 53 f, Buser, *Obligationes*, S. 176; Johannes
von Holland, *Logic*, S. 98; Paul von Venedig, *Tractatus de Obligationibus*, S. 170 ff;
Paul von Pergula, *Logica*, S. 110 f. — Vergleiche hierzu auch den unten gebilde-
ten Begriff „der Verpflichtung widersprechend" (5.2.14).

durch einen Ausdruck x in der *Aussage* p schreiben wir: p $^{x/q}$. Um die uns interessierende erweiterte *Disputsprache LAN$_\forall$* zu erhalten, fügen wir in der Definition von *LAN* (Definition 5.2–2) folgende Klausel ein:

... und (d) wenn p $\in$ S und u *Satzparameter* und x *Variable* ist, dann ist $\forall$x p $^{x/u}$ $\in$ S

Formeln wie $\forall x$ $\neg Ad$ x, $\forall x$ $(Ad$ x $\supset$ OCo $x)$ aber auch $\forall x$ $(x \supset x)$ gehören zu einer so definierten *Disputsprache*. — Wie üblich definieren wir den Begriff „*frei zur Ersetzung*": ein Ausdruck q ist genau dann *frei zur Ersetzung* durch eine *Variable* x in p, wenn q nicht im Skopus eines Quantors $\forall$x vorkommt.

Die Bedeutung des Allquantors implementieren wir durch einen zu *LAN$_\forall$* gehörigen *Folgerungsbegriff*. Die intuitive Adäquatheit eines solchen Begriffs kann durch die folgende Forderung präzisiert werden: Gegeben sei, dass q *frei zur Ersetzung* durch x in p ist. Aus einer Aussagenmenge M soll genau dann die *Aussage* $\forall$x p $^{x/q}$ *folgen*, wenn aus einer endlichen Teilmenge von M alle entsprechend instantiierten *Aussagen* p $^{q'/q}$ *folgen*. Diese Forderung impliziert insbesondere, dass genau die Allaussagen *gültig* sind, von denen alle Instanzen gelten: Da z. B. für alle q gilt *Ad* q $\supset$ *OCo* q, soll sich ergeben, dass $\forall x$ $(Ad$ x $\supset$ OCo $x)$ ebenfalls *gültig* ist. Da jedoch beispielsweise p $\supset$ q nicht generell gilt, sollte auch $\forall x \forall y$ $(x \supset y)$ nicht *gültig* sein.

Die Adäquatheitsforderung gewährleistet das Schlussverfahren der Allinstantiierung, sofern die substituierte *Aussage frei zur Ersetzung* ist. Dies gilt, da aus $\forall$x p $^{x/q}$ insbesondere diese selbe *Aussage* $\forall$x p $^{x/q}$ herleitbar ist und damit gemäß der Forderung auch p $^{q'/q}$, für alle q', sofern q in p *frei zur Ersetzung* durch x ist. Wir können daher beispielsweise von $\forall x$ $\neg Ad$ x auf $\neg Ad$ $(\forall x$ $\neg Ad$ $x)$ schließen (aus „*nihil est tibi positum*" folgt insbesondere „,*nihil est tibi positum*' non est tibi positum"), eine Schlussfolgerung, die wir zur Analyse des Sophisma „*nihil est tibi positum*" benötigen.[59]

Die genannte Forderung kann folgendermaßen axiomatisch implementiert werden: Wir erweitern die oben definierten Axiomenmengen *A* bzw. *N* (vgl. Definition 5.2–4) zu einer Axiomenmenge $\forall A$ bzw. $\forall N$, indem wir erstens die entsprechenden Definitionen statt für *LAN* für *LAN$_\forall$* formulieren und zweitens die folgenden Klauseln einfügen:

---

[59] Vgl. dazu den nächsten Abschnitt.

... und für alle *Variablen* x, *Parameter* u

(o) wenn u in p und q *zur Ersetzung* durch x *frei* ist, dann ist
$$\forall x \, (p^{\,x/u} \supset q^{\,x/u}) \supset (\forall x \, p^{\,x/u} \supset \forall x \, q^{\,x/u}) \in A$$

und

(p) wenn u in p nicht vorkommt und in q *zur Ersetzung* durch x *frei* ist, dann ist
$$\forall x \, (p \supset q^{\,x/u}) \supset (p \supset \forall x \, q^{\,x/u}) \in A$$

und

(q) wenn q in p *zur Ersetzung* durch x *frei* ist, dann ist
$$\forall x \, p^{\,x/q} \supset p^{\,q'/q} \in A$$

und

(r) wenn p $\in$ A und u in p *zur Ersetzung* durch x *frei* ist, dann ist
$$\forall x \, p^{\,x/u} \in A$$

Es lässt sich zeigen, dass sich mit diesen beiden Axiomenmengen jeweils die oben genannte Forderung erfüllen lässt und außerdem, dass die Axiome nicht stärker als die Forderung sind. Den Beweis für diese Tatsache werde ich hier nicht geben, da, wie wir gleich sehen werden, ein Problem mit diesen *Folgerungsbegriffen* bestehen bleibt.

Die *Disputsprache LAN$_\forall$* kann mit den *Folgerungsbegriffen* $\vdash_{\forall A}$ bzw. $\vdash_{\forall N}$ zu geordneten Paaren *LOG$_{\forall A}$* bzw. *LOG$_{\forall N}$* zusammengefasst werden. Um zu zeigen, dass *LOG$_{\forall A}$* bzw. *LOG$_{\forall N}$ Disputlogiken* sind, muss die *materiale Widerspruchsfreiheit* von $\vdash_{\forall A}$ bzw. von $\vdash_{\forall N}$ bewiesen werden. Ein solcher Beweis könnte analog zu dem Beweis in 5.2.8 geführt werden, sofern es gelingt, eine Semantik anzugeben, welche alle *Axiome* der Menge $\forall A^*$ (also die Menge A^* von Definition 5.2–6 formuliert für *LAN$_\forall$* und erweitert um die Klauseln (o) — (r)) als tautologisch ausweist (dies wäre dann das Gegenstück zu Behauptung 5.2–3). Hierzu ist insbesondere die Definition der Fortsetzung der Interpretationsfunktion (vgl. Definition 5.2–8) um geeignete Klauseln zu erweitern.

Trotz einiger Versuche ist es mir bislang nicht gelungen, entsprechende Klauseln aufzufinden. Schwierigkeiten bereitet dabei insbesondere dasjenige Axiom, das für die Gültigkeit der Allinstantiierung verantwortlich ist: $\forall x \, p^{\,x/q} \supset p^{\,q'/q}$. Andererseits ist mir jedoch auch kein Gegenbeispiel bekannt, das die Widersprüchlichkeit des so definierten *Folgerungsbegriffs* zeigen würde. Die Beantwortung der Frage muss daher künftiger Forschung überlassen bleiben.

5.2.14. *Verpflichtungsrelevanz*

Im Zusammenhang mit regelsprachlichen Sophismata werden in manchen Obligationentraktaten die beiden Begriffe „eine Verpflichtung betreffend" und „der Verpflichtung widersprechend" gebraucht. Diese Begriffe werden auf *posita* bezogen. Man spricht also von Thesen, die eine bzw. keine Verpflichtung betreffen, oder von solchen, die der Verpflichtung widersprechen bzw. nicht widersprechen. In diesem und den beiden folgenden Abschnitten werden wir, erstens, die beiden fraglichen Begriffe erläutern und rekonstruktionssprachlich einführen, zweitens, ihre Rolle in manchen Obligationentheorien herausstellen und, drittens, Mutmaßungen darüber anstellen, welche Funktion sie haben. Bevor ich diese Begriffe erläutere, gebe ich einen Überblick über die historische Situation ihrer Verwendung.

Der *nova-responsio-*Autor Swyneshed nennt ein *positum*, das keine Verpflichtung betrifft „*positum sine obligatione ad hoc pertinente*". Ein *positum*, das der Verpflichtung nicht widerspricht, bezeichnet er als „*positum non repugnans positioni*".[60] Lavenham, ebenfalls der *nova responsio* zuzurechnen, gebraucht die Begriffe „*pertinentia obligationis*" und „*repugnantia positionis*".[61] Die folgenden Autoren gebrauchen nur den Begriff „der Verpflichtung widersprechend": der *antiqua responsio* Autor Johannes von Holland,[62] sowie Martinus Anglicus[63] und Fland,[64] welche bekanntlich die beiden *responsiones* vergleichen. Zu den von Fland besprochenen Beispielen gehören jedoch auch solche, die bei Lavenham und Swyneshed mit dem Begriff „eine Verpflichtung betreffend" in Verbindung gebracht werden.[65]

Bei der Erläuterung der beiden Begriffe folge ich Lavenham, dessen Darstellung mir die klarste zu sein scheint. Zum Begriff „eine Verpflichtung betreffend" lesen wir bei ihm:

> Pertinentia obligationis est quando obligatur quod aliqua propositio sit posita vel admissa vel obligata. Unde si ponatur „„tu curris' sit tibi positum", tunc haec propositio „tu curris" ponitur cum pertinentia obligationis.[66]

---

[60] Zu Swynesheds Definitionen dieser Begriffe vgl. Swyneshed, *Obligationes*, S. 265. Beispiele gibt er auf S. 271 f.

[61] Definitionen finden sich bei Lavenham, *Obligationes*, S. 228, Beispiele auf S. 233.

[62] Vgl. Johannes von Holland, *Logic*, S. 98.

[63] Vgl. Martinus Anglicus, *De Obligationibus*, S. 24.

[64] Vgl. Fland, *Obligationes*, S. 47.

[65] Vgl. sein Beispiel „hoc est tibi posita ,tu curris'" (Fland, *Obligationes*, S. 47).

[66] Lavenham, *Obligationes*, S. 228.

Ein *positum* A betrifft also eine Verpflichtung, wenn aus A folgt, dass eine Aussage B gesetzt oder zugelassen ist. Als Beispiel verwendet Lavenham das schon aus Brinkleys Sophisma bekannte „,*tu curris'* est *tibi positum*". „,*Tu curris'* est *tibi positum*" betrifft eine Verpflichtung, da aus „,*tu curris'* est *tibi positum*" folgt, dass eine Aussage, nämlich „*tu curris*", gesetzt ist.

Wir können versuchen, eine rekonstruktionssprachliche Definition des Begriffs „*eine Verpflichtung betreffend*" zu formulieren, die Lavenhams vermutlichen Intentionen weitestgehend entspricht. Um die von Lavenham intendierten Fälle abzudecken, können wir fordern, dass aus dem *Verpflichteten* eines *Disputs folgt*, dass eine Aussage q „*pertinens sequens*" ist, d.h. dass S q. Diese Definition wäre aber zu allgemein: S q *folgt* nämlich auch dann, wenn q *gültig* ist. In jedem *Disput* gilt daher also beispielsweise, dass S T *folgend* ist, nach dem Definitionsprovisorium beträfe also das *Verpflichtete* jedes *Disputs* eine Verpflichtung. Der Unterschied zu dem von Lavenham diskutierten Fall besteht darin, das „*tu curris*" nicht gültig ist, rekonstruktionssprachlich ausgedrückt: $\neg c$ ist *konsistent*. Aus diesem Grund schränken wir die Definition entsprechend ein:

> Definition 5.2–14 (eine Verpflichtung betreffend i. d. nova resp.)
> Sei d ein *Disput* bzgl. LOG_N.
> Das *Verpflichtete* von d *betrifft eine Verpflichtung$_N$* gdw. es gibt eine *Aussage* q, so dass $\neg q$ *konsistent* bzgl. LOG_N ist und OBL (d) $\vdash_N S$ q.

Da Lavenham ein *nova responsio* Autor ist, habe ich diese Definition für die *nova responsio* formuliert. Für eine *antiqua-responsio*-Definition wird „LOG_N" durch „LOG_A" und „$\vdash_N$" durch „$\vdash_A$" ersetzt. Es kann dann gezeigt werden, dass das *Verpflichtete* der oben diskutierten Beispieldispute Brinkleys, Pauls und Busers *eine Verpflichtung betrifft$_A$*: Das *Verpflichtete* von Brinkleys *Disput* lautet $T \wedge Ad\ c$, hieraus *folgt* S c und $\neg c$ ist *konsistent*. In Pauls Fall lautete das *Verpflichtete* $T \wedge o \wedge Ad\ \neg c$, woraus S $\neg c$ *folgt*, c ist ebenfalls *konsistent*. Für Busers *Disput* gilt: das *Verpflichtete* ist gleich $T \wedge Ad\ \bot$ und es *folgt* S $\bot$, wobei $\neg\bot$ ebenfalls *konsistent* (sogar *gültig*) ist.

Den Begriff „der Verpflichtung widersprechend" führt Lavenham folgendermaßen ein:

> Repugnantia positionis est quando ex positione contradictorium sequitur in bona consequentia. Exemplum: Si ponatur quod nulla sit obligatio tibi facta, ista tota positio, videlicet „pono quod nulla sit obligatio

tibi facta" infert contradictorium obligati quia sequitur „pono quod nulla sit obligatio; ergo <. . .> aliqua est obligatio tibi facta".[67]

Ein *positum* A widerspricht also der Verpflichtung, wenn aus der Aussage, dass A gesetzt ist, folgt, dass non-A. Dies ist beispielsweise dann der Fall, wenn das *positum* lautet: es ist dir keine Verpflichtung gesetzt. Aus der Aussage, dass „es ist dir keine Verpflichtung gesetzt" gesetzt ist, folgt nämlich, dass dir eine Verpflichtung gesetzt ist.[68]

Rekonstruktionssprachlich veranschaulichen lässt sich dies, wenn wir unterstellen, dass $LOG_{\forall N}$ eine *Disputlogik* ist: Das *Verpflichtete* eines *Disputs* sei gleich $\top \wedge \forall x \; \neg Ad \; x$. Wir wissen, dass aus $\forall x \; \neg Ad \; x$ gemäß $\vdash_{\forall N}$ *folgt*: $\neg Ad \; (\top \wedge \forall x \; \neg Ad \; x)$, es gibt also ein p, so dass p das *Verpflichtete* des *Disputs* ist und aus Ad p die *Aussage* $\neg$p *folgt*. — Da es nicht gelungen ist, $LOG_{\forall N}$ als *Disputlogik* zu erweisen, definieren wir unseren Begriff für LOG_N:

> Definition 5.2–15 (der Verpflichtung widersprechend i. d. nova resp.)
> Sei d ein *Disput* bzgl. LOG_N.
> Das *Verpflichtete* von d *widerspricht der Verpflichtung* gdw. Ad OBL (d) $\vdash_N$ $\neg$OBL (d).

Um einen Oberbegriff zur Verfügung zu haben, nennen wir einen *Disput verpflichtungsrelevant$_N$* genau dann, wenn sein *Verpflichtetes* eine *Verpflichtung betrifft$_N$* oder *der Verpflichtung widerspricht$_N$*. Analog gestalten wir entsprechende *antiqua-responsio*-Definitionen. Die Repräsentationen der drei Beispieldispute stellen sich als *verpflichtungsrelevant$_A$* heraus.

Bezüglich des Begriffs „*der Verpflichtung widersprechend*" zeigt sich ein Defizit unserer *Disputlogik* LOG_N (analoges gilt auch für LOG_A): Ist p *konsistent* bzgl. LOG_N, so gilt allgemein, dass auch p $\wedge$ Ad p *konsistent* bzgl. LOG_N ist. Der Begriff „*der Verpflichtung widersprechend*" kann daher von einem *Disput* d nur erfüllt sein, wenn bereits $\vdash_N$ $\neg$OBL (d) gilt, d.h. das *Verpflichtete inkonsistent* und der *Disput* damit *inkorrekt* ist. In unserem Ansatz gilt damit: Wenn das *Verpflichtete* von d *der Verpflichtung widerspricht*, ist d *inkorrekt*.

Es lässt sich erschließen, dass eine entsprechende Folgerung in der

---

[67] Lavenham, *Obligationes*, S. 228.
[68] Für *posita*, die der Verpflichtung widersprechen, hat J. Ashworth den Begriff „*pragmatic paradoxes*" geprägt (vgl. Ashworth, „Inconsistency and Paradox"). Zu solchen *posita* vgl. auch Kneepkens, „Willem Buser of Heusden's Obligationes Treatise", S. 348 ff sowie Schupp, „Kommentar" 103–115.

mittelalterlichen Analyselogik nicht als gültig betrachtet wird: Wie wir noch sehen werden, dient der Begriff „der Verpflichtung widersprechend" gelegentlich dazu, so beschaffene Dispute aus der Betrachtung auszuschließen. Derartige Bestrebungen wären überflüssig, wenn diese Dispute generell inkorrekt wären. — Die unerwünschte Folgerung kann in $LOG_{\forall N}$ als ungültig erwiesen werden, sofern sich zeigen lässt, dass die *Aussage* $\forall x \neg Ad\ x$ *konsistent* ist (ein Ergebnis, das die *Widerspruchsfreiheit* von $\vdash_{\forall N}$ einschließt). In diesem Fall gibt es mit dieser *Aussage* ein *konsistentes* p, so dass p $\wedge$ *Ad* p *inkonsistent* ist. Damit können *korrekte Dispute* gebildet werden, deren *Verpflichtetes* einer *Verpflichtung widerspricht*.

5.2.15. *Verpflichtungssensible Regeln*

Wir können nun diskutieren, welche Rolle die beiden fraglichen Begriffe bei den oben genannten Autoren spielen. Bei allen diesen Autoren werden die Regeln für Vorschläge mittels dieser Begriffe eingeschränkt. Die gewohnten Regeln, wie wir sie in Definition 4.3-3 eingeführt haben, gelten beispielsweise bei Lavenham nur dann, wenn das Verpflichtete weder eine Verpflichtung betrifft noch der Verpflichtung widerspricht, der Disput also nicht verpflichtungsrelevant ist:

> Omne sequens ex obligato ubi non est pertinentia obligationis nec repugnantia positionis est concedendum et omne repugnans est negandum.[69]

Ist der Disput dagegen verpflichtungsrelevant, so muss auf alle Vorschläge wie auf unabhängige geantwortet werden, d.h. bekanntermaßen wahre müssen eingeräumt, falsche bestritten und unabhängige offengelassen werden:

> Unde quandocumque proposito ponitur cum pertinentia obligationis vel cum repugnantia positionis homo non tenetur concedere propositionem obligatam in eo quod est obligata, sed si est vera, debet concedere eam, si est falsa debet negare eam.[70]

Vermutlich im Sinne Lavenhams können wir hinzufügen: „*et si est dubia debet dubitare eam*". Dies stimmt auch mit Swynesheds Formulierung der Regeln überein.[71]

---

[69] Lavenham, *Obligationes*, S. 229.
[70] Lavenham, *Obligationes*, S. 229.
[71] Vgl. Swyneshed, *Obligationes*, S. 265 f.

Rekonstruktionssprachlich können wir solche Regeln wie folgt formulieren. Betrachten wir zunächst den Fall des Einräumens. Hier
gelten unsere gewohnten Festlegungen, sofern der *Disput* nicht *verpflichtungsrelevant* ist, d.h. p *muss* genau dann *eingeräumt werden*, wenn p entweder *folgend* oder nicht *widersprechend* und *bekanntermaßen wahr* ist. Im
Fall der *Verpflichtungsrelevanz muss* p dagegen genau dann *eingeräumt
werden*, wenn p *bekanntermaßen wahr* ist. Ich stelle hier keine Definitionen
für diese speziellen Verpflichtungsbegriffe auf, sondern gebe an, wie
sie zu formulieren wären:

p *muss eingeräumt werden* in d gdw.
    (a) d ist nicht *verpflichtungsrelevant* und
        (aa) p ist *folgend* in d

        oder

        (ab) p ist nicht *widersprechend* in d und p ist *bekanntermaßen wahr*
        in d.

    oder

    (b) d ist *verpflichtungsrelevant* und p ist *bekanntermaßen wahr*.

Analog ist mit der Regel für das *Bestreiten* vorzugehen. Die Regel für
das *Offenlassen* lautet:

p *muss offengelassen werden* in d gdw.
    (a) d ist nicht *verpflichtungsrelevant* und p ist *unabhängig* und *ungewiss* in d.

    oder

    (b) d ist *verpflichtungsrelevant* und p ist *ungewiss* in d.

So gestaltete Regeln wollen wir „verpflichtungssensibel" nennen. Demgegenüber heißen die Regeln, die wir oben definitorisch eingeführt
haben, „verpflichtungsunsensibel". Die meisten mittelalterlichen Autoren
verwenden verpflichtungsunsensible Regeln, nämlich alle außer den
in 5.2.14 genannten. Ausgehend von obiger Formulierung können
verpflichtungssensible Regeln für die *antiqua* bzw. *nova responsio* gesetzt
werden, indem man *folgend$_A$*, *widersprechend$_A$* und *unabhängig$_A$* bzw. *folgend$_N$*,
widersprechend$_N$ und *unabhängig$_N$* verwenden. Die Unterscheidung „verpflichtungssensibel — verpflichtungsunsensibel" ist damit von der
Unterscheidung „*antiqua responsio* — *nova responsio*" unabhängig: Erstens
in systematischer Hinsicht, da sich verpflichtungssensible Regeln
sowohl für die *antiqua* als auch für die *nova responsio* formulieren lassen,
zweitens in historischer Hinsicht, da es sowohl *antiqua-responsio*-Autoren

(Johannes von Holland) als auch *nova-responsio*-Autoren (Swyneshed, Lavenham) gibt, die sie verwenden.

Verpflichtungssensible Regeln haben auf verpflichtungsrelevante Dispute einen Trivialisierungseffekt: In diesen Disputen gilt, dass eine Aussage genau dann eingeräumt, wenn sie bekanntermaßen wahr, genau dann bestritten, wenn sie bekanntermaßen falsch und genau dann offengelassen werden muss, wenn sie ungewiss ist. Allein der epistemische Status einer Aussage ist also für die zu gebende Antwort von Belang. Aus diesem Grund sind nach verpflichtungssensiblen Regeln geführte Dispute unter anderen Umständen korrekt als nach verpflichtungsunsensiblen Regeln geführte. Beispielsweise verwendet Paul von Venedig unsensible Regeln, im besprochenen Disput ist daher „*tu non curris*" zu bestreiten. Da Pauls *positum* eine Verpflichtung betrifft, sein Disput mithin verpflichtungsrelevant ist, wäre nach sensiblen Regeln „*tu non curris*" gemäß seines epistemischen Status' zu beantworten, d.h., da bekanntermaßen wahr, einzuräumen.

5.2.16. *Trivialisierung von regelsprachlicher Relevanz*

Es kann spekuliert werden, aufgrund welcher Motivation die mittelalterlichen Autoren Regelmodifizierungen in Richtung auf Verpflichtungssensibilität vorgenommen haben. Der bisherige Gang der Untersuchung gibt uns diesbezüglich eine Vermutung vor: Anhand unserer drei Beispiele regelsprachlicher Sophismata haben wir herausgestellt, worin deren spezielle Pointe liegt und dies im Begriff der *regelsprachlichen Relevanz* formuliert. Zudem wissen wir, dass verpflichtungssensible Regeln verpflichtungsrelevante Dispute trivialisieren. Unsere drei Beispieldispute für regelsprachliche Relevanz sind gleichzeitig verpflichtungsrelevant. Es zeichnet sich ein Erklärungszusammenhang ab, wenn sich dies zu der folgenden Implikation verallgemeinern ließe: Jeder regelsprachlich relevante Disput ist verpflichtungsrelevant. In diesem Fall würden nämlich die verpflichtungssensiblen Regeln eine Trivialisierung aller regelsprachlich relevanten Dispute leisten und dies könnte dann als Zweck der Regelmodifizierungen angenommen werden.

Tatsächlich trifft die Implikation jedoch nicht allgemein zu, sie gilt allerdings eingeschränkt auf eine prominente Untermenge der regelsprachlich relevanten Dispute, nämlich solche, die relevant bzgl. „folgend" sind. (Wir erinnern uns, dass alle drei behandelten Beispieldispute relevant bzgl. „folgend" sind.) Die folgende Behauptung formuliert dieses Ergebnis für die *nova responsio*:[72]

Behauptung 5.2–15
Sei d ein *Disput* bzgl. LOG_N.
Wenn d *relevant$_N$ bzgl. „folgend"* ist, dann ist d *verpflichtungsrelevant$_N$*.

Beweisidee
Da d *relevant$_N$* bzgl. „folgend" ist, gilt für ein p: entweder ist *S* p *folgend$_N$* und p nicht *folgend$_N$* oder *S* p ist *widersprechend$_N$* und p ist *folgend$_N$*. Im ersten Fall gilt: OBL (d) $\vdash_N$ *S* p, da p nicht *folgend$_N$* ist, ist p nicht *gültig* und somit ¬p *konsistent*. Damit gilt: das *Verpflichtete* von d *betrifft eine Verpflichtung$_N$* und damit ist d *verpflichtungsrelevant$_N$*. Im zweiten Fall gilt: OBL (d) $\vdash_N$ ¬*S* p und OBL (d) $\vdash_N$ p. Hieraus ergibt sich: *Ad* OBL (d) $\vdash_N$ ¬OBL (d), wie die folgende Ableitung zeigt:

(1)	OBL (d) $\vdash_N$ p	Annahme
(2)	$\vdash_N$ *S* OBL (d) $\supset$ *S* p	(1), Gödel-Regel für *S*, *S*-Distribuierung
(3)	*Ad* OBL (d) $\vdash_N$ *S* OBL (d)	Axiom, KA
(4)	*Ad* OBL (d) $\vdash_N$ *S* p	(2), (3), KA
(5)	OBL (d) $\vdash_N$ ¬*S* p	Annahme
(6)	$\vdash_N$ *S* p $\supset$ ¬OBL (d)	(5), KA
(7)	*Ad* OBL (d) $\vdash_N$ ¬OBL (d)	(4), (6), KA

Im zweiten Fall *widerspricht* OBL (d) also der *Verpflichtung$_N$* und d ist damit ebenfalls *verpflichtungsrelevant$_N$*.

Die verpflichtungssensiblen Regeln trivialisieren also die bzgl. „folgend" relevanten Dispute. Damit kann bei der Regelmodifikation immerhin die Tendenz zu einer Trivialisierung regelsprachlicher Sophismata ausgemacht und eine diesbezügliche Zielsetzung den Autoren unterstellt werden. Die Trivialisierung erstreckt sich jedoch beispielsweise nicht auf *posita*, in denen epistemische Begriffe verwendet werden, wie z.B. „,tu curris' est scitum esse verum". Aus diesem Grund werden auch Dispute mit verpflichtungsbegrifflichen *posita* wie „,tu curris' est a te concedendum" nicht (generell) trivialisiert.

---

[72] Dieses Ergebnis ist auf die *Logik* $LOG_{\forall N}$ übertragbar, was von Interesse ist, wenn sie sich als *Disputlogik* herausstellt. — Ein entsprechendes Ergebnis für die *antiqua responsio* gilt nur unter Zusatzannahmen, wie wir sie ähnlich schon beim Trivialisierungseffekt bekanntermaßen wahrer *posita* machen mussten: Wir müssen fordern, dass der *Disput korrekt$_A$* ist und dass die analysesprachlichen Gegenstücke *bekanntermaßen wahrer Aussagen* vom entsprechenden *Disput* gelten.

5.3. *Beziehungen zur Interessenlage*

Wir wenden uns der Frage zu, wie die Ergebnisse dieses Kapitels
mit unserer Hypothese eines historischen Interesses in Verbindung
gebracht werden können. Es ist dabei zu untersuchen, ob sich die
mittelalterliche Untersuchung der Sophismata allgemein in Sinne des
historischen Interesses verstehen lässt. Dann kann spezieller nach der
Bedeutung der regelsprachlichen Sophismata gefragt werden.

5.3.1. *Die Untersuchung von Sophismata*

In den Sophismata konstruieren die Obligationenautoren Dispute,
die scheinbar sowohl verpflichtungsinkonsistent als auch korrekt sind,
in einer Auflösung zeigen sie, dass der betreffende Disput tatsächlich entweder verpflichtungskonsistent oder aber inkorrekt ist.[73] Die
Tatsache, dass sich die Autoren um eine Auflösung bemühen, drückt
aus, dass sie die Geltung von Verpflichtungskonsistenz bei Korrektheit als ein Desiderat für eine Obligationentheorie ansehen. Bei den
Autoren liegen also bestimmte Zielsetzungen vor, für deren Erreichen
Verpflichtungskonsistenz bei Korrektheit notwendige Bedingung ist.
Wollen wir ihre Bemühungen um die Sophismata verstehen, so gilt
es entsprechende Zielsetzungen auszumachen, die wir ihnen sinnvoller Weise zuschreiben können.

Mit der Interessenhypothese haben wir bereits eine Zielsetzung,
die wir den Autoren zuschreiben. Es gilt also nun zu überprüfen,
ob diese Zielsetzung auch die Untersuchung der Sophismata erklären
kann. Dies wäre dann der Fall, wenn sich aus der Interessenhypothese
das Desiderat der Verpflichtungskonsistenz bei Korrektheit ergäbe.
Im Zuge unserer Überprüfung versuchen wir daher, Folgendes nachzuweisen: Dafür, dass die Obligationenregeln die Form sachorientierten Disputierens wiedergeben, ist Verpflichtungskonsistenz bei
Korrektheit eine notwendige Bedingung. Gelingt es, dies nachzuweisen, so ist dies ein weiteres Indiz für die Hypothese.

Überlegen wir im Hinblick darauf zunächst, was die Eigenschaft
der Verpflichtungskonsistenz bei Korrektheit für Disputationsregeln
allgemein besagt. Wir unterstellen dazu Regeln, für die Verpflichtungskonsistenz bei Korrektheit nicht gilt. Es gibt dann also Dispute, die
nach diesen Regeln korrekt, aber gleichzeitig verpflichtungsinkonsistent

---

[73] Vgl. 5.1.6.

sind. In einem korrekten Disput hat der Respondent bisher keiner Regel zuwidergehandelt. Ist der Disput gleichzeitig verpflichtungsinkonsistent, so gibt es Opponentenperformationen, auf die der Respondent nicht ohne Zuwiderhandlung antworten kann. Wird eine dieser Performationen vorgenommen, so ist der resultierende Disput in jedem Fall inkorrekt. Wenn die These von der Verpflichtungskonsistenz bei Korrektheit nicht gilt, so schützt eine konsequente Beachtung der Regeln (im Sinne des Nicht-Zuwiderhandelns) also nicht vor disputationalem Misserfolg.

Nehmen wir andererseits an, dass die Beachtung der Regeln nicht generell vor Misserfolg schützt. Es gibt dann also korrekte Dispute, in denen Opponentenperformationen vorgebracht werden können, auf die hin jede Antwort in einer Zuwiderhandlung resultiert. Ein solcher Disput muss verpflichtungsinkonsistent sein, da Verpflichtungen zu Alternativen bestehen, die These von Verpflichtungskonsistenz bei Korrektheit kann also nicht generell gelten. — Damit sehen wir insgesamt: die Tatsache, dass die Regeln Verpflichtungskonsistenz bei Korrektheit erfüllen, besagt nichts anderes, als dass deren Beachtung dauerhaft vor disputationalem Misserfolg schützt.

Übertragen wir die zuletzt gewonnene Formulierung auf lebensweltliche Disputsituationen, so scheint eine diesbezügliche Forderung *prima facie* wenig angemessen. Wir würden sagen: Selbst wenn die andere Partei regelgerecht disputiert, so bleibt uns immer noch die Freiheit, die von ihr vertretene Position abzulehnen. Jedoch: Wenn die andere Partei korrekt disputiert hat, so müssen es inhaltliche Gründe sein, die uns zur Ablehnung der Position bewegen. Eine geschlossenen Disputationstheorie, wie es die Obligationentheorie unserer Hypothese nach sein will, wird dagegen die Kriterien für gutes Disputieren angeben, ohne auf externe, d.h. innerhalb der Theorie nicht formulierbare, Gesichtspunkte zurückzugreifen. Es ist daher nicht möglich, einen trotz Befolgung der Regeln auftretenden Misserfolg in Analogie zu der lebensweltlichen Situation zu rechtfertigen. Im Gegenteil würde durch eine Relevanz inhaltlicher Momente der selbstgesetzte Anspruch der Theorie unterlaufen.

In diesem Sinne lässt sich auch verstehen, warum gewisse spätmittelalterliche Autoren ein Fundament der Obligationen in der aristotelischen Maxime sehen, dass aus Möglichem kein Widerspruch folgt.[74]

---

[74] In dem anonymen Frühdruck *Copulata super omnes tractatus parvorum logicalium Petri*

Eine Parallele ergibt sich dadurch, dass mögliche Aussagen angesichts einer bestimmten inhaltlichen Sachlage zurückgewiesen werden können. Die Maxime schließt jedoch aus, dass sie sich aufgrund des formalen Kriteriums der Widersprüchlichkeit als falsch erweisen. Unter dieser Deutung formuliert die Maxime ein Vorordnungsverhältnis zwischen formalen und inhaltlichen Kriterien der Inakzeptabilität. Übertragen wir dies auf die Obligationen, so lässt sich sagen: Wiewohl die Ergebnisse eines regelkonformen Disputs u.U. aus inhaltlichen Gründen abgelehnt werden können, muss doch ausgeschlossen sein, dass eine Befolgung der Regeln zu einem formalen Misserfolg führt.[75]

Die gerade angestellte Überlegung führt zu einer tieferliegenden Schwierigkeit, die das Auftreten von Verpflichtungsinkonsistenzen in korrekten Disputen für die der Hypothese nach angestrebten Zielsetzungen mit sich brächte. Unserer Hypothese nach soll sich in den Obligationenregeln die Form sachlichen Disputierens artikulieren. Diesem Anspruch können wir unter der hier interessierenden Rücksicht zwei Aspekte abgewinnen: Einerseits setzen die Regeln die Maßstäbe für gutes Disputieren, indem ein Verstoß gegen sie als Inkorrektheit, d.h. als formaler Misserfolg zählt. Andererseits liegt in ihrer imperativischen Gestalt die Aufforderung, ein Disputant solle sie befolgen, um gut zu disputieren.

Leistet nun ein Disputant den Regeln Folge und gerät dennoch in eine Situation, in der er nicht anders kann, als ihnen zuwiderzuhandeln, so bedeutet dies eine Divergenz diese beiden Aspekte: Eine Befolgung der Regeln wird dann den durch diese Regeln selbst gesetzten Maßstäben nicht gerecht. Die aufgestellten Imperative können also entweder nicht generell zu einem (wie auch immer verstandenen) guten Disputieren führen oder aber die gesetzten Maßstäbe sind zu eng. In jedem Fall werden die Regeln die Form sachlichen Disputierens (wenn überhaupt, dann) nur unvollständig charakterisiert. Der Anspruch des hypothetischen Interesses an die Obligationen wäre damit nicht erfüllt.

Hispani ac super tres tractatus modernorum (Köln 1493, fol. LXXXI) lesen wir beispielsweise: „Principium ex quo iste tractatus obligatorium elicitur, sumitur ex nono Metaphysicae et primo Priorum, ut dicit Aristoteles quod possibili posito inesse, nullum sequitur impossibile." (Zitiert nach Schupp, „Kommentar", S. 71, dort finden sich noch weitere Zitate in diesem Sinne.) Die gemeinten Stellen bei Aristoteles sind: *Anal. Pr.* I, 13 (32 a 18–20) und *Met.* IX, 4 (1047 b 10–12). Auf den Zusammenhang zwischen der besagten Maxime und den Obligationen hat zuerst Green aufmerksam gemacht, vgl. Green, *The logical Treatise*, S. 27 f.

[75] Vgl. hierzu auch Keffer, „Die *ars obligatoria* als Grundlegung", Kap. 8.

Es ist also im Sinne einer formalen Disputationstheorie, dass die Befolgung der Regeln Misserfolg unmöglich macht, was nichts anderes besagt, als dass Verpflichtungskonsistenz bei Korrektheit gilt. Verpflichtungskonsistenz bei Korrektheit ergibt sich damit als eine notwendige Bedingung an ein Regelwerk, das als formale Theorie disputationaler Verhältnisse auftreten will. Insofern ist die mittelalterliche Untersuchung der Sophismata aus der Interessehypothese erklärbar.

5.3.2. *Regelsprachliche Sophismata*

Das Charakteristikum der regelsprachlichen Sophismata liegt darin, dass diejenige Terminologie, die benötigt wird, um Dispute zu reglementieren, ihrerseits wiederum in Disputen verwendet wird. Da es sich hier um einen Spezialfall der Sophismata überhaupt handelt, ist unserer Interpretation nach bei der Untersuchung regelsprachlicher Sophismata die Frage leitend, ob auch bei Verwendung obligationenspezifischer Terminologie Verpflichtungskonsistenz bei Korrektheit gilt.

Diese Fragestellung lässt sich über eine Analogie zur Logik motivieren: Ihrem Anspruch nach ist die Logik eine formale Argumentationstheorie. Sie sieht also von jeglichem Inhalt ab, um auf jeglichen Inhalt anwendbar zu sein. Zum Zweck der Etablierung, Erläuterung und Analyse einer Logik wird u.U. eine spezielle Begrifflichkeit gebildet. Es ist zu fordern, dass sich diese Begrifflichkeit in Argumentationen, die der Logik entsprechen, widerspruchsfrei verwenden lässt. Diese Forderung ergibt sich aus dem allgemeinen Anspruch der Logik: Wenn sie auf jeglichen Inhalt anwendbar sein soll, dann insbesondere auch auf diese spezielle Begrifflichkeit.

So wie sich die Logik mit der formalen Seite von Argumentationen befasst, behandeln die Obligationen unserer Interpretation nach die formalen Aspekte von Streitgesprächen. Sie haben demnach ebenfalls den Anspruch, von jedem spezifischen Inhalt abzusehen, in dem Sinne, dass sie angewendet auf beliebige Inhalte dasselbe Ergebnis zeigen. Es sollte dabei keinen Unterschied machen, wenn diese Inhalte gerade obligationenspezifische Inhalte sind. Da sich Verpflichtungskonsistenz bei Korrektheit allgemein als Desiderat einer formalen Disputationstheorie herausgestellt hat, besteht dieses Desiderat demnach auch bei Verwendung von obligationenspezifischer Terminologie.

Der Frage nach disputationaler Konsistenz der Obligationenterminologie kann die Frage nach ihrer argumentativen Konsistenz vorgelagert werden. Wie wir in 5.1.7 gesehen haben, fügt letztere Frage

ersterer in gewisser Weise nichts hinzu: Verpflichtungskonsistenz bei
Korrektheit kann auf Eigenschaften des zugrundegelegten Folgerungsbegriffs zurückgeführt werden. Diese Tatsache spricht nicht gegen,
sondern für die Interpretation der Obligationen als formaler Disputationstheorie: Bereits auf der Stufe der Logik wird eine Ablösung
von den Inhalten vollzogen und die Formalität der Obligationen
erfordert, dass die Spezifika der Inhalte irrelevant sind. Daher muss
eine argumentationstheoretische Geeignetheit auch eine disputationale
Geeignetheit implizieren.

Angesichts dieser Überlegung erscheinen die Tendenzen zur Trivialisierung regelsprachlicher Sophismata, wie wir sie in 5.2.16 herausgearbeitet haben, erklärungsbedürftig. Es ist also zu fragen, unter
welchen Zielsetzungen eine solche Trivialisierung erstrebenswert ist.
Folgendes kann vermutet werden: Regelsprachliche Sophismata könnten trivialisiert werden, damit die Regelsprache als Kommentarsprache
im Disput zur Verfügung steht. Die Disputanten könnten beispielsweise wünschen, während eines Disputs die Korrektheit ihres jeweiligen Verhaltens zu diskutieren. Die Möglichkeit, auf die den Disput
regelnden Verhältnisse jederzeit verweisen zu können, entfällt, wenn
diese Verhältnisse selbst Gegenstand disputationaler Verpflichtungen
werden.

Ein Hinweis auf solche Zielsetzungen im Mittelalter kann einer
Empfehlung entnommen werden, die Boethius von Dacien an den
Respondenten eines Disputs richtet:

> Et si dicatur respondenti, quod illud, quod ipse negat, est verum vel
> probabile, debet respondere, <...> quod ipse non habet in praesenti
> disputatione omne verum vel probabile curare, sed solum positionem
> custodire.[76]

Boethius rät also einem Respondenten, dem im Disput vom Opponenten vorgeworfen wird, dass er Wahres bestreitet, sich mit einem
Verweis auf seine disputationalen Verpflichtungen zu verteidigen. Erst
den späteren Autoren mag aufgefallen sein, dass u.U. ein Respondent
mit einem solchen Hinweis bestehenden Verpflichtungen gerade zuwiderhandelt — z.B. dann, wenn die These lautet: „Du bist nicht
verpflichtet". Will man die Möglichkeit der Kommentierung, die Boethius anspricht, generell gewährleisten, so ist daher Sorge zu tragen,

---

[76] Boethius von Dacien, *Questiones*, S. 330.

dass regelsprachliche Aussagen nicht von disputationalen Verpflichtungen betroffen sind. Genau dies würde eine vollständige Trivialisierung der regelsprachlichen Sophismata leisten. Sie ist erreicht, wenn innerhalb eines Disputs nur solche regelsprachlichen Aussagen eingeräumt bzw. bestritten werden müssen, die gleichzeitig auch von dem Disput gelten.

Das Programm einer Trivialisierung regelsprachlicher Ausdrücke ergibt sich, anders als die Forderung ihrer verpflichtungskonsistenten Verwendung, nicht ohne weiteres aus einer Charakterisierung der Obligationen als formal. Dies wäre nur dann der Fall, wenn wir die Möglichkeit einer uneingeschränkten Kommentierung als allgemeinen Zug sachlicher Streitgespräche ansehen könnten. Aber auch die entgegengesetzte Auffassung lässt sich einsichtig machen: Wir können uns Streitgespräche vorstellen, in denen sich die Gründe, die uns zur Übernahme einer bestimmten Position bewegen, gerade nicht in die Diskussion einbringen lassen, ohne dass damit der Bereich der Sachlichkeit verlassen wird.

Zur Verteidigung unserer Interessenhypothese ist zu sagen: Die Tendenzen zur Trivialisierung regelsprachlicher Sophismata sind im Mittelalter umstritten, manche Autoren wenden sich explizit gegen eine solche.[77] Soweit dies überschaubar ist, lassen sich bei der Mehrheit der Autoren keinerlei Trivialisierungsversuche ausmachen, dies gilt z.B. für Burley, Brinkley, Buser, Paul von Venedig und Paul von Pergula. Die vorhandenen Trivialisierungsversuche können mit der Interessenhypothese in Verbindung gebracht werden, sofern man die Kommentierungsmöglichkeit als integralen Bestandteil sachlicher Disputation ansieht. Andernfalls ist zuzugestehen, dass dieses Element (allein) aus der Interessenhypothese heraus nicht erklärbar ist.

---

[77] Vgl. etwa Buser, *Obligationes*, S. 178, der diese Tendenzen als „*fugae miserorum*" bezeichnet.

6. SCHLUSSBETRACHTUNG

Im Folgenden werde ich zunächst Ergebnisse der Arbeit formulieren. Der Ausblick wendet sich dann einigen offengebliebenen Problemen zu.

6.1. *Ergebnisse*

Zu den wesentlichen Resultaten dieser Arbeit zähle ich die Entwicklung eines hypothetischen historisch-systematischen Interesses und die Befunde der Überprüfung dieser Hypothese anhand der Rekonstruktion. Diese Ergebnisse sind in 2.1.10, 4.4 und 5.3 formuliert worden. Im vorliegenden Abschnitt will ich die erzielten Ergebnisse im Rahmen einer erneuten Reflexion auf die zugrundegelegte Methodik (vgl. 1.2) zu einer allgemeinen Einsicht kondensieren. Auf diese Weise lassen sich einerseits Stellenwert der gewonnenen Einsichten und andererseits Grundzüge der zu ihnen führenden Methode wechselseitig bestimmen und damit die Arbeit in einem Überblick als Ganzes betrachten.

Als eine Zielsetzung dieser Untersuchung wurde formuliert, einen teilnehmenden Zugang zu den Obligationentraktaten zu eröffnen. Voraussetzung hierfür ist, ein Interesse am Gegenstand der Traktate, den Obligationendisputen, zu rechtfertigen — und zwar ein Interesse, das gleichzeitig als historisches wie auch als systematisches auftreten kann. Die Grundidee beim Auffinden eines solchen Interesses bestand darin, die Obligationendispute als Modelle für ein Vorbild zu deuten, wobei das Vorbild seinerseits möglicher Gegenstand eines beiderseitigen Interesses sein sollte. Als Vorbild und damit Gegenstand des Interesses haben wir das Phänomen des sachorientierten Streitgesprächs identifiziert.[1] Die Möglichkeit einer Deutung der Obligationendispute als Modelle für Streitgespräche haben wir zunächst durch die Methode der Übertragung begründet.[2]

---

[1] Vgl. oben, 2.1.4 und 2.1.5.
[2] Vgl. insbesondere oben, 2.1.8.

Für die folgende Methodenreflexion will ich einen Punkt aufgreifen, auf den bereits hingewiesen wurde.[3] Die Tatsache, dass die Übertragung den ihr zugedachten Zweck erfüllt, beruht darauf, dass sich
Gegenstand des Interesses und Gegenstand der Traktate gegenseitig
auslegen. Durch die Übertragung werden die Obligationendispute
auf lebensweltlich vertraute Phänomene bezogen. Unter dieser Rücksicht
wird einerseits ihre Untersuchung für uns verständlich — sie lassen
sich so als Modelle für jene auffassen. Möglich wird diese Auffas-
sungsweise andererseits dadurch, dass sich das vertraute Phänomen
durch die Übertragung in die Form der Obligationen objektiviert.
Die Tatsache, dass in der Interpretation der Obligationen durch ein
vertrautes Phänomen ein theoretischer Gewinn liegt, macht sich die
Übertragung zu einer hypothetischen Beantwortung der Fragestellung
nach den historischen Interessen zunutze. Sie gibt den Disputen eine
inhaltliche Deutung dergestalt, dass sich ihre wissenschaftliche Untersuchung rechtfertigen lässt.

Als Verständnismittel für die Obligationentraktate haben wir
neben der Übertragung auch die Rekonstruktion verwendet. Bei der
Rekonstruktion wird die Terminologie der mittelalterlichen Autoren
durch eine eigens zu diesem Zweck geschaffene, künstliche Begrifflichkeit repräsentiert. Diese Begrifflichkeit wird im Hinblick auf die
Beweisbarkeit der Repräsentationen der Autorenbehauptungen gestaltet. Innerhalb dieses Rahmens bleiben verschiedene Möglichkeiten
der Gestaltung offen, wir haben daher die Wahl der Repräsentationen
im Einzelnen diskutiert und begründet.[4] Als Maßgabe sollten die
Repräsentationen neben dem Kriterium der Beweisbarkeit auch das
Moment einer Erklärung der repräsentierten Behauptungen erfüllen.

In unserem Ansatz liegt das Moment der Erklärung insbesondere
darin, dass die benötigten Repräsentationen definitorisch auf einen
bestimmten Typ von Gegenstand, den *Disput*, zurückgeführt werden
konnten.[5] Dadurch ließen sich beispielsweise die Unterschiede zwischen den konkurrierenden Obligationentheorien *antiqua* und *nova
responsio* allein durch die Gestaltung zweier über *Dispute* laufender
Funktoren, *bisher Gesagtes* und *Verpflichtetes*, transparent machen. Anhand

---

[3] Vgl. oben, in 2.1.8.
[4] Vgl. dazu die Frage nach historischer Adäquatheit und damit insbesondere:
3.1.1, 3.1.5, 3.2.1, 3.2.7, 4.1.8, 4.2.3, 4.3.2 und 5.2.2.
[5] Vgl. die Überlegungen zu Beginn von 3.

der *Dispute* konnte ferner mit „*Verpflichtungskonsistenz* bei *Korrektheit*" ein Begriff identifiziert werden, dem in Bezug auf mittelalterliche Argumentationsverfahren ein fundamentaler Stellenwert zugeschrieben werden kann.

Auch bei der hier vorliegenden Erklärung der Vorlage durch die Rekonstruktion ist der Aspekt der gegenseitigen Auslegung wesentlich: Einerseits liegt die methodische Stärke einer Rekonstruktion gerade in ihrer inhaltlichen Voraussetzungsarmut.[6] Aufgrund dessen bleibt jedoch der verwendete Begriffsapparat weitgehend sinnlos, solange wir ihn nicht durch die mittelalterliche Vorlage interpretieren; insofern ist die Rekonstruktion auf eine Interpretation durch die mittelalterlichen Texte angewiesen. Andererseits leistet der formale Apparat in seinen erklärenden Aspekten eine Konzentrierung und Systematisierung der rekonstruierten Terminologie, in Bezug hierauf ist eine Rekonstruktion ein produktiver Umgang mit der Vorlage und verschafft uns neue Erkenntnisse über diese.[7] Indem wir also die Rekonstruktion durch die Quelle interpretieren, klären wir in jeweils unterschiedlichen Hinsichten beide Gegebenheiten. Auch das Verhältnis zwischen Vorlage und Rekonstruktion kann daher als Vorbild-Modell-Verhältnis charakterisiert werden.

Den dritten hauptsächlichen Bestandteil der hier zugrundegelegten Methodologie bildet die Überprüfung der Interessenhypothese anhand der Rekonstruktion. Die im Zuge der Rekonstruktion gewonnenen Ergebnisse werden auf den Gegenstand des hypothetischen gemeinsamen Interesses angewendet. Das Verfahren der Überprüfung führt Rekonstruktion und Interessenhypothese zusammen, indem auch hier wieder von der Möglichkeit der gegenseitigen Auslegung Gebrauch gemacht wird. Zwar wurde die Rekonstruktionssprache zunächst im Hinblick auf eine adäquate Wiedergabe der mittelalterlichen Vorlage gestaltet, aufgrund ihrer bereits betonten Inhaltsoffenheit ist es jedoch möglich, sie auch mit anderen inhaltlichen Vorgaben in Beziehung zu setzen. Statt im Sinne eines Modells für die Obligationen interpretieren wir sie im Zuge der Überprüfung im Sinne eines Modells für unseren Interessengegenstand. Hierbei gewinnt dieser gleichzeitig an neuer Kontur, wir stehen vor der Aufgabe, ihn

---

[6] Vgl. dazu die Bemerkungen oben, in 1.2.3.
[7] Die Rekonstruktion erfüllt in diesem Sinne das Programm eines „produktiven Reduktionismus", vgl. zu diesem Begriff Astroh, „Anschauung, Begriff und Sprache", II, A „Sprachanalyse als Erkenntnisfortschritt".

unter bisher u.U. nicht berücksichtigten Hinsichten zu klären. Gelingt eine solche Klärung, so wird in der Überprüfung die Rekonstruktion zum zweiten Mal produktiv.

Im Zuge der Überprüfung unserer Interessenhypothese durch die Rekonstruktion ließen sich die zwischen den *responsiones* bestehenden Abweichungen als alternative Modellierungen des Vorbilds Streitgespräch deuten. Den unterschiedlich sich ergebenden Theoremen bei jeweiliger Zugrundelegung der Funktoren *bisher Gesagtes* bzw. *Verpflichtetes* haben wir hierzu Entsprechungen im Zusammenhang unseres Vorbilds zugewiesen.[8] Die sich hier ergebende Möglichkeit, die Diskrepanzen letztlich auf eine unterschiedliche Gewichtung von Konservativitäts- und Plausibilitätsregel zurückzuführen, offenbarte eine Streitgesprächen innewohnende Dialektik: Konservativität und Plausibilität ergaben sich als zwei Pole der Gesprächsführung. Bedenken wir einerseits, dass sich in den Obligationen unserer Deutung nach der Begriff der Sachlichkeit manifestiert, andererseits, dass sich Vor- und Nachteile der *responsiones* begründet diskutieren ließen, so wird an dieser Stelle ebenfalls deutlich, dass Sachlichkeit Gegenstand alternativer Bestimmungen sein kann, ohne damit der Willkür anheim zu fallen.

Auch die Tatsache, dass *Dispute* die Eigenschaft der *Verpflichtungs- konsistenz* bei *Korrektheit* aufweisen, konnte zur Stützung der Interessenhypothese herangezogen werden: Das anhand der Rekonstruktion gewonnene Konzept hatte sich bei der Analyse des Sophisma-Begriffs als implizite Direktive erwiesen. Bei der Überprüfung unserer Hypothese standen wir vor dem Problem, diese Tatsache aus dem angenommenen historisch-systematischen Interesse heraus zu erklären. Ein wesentlicher Schritt hierhin lag in der Einsicht, dass Verpflichtungskonsistenz bei Korrektheit gleichbedeutend damit ist, dass die Regelkonformität einer Handlungsweise auch ihre reguläre Fortsetzbarkeit garantiert. Es wurde deutlich, dass diese praktische Geschlossenheit eine Forderung an die Adäquatheit eines Regelsystems ist, das mit dem generellen Anspruch der Organisation disputationaler Praxis auftritt.[9]

Die normative Grundlegung eines Lebensbereichs muss in dem Sinne systematisch sein, dass die von ihr vorgeschriebenen Wege nicht in eine deontische Sackgasse führen. Hierdurch unterscheidet

---

[8] Vgl. oben, 4.4.3.
[9] Vgl. oben, 5.3.1.

sie sich von einer bloßen Ansammlung zweckrationaler Faustregeln. Diese Erkenntnis korrespondiert mit der im Zusammenhang der *responsiones* gewonnenen Konsequenz und präzisiert diese zugleich: Der Spielraum für die Gesetzmäßigkeiten objektivierender Gesprächsführung wird begrenzt und damit der Willkür entzogen durch den Umstand, dass auch grundlegende Normierungen selbst wiederum einer strukturellen Vernunft verpflichtet sind.

Für unsere Methodenreflexion ist die Tatsache erhellend, dass diese letzten Erkenntnisse zwar auf bestimmtem Wege aus den Obligationentraktaten gewonnen wurden, dass sie aber gleichwohl keine Erkenntnisse über die Obligationen sind, sondern einen allgemeineren Sachverhalt betreffen. Hieran lässt sich deutlich machen, inwiefern sich das Vorbild-Modell-Verhältnis der Überprüfung von denen der Übertragung und der Rekonstruktion unterscheidet. Bei den letzteren beiden dient es dazu, historische Distanz in jeweils unterschiedlicher Hinsicht zu überbrücken: Die Übertragung liefert uns ein inhaltliches Vorbild, die Rekonstruktion ein formales Modell für die mittelalterlichen Texte. Bei der Überprüfung stammen dagegen beide Relata aus der Sphäre des uns bereits Vertrauten: Wir setzen hier eine theoretisch wie praktisch wohl etablierte Diktion mit einem lebensweltlich geläufigen Phänomen in Beziehung.

Stellt sich diese Verknüpfung als fruchtbar heraus, so gewinnen wir neue Erkenntnisse über etwas schon Bekanntes, es vollzieht sich damit eine Loslösung vom historischen Kontext. Die produktive Überprüfung gewährt den teilnehmenden Zugang zu den mittelalterlichen Texten, indem sie hermeneutische Bemühungen sachlich bedeutungsvoll werden lässt. Sie ermöglicht es, sich gerade im Eingehen auf einen Text von diesem freizumachen.

6.2. *Offene Fragen*

Im Verlauf der Rekonstruktion musste ich zuweilen auf offenbleibende Fragen hinweisen. Zum Teil handelte es sich hierbei um die Ausgrenzung ganzer Bereiche, zum Teil um alternative, vermutlich ebenfalls gangbare Wege, die nicht weiter verfolgt werden konnten. Im vorliegenden Abschnitt möchte ich einige dieser Punkte zusammenstellen, mögliche Wege ihrer weiteren Untersuchung andeuten und Vermutungen darüber anstellen, welche Ergebnisse von ihrer Erforschung zu erwarten sind.

Ganz ausgespart wurde in dieser Arbeit die Untersuchung der neben der *positio* anderen Obligationenspezies. Insbesondere ist hier die *impositio* zu nennen.[10] Eine Klärung der *impositio* muss vermutlich bei einem Grundprinzip der scholastischen Semiotik ansetzen: dem Prinzip, dass sich gesprochene bzw. geschriebene Zeichen auf mentale (*mentale* oder *conceptum*) beziehen. Das im vorliegenden Ansatz zugrundegelegte Konzept einer *Disputsprache* ist nicht reichhaltig genug, um eine entsprechende Strukturierung wiederzugeben. Abhilfe könnte vermutlich geschaffen werden, indem eine geeignete, über *Disputsprachen* laufende Funktion definiert wird. Eine *impositio* könnte möglicherweise als Modifikation dieser Funktion aufgefasst werden (vgl. den Begriff der „modifizierten Belegung" in der modernen Semantik).

Empfehlenswert scheint mir, bei einer Untersuchung der *impositio* vom Traktat Brinkleys auszugehen: Dieser baut seine Abhandlung auf der Unterscheidung zwischen einem *actus exterior* und einem *actus interior* auf, eine Unterscheidung, die allem Anschein nach mit dem oben genannten Grundprinzip eng zusammenhängt. Brinkley führt auch die Unterschiede zwischen den Obligationenspezies auf diese Begrifflichkeit zurück.[11]

Da die *impositio* allem Anschein nach in engem Zusammenhang mit einem fundamentalen Postulat mittelalterlicher Sprachauffassung steht, wird ihre Erforschung vermutlich dazu beitragen, die Obligationen tiefer in den Gesamtkontext der mittelalterlichen Logik einzubetten, als dies in dieser Arbeit geschehen ist. Andererseits mag gerade in der hier praktizierten Beschränkung eine methodische Attraktivität liegen, da die Obligationen so als eine vergleichsweise in sich geschlossene Thematik dargestellt werden konnten. Genau sagen lässt sich dies jedoch erst, nachdem eine Klärung der *impositio* erfolgt ist.

Was unsere Regelformulierungen betrifft, scheinen mir in erster Linie zwei Punkte erwähnenswert. Erstens: Statt, wie in unserem Ansatz, von manifesten Verpflichtungsbegriffen könnte von dispositionalen ausgegangen werden.[12] Zweitens: Anstelle des *bisher Gesagten* könnte ein *korrekt bisher Gesagtes* zugrundegelegt werden (bzw. analog für die *nova responsio* ein *korrekt Verpflichtetes*).[13] Diese beiden Umbildungen lassen sich einzeln, sowie auch in Kombination miteinander vorneh-

---

[10] Vgl. oben, 2.1.2.
[11] Vgl. Brinkley, *Obligationes*, S. 19 f.
[12] Vgl. oben, 4.1.8.
[13] Vgl. oben, 4.3.2.

men. Bei entsprechenden Veränderungen werden manche der hier bewiesenen Theoreme eine andere Form annehmen: Geht man von dispositionalen Verpflichtungsbegriffen aus, so ergeben sich beispielsweise manche Widersprüche *inter responsiones* nur noch als Unvereinbarkeiten.[14] Die Fundierung der Regeln in einem *korrekt bisher Gesagten* führt beispielsweise dazu, dass der Trivialisierungseffekt wahrer *posita* leichter formulierbar wird.[15]

Es ist möglich, dass die entsprechenden Begriffssysteme Eigenschaften aufweisen, die bei der Überprüfung einer Interessenhypothese produktiv werden. Auf diese Weise könnten den ansonsten bloß technischen Varianten ein philosophischer Sinn zugesprochen werden. Damit ließe sich dann auch der hier beschrittene Weg durch Absetzung von den anderen in seiner Eigenheit genauer bestimmen.

Eine dritte vielversprechend erscheinende Aufgabe ist die weitergehende Klärung der regelsprachlichen Sophismata. Insbesondere könnten in diesem Zusammenhang *widerspruchsfreie* Erweiterungen der *Disputlogiken LOG$_A$* und *LOG$_N$*, die Quantifikationen über Aussagen zulassen, aufschlussreich sein.[16] Von einem speziellen Erkenntniswert ist es dann, diese in Form einer korrekten und vollständigen Semantik zu charakterisieren. Damit könnten vermutlich engere Beziehungen zwischen *Disput-* und Rekonstruktionslogik hergestellt werden, als dies im vorliegenden Ansatz der Fall ist. Insbesondere denke ich hierbei an eine Rechtfertigung des mittelalterlichen Verfahrens der Verifikation an einer Disputsituation,[17] bei dem von der Konstruierbarkeit eines Disputs auf die Konsistenz einer von diesem Disput geltenden Aussage geschlossen wird. Eine entsprechende Fragestellung an die Rekonstruktion lautet dann: Entspricht jeder rekonstruktionslogischen *Disput-*beschreibung eine *konsistente disputlogische Aussagenmenge*?

Schwierigkeiten bei der Bewahrheitung dieses Zusammenhangs machen vor allem die bereits im Mittelalter diskutierten Dispute mit antinomischen Thesen:[18] Von einem Disput mit der einzigen These „Alle *posita* sind falsch" kann diese ohne Widerspruch anscheinend

---

[14] So z.B. Behauptung 4.3–21 und Behauptung 4.3–23.
[15] Vgl. Behauptung 4.3–16. Dasselbe gilt auch für den Trivialisierungseffekt verpflichtungssensibler Regeln, dessen genaue Formulierung für die *antiqua responsio* ich mir oben erspart habe.
[16] Vgl. oben, 5.2.13.
[17] Vgl. oben, 5.2.11.
[18] Vgl. oben, 4.1.5.

weder gelten, noch nicht gelten. Eine Lösung dieser Schwierigkeit könnte im Offenlassen von „Wahrheitswertlücken" (*truth value gaps*) liegen, was bereits durch eine Bemerkung Burleys nahegelegt wird.[19] Technisch ausgedrückt: Die einem Disput korrespondierende *Aussagen-menge* ist vermutlich nicht generell negationsvollständig.

Wiewohl ich zu dieser gesamten Fragestellung Vorarbeiten durchgeführt habe, bin ich bis dato nicht zu einer abschließenden Lösung gekommen. Die Natur der Quantifikation und die semantischen Antinomien sind vieldiskutierte Themen der zeitgenössischen Logik, so dass von einer diesbezüglichen Untersuchung wertvolle Impulse für die moderne Diskussion zu erwarten sind.

---

[19] Vgl. ebenfalls 4.1.5 und die dort angegebene Stelle bei Burley.

7. ANHANG

7.1. *Ausführliches Inhaltsverzeichnis*

7.2. Zitierte Literatur

7.2.1. Quellen

Abaelard, Peter
Sic et non. Hg. v. E.L.T. Henke u. G.S. Lindenkohl. Minerva. Frankfurt/Main, 1981.

Anonym
De Arte Obligatoria. Hg. v. N. Kretzmann u. E. Stump in: „The anonymous De Arte Obligatoria in Merton College MS 306". In: E.P. Bos (Hg.): *Medieval Semantics and Metaphysics. Studies dedicated to L.M. de Rijk on the occasion of his 60th birthday.* Ingenium Publishers. Nijmegen, 1985. 239–280.

Anonym
Obligationes Parisienses. Hg. v. L.M. De Rijk in: „Some Thirteenth Century Tracts on the Game of Obligation 2". *Vivarium* 13 (1975). 22–54.

Anonym
Tractatus Emmeranus de falsi positione. Hg. v. L.M. De Rijk in: „Some Thirteenth Century Tracts on the Game of Obligation I". *Vivarium* 12 (1974). 103–117.

Anonym
Tractatus Emmeranus de impossibili positione. Hg. v. L.M. De Rijk in: „Some Thirteenth Century Tracts on the Game of Obligation I". *Vivarium* 12 (1974). 117–123.

Anselm von Canterbury
„Über die Vereinbarkeit des Voherwissens, der Voherbestimmung und der Gnade Gottes mit dem freien Willen". In: ders.: *Wahrheit und Freiheit.* Hg. v. H. Verweyen. Johannes. Einsiedeln, 1982. 153–203.

Aristoteles
Philosophische Schriften in sechs Bänden. Hg. v. H. Seidl, E. Rolfes, G. Zekl (u.a.). Meiner. Hamburg, 1995.

Boethius von Dacien
Questiones super librum Topicorum (Corpus Philosophorum Danicorum Medii Aevi, Vol. 6). Hg. v. N.J. Green-Pedersen u. J. Pinborg. Gad, 1976.

Brinkley, Richard
Richard Brinkley's Obligationes: a late fourteenth century treatise on the Logic of Disputation. (Beiträge zur Geschichte der Philosophie und Theologie des Mittelalters. Vol. 43.) Hg. v. P.V. Spade u. G.A. Wilson. Aschendorff. Münster, 1995.

Burley, Walter
De puritate artis logicae/ Von der Reinheit der Kunst der Logik. Hg. v. P. Kunze. Meiner. Hamburg, 1988.

Burley, Walter
Tractatus de Obligationibus. Hg. v. R. Green in: *The logical Treatise „De Obligationibus":* *An Introduction with Critical Texts of William of Sherwood (?) and Walter Burley.* The Franciscan Institute. St Bonaventure, N.Y., 1963. Bd. II, 34–96. [Auszugsweise übersetzt in: N. Kretzmann u. E. Stump (Hg.): *The Cambridge Translations of Medieval Philosophical Texts. Vol. 1: Logic and the Philosophy of Language.* Cambridge Univ. Press. Cambridge, 1988. 369–412.]

Buser, Wilhelm
Obligationes. Hg. v. L. Pozzi in: *La coerenza logica nella teoria medioevale delle obbligazioni.* Edizioni Zara. Parma, 1990.

Fland, Robert
Obligationes. Hg. v. P.V. Spade in: „Robert Flands Obligationes: An edition". *Mediaeval Studies* 42 (1980). 41–60.

Johannes von Holland
Four tracts on Logic. Hg. v. E.P. Bos. Ingenium. Nijmegen, 1985.

Lavenham, Richard
Obligationes. Hg. v. P.V. Spade in: „Richard Lavenhams's *Obligationes*". *Rivista critica di Storia della Filosofia* 33 (1978). 225–242.

Martinus Anglicus
De obligationibus/Über die Verpflichtungen. Hg. v. F. Schupp. Meiner. Hamburg, 1993.

Ockham, William
Summa logicae. Hg. v. P. Boehner, G. Gál u. S. Brown. (*Opera Philosophica*, Vol. 1.) The Franciscan Institute. St. Bonaventure, N.Y., 1974.

Paul von Pergula
Logica and Tractatus de sensu composito and diviso. Hg. v. M.A. Brown. The Franciscan Institute. St. Bonaventure, N.Y., 1961.

Paul von Venedig
Logica magna. Part II, Fascicule 8. Tractatus de Obligationibus. Hg. v. E.J. Ashworth. British Academy, Oxford University Press. Oxford, 1988.

Peter von Spanien
Tractatus (Summulae logicales). Hg. v. L.M. De Rijk. Van Gorcum. Assen, 1972.

Platon
Sämtliche Werke. Hg. v. W.F. Otto, E. Grassi u. G. Plamböck. Rowohlt. Hamburg, 1993.

Pseudo-Sherwood
Tractatus de Obligationibus. Hg. v. R. Green in: *The logical Treatise „De Obligationibus": An Introduction with Critical Texts of William of Sherwood (?) and Walter Burley.* The Franciscan Institute. St Bonaventure, N.Y., 1963. Bd. II. 1–33.

Swyneshed, Roger
Obligationes. Hg. v. P.V. Spade in: „Roger Swyneshead's Obligationes: Edition and Comments". *Archives histoire doctrinale et littéraire du moyen âge* 44 (1977). 243–285.

Thomas von Aquin
De ente et essentia/Das Seiende und das Wesen. Hg. v. F.L. Beeretz. Reclam. Stuttgart, 1979.

Thomas von Aquin
Summa theologica. Hg. v. d. Albertus-Magnus-Akademie. Kerle (u.a.). Heidelberg (u.a.), 1933 ff.

Wilhelm von Sherwood
Introductiones in Logicam/Einführung in die Logik. Hg. v. H. Brands u. Ch. Kann. Meiner. Hamburg, 1995.

7.2.2. *Sekundärliteratur*

Angelelli, Ignazio, „The Techniques of Disputation in the History of Logic". *Journal of Philosophy* 67 (1970). 800–815.
Ashworth, E.J., „English *Obligationes* Texts after Roger Swyneshed: The Tracts beginning ,Obligatio est quaedam ars'". In: P.O. Lewry (Hg.): *The Rise of British Logic.* (Papers in Medieval Studies, vol. 7.) Pontifical Institute of Medieval Studies. Toronto, 1985. 309–333.

——, „Inconsistency and Paradox in Medieval Disputations: A Development of Some Hints in Ockham". *Franciscan Studies* 44 (1984). 129–139.

——, „The Problems of Relevance and Order in Obligational Disputations: Some Late Fourteenth Century Views". *Medioevo* 7 (1981). 175–193.

——, „Introduction". In: Paul von Venedig: *Logica magna. Part II, Fascicule 8. Tractatus de Obligationibus.* Hg. v. E.J. Ashworth. British Academy, Oxford University Press. Oxford, 1988. vii–xvi.

——, „Obligationes Treatises: A Catalogue of Manuscripts, Editions and Studies". *Bulletin de Philosophie Médiévale* (S. I. E. P. M.) 36 (1994). 118–147.

——, „Paul of Venice on Obligations: The Sources for both the *Logica Magna* and the *Logica Parva* Versions". In: S. Knuuttila, R. Työrinoja u. S. Ebbesen (Hg.): *Knowledge and the Sciences in Medieval Philosophy.* Helsinki, 1991. 407–415.

Beriger, Andreas, *Die aristotelische Dialektik.* Carl Winter. Heidelberg, 1989.

Bochenski, J.M., *Formale Logik.* Karl Alber. Freiburg, München, 1956.

Boehner, Philotheus, *Medieval Logic.* The University of Chicago Press. Chicago, 1952.

Boh, Ivan, „On Medieval Rules of Obligation and Rules of Consequence". In: I. Angelelli u. A. D'Ors (Hg.): *Estudios de Historia de lógica.* Pamplona, 1990. S. 39–102.

Braakhuis, H.A.G., „Albert of Saxony's *De Obligationibus*". In: K. Jacobi (Hg.): *Argumentationstheorie: scholastische Forschungen zu den logischen und semantischen Regeln korrekten Folgerns.* Brill. Leiden [et al.], 1993. 323–342.

Broadie, Alexander, *Introduction to Medieval Logic.* Clarendon Press. Oxford, 1987.

Brown, M.A., „The Role of the Tractatus *De Obligationibus* in Medieval Logic". *Franciscan Studies* 26 (1966). 26–35.

Flasch, Kurt, *Das philosophische Denken im Mittelalter.* Reclam. Stuttgart, 1986.

Grabmann, Martin, *Die Geschichte der scholastischen Methode.* Akademie-Verlag. Berlin, 1956. 2 Bde.

Green, Romuald, *The logical Treatise ‚De Obligationibus': An Introduction with Critical Texts of William of Sherwood (?) and Walter Burley.* The Franciscan Institute. St Bonaventure, N.Y., 1963. 2 Bde.

Green-Pedersen, N.J., *The Tradition of the Topics in the Middle Ages.* Philosophia. München, 1984.

Green-Pedersen, N.J., Pinborg, Jan, „Introduction". In: Boethius von Dacien: *Questiones super librum Topicorum.* (Corpus Philosophorum Danicorum Medii Aevi, Vol. 6.) Hg. v. N.J. Green-Pedersen u. J. Pinborg. Gal, 1976. VII–XL.

Hamblin, C.I., *Fallacies.* Methuen. London, 1970.

Heinzmann, Richard, *Philosophie des Mittelalters.* Kohlhammer. Stuttgart [et al.], 1992.

Jacobi, Klaus, *Die Modalbegriffe in den logischen Schriften des Wilhelm von Shyreswood und in anderen Kompendien des 12. und 13. Jahrhunderts.* Brill. Leiden [et al.], 1980.

Kaufmann, Matthias, „Nochmals: Ockhams *consequentiae* und die materiale Implikation". In: K. Jacobi (Hg.): *Argumentationstheorie: scholastische Forschungen zu den logischen und semantischen Regeln korrekten Folgerns.* Brill. Leiden [et al.], 1993. 223–232.

Keffer, Hajo, „Die *ars obligatoria* als logische Grundlegung disputationaler Praxis". In: D. Ruhe u. K.-H. Spieß (Hg.): *Prozesse der Normbildung und Normenveränderung im mittelalterlichen Europa.* Steiner. Stuttgart, 2000. 55–74.

——, „Wozu eine Formalisierung mittelalterlichen Gedankenguts". In: W. Löffler u. E. Runggaldier (Hg.): *Entwicklungslinien mittelalterlicher Philosophie.* (Vorträge des V. Kongresses der ÖGP, Teil 2.) Hölder-Pichler-Tempinsky. Wien, 1999. 179–192.

Kneepkens, C.H., „The Mysterious Buser again: William Buser of Heusden and the Obligationes Text *Ob rogatum*". In: A. Maierù (Hg.): *English Logic in Italy in the 14th and 15th Centuries.* Bibliopolis. Neapel, 1982. 147–166.

——, „Willem Buser of Heusden's Obligationes-Treatise ‚Ob rogatum'. A ressourcement in the Doctrine of Logical Obligation?" In: K. Jacobi (Hg.): *Argumentationstheorie: scholastische Forschungen zu den logischen und semantischen Regeln korrekten Folgerns.* Brill. Leiden [et al.], 1993. 343–362.

Knuuttila, Simo, „*Positio impossibilis* in der mittelalterlichen Trinitätstheologie". In: J. Heubach (Hg.): *Der heilige Geist.* (Veröffentlichungen der Luther Akademie e. V., Bd. 25). Martin-Luther-Verlag. Erlangen, 1994. 21–33.

Knuuttila, Simo, Yrjönsuuri, Mikko, „Norms and Action in Obligational Disputations". In: O. Pluta (Hg.): *Die Philosophie im 14. und 15. Jahrhundert. In memoriam Konstanty Michalsky.* (Bochumer Studien zur Philosophie 10.) Grüner. Amsterdam, 1988. 191–202.

Lukasiewicz, Jan, „Zur Geschichte der Aussagenlogik". *Erkenntnis* 5 (1935). 111–131.

Martin, C.J., „Obligations and Liars". In: S. Read (Hg.): *Sophisms in Medieval Logic and Grammar.* (Nijhoff International Philosophy Series Vol. 48.) Kluwer. Dordrecht, 1993. 357–381.

McCord-Adams, M., „Did Ockham Know of Material and Strict Implication". *Franciscan Studies* 33 (1973). 5–37.

Moody, E.A., „The Medieval Contribution to Logic". In: ders.: *Studies in Medieval Philosophy, Science, and Logic. Collected Papers 1933–1969.* Univ. of California Press. Berkeley [et al.], 1975. 371–392.

——, *Truth and Consequence in Mediaeval Logic.* North-Holland. Amsterdam, 1953.

Olsson, E.J., Svensson, Henrik, „Disputation and Change of Belief. Burley's Theory of *obligationes* as a theory of belief revision". In Vorbereitung.

Pinborg, Jan, „Zur Philosophie des Boethius de Dacia. Ein Überblick". *Studia Mediewistyczne* 15 (1974). 165–185.

——, *Logik und Semantik im Mittelalter.* Frommann-Holzboog. Stuttgart, Bad Cannstatt, 1972.

Pinborg, Jan, Kenny, Anthony, „Medieval philosophical literature". In: N. Kretzmann, A. Kenny u. J. Pinborg (Hg.): *The Cambridge History of Later Medieval Philosophy.* Cambridge University Press. Cambridge, 1982. 11–42.

Prantl, Carl, *Die Geschichte der Logik im Abendlande.* Hirzel. Stuttgart, 1855–67.

Priest, Graham, Read, Stephen, „Merely Confused Supposition". Franciscan Studies 40 (1980). 265–97.

Priest, Graham, Read, Stephen, „The Formalization of Ockham's Theory of Supposition". Mind 86. 109–113.

Primavesi, Oliver, *Die aristotelische Topik.* Beck. München, 1996.

Pütz, Christoph, *Die Obligationenlehre in der scholastischen Logik.* Dissertation. Düsseldorf, 1997.

Rentsch, Thomas, „Die Kultur der *quaestio*". In: G. Gabriel [et al.] (Hg.): *Literarische Formen der Philosophie.* Metzler. Stuttgart, 1990. 73–91.

Richter, Vladimir, „Zu ‚De Obligationibus' in der *Summa logicae*", in: W. Vossenkuhl u. R. Schönberger (Hg.): *Die Gegenwart Ockhams.* Weinheim, 1990. S. 256–261.

Schupp, Franz, „Einleitung". In: Martinus Anglicus: *De obligationibus/ Über die Verpflichtungen.* Hg. v. Franz Schupp. Meiner. Hamburg, 1993. VII–XL.

——, „Kommentar". In: Martinus Anglicus: *De obligationibus/ Über die Verpflichtungen.* Hg. v. Franz Schupp. Meiner. Hamburg, 1993. 51–153.

Slomkowski, Paul, *Aristotle's Topics.* Brill. Leiden [et al.], 1997.

Spade, P.V., „If *Obligationes* were Counterfactuals". *Philosophical Topics* 20 (1992). 171–188.

——, „Obligations B: Developments in the fourteenth century". In: N. Kretzmann, A. Kenny u. J. Pinborg (Hg.): *The Cambridge History of Later Medieval Philosophy.* Cambridge University Press. Cambridge, 1982. 335–341.

——, „Three Theories of *Obligationes*: Burley, Kilvington and Swyneshed on Counterfactual Reasoning". *History and Philosophy of Logic* 3 (1982). 1–32.

Spade, P.V., Wilson, G.A., „Introduction". In: Richard Brinkley: *Richard Brinkley's Obligationes: a late fourteenth century treatise on the Logic of Disputation.* (Beiträge zur Geschichte der Philosophie und Theologie des Mittelalters. Vol. 43.) Hg. v. P.V. Spade u. G.A. Wilson. Aschendorff. Münster, 1995. 1–12.

Spade, P.V., Stump, Eleonore, „Walter Burley and the *Obligationes* attributed to William of Sherwood". *History and Philosophy of Logic* 4 (1983). 9–26.

Stump, Eleonore, „Obligations A: From the Beginning to the Early Fourteenth Century". In: N. Kretzmann, A. Kenny u. J. Pinborg (Hg.): *The Cambridge History of Later Medieval Philosophy*. Cambridge University Press. Cambridge, 1982. 315–334.

——, „Roger Swyneshed's Theory of Obligations". *Medioevo* 7 (1981). 135–174.

——, „William of Sherwood's Treatise on Obligations". *Historiographica Linguistica* 7 (1980). 249–264.

——, *Dialectic and its Place in the Development of Medieval Logic*. Cornell Univ. Press. Ithaca, London, 1989.

Überweg, Friedrich, *Grundriß der Geschichte der Philosophie. Bd. II: Patristische und Scholastische Philosophie*. Hg. v. B. Geyer. Wissenschaftliche Buchgesellschaft. Darmstadt, 1952.

Vescovini Federici, Graziella, „A la recherche du mystérieux Buser". In: H.A.G. Braakhuis, C.V.H. Kneepkens u. L.M. de Rijk (Hg.): *English Logic and Semantics from the End of the Twelfth Century to the Time of Ockham and Burley*. Ingenium. Nijmegen, 1981. 443–457.

Yrjönsuuri, Mikko, *Obligationes. 14th Century Logic of Disputational Duties*. The Philosophical Society of Finland. Helsinki, 1993.

more!

7.2.3. *Sonstige Literatur*

Astroh, Michael, „Anschauung, Begriff und Sprache in Freges Frühschriften". In: G. Gabriel (Hg.): *Frege-Kolloquium 1998*. Mentis. Paderborn, in Vorbereitung.

Austin, J.L., *Zur Theorie der Sprechakte*. Reclam. Stuttgart, 1972.

Brendel, Elke, *Die Wahrheit über den Lügner*. De Gruyter. Berlin, 1992.

Eco, Umberto, „Zwischen Autor und Text". In: ders.: *Zwischen Autor und Text*. dtv. München, 1996. 75–99.

Frege, Gottlob, *Grundgesetze der Arithmetik*. (Unveränderter Nachdruck der Ausgabe Jena, 1893.) Wissenschaftliche Buchgesellschaft. Darmstadt, 1962. 2 Bde.

Gärdenfors, Peter, *Knowledge in flux*. Bradford Books, The MIT Press. Cambridge, Mass., 1988.

Goodman, Nelson, *Tatsache, Fiktion, Voraussage*. Suhrkamp. Frankfurt a.M., 1974.

Hahn, Susanne, *Überlegungsgleichgewicht(e). Prüfung einer Rechtfertigungsmetapher*. Alber. München, 2000.

Hegselmann, Rainer, *Formale Dialektik*. Meiner. Hamburg, 1995.

Hempel, C.G., Oppenheim, P., „Studies in the Logic of explanation". In: C.G. Hempel: *Aspects of Scientific Explanation and Other Essays in the Philosophy of Science*. Free Press. New York, 1965. 245–290.

Hughes, G.E., Cresswell, M.J., *Einführung in die Modallogik*. De Gruyter. Berlin, 1978.

Kamp, Hans, Reyle, Uwe, *From Discourse to Logic*. Kluwer. Dordrecht, 1993.

Kreiser, Lothar, Gottwald, Siegfried, Stelzner, Werner, *Nichtklassische Logik*. Akademie-Verlag. Berlin, 1987.

Lethmate, Jürgen, „Die Besonderheiten des Menschen". In: W. Schiefenhövel, Ch. Vogel, G. Vollmer, U. Opolka (Hg.): *Vom Affen zum Halbgott*. Trias. Stuttgart, 1994. 13–42.

Lewis, David, „Die Sprache und die Sprachen". In: G. Meggle (Hg.): *Handlung Kommunikation Bedeutung*. Suhrkamp. Frankfurt a.M., 1979. 197–240.

——, *Counterfactuals*. Basil Blackwell. Oxford, 1973.

Lorenzen, Paul, „Konstruktivismus und Hermeneutik". In ders.: *Konstruktive Wissenschaftstheorie*. Suhrkamp. Frankfurt a.M., 1974. 113–118.

Lorenzen, Paul, Lorenz, Kuno, *Dialogische Logik*. Wissenschaftliche Buchgesellschaft. Darmstadt, 1978.

MacColl, Hugh, „Symbolic Reasoning (VIII)". In: *Mind* n.s. 15 (1906). S. 504–518.

Rescher, Nicholas, *Plausible Reasoning*. Van Gorcum. Assen, 1976.
Searle, John, *Sprechakte*. Suhrkamp. Frankfurt a.M., 1992.
Siegwart, Geo, *Vorfragen zur Wahrheit*. Oldenbourg. München, 1997.
Stalnaker, R., „A Theory of Conditionals". In: E. Sosa (Hg.): *Causation and Conditionals*. Oxford Univ. Press. Oxford, 1975. S. 165–179.
Thomason, R.H., *Symbolic Logic*. Macmillan. London, 1970.
Quine, W.V.O., *Grundzüge der Logik*. Suhrkamp. Frankfurt a.M., 1993.
——, *Wort und Gegenstand*. Reclam. Stuttgart, 1980.
Wittgenstein, Ludwig, *Wittgenstein und der Wiener Kreis: Gespräche*. (Werkausgabe in 8 Bd., Bd. 3.) Aufgez. v. F. Waismann. Hg. v. B.F. Guiness. Suhrkamp. Frankfurt a.M., 1996.

7.3. *Verzeichnis der Definitionen und Behauptungen*

7.3.1. *Definitionen*

7.3.2. *Behauptungen*

7.4. Namen- und Sachindex